专家课堂

——卓越公路工程师系列丛书

# 公路工程施工试验检测实用手册

主编 ◎ 高久平

人民交通出版社
China Communications Press

## 内 容 提 要

本书主要介绍公路施工试验检测的内容与方法。全书分3篇:工地试验室建设与管理、工程材料试验、施工质量检测。第一篇介绍了工地试验室的组织机构、资质要求、工作内容以及质量体系的建立和运行。第二、第三篇以现行的国家和行业的标准、规范为依据,从我国的公路工程建设项目试验检测现状出发,注重实用,全面地介绍了公路工程建筑材料、工程实体有关的质量标准、试验检测方法。

本书可供从事公路建设、施工、监理、检测以及质量监督工作的技术人员使用,也可供参加试验检测工程师考试的备考人员以及高校相关专业师生参考。

**图书在版编目(CIP)数据**

公路工程施工试验检测实用手册 / 高久平主编. --北京:人民交通出版社,2012.1
ISBN 978-7-114-09597-9

Ⅰ.①公… Ⅱ.①高… Ⅲ.①道路工程-工程施工-试验-技术手册②道路工程-工程施工-检测-技术手册
Ⅳ.①U415.1-62

中国版本图书馆CIP数据核字(2012)第004264号

书　　名:公路工程施工试验检测实用手册
著 作 者:高久平
责任编辑:王　霞(wx@ccpress.com.cn)
出版发行:人民交通出版社
地　　址:(100011)北京市朝阳区安定门外外馆斜街3号
网　　址:http://www.ccpress.com.cn
销售电话:(010)59757969,59757973
总 经 销:人民交通出版社发行部
经　　销:各地新华书店
印　　刷:北京市密东印刷有限公司
开　　本:720×960　1/16
印　　张:27.5
字　　数:502千
版　　次:2012年1月　第1版
印　　次:2012年1月　第1次印刷
书　　号:ISBN 978-7-114-09597-9
定　　价:38.00元

# 前言

试验检测是公路工程建设质量保证体系的重要技术手段，是公路工程质量控制和评定的重要基础数据来源。近几年，随着国民经济的迅速发展，公路建设高歌猛进。这对试验检测人员业务技能、工地试验室管理水平以及检测技术等提出了更高的要求。

本书的编著者遵循不断总结经验、不断进取的训诲，尽己所能，在总结试验检测工作基础上，吸取国内外公路试验检测管理经验，结合国内公路建设实际，将公路工程施工质量要求、质量控制体系、试验检测技术归纳在一起，编著了《公路工程施工试验检测实用手册》一书，力求满足从事公路建设、施工、监理、检测以及质量监督工作的技术人员实用需要，帮助其提高业务水平和检测能力。该书同时也可作为大、中专交通土建及桥隧专业师生的参考用书。

本书共分三篇。第一篇介绍工地试验室组织与建设、试验检测工作管理、工地试验室管理体系运行控制、工地试验室资质管理；第二篇介绍路基填筑材料、公路用粗（细）集料及矿粉、建筑石料、硅酸盐水泥、建筑钢筋、石油沥青、水泥混凝土、无机结合料、沥青混合料、砌筑砂浆等试验；第三篇介绍路基路面、桥涵基础、结构混凝土、桥梁结构荷载试验、隧道工程、交通安全设施、交（竣）工验收等质量检测。此外，本书内容涉及的规范、标准、规程及相关法规文件，在引用为参考资料时，已按新颁布的现行有效内容进行编写。

本书部分章节的内容在湖南省部分高速公路项目施工中试用过。根据有关单位的领导、专家意见和建议，做了多次修改。此次出版，又作了较大修改。在本书编写过程中得到了湖南省交通建设质量安全局胡翌刚、胡帆同志的大力支持，并提出很多宝贵意见，在此，特表示感谢。

由于编写的时间和作者的水平有限，书中不当之处，敬请读者提出宝贵意见。

作者于长沙

2011年8月28日

# 目　录

## 第一篇　工地试验室建设与管理



## 第二篇　材料试验

## 第三篇　施工质量检测

# 第一篇　工地试验室建设与管理

# 第一章　工地试验室的组织与建设

工地试验室是工程质量控制和评定的重要基础数据来源，是公路工程建设质量保证体系的重要组成部分。公路工程建设项目的建设单位（通常称之为项目业主）、监理单位以及施工单位根据工程质量和安全管理需要，一般都会在工程现场设立工地试验室。

## 第一节　组织机构及职能

项目业主设立的工地试验室称之为中心试验室，监理单位设立的工地试验室称之为驻地监理试验室，施工单位设立的工地试验室称之为施工标段试验室。中心试验室、驻地监理试验室以及施工标段试验室之间一般采用比较明确的直线职能管理模式，见图 1-1-1。

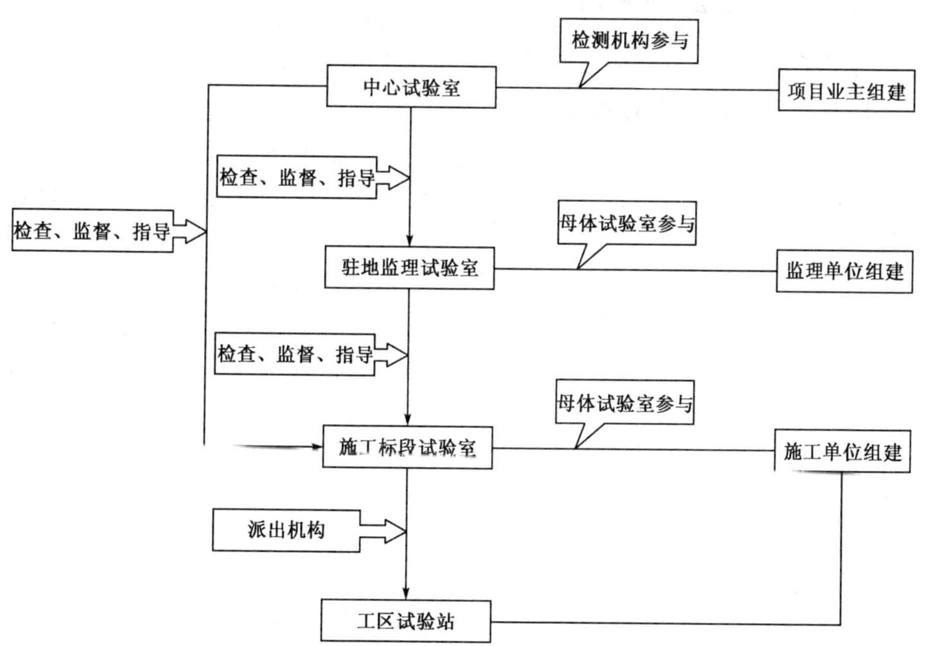

图 1-1-1　公路工程工地试验室机构关系图

## 一、工地试验室设立方式

建设项目业主可根据工程的建设规模、技术难度以及自身的资源条件，选择自行设立、合作设立或以全权委托的方式组建中心试验室。当采用合作设立或委托设立的方式时，社会检测机构的检测资质、人员素质和管理资源应满足一定条件，并在双方的合作协议或委托合同中对其加以约定。

驻地监理试验室一般由监理单位的母体试验室负责在工程现场设立，试验室的人员、设备以及驻地建设等，应按照业主招标文件以及合同要求加以配置。当监理单位的母体试验室的资质条件不具备要求时，也可委托第三方试验检测机构设立工地试验室，设立工地试验室的母体均应具有相应的公路、水运试验检测机构等级证书。

施工标段试验室可依托本单位中心试验室作为母体在工程现场自行设立，当本单位无中心试验室或其资源有限时，也可委托第三方试验检测机构设立工地试验室，设立工地试验室的母体均应具有相应的公路、水运试验检测机构等级证书。工地试验室的用房、人员、设备以及检测能力必须符合招标文件和合同文件的要求。为方便工作，在工程队或中心拌和站等试验检测工作较集中的地方，主要由试验室派出的工点试验站负责某一项或几项施工自检试验工作。

## 二、工地试验室的职责范围

各级工地试验室的职能不同，其职责范围也有区别，分别简单介绍如下。

1.施工标段试验室的职责

(1)选定料源：主要指地方材料(包括土、砂石材料、石灰)等，按设计文件提供的料源，通过试验，选择符合技术标准要求、开采方便、运输费用低的料场供施工使用。

(2)试样管理：包括试样的采集、运输、分类、编号及保管。

(3)验收复检：指对已进场的各种材料(包括原材料、成品或半成品材料)按技术标准或试验规定，分批量进行有关技术性能试验，以决定是否准予使用或封存、清退。

(4)标准试验：指完成各种混合材料的配合组成设计试验，提出配合比例及相关施工控制参数。

(5)工艺试验：包括试验路铺筑、混合材料的预拌等过程中的试验工作，为施工控制采集有关的控制参数。

(6)自检试验：包括配合比、压实度、强度(包括各类试件的成型、养护和试验)、施工控制参数、分项或分部工程中间交工验收试验等。

(7)协助试验：指为驻地监理试验室提供其复核试验所需的一切材料(与现

场监理人员一同取样，每种材料取两份，一份留自己试验用，一份送驻地监理试验室）以及委托试验的送样任务。

（8）协助有关方面调查施工中出现的质量问题或质量事故，为调查处理提供真实齐全的试验数据、证据或信息，参与必要的试验检测工作。

（9）对试验资料进行整理分析，提出分析报告，随时掌握施工质量动态，供有关人员参考。

（10）参与现场科研试验工作，推广及应用新材料、新技术、新工艺。

2. 驻地监理试验室的职责

驻地监理试验室的主要职责是进行复核或平行试验，对所辖施工标段的工程质量实施全过程、全方位的监督管理。具体如下：

（1）对施工标段试验室进行评估和初步验收，以决定是否同意上报备案。评估和初步验收的对象包括试验室用房、设备到位及安装情况、衡器及测力设备检定校验情况、人员及其资质情况、规章制度及管理情况等。

（2）对各种原材料或商品构件，按施工标段提供的样品、产品合格证和试验报告等进行订货前的验证试验，以决定是否同意采购。

（3）对各种混合材料的配合比例、标准击实及所用原材料进行平行或复核试验，以决定是否同意批复使用。

（4）参与施工标段的有关工艺性的试验，包括各类试验路、混合材料预拌等过程中的试验工作，以决定是否同意正式开工。

（5）在工程实施过程中，按不低于每施工标段20%的频率，抽检工程所用原材料、成品或半成品。对影响工程质量的关键性指标，如路基路面压实度、混合料（混凝土、砂浆、无机结合料、沥青混合料）强度等进行全过程跟踪抽检试验。

（6）对已完工的分部及分项工程进行检测验收，以准确地评价工程内在品质，决定是否接收。

（7）对施工标段试验室的工作实施全面监督管理。监管内容包括质量保障体系管理、试样管理、试验工作管理、仪器设备管理、文献资料管理等。

3. 中心试验室的主要职责

中心试验室主要负责项目的试验、检测工作，制订中心试验室的工作计划、具体抽检频率和办法，审核驻地监理试验室和施工标段试验室的试验计划及试验数据月报表。

（1）指导和监督施工标段、驻地监理试验室的试验检测活动。重点对人员、设备的配备，试验检测的及时性、规范性，试验数据的真实性、准确性进行督查。

（2）按不低于监理频率的10%抽检重要工程原材料。原材料包括：水泥、钢筋、沥青、高性能混凝土用集料、路面用玄武岩碎石、混凝土用机制砂等。

(3)按不低于监理频率的10%抽检重要成品、半成品以及工程实体质量。主要的抽检项目包括:路基94和96区压实度、水泥混凝土抗压(抗弯拉)强度、无机结合料无侧限抗压强度、沥青混合料马歇尔稳定度、结构混凝土的回弹强度及钢筋保护层厚度。

(4)复核监理处、承包人重要标准试验。复核的标准试验包括:路基不良填料的性能、C50(含C50)以上混凝土配合比、特殊工艺要求混凝土(大体积混凝土、水下混凝土、高性能混凝土、喷射混凝土等)、大跨径(单跨≥50m)预应力后张法孔道灌浆料配合比、路面水泥混凝土配合比、无机结合料配合比、沥青混合料配合比等。

(5)参与和监管对外委托的试验检测项目。如:材料见证取样送检、桥梁桩基检测、桥梁动静载检测、桥梁单片梁检测、隧道监控量测、路基沉降观测、台背回填钻芯检测、粉喷桩(碎石桩)检测、沥青路面材料及目标配合比试验、竣(交)工验收质量检测等。

(6)参与新技术、新材料、新工艺等研究项目的试验工作。

(7)定期巡视工地,掌握质量动态,及时发布工程质量信息,对质量数据和资料进行收集汇总,对不合格工程提出处理建议。

(8)负责对监理处、施工标段工地试验室进行绩效考评以及年度信用评价,组织本项目试验检测人员的培训学习,开展试验检测人员劳动竞赛活动和技术比武活动。

## 第二节　试验室资源配置

工地试验室的资源配置是指对试验检测人员、试验仪器设备、交通车辆、试验室驻地建设等方面的投入。交通车辆的配置主要满足工地试验室去现场抽取样品以及到工点开展检测工作需求,配置数量根据试验检测工作量确定。其他资源投入分述如下。

### 一、试验检测人员配备

工地试验室一般设试验室主任、试验检测工程师、试验检测员以及资料管理员4个工作岗位。相关岗位的资质要求是:

试验室主任应具有中级以上技术任职资格和试验检测工程师资格,必须熟悉并能指导试验检测工作,具有一定的组织、管理和工作协调能力,一般具有5年以上试验检测工作经验。

试验工程师按专业分为材料、道路、桥梁、隧道、交通安全设施、交通机电6类。试验工程师必须具有相应专业试验检测工程师资格,熟悉本专业的试验检测工作，应具有处理和解决试验检测中遇到的技术问题的能力。

试验员按专业同样分为6类(同试验工程师)，试验员必须具有相应专业试验检测员资格，应熟练掌握公路工程试验检测的标准、规范、规程及所用仪器设备的原理、性能和操作，具有法定计量单位的基本知识和出示准确试验报告的能力。

资料员应具有初级以上职称、3年以上试验检测工作经验，熟悉档案管理业务，具有一定的计算机知识并能熟练操作。

工地试验室试验检测人员数量至少5人以上，其中，设主任1人(如遇项目较大、人员多，可再设副主任1人)、资料员1人。试验工程师和试验员的数量就施工标段试验室而言，道路每公里设1人，特大桥4～5人、大桥3～4人、中桥1～3人，特长隧道4～6人、长隧道2～4人、中短隧道2～3人。驻地监理试验室人员原则上按施工标段试验室20%的数量配备，当有合同约定时除外。中心试验室人员数量，一般由项目业主根据项目规模和特点决定。

## 二、试验仪器设备配置

试验仪器设备配置主要根据工地试验室需要开展的试验检测项目确定。

### 1. 试验检测项目

公路工程施工工地试验室开展的主要试验检测项目和参数见表1-1-1。

**主要试验检测项目及参数** 表1-1-1

| 序号 | 试验项目 | 试验参数 |
|---|---|---|
| 1 | 土工试验 | 颗粒级配、液限、塑限、最大干密度、最佳含水率、CBR |
| 2 | 集料、石料 | 筛分、密度、含泥量、针片状含量、压碎值、磨耗、抗压强度 |
| 3 | 水泥试验 | 细度、凝结时间、安定性、胶砂强度 |
| 4 | 水泥混凝土、砂浆 | 稠度、坍落度、抗压(抗弯拉)强度、抗渗、含气量、配合比设计 |
| 5 | 沥青指标试验 | 针入度、延度、软化点、闪点、燃点、黏附性、薄膜烘箱和老化试验 |
| 6 | 沥青混合料试验 | 抽提试验、马歇尔试验、配合比设计 |
| 7 | 基层材料试验 | 击实、无侧限抗压强度、灰剂量、配合比设计、石灰有效钙镁含量 |
| 8 | 路基、路面 | 几何线性、压实度、厚度、平整度、弯沉、路面构造深度、摩擦系数 |
| 9 | 地基承载力 | 触探试验 |
| 10 | 钢筋 | 抗拉强度、屈服强度、伸长率、冷弯、焊接试验 |
| 11 | 结构混凝土强度 | 表观缺陷、回弹强度、芯样强度 |
| 12 | 隧道工程 | 断面尺寸、锚杆拉拔力 |
| 13 | 交通工程 | 外观及几何尺寸、反光标志(线)逆反射系数、标线涂层厚度、金属防腐性能、立柱(支撑)垂直度、标线抗滑性能、突起路标发光强度系数、色度性能(表面色) |

2.主要试验检测仪器设备配置

(1)土工试验仪器设备:标准筛、摇筛机、比重计、电子天平、烘箱、光电液塑限测定仪、自动击实仪、自动脱模机。

(2)石、集料试验仪器设备:标准筛、摇筛机、压碎值测定仪(水泥混凝土用和沥青路面用)、压力机、针片状规准仪、游标卡尺、电子天平、烘箱、切石机、磨平机。

(3)水泥试验仪器设备:电子天平、水泥净浆搅拌机、水泥标准稠度仪、雷氏夹、煮沸箱、水泥胶砂搅拌机、水泥胶砂振实台、标准恒温恒湿养护箱、电动抗弯拉试验机、压力机、负压筛析仪。

(4)水泥混凝土、砂浆试验设备:标准养护室、水泥混凝土搅拌机、水泥混凝土标准振动台、容量筒、压力机、抗弯拉试验夹具、水泥砂浆稠度仪、水泥砂浆分层度仪、坍落度筒、含气量测定仪。

(5)无机结合料稳定材料试验设备:压力机、电子天平、烘箱、滴定设备、直读式测钙仪。

(6)沥青仪器试验设备:针入度仪、延度仪、软化点仪、电炉、秒表、电子天平、烘箱、薄膜烘箱。

(7)沥青混合料试验设备:沥青混合料拌和机、马歇尔自动击实仪、浸水天平、烘箱、马歇尔稳定度仪、恒温水槽、沥青抽提仪。

(8)钢筋试验仪器设备:万能材料试验机、游标卡尺。

(9)道路工程检测设备:环刀、灌砂筒、取芯机、贝克曼梁、3m 直尺、摆式摩擦系数测定仪、人工铺砂仪。

(10)结构混凝土检测设备:回弹仪、取芯机、压力机、碳化深度测量装置、读数显微镜。

(11)公路几何尺寸检测仪器:全站仪、水准仪、钢尺。

(12)地基承载力试验设备:轻型动力触探仪。

(13)隧道工程检测设备:隧道断面仪、锚杆拉拔仪。

(14)交通安全设施检测仪器:几何测量量(刃)具、反光标志逆反射系数测试仪、反光标线逆反射系数测试仪、标线涂层厚度测试装置、摆式摩擦系数测定仪、突起路标发光强度系数测试仪、色彩色差仪(表面色)、磁性涂层测厚仪、超声波测厚仪。

## 三、驻地建设

工地试验室驻地建设包括选址、用房布置、建房和室内装修、水电安装、设备就位、各类标牌上墙等工作。本文就其选址、功能分区及环境要求进行介绍。

1. 选址原则

(1)交通便利。选址靠近施工现场,并利用国道、省道、县道以及乡镇主干道的交通条件。

(2)水、电、通信条件有保障。充分利用当地基础设施条件,特别要考虑市电380V动力电源、电话通信网、自来水供应等条件是否完善。

(3)方便工作联络。中心试验室应靠近建设项目业主指挥部;驻地监理试验室应依托监理处驻地设立;施工标段试验室应依托施工项目部或大型拌和场而建。

2. 试验室的功能分区及环境要求

(1)土工室。主要开展土的物理和力学性能试验,路面基层材料配合比设计试验,路基、路面基层材料施工现场抽检等。室内地面应坚硬、结实、抗振动,且便于土样等材料摊平风干。室内应砌筑CBR试验专用水槽、土工试验用操作平台、击实仪和路面强度仪等设备基础。

(2)集料室。主要开展水泥混凝土及沥青混合料用粗细集料的物理力学性质试验、浆砌工程用石料的技术性质试验。室内试验设备噪声源有筛分机、切石机、磨耗机等,要考虑隔声、降噪等措施,以保护建筑物、环境和工作人员的身心健康。

(3)水泥室。主要开展水泥物理力学性质试验。室内必须安装环境控制设备,以满足试验时的操作环境要求。试验操作平台应坚固、实用,以充分满足摆放水泥搅拌、振实、测定等小型设备的要求。

(4)混凝土室。主要开展混凝土配合比设计、混凝土技术性质试验、混凝土工程施工抽检。要求室内取水方便,排水应畅通。由于混凝土搅拌机、振动台工作噪声大,应尽量远离办公及居住场所,同时采取必要的降噪措施,如在混凝土振动台基座下设减震皮垫等。

(5)沥青室。主要开展沥青技术性能试验。室内应有良好的通风和采光条件,必须配置通风橱柜,并安装通风设备,朝向应避开东西向。

(6)沥青混合料室。主要开展混合料配合比设计、混合料技术性能试验、沥青路面工程施工抽检。对室内通风和采光的要求同沥青室。

(7)力学室。主要开展原材料或混合料的力学性能试验,如金属材料的机械性能试验、砂石材料的力学性能试验、混凝土的强度试验等。力学室要充分考虑设备的高度,室内地面应坚固、抗震动。

(8)养生室。用于强度试件的标准养生,如混凝土试件养生可控制在(20±2)℃,相对湿度大于95%。室内需要配置专用温度、湿度控制设备。

(9)样品室。用于摆放试验后留存的样品。

3.试验室平面布置及建筑面积要求

工地试验室的各室布置应合理。首先应做到各室独立布置，避免功能混区；其次要充分考虑不同功能室的用房要求，如沥青及混合料室对通风要求高，力学室要充分考虑设备的高度，养生室的保温隔热条件要求高；另外，试验室的平面布局还需要考虑方便工作，如混凝土室和力学室与养生室的距离不宜太远，以便推车行走。试验室的建筑面积应根据试验室的规模和开展的项目多少确定。建筑面积可参考表1-1-2确定。

试验室建筑面积参考表($m^2$)　　表1-1-2

| 分室名称 | 建筑面积 | 分室名称 | 建筑面积 |
| --- | --- | --- | --- |
| 土工室 | 20～40 | 力学室 | 20～40 |
| 集料室 | 20～30 | 养生室 | 20 |
| 水泥室 | 20～30 | 样品室 | 10 |
| 混凝土室 | 20～30 | 办公室 | 20～30 |
| 沥青室 | 20～30 | 资料室 | 10 |
| 混合料室 | 20～40 | 合计 | 200～300 |

## 第三节　试验室工作制度

为了保证试验检测质量，应对影响试验检测结果的各种因素(人员、设备、环境、方法等)进行控制，其中，管理制度的贯彻与落实也是一种有效的控制手段。管理制度是否健全、制度能否坚持贯彻执行，反映了试验室的管理水平。工地试验室要建立包括岗位责任、安全管理、仪器设备管理、文件资料管理以及样品管理等最基本的工作制度。

### 一、岗位职责

岗位责任制是工地试验室开展试验检测活动一项最重要的工作制度，尤其对试验室主任、试验检测工程师、试验检测员、资料管理员等重要岗位，应明确其职责范围、权限及质量责任。

1.中心试验室主任的职责

(1)贯彻执行上级有关的政策、方针、法规、条例和制度。

(2)建立和健全试验室质量管理体系和质量保证体系，督促检查试验检测岗位责任制的执行情况，考核试验人员的工作质量。

(3)负责组织编制试验检测季度、月度工作计划以及实施细则，经建设项目业主审定后组织实施。

(4)组织、领导试验人员完成中心试验室各项工作，对母体检测机构负责。

(5)负责对施工单位、驻地监理单位试验工作的检查、监督、指导。

(6)负责及时、准确地为业主提供试验报告和分析资料，发布工程质量信息。

(7)负责组织本部门人员参与新技术、新材料、新工艺等研究项目试验工作。

(8)提出试验仪器设备的购置、更新、改造、修理和报废计划，组织仪器设备送检和自检。

(9)组织制订中心试验室内部管理制度，做到各项工作有章可循，逐步实现标准化管理。

2.驻地监理试验室主任的职责

(1)在驻地高监领导下，与专业监理工程师紧密配合，准确及时地提供试验报告和分析意见，为驻地监理单位进行工程质量评估提供依据。

(2)监督、检查(包括必要的旁站)施工标段试验室的工作，使施工单位有足够的仪器和人员、依据合同文件的要求、按规定的频率进行各项试验检测，监督施工单位的试验、检测数据的真实性和准确性。

(3)抽查、复核施工单位所做的标准试验结果。

(4)监督、检查施工单位的进场材料及其保管和储存条件是否符合规定要求。

(5)提供分项工程有关验收的试验、检测资料及重要结构、重要层位的质量控制试验检测资料。

(6)每月负责向中心试验室上报有关试验、检测结果汇总表，并配合中心试验室及上级有关机构的检测工作。

(7)督促施工单位定期标定有关试验仪器。

(8)完成高级驻地或中心试验室交办的有关工作。

3.施工标段试验室主任职责

(1)对母体机构负责，及时、准确地提供各项试验检测数据，为项目单位指导、控制和评定施工质量提供科学依据。

(2)熟悉合同条件、设计图纸、规范、规程和标准，根据工程项目进度，制订试验室阶段性试验检测计划。

(3)主持工地试验室的日常工作，定期检查试验室环境控制情况、试验人员操作规范性、仪器设备的使用状况以及试验资料的整理归档情况等。

(4)依据规范、规程、标准以及合同要求的试验检测内容和频率，组织开展项目单位各项试验检测活动。

(5)审查和评价试验结果，按时向驻地监理试验室、中心试验室提交试验检测成果及报表。

(6)负责对试验室人员进行业务培训和考核。

(7)完成驻地监理试验室监理工程师及中心试验室交付的其他工作。

4.试验检测工程师职责

(1)负责对管辖区工地试验室(含工点试验站)的日常运行进行指导、监督和检查。

(2)负责对所管辖区施工质量的检测及各种原材料的抽样和检验。

(3)根据需要和可能,提出新的检测方案。

(4)根据阶段性的试验检测计划,组织完成各项试验检测任务。

(5)掌握管辖区工程施工进度与质量动态情况,对在检查和监督中存在与试验检测有关的质量和技术问题,及时上报。

(6)负责整理原始记录,编制试验检测报告。

(7)完成上级领导交办的其他工作。

5.试验检测员职责

(1)认真学习业务技术,熟悉和掌握有关规范及试验规程。

(2)在试验检测工程师的带领下,认真完成室内及工地现场试验检测任务。

(3)严格按试验检测规程操作,并详细、如实、正确记录测试情况和结果。

(4)爱护仪器设备,保持试验检测环境清洁,做好仪器检查和保养工作,做好仪器使用记录。

(5)严格遵守仪器设备安全操作规程,发现异常时应立即停止检测,并及时报告。

(6)在检测过程中有权拒绝任何方面对保证检测数据准确性的干扰。

(7)完成试验室主任交付的其他工作。

6.资料管理员职责

(1)收集试验人员递交的试验记录和报告,签名确认,妥善保管。

(2)做好试验资料的登记分类工作,对各类资料的分类应科学管理,便于查找,努力为试验检测人员做好技术服务工作。

(3)技术标准、规范、试验规程等技术文件必须详细做好清单,确保使用版本现行有效。

(4)严格遵守保密制度,不得随意复制、散发检测报告,不得泄露原始数据。

(5)各类资料在入库(档)时均应办理登记,登记应分类进行,入库(档)手续齐全,送交人、整理人、接收人均应签名。

(6)做好资料室的防火、防盗、防蛀工作,防止资料丢失或损坏。

(7)负责电话机、传真机、复印机、计算机以及网络信息平台的维护和管理。

(8)及时登记各类试验台账,定期收集和上传上级部门需要的各类报表。

(9)完成领导交付的其他工作，遵守各项工作制度。

## 二、管理制度

1.安全管理制度

(1)试验检测人员要树立"安全第一、预防为主"的思想，应将安全操作摆在首位，加强安全用电、防火、防盗意识。

(2)试验人员操作前必须熟练掌握仪器操作规程，熟悉仪器设备性能，严禁违规、违章操作。

(3)试验室消防器材有专人管理，严禁随意挪动，更不得挪作他用。

(4)试验室用电设备不得随意乱拉、乱接临时电线。试验人员在操作仪器前，需先检查所用仪器是否完好，凡发现漏电的仪器设备均须经仪器检修人员或专职电工检修，排除故障后方可使用。

(5)易燃易爆物品必须有专人保管、有专门存放的地方，隔绝烟火，并有严禁烟火的禁示牌。

(6)试验药品有专人保管、存放。剧毒物品领取必须进行称量登记和消耗记录，且要注明用途、用量、日期，并有负责人与使用人签名。

(7)试验人员离开试验室时，必须关好电闸、水闸、电灯、空调、门窗等。

(8)试验室内产生的污水应经沉淀后排入室外管道或沟渠，化学试验产生的废液应专门收集后按规定处理。

(9)若试验室发生事故和案件，要保持好现场，并迅速采取措施，防止事态扩大，并及时报告。

(10)对安全事故处理实行"三不放过"原则：事故原因不清不放过；事故责任者没有受到教育不放过；没有防范措施不放过。

2.仪器设备管理制度

(1)建立仪器设备卡片台账，做到账物相符，所有仪器设备建立档案袋。

(2)建立仪器使用责任制，使用责任人必须熟悉所管仪器设备的性能、操作规程，并能熟练进行试验操作，能排除常见小故障，定期对设备进行必要的保养，使设备处于正常的使用状态，非使用责任人使用仪器设备须经过使用责任人的同意，并在使用责任人的指导下或按其要求进行操作。

(3)建立设备检定制度。对新购买的仪器在使用前应进行标定或校正，在使用中的试验仪器设备，必须进行定期或不定期的期间校核。

(4)建立日常使用维护制度。设备在使用前应检查是否处于工作状态、是否满足使用要求，并清洁仪器表面。使用后要及时断电、清扫、保持仪器清洁。

(5)建立使用登记制度。内容包括使用日期和时段、试验内容、设备状况、故障情况等。

(6)所有检测仪器设备均由保管人根据检定、校验和检修结果，分别贴上合格(绿色)、准用(黄色)和停用(红色)三种标志。

3.样品管理制度

(1)试样采集严格按相应的产品标准以及试验规程规定进行。

(2)取样时应填写取样单。取样单内容包括试样编号、品种、规格、取样地点、里程桩号、用途、取样日期、取样人等。

(3)试样从运输到试验，应分类堆放，以免不同品种试样之间互相污染。

(4)样品送达试验室时，应查看样品状态，如样品的外观、包装、规格、型号以及等级等，并填写样品台账，粘贴好样品标志卡。

(5)对可以保存一定时间的试样(如水泥、沥青等)，应将样品分割成两份，一份供目前试验用，一份作为样本保存，供试验结果有争议时仲裁试验用。

(6)试验样品在试验室内流转过程中，应在标志卡上表明样品处在的状态，如“待检”、“在检”、“已检”字样。

(7)需要留存的试样，应建立留样台账，将样品存放在样品室内，并在样品标志卡标注“留样”字样和试验日期。存放期间应免受风吹、日晒、雨淋。

(8)做好样品室内的防火、防盗工作，一旦造成重要样品的损坏和丢失，按试验事故制度处理。

4.试验资料管理和保密制度

文件资料包括:各级有关工作文件，工作指令，试验规程、规范，技术参考资料，试验报告，原始记录，仪器设备档案等。

(1)文件资料管理由资料管理员统一管理。

(2)建立收发登记，分类归档，查、借阅登记制度。

(3)确保试验资料真实可靠、准确、齐全、及时。

(4)试验取样单、试验台账、试验报告及收发登记本应保管至工程竣工或更长时间，以备查对。

(5)对技术资料应建立清单或台账，分门别类地收集、整理、保存，并填写技术资料目录，对卷内资料进行编号，交资料员保管。

(6)资料管理员必须严格遵守保密规定，秘密及其以上的资料查阅应经过试验室主任批准，未经批准，任何个人不准将与工程有关的专用或机密文件、资料向外泄露。

(7)过期资料的处理必须登记造册，经试验室主任批准后才能销毁。

5.设施和环境管理制度

(1)试验室应安排专人负责混凝土养护室、水泥养护箱等温控设备的操作和维护，实时记录温度、湿度，保证试件养护条件符合规范要求。

（2）试验室内均应配置温、湿度计，并应对其进行定期的计量校准。试验过程中应保证试验项目在规范规定的环境条件下进行。

（3）试验室应对室内的能源、采光、采暖、通风设备或设施进行日常性检查和维护，发现故障应及时上报检修。

（4）对经常发生的停水、停电以及设备故障等情况，应有确保试验室正常运行的应急预案。如配备发电机、储水池等设备设施。

（5）试验室内保持清洁、整齐、有序、安全的良好受控状态。不得在试验室内进行与检测无关的活动，存放与检测无关的物品。

（6）无关人员未经批准不得随意进入试验室，尤其是特定环境要求的工作区域，如混凝土养护室、水泥试验室、力学试验室等试验室，应有警示并严格限制人员进出，以免影响环境稳定性和检测工作的安全。

（7）外来人员进入试验室须经主任许可，并应有试验室人员陪同，须遵守试验室保密规定及其他有关管理制度要求。

# 第二章 试验检测工作管理

## 第一节 试验检测方法及频率

### 一、路基工程

1.路基填料试验

路基填料试验项目及频率情况如表1-2-1所示。

路基填料试验项目及频率参照表　　表1-2-1

| 试验项目＼填料种类 | 土质填料 | 石质(土石)填料 | 水稳填料 |
|---|---|---|---|
| 天然含水率 | 酒精燃烧法:填筑前必测 | 烘干法:必要时测 | 烘干法:必要时测 |
| 颗粒组成 | 筛析法:每处料源至少测1次,材质变化时必测 | 筛析法:每处料源至少测1次,材质变化时必测 | 筛析法:每处料源至少测1次,材质变化时必测 |
| 液、塑限 | 联合测定法:每处料源至少测1次,材质变化必测 | 联合测定法:必要时测 | 联合测定法:每处料源至少测1次,材质变化时必测 |
| 击实试验 | 重型击实:每处料源至少测1次,材质变化时必测,填筑现场酌情加测 | 重型击实:必要时测 | 重型击实:必要时测 |
| CBR | 室内承载比:每处料源至少测1次,材质变化必测 | 室内承载比:必要时测 | 室内承载比:必要时测 |
| 有机质 | 化学分析:有疑义时测 | | |
| 易溶盐 | 化学分析:有疑义时测 | 化学分析:有疑义时测 | |
| 膨胀、湿陷、崩解 | 特种试验:有疑义时测 | 特种试验:有疑义时测 | |
| 无侧限强度 | | | 特种试验:有疑义时测 |

2.施工质量检测

路基施工质量检测项目及频率情况如表1-2-2所示。

**路基施工质量检测项目及频率参照表** 表 1-2-2

| 名称 | | 检测项目 | 检查方法 | 检测频率 |
|---|---|---|---|---|
| 原地表清理 | | 清淤深度 | 轻型动力触探 | 每5m一个断面，每断面5～9点 |
| 路基土石方 | | 土方路基压实度 | 灌砂法、环刀法、密实度仪法 | 每一压实层均检验，2点/1000m² |
| | | 石方(土石混填)路基压实度 | 工艺记录和沉降差法 | 每一压实层均检验，水准仪：1断面/40m，5～9点/断面 |
| | | 回弹弯沉 | 贝克曼梁法 | 路床顶面：每车道2点/20m(上路堤顶面参照进行) |
| 桥涵台背回填 | | 回填压实度 | 灌砂法 | 每侧每层测3点(左、中、右) |
| | | 回弹弯沉 | 贝克曼梁法 | 台背顶部每侧至少测3点 |
| 砌体工程 | 岩石 | 密度、吸水率、单轴抗压强度 | 依据《公路工程岩石试验规程》(JTG E41—2005) | 石料确认前或改变料场时检验 |
| | 砂浆 | 稠度、分层度 | 依据《建筑砂浆基本性能试验方法标准》(JGJ/T 70—2009) | 必要时测 |
| | | 抗压强度 | 依据《公路工程水泥及水泥混凝土试验规程》(JTG E30—2005) | 重要及主体砌筑物每工作班制取2组，一般次要砌筑物制取1组试件 |

## 二、桥涵工程

### 1.常用材料试验

桥涵常用材料试验项目及频率情况如表1-2-3所示。

**桥涵常用材料试验项目及频率参照表** 表 1-2-3

| 名称 | 检测项目 | 检查方法 | 检测频率 |
|---|---|---|---|
| 水泥 | 细度、比表面积、安定性、凝结时间、胶砂强度 | 依据《公路工程水泥及水泥混凝土试验规程》(JTG E30—2005) | 按同厂家、同编号、同品种、同强度等级的进场水泥：袋装每200t为一批，散装每500t为一批，不足者也按一批作为抽样单位 |
| 钢筋 | 尺寸、表面 | 目测，必要时卡尺量 | 按同牌号、同厂家、同一炉罐号、同规格钢筋组成，60t(或以下)按一个批次，对超过一个批次(60t)的部分，每增加40t(或不足40t的余数)，增加一个拉伸试样和一个弯曲试验试样 |
| | 重量偏差 | 称重 | |
| | 拉伸试验 | 依据《金属材料室温拉伸试验方法》(GB/T 228—2002) | |

续上表

<table>
<tr><th colspan="2">名　称</th><th>检测项目</th><th>检查方法</th><th>检测频率</th></tr>
<tr><td colspan="2">钢筋</td><td>弯曲试验</td><td>依据《金属材料弯曲试验方法》(GB/T 232—2010)</td><td></td></tr>
<tr><td rowspan="4">钢筋接头</td><td rowspan="2">焊接接头</td><td>外观检查</td><td rowspan="2">依据《钢筋焊接及验收规程》(JGJ 18—2003)、《金属材料室温拉伸试验方法》(GB/T 228—2002)、《金属材料弯曲试验方法》(GB/T 232—2010)</td><td rowspan="2">300 个同类焊头为一批,不足按一批论,外观按 10%抽查,拉伸取 3 根,弯曲(闪光焊)取 3 根</td></tr>
<tr><td>拉伸/弯曲</td></tr>
<tr><td rowspan="2">机械接头</td><td>外观检查</td><td rowspan="2">依据《钢筋机械连接通用技术规程》(JGJ 107—2003)、《金属材料室温拉伸试验方法》(GB/T 228—2002)</td><td rowspan="2">500 个同类焊头为一批,不足按一批论,外观按 10%抽查,拉伸取 3 根试件</td></tr>
<tr><td>单向拉伸</td></tr>
<tr><td colspan="2" rowspan="3">混凝土用细集料</td><td>级配/细度模数、含泥量、泥块含量、石粉含量(机制砂)</td><td rowspan="3">依据《公路工程集料试验规程》(JTG E42—2005)</td><td>材料进场验收复核试验:以每 200m³ 作为一批,不足者按一批抽样试验</td></tr>
<tr><td>表观密度、堆积密度、含水率</td><td>混凝土配合比试验需要进行的原材料分析</td></tr>
<tr><td>云母含量、轻物质含量、硫化物及硫酸盐含量、有机质、坚固性</td><td>材料验证试验:每一料源地抽样检测一次</td></tr>
<tr><td colspan="2" rowspan="4">混凝土用粗集料</td><td>颗粒级配、含泥量、泥块含量、针片状含量</td><td rowspan="4">依据《公路工程集料试验规程》(JTG E42—2005)</td><td>材料进场验收复核试验:以每 400m³ 作为一批,不足者按一批抽样试验</td></tr>
<tr><td>表观密度、堆积密度、含水率</td><td>混凝土配合比试验需要进行的原材料分析</td></tr>
<tr><td>压碎值、岩石抗压强度</td><td>材料验证试验:每一料源地抽样检测一次</td></tr>
<tr><td>硫化物及硫酸盐含量、有机质、坚固性</td><td>对材料有怀疑时检测</td></tr>
</table>

2. 施工质量检测

桥涵施工质量检测项目及频率情况如表 1-2-4 所示。

**桥涵施工质量检测项目及频率参照表** 表 1-2-4

| 名称 | 检测项目 | 检查方法 | 检测频率 |
| --- | --- | --- | --- |
| 地基、基桩 | 地基承载力 | 轻型动力触探 | 结构物每侧测点不少于 3 点 |
| | 基桩成孔质量 | 依据《公路桥涵施工技术规范》(JTJ 041—2000) | 每孔必测 |
| | 基桩完整性 | 超声波法 | 每桩必检 |
| 混凝土拌和性能 | 工作性(坍落度等) | 坍落度法 | 每一工作班至少 2 次 |
| | 含气量 | 改良气压法 | 必要时做 |
| | 凝结时间 | 贯入阻力仪法 | |
| 结构混凝土 | 强度 | 标养试件强度 | ①一般体积的结构物(基础、墩台)时,每一单元制取 2 组;②连续浇筑大体积结构物混凝土时,每 80～200m³ 或每一工作班制取 2 组;③桥梁上部结构,主要构件长 16m 以下应制取 1 组,16～30m 制取 2 组,31～50m 制取 3 组,50m 以上者不少于 5 组,小型构件每批或每工作班制取 2 组;④基桩每根至少制取 2 组;桩长 20m 以上者不少于 3 组;桩径大、浇筑时间很长时,不少于 4 组;如换工作班时,每一工作班应制取 2 组;⑤构筑物(小桥涵、挡土墙)每座、每处或每工作班制取不少于 2 组。当原材料和配合比相同、并由同一拌和站拌制时,可几座或几处合并制取 2 组;⑥每根墩柱不少于 3 组,分段浇筑的每段不少于 2 组,悬浇箱梁每一节段不少于 3 组 |
| | | 回弹法 | 普查成品构件 |
| | | 钻芯法 | 对构件有怀疑时检测 |
| | 钢筋位置及保护层厚度 | 电磁感应法 | 普查成品构件 |
| | 表观及内部缺陷 | 目测及裂缝观测 | 普查成品构件 |

## 三、隧道工程

1. 常用材料试验

隧道常用材料试验项目及频率情况如表 1-2-5 所示。

隧道常用材料试验项目及频率参照表　　表 1-2-5

| 名　称 | 检测项目 | 检查方法 | 检测频率 |
|---|---|---|---|
| 锚杆材料 | 抗拉强度 | 室内拉伸试验 | 300 根为一批，抽取 3 根，不足按一批论 |
| | 杆体规格 | 目测，必要时用卡尺量 | |
| | 焊接、车丝等质量 | 目测外观 | |
| 混凝土原材料 | 同桥涵 | 同桥涵 | 同桥涵 |
| 钢筋及连接 | 同桥涵 | 同桥涵 | 同桥涵 |

注：防水材料见委托试验项目表。

2. 施工质量检测

隧道施工质量检测项目及频率情况如表 1-2-6 所示。

隧道施工质量检测项目及频率参照表　　表 1-2-6

| 名　称 | 检测项目 | 检查方法 | 检测频率 |
|---|---|---|---|
| 开挖质量 | 超、欠挖量 | 激光断面仪 | 每 20m 抽一个断面，测点间距≤1m |
| 喷锚支护 | 混凝土抗压强度 | 喷大板切割法 | 两车道隧道每 10 延米，至少在拱部和边墙各取 1 组试样，其他工程每喷 50～100m² 制取 1 组，小于 50m² 制取 1 组 |
| | 喷层厚度 | 凿孔或雷达 | 每 10m 检查一个断面，每个断面从拱顶中线起每 3m 检查 1 点 |
| | 锚杆拉拔力 | 拉拔力试验 | 按锚杆数 1% 且不小于 3 根抽检 |
| 混凝土衬砌 | 标养试件强度 | 同桥涵 | 同桥涵 |
| | 抗渗等级 | 抗渗试验 | 每单位工程制件不少于 2 组 |
| | 衬砌厚度 | 激光断面仪或地质雷达 | 每 40m 检查一个断面 |
| | 墙面平整度 | 2m 直尺 | 每 40m 每侧检查 5 处 |

## 四、路面基层

1. 常用材料试验

路面基层常用材料试验项目及频率情况如表 1-2-7 所示。

**路面基层常用材料试验项目及频率参照表** 表 1-2-7

| 名　　称 | 检 测 项 目 | 检 查 方 法 | 检 测 频 率 |
| --- | --- | --- | --- |
| 土、砂砾、碎石等集料 | 含水率 | 烘干法、酒精燃烧法 | 每工作班检测一次 |
| | 颗粒分析 | 筛分法 | 使用前检测一次，施工过程中每 2000m² 检测一次 |
| | 液塑限 | 联合测定法 | 使用前检测一次，施工过程中每 2000m² 检测一次 |
| | 压碎值 | 集料压碎值试验 | 使用前检测一次，品种变化时检测一次 |
| | 有机质和硫酸盐含量 | 化学分析 | 有怀疑时检测一次 |
| 石灰 | 有效钙、氧化镁 | 石灰化学分析 | 材料每次进场时检测一次，以后每两个月检测一次 |
| 水泥 | 胶砂强度 | ISO 法 | 材料每次进场时检测一次 |
| | 终凝时间 | 维卡仪法 | |
| 粉煤灰 | 烧失量 | 烧失量试验 | 材料每次进场时检测一次 |

2. 施工质量检测

路面基层施工质量检测项目及频率情况如表 1-2-8 所示。

**路面基层施工质量检测项目及频率参照表** 表 1-2-8

| 名　　称 | 检 测 项 目 | 检 查 方 法 | 检 测 频 率 |
| --- | --- | --- | --- |
| 无机结合料稳定材料 | 合成级配 | 筛分 | 每 2000m² 检测一次 |
| | 水泥及石灰剂量 | 化学滴定 | 每 2000m² 检测一次，至少 6 个样品 |
| | 无侧限抗压强度 | 取样制件试压 | 每一作业段或每 2000m² 6 或 9 个试件 |
| 结构层 | 压实度 | 灌砂法 | 每一作业段或每 2000m² 6 点 |
| | 厚度 | 开挖或钻芯 | 每 200m 每车道 1 点 |

## 五、水泥混凝土路面

1. 常用材料试验

水泥混凝土路面常用材料试验项目及频率情况如表 1-2-9 所示。

**水泥路面常用材料试验项目及频率参照表** 表 1-2-9

| 名称 | 检测项目 | 检查方法 | 检测频率 |
|---|---|---|---|
| 水泥 | 抗弯拉强度、抗压强度、安定性 | 依据《公路工程水泥及水泥混凝土试验规程》(JTG E30—2005) | 机铺 1500t、小型机具 500t 一批 |
| | 凝结时间、标准稠度需水量、细度、比表面积 | | |
| | f-CaO、MgO、$SO_3$ 含量 | 依据《水泥化学分析方法》(GB/T 176—2008) | 每标段不少于 3 次，进场前必测 |
| | 温度、水化热 | 温度计测温 | 冬、夏季随时检测 |
| 粉煤灰 | 活性指数、细度、烧失量 | 依据《用于水泥和混凝土中的粉煤灰》(GB/T 1596—2005) | 机铺 1500t、小型机具 500t 一批 |
| | 需水量比、$SO_3$ 含量 | | 每标段不少于 3 次，进场前必测 |
| 粗集料 | 针片状、颗粒级配、表观密度、堆积密度、空隙率 | 依据《公路工程集料试验规程》(JTG E42—2005) | 机铺 2500$m^3$、小型机具 1500$m^3$ 一批 |
| | 含泥量、泥块含量 | | 1000$m^3$ 一批 |
| | 坚固性、岩石抗压强度、压碎值指标 | | 每种粗集料每标段不少于 2 次 |
| | 碱集料反应 | | 怀疑有碱活性集料时进场前检测 |
| | 含水率 | | 降雨或湿度变化时随时检测 |
| 细集料 | 级配、细度模数、表观密度、堆积密度、空隙率 | 依据《公路工程集料试验规程》(JTG E42—2005) | 1500$m^3$ 一批 |
| | 含泥量、泥块含量 | | 500$m^3$ 一批 |
| | 坚固性 | | 每种细集料每标段不少于 3 次 |
| | 云母、轻物质及有机质含量 | | 目测，有云母或杂质时测 |
| | 含水率 | | 降雨或湿度变化时随时检测 |
| | 硫酸盐、氯盐含量 | | 必要时实测，淡化海砂每标段 3 次 |

## 2. 施工质量检测

水泥混凝土路面施工质量检测项目及频率情况如表 1-2-10 所示。

**水泥路面施工质量检测项目及频率参照表** 表 1-2-10

| 名称 | 检测项目 | 检查方法 | 检测频率 |
|---|---|---|---|
| 混凝土 | 工作性 | 坍落度法 | 每工作班测 3 次 |
| | 含气量 | 改良气压法 | 每工作班测 3 次 |
| | 坍落度损失 | 坍落度法 | 开工、气温高和有变化时随时测 |
| | 弯拉强度 | 现场取样制件，标准养护 28d 测定弯拉强度 | 每班留 2～4 组试件，日进度＜500m 取 2 组；≥500m 取 3 组；≥1000m 取 4 组 |
| 结构层 | 板厚度 | 施工跟踪测量 | 路面摊铺宽度内每 100m 左右各 2 处，连接摊铺每 100m 单边 1 处，参考芯样 |
| | 钻芯劈裂强度 | 钻芯法 | 每车道每 3km 钻取 1 个芯样，硬路肩为 1 个车道 |
| | 平整度 | 3m 直尺 | 每半幅车道 100m、2 处 10 尺 |

## 六、沥青路面

### 1. 常用材料试验

沥青路面常用材料试验项目及频率如表 1-2-11 所示。

**沥青路面常用材料试验项目及频率参照表** 表 1-2-11

| 材料 | 试验项目 | 检测方法 | 进场验收频度 | 施工过程抽检频度 |
|---|---|---|---|---|
| 粗集料 | 外观（品种、含泥量等）、针片状颗粒含量 | 依据《公路工程集料试验规程》（JTG E42—2005） | 每批材料进场必检 | 随时检测 |
| | 压碎值、洛杉矶磨耗损失、颗粒组成（筛分）、磨光值、含水率 | | 每批材料进场必检 | 必要时检测 |
| | 表观相对密度、吸水率、坚固性、软石含量、与沥青黏附性 | | 每批材料进场必检 | |
| 细集料 | 颗粒组成（筛分） | 依据《公路工程集料试验规程》（JTG E42—2005） | 每批材料进场必检 | 随时检测 |
| | 砂当量、松方单位重、含水率 | | 每批材料进场必检 | 必要时检测 |
| | 表观相对密度、含泥量、亚甲蓝值、棱角性 | | 每批材料进场必检 | |
| | 坚固性 | | 必要时检测 | |

续上表

| 材料 | 试验项目 | 检测方法 | 进场验收频度 | 施工过程抽检频度 |
|---|---|---|---|---|
| 矿粉 | 外观 | 目测无结团 | 每批材料进场必检 | 随时检测 |
| | 含水率、<0.075mm 含量 | 依据《公路工程集料试验规程》(JTG E42—2005) | 每批材料进场必检 | 必要时检测 |
| | 表观密度、亲水系数、塑性指数、加热安定性 | | 每批材料进场必检 | |
| 石油沥青 | 针入度、软化点、延度 | 依据《公路工程沥青及沥青混合料试验规程》(JTG E20—2011) | 每批材料进场必检 | 随时检测 |
| | 含蜡量 | | 每批材料进场必检 | 必要时检测 |
| | 闪点、溶解度、密度、老化试验 | | 每批材料进场必检 | |
| 改性沥青 | 针入度、软化点、离析试验(成品改性沥青) | | 每批材料进场必检 | 随时检测 |
| | 低温延度、弹性恢复 | | 每批材料进场必检 | 随时检测 |
| | 闪点、溶解度、老化试验 | | 每批材料进场必检 | |

注:1."随时"是需要经常检查的项目,其检查频度可根据材料料源及质量波动情况由业主及监理确定。

2."必要时"是指施工各方任一个部门对其质量产生怀疑、提出需要检查时,或是根据需要商定的检查频度。

2.施工质量检测

热拌沥青混合料路面施工质量检测项目及频率情况如表 1-2-12 所示。

**热拌沥青混合料路面施工质量检测项目及频率参照表** 表 1-2-12

| 名称 | 检测项目 | 检查方法 | 检测频率 |
|---|---|---|---|
| 混合料 | 沥青用量、矿料级配 | 抽提试验 | 每台拌和机每天 1~2 次 |
| | 空隙率、稳定度、流值 | 马歇尔试验 | 每台拌和机每天 1~2 次 |
| | 水稳定性 | 浸水马歇尔试验 | 必要时 |
| | 高温稳定性 | 车辙试验 | 必要时 |
| 厚度 | 总厚度、上面层厚度 | 挖坑或钻芯 | 每 $2000m^2$ 一点 |
| 压实度 | | 钻芯或核子仪 | 每 $2000m^2$ 一点 |
| 平整度 | 上面层、中下面层平整度 | 3m 直尺 | 随时 |
| 渗水性能 | 沥青层层面上渗水系数 | 现场渗水试验 | 每 1km 不少于 5 点,每处 3 处取平均 |

# 第二节 试验检测工作流程

试验检测工作流程如图 1-2-1~图 1-2-6 所示。

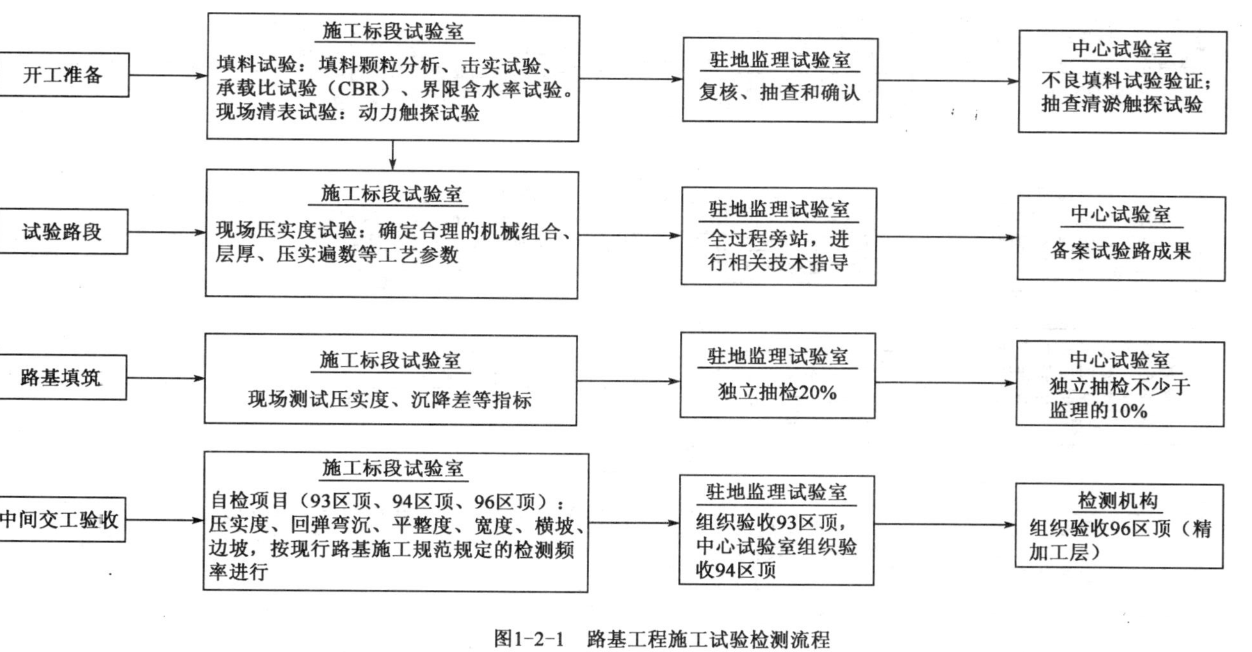


图1-2-1　路基工程施工试验检测流程

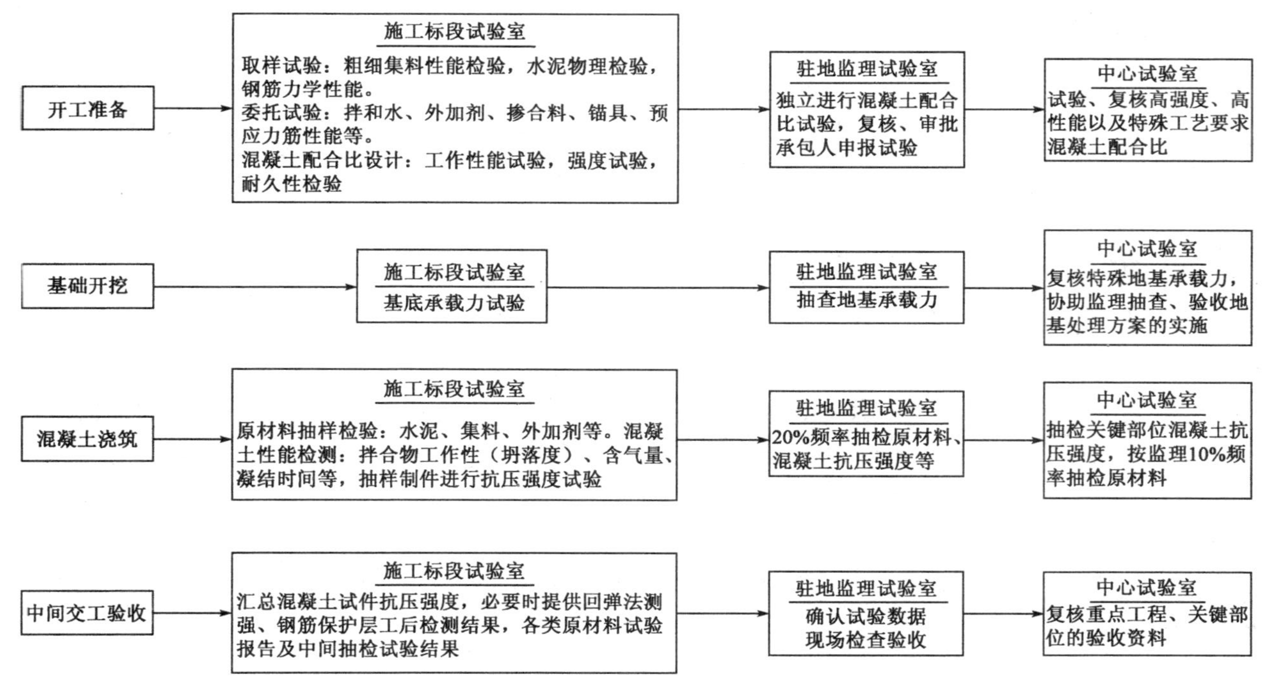


图1-2-2　结构混凝土工程施工试验检测流程

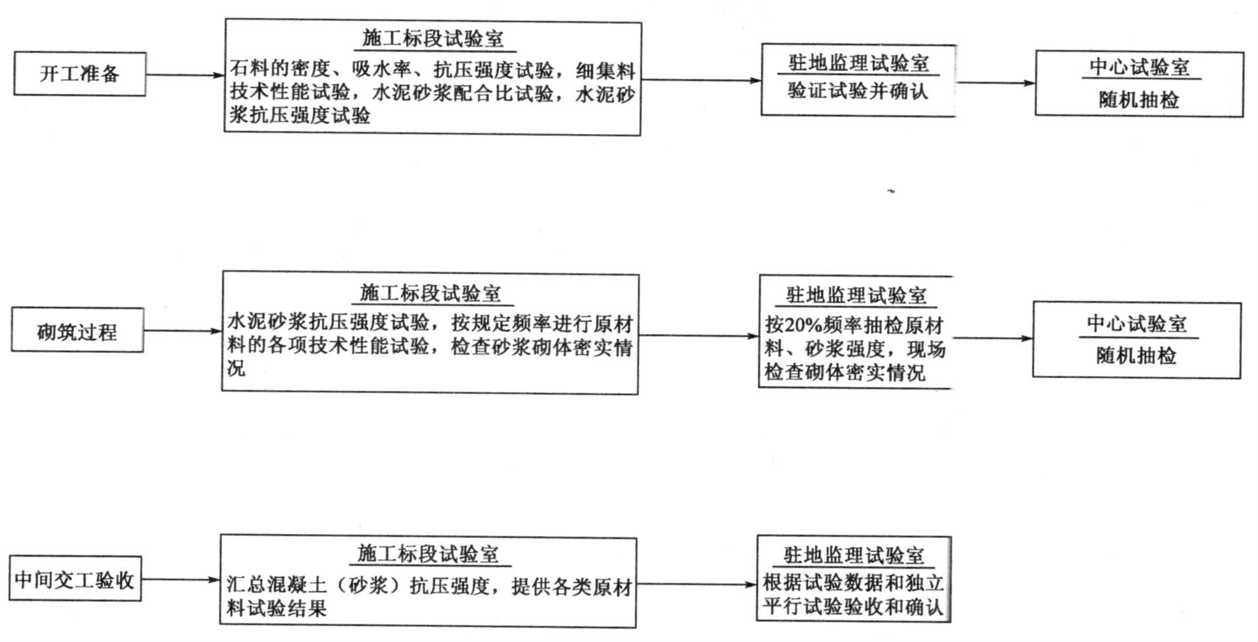


图1-2-3　砌体工程施工试验检测流程

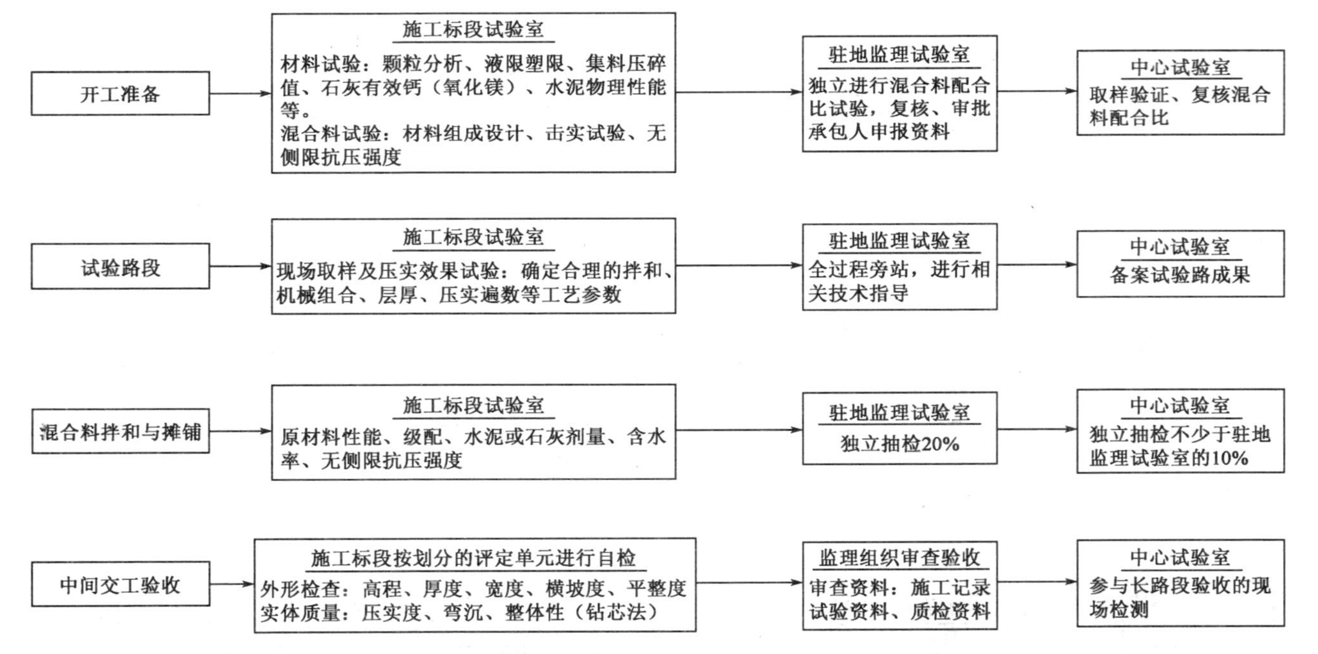


图1-2-4　路面基层施工试验检测流程

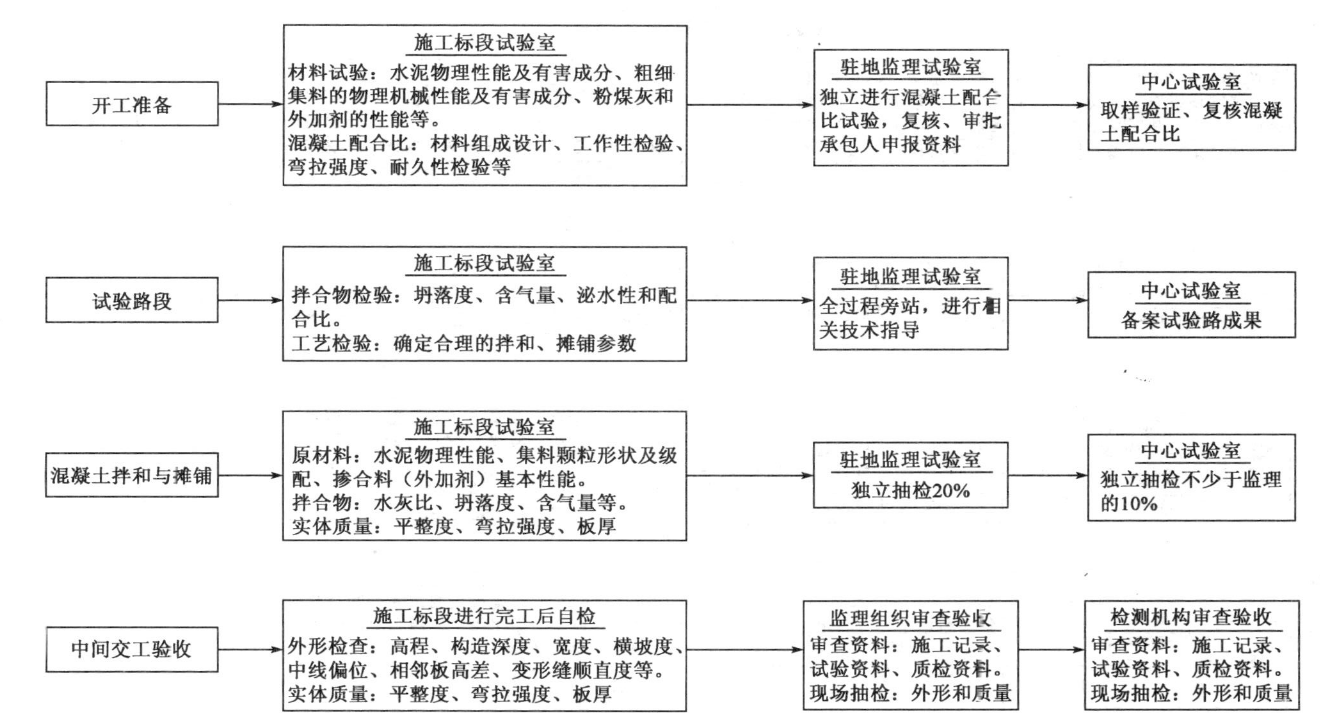


图1-2-5　水泥混凝土路面施工试验检测流程

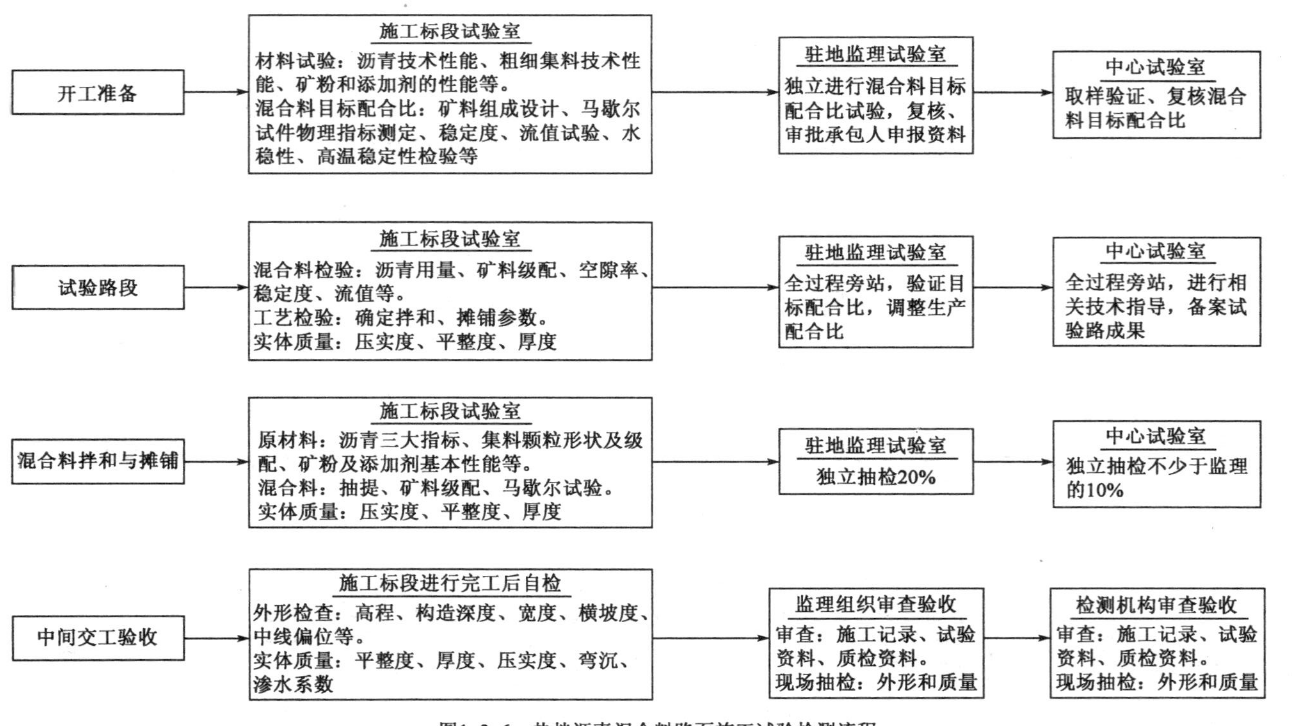


图1-2-6　热拌沥青混合料路面施工试验检测流程

## 第三节　委托试验检测

工地试验室暂无条件开展的试验检测项目，需要委托第三方检测机构进行。第三方检测机构应通过省级及其以上计量行政主管部门的计量认证，同时应具有公路工程综合乙级以上等级资质证书，特殊项目应具有公路工程综合甲级、桥梁隧道工程专项以及交通工程专项资质证书。常见的委托试验检测项目分为特殊工程材料及产品检验、施工质量专项检测两大类。

### 一、特种工程材料及产品委托检验

1. 特种工程材料及产品分类

(1)砂浆、混凝土外加剂类：减水剂、防水剂、泵送剂、增塑剂、膨胀剂、锚杆锚固剂、速凝剂等。

(2)土工合成材料类：土工布、土工膜、土工格栅、土工格室、土工加筋带等。

(3)防水卷材类：防水板、止水带、止水条等。

(4)管材类：透水管、排水管、渗水管等。

(5)公路桥梁专用产品系列：板式支座、盆式支座、球形支座、钢绞线、钢丝、锚(夹)具、孔道波纹管等。

(6)沥青及混合料添加剂：纤维、抗剥落剂、抗车辙剂等。

(7)交通工程材料类：标志板、硅芯管、标线涂料、反光膜、突起路标、波形护栏、隔离栅等。

2. 委托程序及试验项目

材料进场后，施工标段试验室应及时向驻地监理试验室提出外委申请，在监理人员的见证下抽取样品。委托的检测机构需经中心试验室审核确认，送检时监理人员应随同，并在第三方检测机构的委托单上确认签字。委托程序见图1-2-7。取样数量和检验参数参照表1-2-13进行。

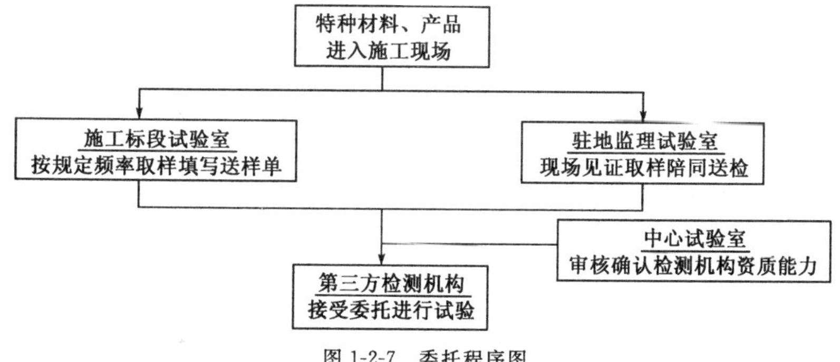


图1-2-7　委托程序图

表 1-2-13

## 委托试验项目参照表

| 材料名称 | | 检验参数 | 抽检频率、取样方法 | 现行标准 | 备注 |
|---|---|---|---|---|---|
| 土工合成材料类 | 土工格栅 | 单位克重、拉伸强度、撕裂强度、CBR 顶破强度、垂直渗透系数 | 同品种、同规格、同一工艺交货批 400 卷为一批，抽取（2%～3%），不少于 2 卷，每卷 $2m^2$ | 《公路工程土工合成材料》（JT/T 513—2004～JT/T 521—2004） | 分长丝和短纤 |
| | 土工布 | 单位克重、拉伸强度、撕裂强度、CBR 顶破强度、耐静水压力 | 同品种、同规格、同一工艺交货批 100 卷为一批，抽取（2%～3%），不少于 2 卷，每卷 $2m^2$ | 《非织造复合土工模》（GB/T 17642—1998） | |
| | 复合土工膜 | 拉伸强度、2%应力、5%应力和最大应力时伸长率、黏焊剥离力、单根最大力 | 同规格产品为一批，每批不超过 500 卷，检验从批中随机抽 5 卷，每卷 $1m^2$ 左右 | 《交通工程土工合成材料》（JT/T 480—2002） | 塑料格栅、玻纤格栅、黏焊格栅、拉筋带试验项目参见产品标准 |
| 桥梁专用产品系列 | 钢绞线 | 拉伸最大力、非比例应力、伸长力、松弛 | 同规格、同炉号、60t 为一批，任取 3 盘，每一盘取一根样品做拉伸试验 | 《预应力用钢绞线》（GB/T 5224—2003） | 对质量有疑义时，须做松弛试验 |
| | 锚夹具 | 表面硬度检验、静载锚固性能试验（测试锚固效率、组装件总应变等指标） | 锚具、夹具 1000 套为一批、连接器 500 套为一批，抽取 5%做硬度试验。对特大桥、大桥等重要工程再抽取 6 套组成 3 个预应力筋锚具组装件，检验静载锚固性能 | 《预应力筋用锚具、夹具和连接器》（GB/T 14370—2007） | 当质量证明书不齐全、不正确或质量有疑点时，应进行静载锚固性能试验 |
| | 波纹管 | 环刚度、局部横向荷载、柔韧性、落锤冲击 | 同一配方、同一生产工艺、同设备连续生产交货 10000m 为一批，抽 3 根 1.1m 样品 | 《混凝土桥梁用塑料波纹管》（JT/T 529—2004） | |

续上表

| 材料名称 | | 检验参数 | 抽检频率、取样方法 | 现行标准 | 备注 |
|---|---|---|---|---|---|
| 桥梁专用产品系列 | 板式支座 | 极限抗压强度、抗压弹性模量、抗剪弹性模量、老化后抗剪弹性模量、滑板与不锈钢板摩擦系数 | 同种原料、同种生产工艺条件下同一进货批为一批，任取一种规格6块 | 《公路桥梁板式橡胶支座》(JT/T 4—2004) | 对质量有疑义，怀疑有再生胶制品时，须做老化试验 |
| | 盆式支座 | 竖向承载力、摩阻系数 | 同种原料、同种生产工艺条件下同一进货批为一批，任取一种规格1块 | 《公路桥梁盆式橡胶支座》(JT 391—2009) | 受试验设备限制，经协商可选用厂家小型支座替代 |
| | 球形支座 | 竖向承载力、摩擦因数 | 同种原料、同种生产工艺条件下同一进货批为一批，任取一种规格1块 | 《桥梁球型支座》(GB/T 17955—2009) | 受试验设备限制，经协商可选用厂家小型支座替代 |
| 砂浆混凝土外加剂类 | 高效减水剂 | 减水率、含气量、凝结时间差、抗压强度比、钢筋锈蚀试验 | 同原料、同品种、同种生产工艺条件下，进入工地(或搅拌站)每次抽取2～5kg | 《混凝土外加剂》(GB 8076—2008) | 引气型、早强型、缓凝型试验项目参见产品标准 |
| | 膨胀剂 | 28d抗压、抗折强度、限制膨胀率、钢筋锈蚀试验 | 同原料、同品种、同种生产工艺条件下，进入工地(或搅拌站)每次抽取3～5kg | 《混凝土膨胀剂》(JC 476—2001) | 对掺有减水剂的复合产品，尚应检验减水剂指标 |
| | 泵送剂 | 压力泌水率、坍落度保留值、28d抗压强度比、钢筋锈蚀试验 | 同原料、同品种、同种生产工艺条件下，进入工地(或搅拌站)每次抽取3～5kg | 《混凝土泵送剂》(JC 473—2001) | |
| | 防水剂 | 钢筋锈蚀试验、28d抗压强度比、28d渗透高度比 | 同原料、同品种、同种生产工艺条件下，进入工地(或搅拌站)每次抽取3～5kg | 《砂浆、混凝土防水剂》(JC 474—2008) | |

续上表

| 材料名称 | | 检验参数 | 抽检频率、取样方法 | 现行标准 | 备注 |
|---|---|---|---|---|---|
| 砂浆混凝土外加剂类 | 锚固剂 | 凝结时间、抗压强度、锚固力、膨胀力 | 同一产品代号、同一规格、同一生产厂家、同一批次，随机取3～5kg | 《水泥锚杆卷式锚固剂》(MT 219—2002) | |
| | 速凝剂 | 初终凝时间、1d抗压强度、28d抗压强度比 | 同规格、同品种、同生产厂家，进入工地(或搅拌站)每20t为一批次，抽取3～5kg | 《喷射混凝土用速凝剂》(JC 477—2005) | |
| 混凝土掺合料类 | 硅灰 | 比表面积、含水率、需水量比、28d活性指数 | 连续供应30t同等级、种类为一批，取样4kg | 《高性能混凝土用矿物外加剂》(GB/T 18736—2002) | |
| | 粉煤灰 | 细度、含水率、需水量比、三氧化硫含量、烧失量、安定性 | 连续供应200t同等级、种类为一批，取样3kg | 《用于水泥和混凝土中粉煤灰》(GB/T 1596—2005) | |
| | 矿渣粉 | 比表面积、含水率、需水量比、(3d、7d、28d)活性指数 | 连续供应120t同等级、种类为一批，取样12kg | 《高性能混凝土用矿物外加剂》(GB/T 18736—2002) | |
| 管材类 | 双壁波纹管 | 外观质量、外形尺寸、环刚度、环柔度、烘箱试验、冲击性能 | 同原料、配方和工艺，同规格为一批，抽取3根，每根1m | 《埋地排水用(PVC-U)双壁波纹管》(GB/T 18477.1—2007) | 对新型材料管材，试验项目有所不同 |
| | PVC-U排水管 | 外观质量、外形尺寸、不圆度、环刚度、落锤冲击、纵向回缩 | 同原料、配方和工艺，同规格为一批，抽取3根，每根1m | 《无压埋地排污、排水用(PVC-U)双壁波纹管》(GB/T 20221—2006) | 对新型材料管材，试验项目有所不同 |
| | 芯层发泡管 | 外观质量、外形尺寸、不圆度、环刚度、落锤冲击、纵向回缩 | 同原料、配方和工艺，同规格为一批，抽取3根，每根1m | 《排水用芯层发泡(PVC-U)管材》(GB/T 16800—2008) | 对新型材料管材，试验项目有所不同 |

续上表

| 材料名称 | | 检验参数 | 抽检频率、取样方法 | 现行标准 | 备注 |
|---|---|---|---|---|---|
| 管材类 | 软式透水管 | 扁平率、滤布力学和水力性能试验 | 同规格1000m为一批次，不足1000m为一批次，每次取3根1m长试样 | 《软式透水管》(JC 937—2004) | |
| 防水卷材类 | 防水板 | 拉伸强度、扯断伸长率、厚度、撕裂强度、耐臭氧化、热空气老化、低温弯折、不透水性 | 同一品种、规格的产品5000m² 为一批进行验收，不足5000m² 也作为一批。从每批产品的1～3卷中取样，抽取的试样面积应不小于1000mm×1000mm | 《高分子防水材料 第一部分 片材》(GB 18173.1—2006) | |
| | 止水带 | 拉伸强度、扯断伸长率、厚度、撕裂强度、耐臭氧化、热空气老化、脆性温度、硬度、压缩变形 | 同厂家、同批次、同规格随机抽取2根1m | 《高分子防水材料 第二部分 止水带》(GB 18173.2—2000) | |
| | 止水条 | 体积膨胀率、高温流淌性、低温试验 | 同厂家、同批次、同规格随机抽取1根1m | 《高分子防水材料 第三部分 遇水膨胀橡胶》(GB/T 18173.3—2002) | |
| 沥青混合料添加剂 | 纤维稳定剂 | 长度、强度、酸值、灰份含量、含水率、吸油性 | 同厂家、批次、规格抽取2kg | 《公路沥青路面施工技术规范》(JTG F40—2004) | |
| | 抗剥落剂 | 与集料黏附性试验 | 同厂家、批次、规格抽取2kg | 《公路沥青路面施工技术规范》(JTG F40—2004) | 按性能评价 |
| | 抗车辙剂 | 混合料车辙试验 | 同厂家、批次、规格抽取2kg | 《公路沥青路面施工技术规范》(JTG F40—2004) | 按性能评价 |

续上表

| 材料名称 | | 检验参数 | 抽检频率、取样方法 | 现行标准 | 备注 |
|---|---|---|---|---|---|
| 交通工程材料类 | 波形梁护栏 | 原材料性能(抗拉强度、屈服强度、伸长率);防腐层性能(镀层厚度、镀层附着量、附着性、均匀性) | 同一基底材料、同一规格尺寸的同一表面处理的产品作为一批,每批的数量不超过50t,以大于1000件作为一批 | 《公路波形梁钢护栏》(JT/T 281—2007) | 波形梁板、立柱、防阻块、紧固件等均按批次抽检 |
| | 交通标志反光膜 | 色度性能、逆反射性能、耐候性能、盐雾腐蚀、溶剂试验、冲击试验、弯曲试验、高低温试验、收缩试验、附着性能、防沾纸的可剥离试验、抗拉试验等 | 随机抽取反光膜生产厂制造的整卷反光膜产品作为产品试样,再从中随机截取相应尺寸(一般不少于$1m^2$)的反光膜试样 | 《公路交通标志反光膜》(GB/T 18833—2002) | |
| | 热熔性标线涂料 | 密度、软化点、涂膜外观、不粘胎时间、色度性能、抗压强度、耐磨性、耐水性、耐碱性、玻璃珠含量、流动度、涂膜低温抗裂、加热稳定性、人工加热耐候性 | 同厂家、同批次、同规格随机抽取3~5kg试样 | 《路面标线涂料》(JT/T 280—2004) | 溶剂型、双组份以及水性涂料参照标准要求检测 |
| | 隔离栅 | 原材料性能(抗拉强度、屈服强度、伸长率);防腐层性能(镀层厚度、镀层附着量、附着性、均匀性) | 同一基底材料、同一规格尺寸的同一表面处理的产品作为一批,一批网片数量不大于$2000m^2$(随机取一片),一批钢管、型钢及混凝土立柱不大于500根(随机取一根) | 《高速公路交通工程钢构件防腐技术条件》(GB/T 18226—2000) | |

## 二、施工质量专项委托检测

常见委托检测项目如下：

(1)路基工程：路基沉降观测。

(2)桥涵工程：基桩完整性检测、地基及基桩承载能力试验、大型或特殊桥梁施工监控量测、单片梁板承载能力检测、成桥荷载试验等。

(3)隧道工程：隧道施工监控量测、超前地质预报等。

各委托项目相应检测参数、方法及频率参见表 1-2-14。

**施工质量委托检测项目方法频率参照表** 表 1-2-14

| 委托项目 | 检 测 参 数 | 检测依据及标准 | 检 测 频 率 |
|---|---|---|---|
| 沉降观测 | 沉降量、沉降速率、横向不均匀沉降、土体水平位移、地基孔隙水压力 | ①《公路路基施工技术规范》(JTG F10—2006)<br>②《工程测量规范》(GB 50026—2007)<br>③《交通土建软土地基工程手册》(河海大学和沪宁高速公路股份有限公司主编) | 检测软基、高填方、溶洞、采空区路基填筑路段。其中：<br>填筑期：一周观测一次。<br>预压期：初期每半月一次，后期每一个月一次。<br>路面施工期：每施工一个结构层次观测一次 |
| 基桩动测 | 桩身完整性、桩侧和桩尖阻力、竖向承载力 | 《公路工程基桩动测技术规程》(JTG/T F81-01—2004) | 100%完整性检测，重要工程钻孔灌注桩声测法不低于50%，高应变法不宜少于总桩数5%且不少于5根 |
| 地基荷载板试验 | 地基土承载力、地基土变形模量 | ①《公路工程地质勘察规范》(JTJ C20—2011)<br>②《公路桥涵地基与基础设计规范》(JTG D63—2007) | 按设计要求进行 |
| 基桩承载力 | 单桩竖向承载力、荷载与位移关系 | ①《公路桥涵施工技术规范》(JTG/T F50—2011)<br>②《公路桥涵地基与基础设计规范》(JTG D63—2007) | 根据设计要求和地质条件确定，但每次试验不宜少于2根 |
| 桥梁单片梁荷载试验 | 跨中挠度、跨中应变、裂缝观测 | ①《公路桥涵设计通用规范》(JTG D60—2004)<br>②《公路桥梁承载力检测评定规程》(报批稿)<br>③《大跨径混凝土桥梁试验方法》(1982年柏林第五次专家会通过)<br>④《公路钢筋混凝土及预应力混凝土桥涵设计规范》(JTG D62—2004)<br>⑤《公路工程质量检验评定标准》(JTG F80/1—2004)<br>⑥《公路桥涵养护规范》(JTG H11—2004) | 设计要求或施工中发生质量问题的梁或板 |
| 成桥静、动载试验 | 静态、动态应变(应力)，变形(位移)，模态参数(频率、振型、阻尼比)，承载能力 | | 特大桥梁、特殊桥型或设计要求试验的桥梁 |

续上表

| 委托项目 | 检测参数 | 检测依据及标准 | 检测频率 |
|---|---|---|---|
| 桥梁施工监控 | 梁体标高、应力、温度;墩顶偏位、高墩应力及温度;裂缝观测 | ①《公路桥涵施工技术规范》(JTG/T F50—2011)<br>②《公路桥涵设计通用规范》(JTG D60—2004)<br>③《公路钢筋混凝土及预应力混凝土桥涵设计规范》(JTG D62—2004) | 特大桥梁、特殊桥型或设计要求试验的桥梁 |
| 隧道监控量测 | 必测:洞内外观察、周边位移、拱顶下沉、地表下沉二衬裂缝。<br>选测:锚杆轴力、围岩体内位移、围岩压力及层间支护压力、钢支撑内力、渗透水压、有害气体 | ①《公路隧道施工技术规范》(JTG F60—2009)<br>②《公路隧道设计规范》(JTG D70—2004)<br>③《工程岩体分级标准》(GB 50218—1994)<br>④《公路工程地质勘察规范》(JTG C20—2011)<br>⑤《工程测量规范》(GB 50026—1993) | 采用新奥法施工,每座隧道均需检测 |

# 第三章　工地试验室管理体系运行控制

## 第一节　仪器设备使用管理

### 一、仪器设备检定、校准

1. 基本要求

(1)用于试验检测的计量仪器设备、标准物质均应溯源至国家计量标准。

(2)新购置的设备必须在到货(安装调试完毕)后及时首检,使用至一个检定/校准周期后应立即再次检定或校准。

(3)有国家(部门)计量检定规程的,按期(一般为一年)由法定(授权)计量单位检定。

(4)无国家(部门)计量检定规程的,依据自校规程自行校准或委托计量机构校准。

(5)所有计量仪器设备应在检定、校准(含自校)合格后投入使用,不合格或超周期的仪器设备禁止使用。

2. 委托检定、校准

(1)中心试验室、监理处试验室委托省级计量测试机构进行。

(2)施工标段试验室委托工程所在地、市一级计量测试机构进行。

(3)中心试验室统一组织和安排相应的检定(校准)工作事宜。

(4)委托检定(校准)仪器设备参见表1-3-1。

**委托检定、校准计量仪器设备**　　表1-3-1

| 序号 | 类　别 | 计量仪器清单 |
|---|---|---|
| 1 | 土工 | 电子天平、烘箱、光电液塑限测定仪、自动击实仪、应力环、百分表 |
| 2 | 石、集料 | 压力机、游标卡尺、电子天平、静水天平、烘箱 |
| 3 | 水泥 | 电子天平、水泥净浆搅拌机、水泥标准稠度仪、煮沸箱、水泥胶砂搅拌机、水泥胶砂振实台、标准恒温恒湿养护箱、电动抗折试验机、压力机、干温度计 |
| 4 | 混凝土、砂浆 | 养护室控制设备、压力机、台秤(磅秤) |
| 5 | 无机结合料 | 电子天平、烘箱、应力环 |

续上表

| 序号 | 类　别 | 计量仪器清单 |
| --- | --- | --- |
| 6 | 沥青 | 针入度仪、延度仪、软化点仪、电子天平、烘箱、薄膜烘箱、分析天平 |
| 7 | 沥青混合料 | 马歇尔自动击实仪、静水天平、烘箱、马歇尔稳定度仪、车辙仪 |
| 8 | 钢筋 | 万能材料试验机、游标卡尺 |
| 9 | 现场检测 | 百分表、回弹仪、全站仪、水准仪、钢尺、锚杆拉拔仪 |
| 10 | 拌和(楼)站 | 电子配料称 |

3.仪器设备自校

(1)自校方法、步骤及记录依据《仪器设备自校规程》进行。

(2)自校授权人一般规定如下：

①中心试验室：主任、试验工程师及母体机构计量检定员。

②驻地监理试验室：主任、试验工程师及母体机构计量检定员。

③施工标段试验室：主任及母体机构计量检定员。

(3)工地试验室应配备基本的计量标准(物质)器具，如卡尺、砝码、塞尺、角度尺、标定粉、硬度块等。

(4)中心试验室负责本项目自校工作的指导和监督管理。

(5)自校的仪器设备参见表 1-3-2。

**自行校准计量仪器设备**　　表 1-3-2

| 序号 | 类　别 | 计量仪器清单 |
| --- | --- | --- |
| 1 | 土工 | 击实筒、CBR 试验装置 |
| 2 | 石、集料 | 规准仪、压碎值仪、砂当量仪、叶轮搅拌机(机制砂)、容量筒 |
| 3 | 水泥 | 负压筛析仪、比表面积仪、雷氏夹、流动度仪、玻璃量筒、抗压夹具、胶砂试模 |
| 4 | 混凝土、砂浆 | 坍落度筒、贯入阻力仪、混凝土渗透仪、含气量仪、容量筒、砂浆稠度仪、分层度仪、混凝土试模、砂浆试模 |
| 5 | 无机结合料 | 滴定设备(玻璃器皿) |
| 6 | 沥青 | 比重瓶、黏度计、恒温水槽 |
| 7 | 沥青混合料 | 恒温水槽、沥青抽提仪、拌和机、击实筒 |
| 8 | 钢筋 | 标点机、弯曲压头 |
| 9 | 现场检测 | 环刀、灌砂筒、3m 直尺、弯沉仪、动力触探仪、钢筋保护层仪、回弹仪 |

## 二、仪器设备使用及维护

(1)仪器设备应明确保管人和放置地点，因保管人人事变动或放置地点有变化应及时进行变更。变更内容包括：重新确定保管人、更新标志，设备档案及时记载。

(2)对容易引起安全误操作或对检测结果可能产生影响的仪器设备,应结合仪器设备性能和特点制订仪器设备操作规程。

(3)对自动化联网试验设备,如万能试验机、2000kN压力机、300kN水泥压力机应组织专门培训后确定授权操作人员。

(4)其他仪器设备的操作人员应经过相应专业培训,详细了解使用说明书和操作规程内容,熟练掌握仪器设备的性能和操作程序。

(5)仪器设备使用前认真检查,使用后仔细清理,并按规定要求填写《仪器设备使用记录表》。

(6)任何人不得擅自拆卸仪器设备,不得随意移动电缆及仪器设备的位置,如有人为破坏,将追究当事人责任。

(7)至少每年集中对设备保养一次,部分设备使用频率较高的至少每三个月保养一次。保养内容包括:外观清洗除锈、机械部件上油、软件维护升级等。每次维护均应填写《仪器设备维护记录表》。

(8)发现仪器设备运行异常或故障时应立即停止使用,及时申请维修。涉及关键性技术问题时,由主任或副主任组织论证,提出维修方案再申报维修。每一次维修均应填写《仪器设备维修记录表》。

(9)仪器设备修复后必须经过校准或功能检查,达到规定的技术要求后再投入使用,并将所有材料存入仪器设备档案。

## 三、仪器设备标志及档案内容

(1)资料员负责对试验室所有的仪器设备进行标志管理,试验检测人员应经常检查,发现标志遗失或损坏,应立即向资料员汇报,查证后补全。

(2)仪器设备标志分为责任标志牌、状态标志卡两类。责任标志牌标注仪器设备名称、规格型号、编号、日期、责任人等信息,具体样式见表1-3-3;状态标志卡又称“绿”、“黄”、“红”三色标志,分别代表“合格”、“准用”、“停用”状态。

(3)经检定、校准(含自校)合格的仪器、设备贴上“绿色”标志。

(4)以下设备贴“黄色”准用标志:

①设备不必检定,经检查其功能正常者;

②设备无法检定,经对比或鉴定适用者;

③多功能检测设备,某些功能丧失,但检测工作所用的功能正常,且经校准合格者;

④测试设备某一量程精度不合格,但检测工作所用的量程合格;

⑤降级使用者。

(5)以下情况需贴“红色”停用标志:

①检测仪器设备损坏；

②检测仪器设备经检定不合格；

③检测仪器设备性能无法确定；

④检测仪器设备超过检定周期。

(6)仪器设备应按每一台单独建立一份档案管理资料。资料内容主要包括：使用说明书、出厂合格证、计量检定(校准)证书(含自校)或记录、比对或鉴定证书、使用记录、维修保养记录、借用记录等。

## 四、仪器设备管理常用表格

仪器设备管理常用表格如表1-3-3～表1-3-6所示。

**仪器设备管理责任标志牌** 表1-3-3

| 名　　称 | | 管理编号 | |
|---|---|---|---|
| 规格型号 | | 出厂日期及编号 | |
| 制造厂家 | | 保管人 | |

**仪器设备使用记录** 表1-3-4

设备名称： 设备编号： 流水号：

| 序号 | 试验项目 | 使用日期 | 起始时间 | 试验前状态检查 | 试验后状态检查 | 截止时间 | 操作人 | 备注 |
|---|---|---|---|---|---|---|---|---|
| | | | | | | | | |
| | | | | | | | | |
| | | | | | | | | |
| | | | | | | | | |

**仪器设备维修保养记录** 表1-3-5

<table>
<tr><td>仪器设备名称</td><td colspan="2"></td><td colspan="2">生产厂家</td><td colspan="2"></td></tr>
<tr><td>仪器管理编号</td><td colspan="2"></td><td colspan="2">仪器设备保管人</td><td colspan="2"></td></tr>
<tr><td colspan="7">维　修　记　录</td></tr>
<tr><td>维修时间</td><td>故障原因</td><td colspan="2">维修单位</td><td>维修人</td><td>验收人</td><td>验收情况</td></tr>
<tr><td></td><td></td><td colspan="2"></td><td></td><td></td><td></td></tr>
<tr><td></td><td></td><td colspan="2"></td><td></td><td></td><td></td></tr>
<tr><td></td><td></td><td colspan="2"></td><td></td><td></td><td></td></tr>
<tr><td colspan="7">保　养　记　录</td></tr>
<tr><td>保养时间</td><td colspan="3">保养内容</td><td colspan="2">保养人或单位</td><td>登记(验收)人</td></tr>
<tr><td></td><td colspan="3"></td><td colspan="2"></td><td></td></tr>
<tr><td></td><td colspan="3"></td><td colspan="2"></td><td></td></tr>
<tr><td></td><td colspan="3"></td><td colspan="2"></td><td></td></tr>
</table>

## 工地试验室试验检测仪器设备台账

表 1-3-6

第　页共　页

| 设备编号 | 设备名称 | 型号规格 | 生产厂家 | 购置日期 | 单价（元） | 量程或规格 | 准确度 | 检定/校准周期 | 检定/交准单位 | 最近检定/校准日期 | 保管人 | 备注 |
| --- | --- | --- | --- | --- | --- | --- | --- | --- | --- | --- | --- | --- |
| | | | | | | | | | | | | |
| | | | | | | | | | | | | |
| | | | | | | | | | | | | |
| | | | | | | | | | | | | |
| | | | | | | | | | | | | |
| | | | | | | | | | | | | |
| | | | | | | | | | | | | |
| | | | | | | | | | | | | |
| | | | | | | | | | | | | |
| | | | | | | | | | | | | |
| | | | | | | | | | | | | |

# 第二节　试验样品管理

## 一、样品管理程序

试验样品管理程序如图 1-3-1 所示。

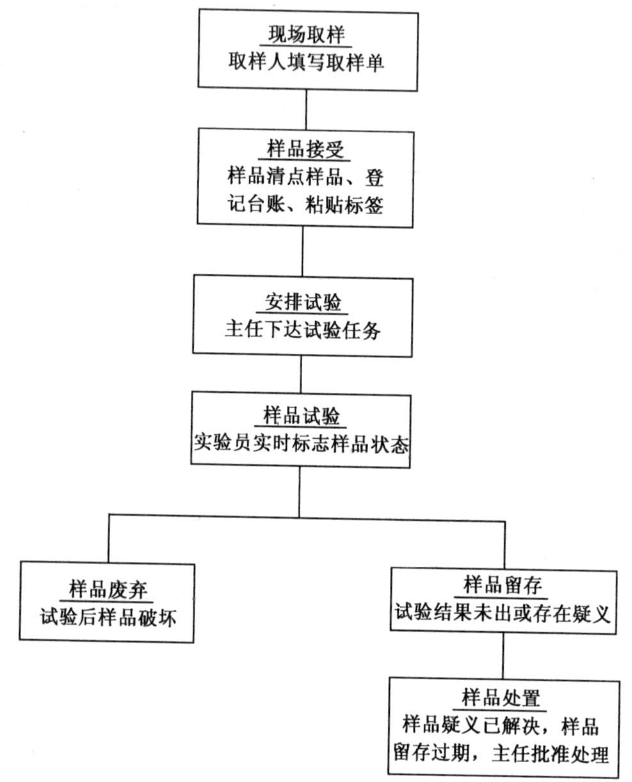


图 1-3-1　试验样品管理程序

## 二、常用原材料及半成品取样方法

1. 路基填料

(1)取样方法

在取土场或线路原地面取样时，应先清除表层土，用挖机挖出（必要时采用爆破）一定深度的试坑，取出不同深度的材料，然后分层用四分法取样。如发现土质或岩层分布变化较大，应根据分布情况分别选择取土点取样。

(2)取样数量

按表1-3-7试验项目规定取样。

路基填料最小取样数量　　表1-3-7

| 试验项目、方法 \ 样品类别、数量 | | 细粒土(≥kg) | 粗粒土(≥kg) |
|---|---|---|---|
| 天然含水率 | 烘干法 | 0.5 | 5 |
| 颗粒组成 | 筛析法 | 5 | 10 |
| 液塑限 | 联合测定法 | 2 | 2(小于2mm颗粒) |
| 击实试验 | 重型击实 | 40 | 50 |
| CBR | 室内承载比 | 150 | 150 |

2.集料

(1)取样方法

①通过皮带运输机的材料,应从皮带运输机上采集样品。取样时,可在皮带运输机骤停的状态下取其中一截的全部材料,或在皮带运输机的端部连续取一定时间的材料,将间隔3次以上所取的试样组成一组试样,作为代表性试样。

②在材料场同批来料的料堆上取样时,应先铲除堆脚等处无代表性的部分,再在料堆的顶部、中部和底部,各由均匀分布的几个不同部位,取得大致相等的若干份组成一组试样,务必使所取试样能代表本批来料的情况和品质。

③从沥青拌和楼的热料仓取样时,应在放料口的全断面上取样。通常宜将一开始按正式生产的配比投料拌和的几锅(至少5锅以上)废弃,然后分别将每个热料仓放出至装载机上,倒在水泥地上,适当拌和,从3处以上的位置取样,拌和均匀,取要求数量的试样。

(2)取样数量

对每一单项试验,每一组试样的数量宜不少于表1-3-8所规定的最少取样量。需做几项试验时,如确实能保证试样经一项试验后不致影响另一项试验的结果时,可用同一组试样进行几项不同的试验。

各试验项目所需集料的最小取样数量　　表1-3-8

| 试 验 项 目 | 相对于下列公称最大粒径(mm)的最小取样量(kg) | | | | | | | |
|---|---|---|---|---|---|---|---|---|
| | 4.75 | 9.5 | 13.2 | 16 | 19 | 26.5 | 31.5 | 37.5 |
| 筛分 | 8 | 10 | 12.5 | 15 | 20 | 20 | 30 | 40 |
| 表观密度 | 6 | 8 | 8 | 8 | 8 | 8 | 12 | 16 |
| 含水率 | 2 | 2 | 2 | 2 | 2 | 2 | 3 | 3 |
| 堆积密度 | 40 | 40 | 40 | 40 | 40 | 40 | 80 | 80 |
| 含泥量 | 8 | 8 | 8 | 8 | 24 | 24 | 40 | 40 |
| 泥块含量 | 8 | 8 | 8 | 8 | 24 | 24 | 40 | 40 |
| 针片状含量 | 0.6 | 1.2 | 2.5 | 4 | 8 | 8 | 20 | 40 |

(3)试样的缩分

将所取试样置于平板上，在自然状态下拌和均匀，大致摊平，然后沿互相垂直的两个方向，把试样由中向边摊开，分成大致相等的 4 份，取其对角的两份重新拌匀，重复上述过程，直至缩分后的材料量略多于进行试验所必需的量。

3.通用硅酸盐水泥

取样前应先核对水泥的来源、品种、等级、批次、数量及厂家的质保资料。取样数量、取样方法及样品储存按表 1-3-9 要求进行。

**水泥取样及储存** 表 1-3-9

<table>
<tr><th>水泥包装</th><th>取样数量</th><th>取样方法</th><th>样品缩分与储存</th></tr>
<tr><td>袋装水泥</td><td>每一进场批次随机抽取一袋，取样不少于 10kg</td><td>用袋装水泥专用取样管，随机选择 20 个以上不同部位，插入适当深度</td><td rowspan="2">①取回样品缩分成两份，一份试验样，一份封存样。<br>②试验样应尽快试验，封存样应用食品袋装好，并扎紧袋口，存放在密封的金属容器中，加封条，储存 3 个月</td></tr>
<tr><td>散装水泥</td><td>每一进场批次随机抽取一罐，取至少 10kg</td><td>用散装水泥专用取样管，插入适当深度</td></tr>
</table>

4.建筑钢筋

钢筋按批进行检查和验收，每批由同牌号、同厂家、同一炉罐号、同规格钢筋组成，60t(或以下)按一个批次，对超过一个批次(60t)的部分，每增加 40t(或不足 40t 的余数)，增加一个拉伸试样和一个弯曲试验试样。每批进场的钢筋均需要取样进行试验，检验项目、取样方法按表 1-3-10 要求进行。

**钢筋检验取样方法** 表 1-3-10

| 序号 | 检验项目 | 取样数量 | 取样方法 | 备注 |
|---|---|---|---|---|
| 1 | 化学成分(熔炼分析) | 1 | 《钢和铁 化学成分测定用试样的取样和制样方法》(GB/T 20066—2006) | 对力学、工艺性能有怀疑时见证取样送检 |
| 2 | 拉伸 | 2 | 任选两根钢筋切取 | |
| 3 | 弯曲 | 2 | 任选两根钢筋切取 | |
| 4 | 尺寸、表面 | 逐根(盘) | | 目测，必要时用卡尺量 |
| 5 | 质量偏差 | 5 | 任选 5 根钢筋切取 | |

5.沥青

(1)准备工作

①进行沥青性质常规检验的取样数量为：黏稠或固体沥青不少于 1.5kg；液体沥青不少于 1L；沥青乳液不少于 4L。

②检查取样和盛样器是否干净、干燥，盖子是否配合严密。使用过的取样器

或金属桶等盛样容器必须洗净、干燥后才可使用。对供质量仲裁用的沥青试样，应采用未使用过的新容器存放，且由供需双方人员共同取样，取样后双方在密封上签字盖章。

(2)试验步骤

①从无搅拌设备的储油罐中取样。

a. 液体沥青或经加热已经变成流体的黏稠沥青取样时，应先关闭进油阀和出油阀，然后取样。

b. 用取样器按液面上、中、下位置各取规定数量样品。每层取样后，取样器应尽可能倒净。当储油罐过深时，亦可在流出口按不同流出深度分 3 次取样。

c. 将取出的 3 个样品充分混合后取规定数量样品作为试样，样品也可分别进行检验。

②从有搅拌设备的储油罐中取样。将液体沥青或经加热已经变成流体的黏稠沥青充分搅拌后，用取样器从沥青层的中部取规定数量试样。

③从槽车、罐车、沥青洒布车中取样。

a. 设有取样阀时，可旋开取样阀，待流出至少 4kg 或 4L 后再取样。

b. 仅有放料阀时，可放出全部沥青的一半时再取样。

c. 从顶盖处取样，可用取样器从中部取样。

④在装料或卸料过程中取样。在装料或卸料过程中取样时，要按时间间隔均匀地取至少 3 个规定数量样品，然后将这些样品充分混合后取规定数量样品作为试样。样品也可分别进行检验。

⑤从沥青储存池中取样。沥青储存池中的沥青应待加热熔化后，经管道或沥青泵流至沥青加热锅之后取样。分间隔每锅至少取 3 个样品，然后将这些样品充分混匀后再取规定数量作为试样，样品也可分别进行检验。

⑥从沥青运输船取样。沥青运输船到港后，应分别从每个沥青仓取样，每个仓从不同部位取 3 个样品，混合在一起，作为一个仓的沥青样品供检验用。在卸油过程中取样时，应根据卸油量，大体均匀分 3 次间隔从卸油口或管道途中的取样口取样，然后混合作为一个样品供检验用。

⑦从沥青桶中取样。

a. 当能确认是同一批生产的产品时，可随机取样。如不能确认是同一批生产的产品时，应根据桶数按照表 1-3-11 规定随机选出沥青桶数。

b. 将沥青桶加热使桶中沥青全部熔化成流体后，按罐车取样方法取样。每个样品的数量，以充分混合后能满足供检验用样品的规定数量要求为限。

c. 若沥青桶不便加热熔化沥青时，亦可在桶高的中部将桶凿开取样，但样品应在距桶壁 5cm 以上的内部凿取，并采用措施防止样品散落地面沾上尘土。

选取沥青样品桶数 表 1-3-11

| 沥青桶总数 | 选 取 桶 数 | 沥青桶总数 | 选 取 桶 数 |
|---|---|---|---|
| 2～8 | 2 | 217～343 | 7 |
| 9～27 | 3 | 344～512 | 8 |
| 28～64 | 4 | 513～729 | 9 |
| 65～125 | 5 | 730～1000 | 10 |
| 126～216 | 6 | 1001～1331 | 11 |

⑧固体沥青取样。从桶、袋、箱装或散装整块中取样，应在表面以下及容器侧面以内至少 5cm 处采取。如沥青能够打碎，可用一个干净的工具将沥青打碎后取中间部分试样；若沥青是软塑的，则用一个干净的热工具切割取样。

(3)试样保护与存放

①除液体沥青、乳化沥青外，所有需加热的沥青试样必须存放在密封带盖的金属容器中，严禁灌入纸袋、塑料袋中存放。试样应存放在阴凉干净处，注意防止试样污染。装有试样的盛样器应加盖、密封，外部擦拭干净，并在其上标明试样来源、品种、取样日期、地点及取样人。

②除试样的一部分用于检验外，其余试样应妥善保存备用。

③试样需加热采取时，应一次取足够一批试验所需的数量装入另一盛样器，其余试样密封保存，应尽量减少重复加热取样。用于质量仲裁检验的样品，重复加热的次数不得超过两次。

6. 水泥混凝土拌合物

(1)现场取样：凡由搅拌机、料斗、运输车以及浇制的构件中采取新拌混凝土代表样品时，均须从 3 处以上不同部位抽取大致相同份量的代表样品(不要抽取已经离析的混凝土)，集中用铁铲翻拌均匀，而后立即进行拌合物的试验。拌合物取样应多于试验所需数量的 1.5 倍，其体积不小于 20L。

(2)为使取样具有代表性，宜采用多次采样的方法，最后集中用铁铲翻拌均匀。

(3)从第一次取样到最后一次取样不宜超过 15min。取回的混凝土拌合物应经人工再次翻拌均匀，而后进行试验。

(4)制作混凝土试件时，取拌合物总量至少应比所需量高 20%以上，并取少量混凝土拌合物代表样，在 5min 内进行坍落度或维勃试验，认为品质合格后，应在 15min 内开始制件或做其他试验。

7. 无机结合料

(1)料堆取料

在料堆的上部、中部和下部各取一份试样，混合后按四分法分料取样。

(2)试验室分料

①目标配合比阶段各种石料应逐级筛分，然后按设定级配进行配料。

②生产配合比阶段可采用四分法分料，且取料总质量应大于分料取样后每份质量的4～8倍。

(3)施工过程中混合料取样

①在进行混合料验证时，宜在摊铺机后取料，且取料应分别来源于3～4台不同的料车，然后混合到一起进行四分法取样，进行无侧限抗压强度成型及试验。

②在评价施工离散性时，宜在施工现场取料。应在施工现场的不同位置按随机取样原则分别取样品，对于结合料剂量还需要在同一位置的上层和下层分别取样，试样应单独成型。

8.热拌沥青混合料

(1)取样数量

①试验数量根据试验项目决定，宜不少于试验用量的两倍。在现场取样(直接装入试模或盛样盒成型)时，也可等量取样。

②根据沥青混合料集料最大粒径，取样应不少于下列数量：

a.细粒式沥青混合料不少于4kg；

b.中粒式沥青混合料不少于8kg；

c.粗粒式沥青混合料不少于12kg；

d.特粗型沥青混合料不少于16kg。

③取样材料用于仲裁试验时，取样数量除应满足上述取样方法规定外，应保留一份代表样，直到仲裁结束。

(2)取样方法

①沥青混合料取样应是随机的，并具有充分的代表性。

②在沥青混合料拌和场取样：在拌和机上取样时，宜用专用的容器(一次可装5～8kg)装在拌和机卸料斗下方，每放一次料取一次样，顺次装入试样容器中，每次倒在清扫干净的平板上，连续3次取样。混合均匀，按四分法取样至足够数量。在运料车上取样时，应在汽车装料一半后开出去，于汽车车厢内，分别用铁锹从3个不同方向的不同高度处取样，然后混在一起用手铲适当拌和均匀，取出规定数量。在施工现场取样时，宜在3辆不同车上取样混合使用。

③在道路施工现场取样：在道路施工现场取样时，应在摊铺后未碾压前于摊铺宽度两侧1/2～1/3位置处取样，用铁锹将摊铺层的全厚铲出，但不应将摊铺层下其他层料铲入。每摊铺一车料取一次样，连续3车取样后，混合均匀按四分法取样至足够数量。在现场制件时，也可在摊铺机经螺旋拔料杆拌匀的一端取样。

④对热拌沥青混合料取样：每次取样时，都必须用温度计测量温度，准确至1℃。

(3)试样的保存与处理

①热沥青混合料试样需要存放时，可在温度徐徐下降至低于60℃后装入塑料编织袋内，扎紧袋口，并应低温保存，防止潮湿、淋雨等，且时间不要太长。

②在进行沥青混合料质量检验或进行物理力学性质试验时，由于采集的热拌混合料试样温度下降或稀释沥青溶剂挥发结成硬块已不符合试验要求时，宜用微波炉或烘箱适当加热重塑，且只允许加热一次，不得重复加热。不得用电炉或燃气炉明火局部加热。用微波炉加热沥青混合料时不得使用金属容器和带有金属的物件，对沥青混合料加热的温度以达到符合压实温度为度，控制最短的加热时间，通常用烘箱加热时不宜超过4h，用工业微波炉加热约5～10min。

## 三、样品管理常用表格

试验样品管理常用表格如表1-3-12～表1-3-16所示。

**样品抽样单** 表1-3-12

| 抽样单位 | | 抽样地点/桩号 | |
|---|---|---|---|
| 样品名称/规格 | | 样品来源 | |
| 出场日期/批号 | | 抽样日期 | |
| 抽样数量 | | 代表数量 | |
| 抽样人 | | 见证人 | |

**样品标签** 表1-3-13

| 样品名称/规格 | | 样品来源 | |
|---|---|---|---|
| 样品编号 | | 取样日期 | |
| 样品状态 | □待检　□在检　□检毕　□留样 | | |

**试件标签** 表1-3-14

| 工程名称 | | 取样地点/桩号 | |
|---|---|---|---|
| 强度等级 | | 结构部位 | |
| 试件用途 | | 制件日期 | |

## 工地试验室取样登记台账

表 1-3-15

流水号：

| 序号 | 取样<br>日期 | 样品<br>名称 | 规格/<br>型号 | 厂家/<br>来源 | 出厂日<br>期/批号 | 样品<br>数量 | 代表<br>数量 | 接收人 | 试验项目 |
|---|---|---|---|---|---|---|---|---|---|
| | | | | | | | | | |
| | | | | | | | | | |
| | | | | | | | | | |
| | | | | | | | | | |
| | | | | | | | | | |
| | | | | | | | | | |
| | | | | | | | | | |
| | | | | | | | | | |
| | | | | | | | | | |
| | | | | | | | | | |

## 养护室试件进出库台账

表 1-3-16

流水号：

| 序号 | 制件日期 | 强度等级 | 工程名称 | 结构部位 | 进库日期 | 经手人 | 出库日期 | 经手人 |
|---|---|---|---|---|---|---|---|---|
| | | | | | | | | |
| | | | | | | | | |
| | | | | | | | | |
| | | | | | | | | |
| | | | | | | | | |
| | | | | | | | | |
| | | | | | | | | |
| | | | | | | | | |
| | | | | | | | | |
| | | | | | | | | |
| | | | | | | | | |

## 第三节　试验检测资料的质量控制

### 一、原始记录填写

原始记录是人工读数的真实记载，要求数据应实时记录并做到笔迹清晰、工整，绘制线条清晰耐久，绘制和签字应使用不易褪色的蓝黑墨水、黑墨水，现场记录可使用HB铅笔书写。禁止使用圆珠笔、铅笔、红墨水、纯蓝墨水等易褪色的书写工具书写。填写的日期、样品、试验环境、检测设备、工程桩号和部位等相关信息准确，使用的计量单位、数据修约符合规范要求。当发现记录错误，更改方法是：在错误处划两横，以示作废，划杠后应能辨认出作废的记录内容。在错误记录上方填写正确的记录，并在记录旁小签更改人姓名。记录填写完整后必须由在场试验人员和旁站监理签字。

### 二、试验数据处理

人工整理、计算、处理试验数据应做到分类清晰、计算方法步骤正确。应用计算机软件平台处理试验检测数据，应如实将原始数据和试验相关信息录入计算机软件系统，由系统自动计算、处理并输出相应的试验记录及报告结果，处理后的记录和报告结果一部分是原始数据记录的再现，另一部分是经过计算和处理过的试验结果。因此，要求试验人员在录入数据和信息时准确、无误，系统软件平台稳定、可靠。

### 三、试验成果审核

1.溯源性审核

(1)试验样品的名称、规格、来源、批量应与样品取样台账相符。

(2)工程信息的名称、桩号、部位应与实际工程相符。

(3)环境条件如温度、湿度应与原始记录相符。

(4)试验检测用的设备名称、编号、状态应与试验仪器设备管理台账、使用记录等相符。

(5)时序信息如取样日期、试验日期、报告日期等应与实际相符，不得前后矛盾。

(6)数据信息如手工记录、存储光盘(含软盘)等真实可靠，并与现场影像视频资料、计算机存储的数据相符。

2.完整、规范性审核

(1)表格采用统一样式，表格内容中意见签署和签名栏一定要手写，其他内容可手工填写或打印，但原始资料必须按其要求手工填写。

(2)授权签字真实、齐全、有效。签名应该是本人签名或授权代签名，代签名必须是签代理人本人的名字，不允许代替别人签名。表格中的签名应签在表格规定的位置上，关键签名不能由同一个人重复签署，如计算与复核不能是同一个人签名。签名必须手签全名，不能以盖章、打印或复印代替手工签名。

(3)成套表格资料如原始数据、试验记录、试验报告以及各类报批表中试验参数、内容、指标等其他信息均应完整且一一对应，相互闭合。

3.结果准确性审核

(1)试验数据的记录、计算公式及过程、计算结果准确，控制的技术指标符合技术标准、规范、规程的要求。

(2)表格中的意见、结论填写用语必须严谨规范，描述准确，如评价用“合格”、“不合格”等词语，不能用模棱两可的“基本合格”等词汇。

# 第四章　工地试验室资质管理与绩效考核

为了加强建设项目业主、政府监督机构对工地试验室的监督和管理，目前，交通行业主管部门对公路水运工程设立的工地试验室实行备案登记制度，并定期对其母体试验室进行信用评价，以增强母体机构和试验人员的诚信意识，促进试验检测市场健康有序地发展。同时，建设项目业主通过建设期间对工地试验室定期的考核评比措施，达到“以评促建，以评促改，以评促管”的目的，实现项目工地试验室管理的科学化、规范化和制度化，促进工地试验室健康发展。

## 第一节　备案材料登记

### 一、备案材料申报

申报工作由各工地试验室向建设项目业主提交以下材料：

(1)公路水运工程工地试验室备案登记表(表 1-4-1～表 1-4-7)，包括以下 6 个表格。

①工地试验室综合情况表(表 1-4-2)；

②工地试验室试验检测业务范围表(表 1-4-3)；

③工地试验室授权负责人简历(表 1-4-4)；

④工地试验室在岗人员一览表(表 1-4-5)；

⑤工地试验室试验检测仪器设备一览表(表 1-4-6)；

⑥备案意见表(表 1-4-7)。

(2)工地试验室设立授权书(表 1-4-8)。

(3)工地试验室授权负责人的聘用证明。

(4)工地试验室在岗人员学历、职称、检测证书复印件。

(5)如委托第三方检测机构组建工地试验室的，应提供委托合同书复印件。

(6)母体检测机构等级证书及计量证书复印件。

### 二、备案材料初审

工地试验室填写好公路水运工程工地试验室备案登记表，送建设项目业主初审，初审内容包括：

表 1-4-1

# 公路水运工程工地试验室备案

# 登记表

工地试验室：____________________（章）

备 案 日 期：______年______月______日

交通运输部基本建设质量监督总站制

**工地试验室综合情况** 表 1-4-2

<table>
<tr><td rowspan="3">项目情况</td><td>工地试验室名称</td><td colspan="2"></td><td>工程投资</td><td colspan="2"></td></tr>
<tr><td>项目业主单位</td><td></td><td>联系人</td><td></td><td>电话</td><td></td></tr>
<tr><td>工地试验室设立单位</td><td></td><td>联系人</td><td></td><td>电话</td><td></td></tr>
<tr><td rowspan="6">母体检测机构情况</td><td rowspan="2">母体检测机构及法人机构名称</td><td colspan="2" rowspan="2"></td><td>等级及编号</td><td colspan="2"></td></tr>
<tr><td>计量认证编号</td><td colspan="2"></td></tr>
<tr><td>法人代表</td><td colspan="2"></td><td>联系方式</td><td colspan="2"></td></tr>
<tr><td>行政负责人</td><td colspan="2"></td><td>联系方式</td><td colspan="2"></td></tr>
<tr><td>技术负责人</td><td colspan="2"></td><td>联系方式</td><td colspan="2"></td></tr>
<tr><td>质量负责人</td><td colspan="2"></td><td>联系方式</td><td colspan="2"></td></tr>
<tr><td rowspan="6">工地试验室情况</td><td rowspan="4">工地试验室详细地址</td><td colspan="2" rowspan="4"></td><td>电话</td><td colspan="2"></td></tr>
<tr><td>传真</td><td colspan="2"></td></tr>
<tr><td>邮编</td><td colspan="2"></td></tr>
<tr><td>E-mail</td><td colspan="2"></td></tr>
<tr><td>持试验检测人员证书总人数</td><td></td><td>持试验检测工程师证书人数</td><td colspan="3"></td></tr>
<tr><td>相关专业高级职称人数</td><td></td><td>试验检测用房总面积($m^2$)</td><td colspan="3"></td></tr>
<tr><td colspan="2">工地试验室授权业务范围</td><td colspan="5"></td></tr>
</table>

## 工地试验室试验检测业务范围表

表 1-4-3

第　　页 共　　页

| 序号 | 试验检测项目及参数 | 采用的试验检测方法和标准（名称/编号） | 所用主要仪器设备名称 | 设备编号 | 主要操作人员 | 备注 |
|---|---|---|---|---|---|---|
| | | | | | | |
| | | | | | | |
| | | | | | | |
| | | | | | | |
| | | | | | | |
| | | | | | | |
| | | | | | | |
| | | | | | | |
| | | | | | | |
| | | | | | | |
| | | | | | | |

注：按照委托合同约定及检测机构授权范围填写。

**工地试验室授权负责人简历** 表 1-4-4

<table>
<tr><td>姓名</td><td></td><td>性别</td><td></td><td>出生日期</td><td colspan="2"></td><td rowspan="4">照片</td></tr>
<tr><td>学历</td><td></td><td>职称</td><td></td><td colspan="2">从事试验检测工作年限</td><td></td></tr>
<tr><td colspan="3">试验检测师证书编号</td><td colspan="4"></td></tr>
<tr><td colspan="3">工作单位及职务</td><td colspan="4"></td></tr>
<tr><td>本人主要试验检测工作经历和业绩</td><td colspan="7">本人签名：</td></tr>
</table>

表 1-4-5

**工地试验室在岗人员一览表**

| 序号 | 姓　名 | 性别 | 出 生 年 月 | 学历和专业 | 职　称 | 检测人员证书编号 | 从事试验检测年限 |
|---|---|---|---|---|---|---|---|
| | | | | | | | |
| | | | | | | | |
| | | | | | | | |
| | | | | | | | |
| | | | | | | | |
| | | | | | | | |
| | | | | | | | |
| | | | | | | | |
| | | | | | | | |
| | | | | | | | |
| | | | | | | | |
| | | | | | | | |

**工地试验室试验检测仪器设备一览表**

表 1-4-6

| 设备编号 | 设备名称 | 型号规格 | 生产厂家 | 购置日期 | 单价（元） | 量程或规格 | 准确度 | 检定/校准周期 | 检定/校准单位 | 最近检定/校准日期 | 保管人 | 备注 |
|---|---|---|---|---|---|---|---|---|---|---|---|---|
| | | | | | | | | | | | | |
| | | | | | | | | | | | | |
| | | | | | | | | | | | | |
| | | | | | | | | | | | | |
| | | | | | | | | | | | | |
| | | | | | | | | | | | | |
| | | | | | | | | | | | | |
| | | | | | | | | | | | | |
| | | | | | | | | | | | | |
| | | | | | | | | | | | | |
| | | | | | | | | | | | | |
| | | | | | | | | | | | | |

**备 案 意 见** 表 1-4-7

| | |
|---|---|
| 母体检测机构意见 | （公章）<br>年 月 日 |
| 项目建设单位意见 | （公章）<br>年 月 日 |
| 备案质监机构意见 | （公章）<br>年 月 日 |
| 备注 | |

(1)申报材料的真实性、规范性和完整性。

(2)试验检测人员及检测环境等条件是否与所申报的检测能力标准相符。

(3)申报的试验检测项目范围及设备配备与所申报的检测能力是否相符。

(4)仪器设备检定和校准是否按规定完成。

建设项目业主初审合格后，报送省级交通质监机构登记备案。

## 三、备案材料核查登记

质监机构收到备案材料后，认为所提交的申请材料齐备、规范，即为受理，否则，及时退还申报材料，并说明理由。质监机构确认受理后，组织人员进行现场核查，现场核查内容包括：

(1)工地试验室母体检测机构资质。

(2)工地试验室主任的资质和授权情况。

(3)母体检测机构对工地试验室的日常管理情况。

(4)工地试验室的功能布局和环境。

(5)试验仪器设备的配备及管理情况。

(6)试验检测资料的真实性、可靠性、规范性以及抽检频率情况。

(7)试验人员的操作能力考核等。

现场核查合格的，质监机构将出具《公路水运工程工地试验室备案通知书》(表 1-4-9)。

## 工地试验室设立授权书

表 1-4-8

### 公路水运工程工地试验室设立授权书

编号：______

因____________________工程建设的需要，决定设立____________________工地试验室，授权启用试验室公章：______________________________

授权________同志为试验室负责人（检测工程师证书编号：____________________），负责工地试验室的管理工作。

授权开展的试验检测项目及参数为：__________________________________________________
____________________________________________________________________________________
____________________________________________________________________________________
__________________________________________________。

授权有效期：__________年__________月__________日至________________________。

授权机构等级专用标志章：

检测机构：（章）

授权人单位负责人签字：

年　　月　　日

## 工地试验室备案通知书

表 1-4-9

公路水运工程工地试验室备案通知书

编号：______

______________________________工地试验室：

你试验室报送的《公路水运工程工地试验室备案登记表》及相关资料收悉，满足《公路水运工程试验检测管理办法》(交通部令 2005 年第 12 号)有关规定，同意备案。

你试验室应严格按照有关标准、规范、规程和授权范围，客观、公正、独立开展检测工作，并对所出具的检测报告和检测结果的真实性和准确性负责。相应责任由母体检测机构及你试验室授权负责人承担。

特此通知。

质监机构：　　　　(章)

年　　月　　日

# 第二节　信用评价办法

## 一、工地试验室信用评价标准

工地试验室信用评价实行百分制评分，评价标准见表 1-4-10。其评价结果作为其母体机构信誉评价的组成部分。

工地试验室信用评价标准　　表 1-4-10

| 序号 | 失信行为 | 扣分标准 | 备注 |
|---|---|---|---|
| 1 | 出虚假数据报告并造成质量标准降低的 | 扣 100 分 | |
| 2 | 存在虚假数据和报告及其他虚假资料 | 扣 10 分/份，单次扣分不超过 30 分 | ★ |
| 3 | 聘用信用很差或无证试验检测人员从事试验检测工作的，或所聘用的试验检测人员被评为信用很差的 | 扣 10 分/人 | |
| 4 | 未经母体机构有效授权 | 扣 20 分/项 | |
| 5 | 授权负责人不是母体机构派出人员的 | 扣 10 分 | |
| 6 | 超授权范围开展业务 | 扣 5 分/参数 | |
| 7 | 未按规定或合同配备相应条件的试验检测人员或擅自变更试验检测人员 | 扣 5 分/(试验检测师・次)、3 分/(试验检测员・次) | |
| 8 | 未按规定或合同配备满足要求的仪器设备、设备未按规定检定校准的 | 扣 2 分/台，单次扣分不超过 20 分 | ★ |
| 9 | 试验检测环境达不到技术标准规定要求的 | 扣 2 分/处，单次扣分不超过 10 分 | ★ |
| 10 | 报告签字人不具备资格 | 扣 2 分/份，单次扣分不超过 10 分 | ★ |
| 11 | 试验检测原始记录信息及数据记录不全，结论不准确，试验检测报告不完整(含漏签、漏盖章)，试验检测频率不满足规范或合同要求 | 扣 3 分/类 | |
| 12 | 未按规定上报发现的试验检测不合格事项以及不合格报告 | 未上报扣 5 分/次 | |
| 13 | 对各级监督部门提出的检查意见整改不闭合的 | 扣 20 分/项 | |
| 14 | 未经备案审核开展检测业务的 | 扣 20 分 | |
| 15 | 严重违反试验检测技术规程操作的 | 扣 10 分/项 | |

注：★表示单次扣分达到标准上限的，应在 3 个月内再次进行监督复查，若仍存在同样问题应再次扣分。

## 二、母体机构的信用评价等级及标准

(1)母体机构信用评价实行百分制评分,分为 AA、A、B、C、D5 个等级,评分对应的信用等级分别为:

①AA 级——信用评分>95 分,信用好;

②A 级——85<信用评分≤95 分,信用较好;

③B 级——70<信用评分≤85 分,信用一般;

④C 级——60<信用评分≤70 分,信用较差;

⑤D 级——信用评分≤60 分,信用很差。

(2)母体机构设立的工地试验室及单独签订合同承担的工程质量鉴定、验收、评定(检验)及监测等现场试验检测项目的信用评价,作为其信用评价的组成部分,评价标准见表 1-4-11。公式(1-4-1)表示工地试验室评价得分对母体机构评价得分的影响。被评为 D 级的试验检测机构直接列入黑名单,并按交通部[2005]第 12 号令予以处罚。

$$W = W'(1-\gamma) + \frac{\gamma}{n} \cdot \sum_{i=1}^{n} W''_i \qquad (1\text{-}4\text{-}1)$$

式中:$W$——母体机构信用评价综合得分;

$W'$——母体机构得分;

$W''$——工地试验室及现场检测项目得分;

$n$——工地试验室及现场检测项目数;

$\gamma$——权重。$n=0$ 时,$\gamma=0$;$n=1\sim5$ 时,$\gamma=0.4$。

**母体机构信用评价标准** 表 1-4-11

| 序号 | 失信行为 | 扣分标准 | 备注 |
|---|---|---|---|
| 1 | 出借或借用试验检测等级证书承揽试验检测业务的 | 直接确定为 D 级 | |
| 2 | 以弄虚作假或其他违法形式骗取等级证书或承接业务的 | 直接确定为 D 级 | |
| 3 | 出具虚假数据报告并造成质量标准降低的 | 直接确定为 D 级 | |
| 4 | 所设立的工地试验室及现场检测项目有得分为 0 分的 | 直接确定为 D 级 | |
| 5 | 存在虚假数据报告及其他虚假资料 | 扣 10 分/份、单次扣分不超过 30 分 | ★ |
| 6 | 超等级能力范围承揽业务的 | 扣 5 分/参数 | |

续上表

| 序号 | 失 信 行 为 | 扣 分 标 准 | 备注 |
| --- | --- | --- | --- |
| 7 | 未对设立的工地试验室及现场检测项目有效监管的 | 扣 10 分/个 | |
| 8 | 聘用信用很差或无证试验检测人员从事试验检测工作的，或所聘用的试验检测人员被评为信用很差的 | 扣 10 分/人 | |
| 9 | 报告签字人不具备资格 | 扣 2 分/份、单次扣分不超过 10 分 | ★ |
| 10 | 试验检测机构的重要变更（指机构行政负责人、技术、质量负责人、地址等的变更）未在规定期限内办理变更手续 | 扣 5 分/次 | |
| 11 | 评价期内，持证人员数量达不到相应等级要求 | 扣 5 分/试验检测工程师、扣 3 分/试验检测员 | |
| 12 | 评价期内，试验检测机构技术负责人、质量负责人上岗资格达不到相应等级要求 | 扣 10 分/人 | |
| 13 | 评价期内，强制性试验检测设备配备不满足等级标准要求 | 扣 10 分/台 | |
| 14 | 试验检测设备未按规定检定校准的 | 扣 2 分/台，单次扣分不超过 20 分 | ★ |
| 15 | 试验检测环境达不到技术标准规定要求的 | 扣 2 分/处，单次扣分不超过 10 分 | ★ |
| 16 | 试验检测原始记录信息及数据记录不全，结论不准确，试验检测报告不完整（含漏签、漏盖章） | 扣 3 分/类 | |
| 17 | 无故不参加质监机构组织的比对试验的 | 扣 10 分/次 | |

注：★表示单次扣分达到标准上限的，应在 3 个月内再次进行监督复查，若仍存在同样问题应再次扣分。

## 三、试验检测人员的评价标准及等级

试验检测人员信用评价实行随机检查累计扣分制，工地试验室授权负责人实行定期检查累计扣分制，评价标准见表 1-4-12。信用评价扣分依据为项目业主掌握的不良信用信息，质监机构监督检查中发现的违规行为、投诉举报查实的违规行为、交通运输主管部门通报中的违规行为等。评价周期内累计扣分分值大于等于20分、小于40分的试验检测人员信用等级为信用较差；扣分分值大于等于40分的试验检测人员信用等级为信用很差。连续2年信用等级被评为信用较差的试验检测人员，其信用等级直接降为信用很差。被确定为信用很差或伪造证书上岗的试验检测人员列入黑名单，并按交通部[2005]第12号令予以处罚。

**试验检测人员信用评价标准** 表1-4-12

| 序号 | 失信行为 | 扣分标准 | 备注 |
|---|---|---|---|
| 1 | 在试验检测活动中被司法部门认定构成犯罪的 | 扣40分 | |
| 2 | 出具虚假数据报告造成质量标准降低的 | 扣40分 | |
| 3 | 出现表1-4-11中第1～4项行为对相应负责人的处理 | 第1、2项行为扣40分，第3、4项行为扣20分 | |
| 4 | 同时受聘于两个或两个以上试验检测机构的 | 扣20分 | |
| 5 | 出借试验检测人员资格证书的 | 扣40分/次 | |
| 6 | 在试验检测工作中，有徇私舞弊、吃拿卡要行为 | 扣20分/次 | |
| 7 | 利用工作之便推销建筑材料、构配件和设备的 | 扣20分/次 | |
| 8 | 玩忽职守造成质量安全隐患或事故的； | 扣20分/次 | |
| 9 | 出现表1-4-11中第7、11、13项行为的对技术或质量负责人的处理，出现表1-4-11中第8、10、12、17项行为以及表1-4-10中第5项行为的对机构负责人的处理 | 扣3分/项 | |
| 10 | 未按相关标准、规范、试验规程等要求开展试验检测工作，试验检测数据失真的 | 扣5分/次 | |
| 11 | 超出资格证书中规定项目范围进行试验检测活动的 | 扣5分/项 | |
| 12 | 出具虚假数据和报告的 | 扣10分/份 | |
| 13 | 越权签发、代签、漏签试验检测报告的 | 扣5分/类 | |
| 14 | 工地试验室信用评价得分＜70分时对其授权负责人的处理 | 20分 | ● |
| 15 | 工地试验室有表1-4-10中第2～3、6、12、15项行为时对其授权负责人的处理 | 第2～3行为扣5分/项，第6、12、15行为扣3分/项 | ● |

注：●表示仅适用于工地试验室授权负责人。

## 四、信用评价程序

工地试验室信用评价程序如图 1-4-1 所示。

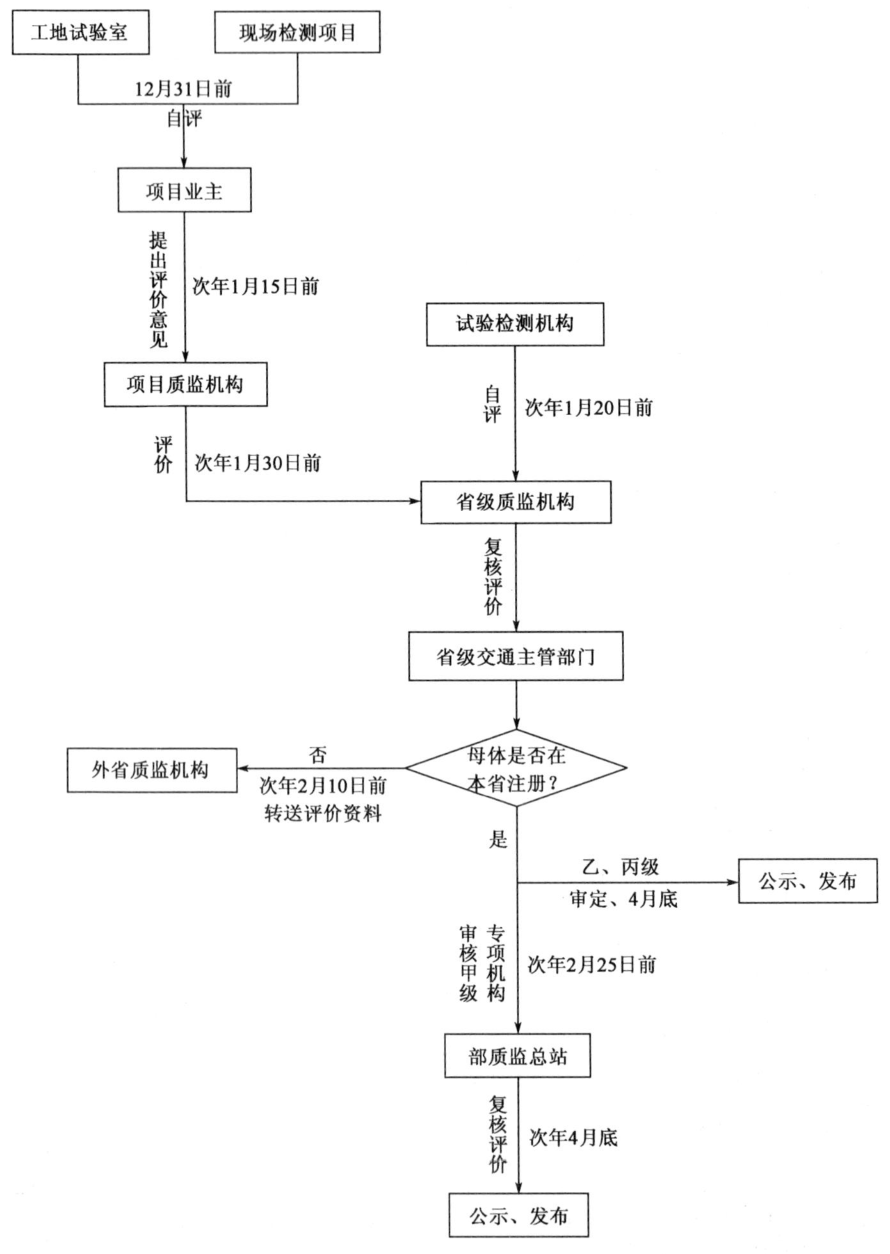


图 1-4-1 信用评价程序

# 第三节　工地试验室绩效考核

## 一、绩效考核内容及方法

建设项目业主结合项目特点，可采用平时抽查、定期组织集中考核办法，重点检查工地试验室的母体资格和授权情况；试验室人员的持证和到位情况；试验室的环境和场地情况；试验仪器的配备和管理情况；试验资料的规范化程度；试验检测项目、参数、频率、方法的规范性和准确性；合同履约和工作制度的建立与执行情况。考核实行打分制，考评组织者可根据得分多少评价出"优胜"、"合格"、"不合格"试验室。并给予相应奖励和处罚。

## 二、绩效考核标准

工地试验室考核标准参见表1-4-13。

工地试验室绩效考核标准　　表1-4-13

| 类别 | 考核项目 | 分值 | 考核内容 | 评分标准 | 得分 |
|---|---|---|---|---|---|
| 母体 | 母体资格 | \ | *母体具有交通部门颁发的等级证书 | | |
| | 授权书规范、明确 | \ | *授权书格式规范、内容完整、授权有效 | | |
| | 检查、管理 | 2 | 母体对试验室进行了有效检查和指导 | 无检查文件或书面记录扣2分 | |
| 试验检测人员 | 授权负责人 | \ | *持检测工程师证 | | |
| | | \ | *实际到位 | | |
| | | 2 | 为母体正式聘用人员 | 无聘用合同扣2分 | |
| | | 2 | 在母体进行岗位登记 | 未登记扣3分 | |
| | | 2 | 业务熟悉，管理规范 | | |
| | | 2 | 相对稳定，未随意变更 | 变更一次扣1分 | |
| | 试验检测员 | 2 | 检测员数量满足招标文件要求 | 少一人扣1分 | |
| 试验检测场地环境 | 环境状况 | 2 | 环境整洁、干净、有序 | | |
| | | 2 | 混凝土标养室满足标准养护条件 | 混凝土集中拌和站须设立标养室并满足要求 | |
| | | 2 | 功能分区合理 | 独立设置各试验室，布局合理 | |

续上表

| 类别 | 考核项目 | 分值 | 考核内容 | 评分标准 | 得分 |
|---|---|---|---|---|---|
| 试验检测场地环境 | 环境状况 | 2 | 设备摆放合理 | | |
| | | 2 | 温湿度满足试验检测要求 | 水泥室、混凝土标养室和其他室有温湿度控制措施、记录、控制效果满足要求 | |
| 仪器设备 | 仪器设备配备 | 10 | 满足招标文件要求、有关强制性标准和现场试验检测需要 | 缺一台扣1分，扣满10分为止 | |
| | 仪器设备管理 | 3 | 有专人管理仪器设备，固定存放地点，标志清晰 | | |
| | | 3 | 使用记录齐全完整，与实际情况相符 | | |
| | | 3 | 仪器设备档案齐全完整，管理规范 | | |
| | | 3 | 标定有效 | 一台设备为标定扣0.5分，扣满2分为止 | |
| | | 3 | 自校规程齐全、有效，并严格执行 | 无自校规程扣1分，一台设备未自校扣0.5分 | |
| 试验记录、报告 | 记录、报告 | 4 | 档案分类清晰、管理规范、查询方便 | | |
| | | 4 | 相关标准规范收集齐全，现行有效 | | |
| | | 4 | 记录、报告内容完整 | | |
| | | 6 | 数据计算、修约准确 | 一处不规范扣2分，扣完为止 | |
| | | 6 | 结论表述合理，采用的标准正确，签字齐全 | 一处不规范扣2分，扣完为止 | |
| | | 10 | 数据真实、可靠 | 发现一份虚假报告扣6分 | |
| 试验管理 | 试验项目、频率、参数和样品管理 | 3 | 在授权范围内开展试验检测工作 | 越权开展试验现象扣2分 | |
| | | 4 | 外委试验规范（施工标段试验室适用） | 外委及时、项目齐全、检测机构具备资质 | |
| | | 4 | 平行试验独立，及时、项目齐全（监理处试验室适用） | | |
| | | 4 | 试验检测频率满足要求 | 一项不满足扣2分 | |
| | | 4 | 试验检测项目、参数齐全 | 缺一项扣2分 | |
| | | 4 | 样品标志清晰、齐全，管理规范 | | |

注：带*号项不满足要求即视为不合格。

# 第二篇　材 料 试 验

# 第一章　路基填筑材料

## 第一节　填料分类及要求

### 一、土质填料

1. 废弃土

含草皮、生活垃圾、树根、腐殖质的土应以废弃，严禁作为路基填料。

2. 不良土填料

(1)淤泥、泥炭、冻土、有机质含量大于5%的土、膨胀土及含水率超过规定的土不得直接用于填筑路基。

(2)液限大于50%、塑性指数大于26、含水率不适宜直接压实的细粒土，不得直接用于填筑路基。

使用上述填料时，必须采用技术措施进行处理，经检验符合设计要求后方可使用。

3. 特殊土填料

(1)粉质土不宜直接填筑于路床，不得直接填筑于浸水部分的路堤。

(2)湿黏土、红黏土以及中、弱膨胀土作为填料时，液限在40%~70%之间，且CBR值符合表2-1-1规定。但不得用于路床区填料，填筑时稠度控制在1.1~1.3之间。

4. 技术要求

路基填料最小强度和最大粒径应符合表2-1-1要求。

**路基填料最小强度和最大粒径要求**(JTG F10—2006)　　表2-1-1

| 填料应用部位<br>(路床顶面以下部位)(m) | | 填料最小强度(CBR)(%) | | 填料最大粒径<br>(mm) |
|---|---|---|---|---|
| | | 高速公路、一级公路 | 二级及二级以下公路 | |
| 填方路基 | 上路床(0~0.30) | 8.0 | 6.0 | 100 |
| | 下路床(0.30~0.80) | 5.0 | 4.0 | 100 |
| | 上路堤(0.80~1.50) | 4.0 | 3.0 | 150 |
| | 下路堤(>1.50) | 3.0 | 2.0 | 150* |

续上表

<table>
<tr><td colspan="2" rowspan="2">填料应用部位<br>（路床顶面以下部位）(m)</td><td colspan="2">填料最小强度（CBR）(％)</td><td rowspan="2">填料最大粒径<br>(mm)</td></tr>
<tr><td>高速公路、一级公路</td><td>二级及二级以下公路</td></tr>
<tr><td rowspan="2">零填及<br>挖方路基</td><td>0～0.30</td><td>8.0</td><td>6.0</td><td>100</td></tr>
<tr><td>0.30～0.80</td><td>5.0</td><td>4.0</td><td>100</td></tr>
</table>

注：* 不适应填石路堤。

## 二、石质（土石）填料

1.分类

(1)石质填料：粒径大于 37.5mm 且含量超过 70％的石料填料。

(2)土石填料：粒径大于 37.5mm 石料含量占总质量的 30％～70％的土石混合材料。

2.技术要求

(1)膨胀岩石、易溶性岩石不宜直接用于路堤填筑，强风化岩石料、崩解性岩石和盐化岩石不得直接用于路堤填筑。

(2)路堤填料粒径应不大于 500mm，并不宜超过层厚的 2/3，不均匀系数宜为 15～20。路床底面以下 400mm 范围内，填料粒径应小于 150mm。

(3)天然土石混合填料中，中硬、硬质石料的最大粒径不得大于压实层厚的 2/3；石料为强风化岩石或软质石料时，其 CBR 值应符合表 2-1-1 要求，石料最大粒径不得大于压实层厚度。

(4)路床填料粒径应小于 100mm。

## 三、其他类填料

1.透水性材料

典型的透水材料如天然砂砾、级配砾石、级配碎石等，当其强度、级配范围、塑性指数等符合设计要求时，优选用于水淹、浸的高填方路堤以及桥涵及构造物台背回填材料。

2.水稳性材料

天然砂砾土、水泥稳定土、石灰稳定土以及综合（水泥、石灰、粉煤灰等）类稳定土等是工程上常用的水稳性较好的路基填料，优选用于上路堤、路床区、桥涵及构造物台背回填材料。

3.轻质填料

以粉煤灰为代表的轻质填料，能有效降低高填方路堤工后沉降。用于高速公路、一级公路路堤的粉煤灰，烧失量宜小于20%，粉煤灰的粒径宜在0.001～1.18mm之间，小于0.075mm的颗粒含量宜大于45%。

## 第二节　试验项目和参数

### 一、试验项目依据

试验项目的依据为《公路路基施工技术规范》(JTG F10—2006)和项目设计文件。

### 二、检测参数及方法

1.土工试验

土工试验的检测参数包括：①含水率；②颗粒级配；③界限含水率；④最大干密度、最佳含水率；⑤承载比(CBR)；⑥有机质含量；⑦密度；⑧土粒比重；⑨砂的相对密度；⑩回弹模量；⑪黄土湿陷；⑫粗粒、巨粒土的最大干密度试验；⑬自由膨胀率；⑭易溶盐；⑮冻土试验。

以上参数按照《公路土工试验规程》(JTG E40—2007)进行检测。

2.岩块填料试验

岩块填料试验的检测参数包括：①膨胀性；②耐崩解性；③单轴抗压强度；④吸水率。

以上参数按照《公路工程岩石试验规程》(JTG E41—2005)进行检测。

## 第三节　常用参数的试验细则

### 一、含水率试验

1.烘干法

(1)取具有代表性的试样，细粒土15～30g，砂类土、有机土为50g，砂砾石为1～2kg，放入称量盒内，立即盖好盒盖，称质量$m$，准确至0.01g。

(2)揭开盒盖，将试样和盒放入烘箱内，在温度105～110℃烘箱中烘干。烘干时间对细粒土不得少于8h，对砂类土不得少于6h。对含有机质超过5%的土，应将温度控制在65～70℃的恒温下烘干12～15h。

(3)将烘干后的试样和盒取出，放入干燥器内冷却(一般只需0.5h)。冷却后盖好盒盖，称质量$m_s$，准确至0.01g。

(4)按 $w=\frac{m-m_s}{m_s}\times100$ 计算含水率,精确至 0.1%。

(5)本试验须进行 2 次平行测定,取其算术平均值。允许平行差值为 5%以下含水率不超过 0.3%;40%以下含水率不超过 1%;40%以上含水率不超过 2%。

2. 酒精燃烧法

(1)取具有代表性的试样,(黏质土 5~10g,砂类土、有机土为 20~30g)放入称量盒内,立即盖好盒盖,称质量 $m$,准确至 0.01g。

(2)用滴管将酒精注入放有试样的称量盒中,直至盒面出现自由面为止。为使酒精在试样中充分混合均匀,可将盒底在桌面上轻轻敲击。

(3)点燃盒中酒精,燃烧至火焰熄灭。

(4)将试样冷却数分钟,按(2)、(3)步的方法重新燃烧两次。

(5)待第三次火焰熄灭后盖好盒盖,立即称干土质量 $m$,准确至 0.01g。

其余同烘干法。

## 二、颗粒分析试验(筛析法)

1. 试验器具

试验器具包括:标准筛(圆孔 0.075~60mm 一组套筛);天平;摇筛机;烘箱、筛刷、烧杯、木碾、研钵及杵等。

2. 取样数量

从风干、松散的土样中,用四分法取出具有代表性的试样,取样数量应符合表 2-1-2 要求。

**筛分试验取样数量** 表 2-1-2

| 最大粒径<2mm | 最大粒径<10mm | 最大粒径<20mm | 最大粒径<40mm | 最大粒径<60mm |
|---|---|---|---|---|
| 100~300g | 300~900g | 1000~2000g | 2000~4000g | 4000g |

3. 无凝聚性的土的筛分步骤

(1)按规定称取试样,将试样分批过 2mm 筛。

(2)将大于 2mm 的试样按从大到小的次序,通过大于 2mm 的各级粗筛。将留在筛上的土分别称量。

(3)2mm 筛下的土如数量过多,可用四分法缩分至 100~800g。将试样按从大到小的次序通过小于 2mm 的各级细筛。可用摇筛机进行振筛。振摇时间一般为 10~15min。

(4)由最大孔径的筛开始,顺序将各筛取下,在白纸上用手轻敲摇晃,至每分钟筛下数量不大于该级筛余质量的1%为止。筛下的土粒应全部放入下一级筛内,并将留在各筛上的土样用软毛刷刷净,分别称量。

(5)筛后各级筛上和筛底土总质量与筛前试样质量之差,不应大于1%。

(6)如2mm筛下的土不超过试样总质量的10%,可省略细筛分析;如2mm筛上的土不超过试样总质量的10%,可省略粗筛分析。

4.含有黏土粒的砂砾土筛分步骤

(1)将土样放在橡皮板上,用木碾将黏结的土团充分碾散,拌匀、烘干、称量。如土样过多时,用四分法称取代表性土样。

(2)将试样置于盛有清水的瓷盆中,浸泡并搅拌,使粗细颗粒分散。

(3)将浸润后的混合液过2mm筛,边冲边洗过筛,直至筛上仅留大于2mm以上的土粒为止。然后,将筛上洗净的砂砾风干称量。按以上方法进行粗筛分析。

(4)通过2mm筛的混合液存放在盆中,待稍沉淀,将上部悬液过0.075mm洗筛,用带橡皮头的玻璃棒研磨盆内浆液,再加清水、搅拌、研磨、静置、过筛,反复进行,直至盆内悬液澄清。最后,将全部土粒倒在0.075mm筛上,用水冲洗,直到筛上仅留大于0.075mm净砂为止。

(5)将大于0.075mm的净砂烘干称量,并进行细筛分析。

(6)将大于2mm颗粒及0.075~2mm的颗粒质量从原称量的总质量中减去,即为小于0.075mm颗粒质量。

(7)如果小于0.075mm颗粒质量超过总土质量的10%,有必要时,将这部分土烘干、取样,另做密度计或移液管分析。

5.数据处理

(1)按式(2-1-1)计算小于某粒径颗粒质量百分数。

$$X = \frac{A}{B} \times 100 \tag{2-1-1}$$

式中:$X$——小于某粒径颗粒质量百分数(%),精确至0.01;

$A$——小于某粒径颗粒质量(g);

$B$——试样总质量(g)。

(2)当小于2mm的颗粒是用四分法缩分取样时,按式(2-1-2)计算试样中小于某粒径的颗粒质量占总质量的百分数。

$$X = \frac{a}{b} \times P \times 100 \tag{2-1-2}$$

式中:$X$——小于某粒径颗粒质量百分数(%),精确至0.01;

$a$——通过2mm筛的试样中小于某粒径颗粒质量(g);

$b$——通过2mm筛的试样中所取试样的质量(g);

$P$——粒径小于 2mm 的颗粒质量百分数(%)。

(3)在半对数坐标纸上,以小于某粒径的颗粒质量百分数为纵坐标,以粒径(mm)为横坐标,绘制粒径大小级配曲线,求出各粒组的颗粒质量百分数,以整数(%)表示。

(4)必要时按式(2-1-3)计算不均匀系数。

$$C_u = \frac{d_{60}}{d_{10}} \tag{2-1-3}$$

式中:$C_u$——不均匀系数,计算至 0.1,且含两位以上有效数字;

$d_{60}$——限制粒径,即土中小于该粒径的颗粒质量为 60%的粒径(mm);

$d_{10}$——有效粒径,即土中小于该粒径的颗粒质量为 10%的粒径(mm)。

(5)精密度和允许差:筛后各级筛上和筛底土总质量之差,不应大于 1%。

## 三、液、塑限试验(联合测定法)

1. 试验器具

试验器具包括:LP-100 型联合测定仪(锥体质量 100g,锥角 30°,光电式读数显示);天平(感量 0.01g);盛土杯;调土刀等。

2. 试验准备

(1)将风干土样用带橡皮头的研杵研碎,过 0.5mm 筛。

(2)取代表性土样 200g,分开放入 3 个盛土皿中,加入不同数量的蒸馏水(加水量预估使土样的含水率分别控制在液限、略大于塑限和两者之间含水状态)。用调土刀调匀,密封放置 18h 以上。

(3)测定 $a$ 点的锥入深度(图 2-1-1),应为(20±0.2)mm;测定 $c$ 点的锥入深度,应控制在 5mm 以下(砂性土例外)。

3. 试验步骤

(1)将制备好的土样充分搅拌均匀,分层装入盛土杯中,试杯装满后,刮成与杯边齐平。

(2)给锥尖涂少量凡士林,将装好土样的试杯放在测定仪上,使锥尖刚好接触土

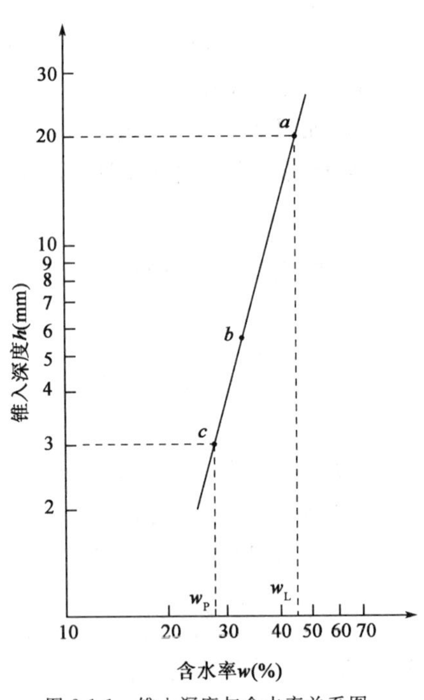


图 2-1-1 锥入深度与含水率关系图

样表面，按动落锥开关，测记经过 5s 的锥入深度 $h_1$。

(3)改变锥尖与土样接触位置(两次距离不小于 1cm)，重复上述步骤，得锥入深度 $h_2$。$h_1$、$h_2$ 允许误差为 0.5mm，否则应重做。取平均值作为该点锥入深度 $h$。

(4)取 10g 以上的土样两个，分别装入称量盒内，称质量(准确至 0.01g)，测定其含水率(计算到 0.1%)。计算含水率平均值。

(5)重复步骤(1)～(4)，对其他两个含水率土样进行试验，测其锥入深度和含水率。

4. 结果整理

(1)在双对数坐标上，以含水率 $w$ 为横坐标，锥入深度 $h$ 为纵坐标，点绘 $a$、$b$、$c$ 三点含水率的 $h$-$w$ 图(图 2-1-1)。连此三点，应呈一条直线。如三点不在同一条直线上，要通过 $a$ 点与 $b$、$c$ 两点连成两条直线，根据液限($a$ 点含水率)在 $h_P$-$w_L$图(图 2-1-2)上查得 $h_P$，以此 $h_P$ 再在 $h$-$w$ 的 $ab$ 及 $ac$ 两直线上求出相应的两个含水率。当两个含水率的差值小于 2%时，以该两点含水率的平均值与 $a$ 连成一条直线。当两个含水率的差值不小于 2%时，应重做试验。

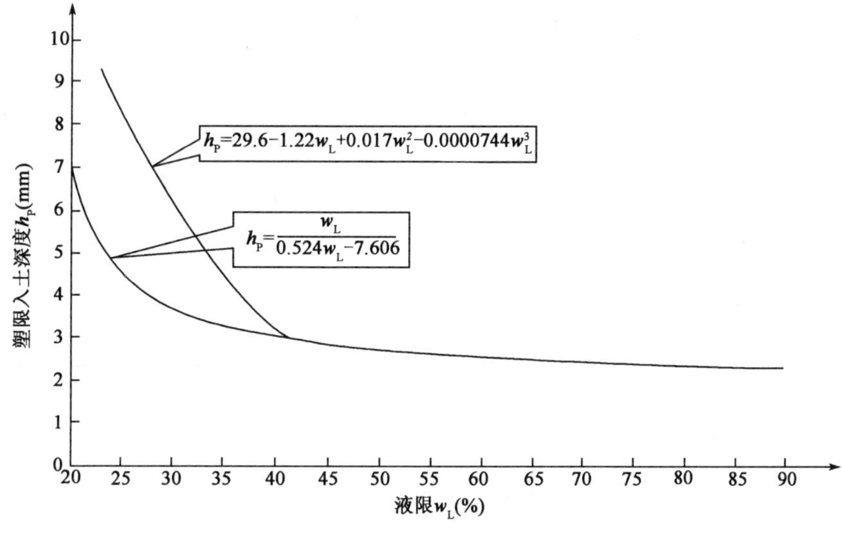


图 2-1-2 塑限入土深度与液限关系图

(2)在 $h$-$w$ 图上，查得纵坐标入土深度 $h=20$mm 所对应的横坐标的含水率为该土样的液限 $w_L$。

(3)通过 $h_P$-$w_L$ 图查得液限对应的入土深度，再由 $h$-$w$ 图查得入土深度对应的含水率，此含水率即为塑限 $w_P$。查 $h_P$-$w_L$ 关系图(图 2-1-2)时，需首先辨别土的分类。对细粒土，用双曲线确定 $h_P$ 值；对于砂类土，用多项式曲线确定 $h_P$ 值。

(4)须进行平行测定，取其算术平均值，以整数(%)表示。其允许差值为：高液限土小于或等于2%，低液限土小于或等于1%。

5.试验记录格式

见本章“六、常用试验记录表格”。

## 四、击实试验(重型击实法)

1.仪器设备

(1)自动击实仪：击实试验方法和相应设备主要参数应符合表2-1-3的规定。

**击实试验参数** 表2-1-3

| 试验方法 | 类别 | 锤底直径(mm) | 锤质量(kg) | 落高(cm) | 试筒尺寸 | | 试样尺寸 | | 层数 | 每层击实 | 击实功(kJ/m³) | 最大粒径(mm) |
|---|---|---|---|---|---|---|---|---|---|---|---|---|
| | | | | | 内径(cm) | 高(cm) | 高度(cm) | 体积(cm³) | | | | |
| 重型 | II-1 | 5 | 4.5 | 45 | 10 | 12.7 | 12.7 | 997 | 5 | 27 | 2687.2 | 20 |
| | II-2 | 5 | 4.5 | 45 | 15.2 | 17 | 12 | 2177 | 3 | 98 | 2677.2 | 40 |

(2)自动脱模器、烘箱及干燥器。

(3)台秤和天平：台秤称量20kg，感量1g；天平感量0.01g。

(4)圆孔筛：孔径40mm、20mm和5mm各一个。

(5)拌和工具：400mm×600mm、深70mm的金属盘，土铲。

(6)其他：喷水设备、碾土器、盛土盘、量筒、铝盒、修土刀、平直尺等。

2.土样准备

(1)土样数量按表2-1-4要求备料。

**试料用量** 表2-1-4

| 使用方法 | 类别 | 试筒内径(cm) | 最大粒径(mm) | 试料用量(kg/个) |
|---|---|---|---|---|
| 干土法，试样不重复使用 | b | 10 | 20 | 3，至少5个试样 |
| | | 15.2 | 40 | 6，至少5个试样 |
| 湿土法，试样不重复使用 | c | 10 | 20 | 3，至少5个试样 |
| | | 15.2 | 40 | 6，至少5个试样 |

(2)干土法(土不重复使用)。按四分法至少准备5个试样，分别加入不同水分(按2%～3%含水率递增)，拌匀后闷料一夜备用。

(3)湿土法(土不重复使用)。对于高含水率土，可省略过筛步骤，用手拣除大于40mm的粗石子即可。保持天然含水率的第一个土样，可立即用于击实试验。其余几个试样，将土分成小土块，分别风干，使含水率按2%～3%递增。

3. 试验步骤

(1)根据土的性质(含易击碎风化石数量多少、含水率高低),按表 2-1-4 规定选用干土法或湿土法。

(2)将击实筒放在坚硬的地面上,在筒壁上抹一薄层凡士林,并在试筒垫块上放置蜡纸或塑料薄膜。取制备好的土样分 3～5 次倒入筒内。小试筒按五层法时,每次约 400～500g(其量应使击实后的土样等于或略高于筒高的 1/5)。对于大试筒,先将垫块放入筒内底板上,按三层法,每层需试样 1700g 左右。整平表面,并稍加压紧,然后按规定的击数进行第一层土的击实,击实时击锤自由垂直落下,锤迹必须均匀分布于土料面,第一层击实完后,将试样层面"拉毛",重复上述方法进行其余各层土的击实。小试筒击实后,试样不应高出筒顶面 5mm;大试筒击实后,试样不应高出筒顶面 6mm。

(3)用修土刀沿套筒内壁削刮,使试样与套筒脱离后,扭动并取下套筒,齐筒顶细心削平试样,拆除底板,擦净筒外壁,称量,准确至 1g。

(4)用脱模器推出筒内试样,从试样中心处取样测其含水率,计算至 0.1%。测定含水率用试样的数量按表 2-1-5 规定取样。

**测定含水率用试样的数量** 表 2-1-5

| 最大粒径(mm) | 试样质量(g) | 个　数 |
|---|---|---|
| <5 | 15～20 | 2 |
| 约 5 | 约 50 | 1 |
| 约 20 | 约 250 | 1 |
| 约 40 | 约 500 | 1 |

(5)重复上述步骤,进行其他含水率用试样的击实试验。

4. 数据处理

(1)按公式(2-1-4)计算击实后各点的干密度,计算至 0.01。

$$\rho_d = \frac{\rho}{1 + 0.01w} \tag{2-1-4}$$

式中:$\rho$——湿密度($g/cm^3$);

$w$——含水率(%)。

(2)以干密度为纵坐标,含水率为横坐标,绘制干密度与含水率的关系曲线(图 2-1-3),曲线上峰值点的纵、横坐标分别为最大干密度和最佳含水率。如曲线不能绘出明显的峰值点,应进行补点或重做。

(3)按式(2-1-5)计算饱和曲线的饱和含水率 $w_{max}$,并绘制饱和含水率与干密度的关系曲线图。

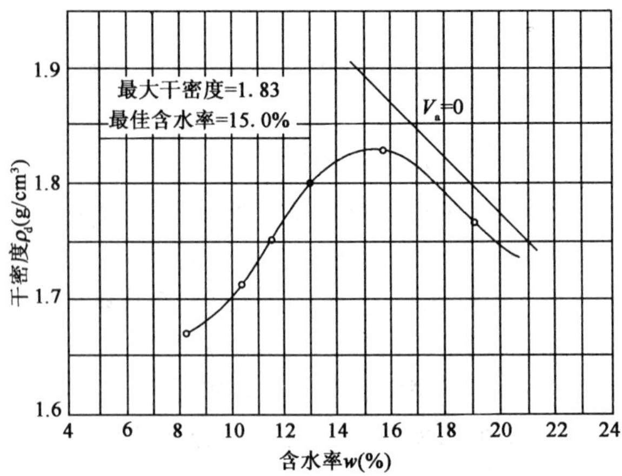


图 2-1-3 干密度与含水率关系曲线图

$$w_{max}=\left[\frac{G_s\rho_w(1+w)-\rho}{G_s\rho}\right]\times 100 \tag{2-1-5}$$

或

$$w_{max}=\left(\frac{\rho_w}{\rho_d}-\frac{1}{G_s}\right)\times 100 \tag{2-1-6}$$

式中：$w_{max}$——饱和含水率(%)，计算至0.01；

$\rho$——试样的湿密度($g/cm^3$)；

$\rho_w$——水在4℃时的湿密度($g/cm^3$)；

$\rho_d$——试样的干密度($g/cm^3$)；

$G_s$——试样土粒比重，对于粗粒土，则为土中粗细颗粒的混合比重；

$w$——试样的含水率(%)。

(4)当试样中有大于40mm的颗粒时，应先取出大于40mm的颗粒，并求得其百分率$p$，把小于40mm部分做击实试验，对所得的最大干密度和最佳含水率进行校正(适用于大于40mm颗粒的含量小于30%时)。

最大干密度按式(2-1-7)校正，计算至0.01。

$$\rho'_{dmax}=\frac{1}{\dfrac{1-0.01P}{\rho_{dmax}}+\dfrac{0.01P}{\rho_w G'_s}} \tag{2-1-7}$$

式中：$\rho_{dmax}$——用粒径小于40mm的土样试验所得的最大干密度($g/cm^3$)；

$P$——试料中粒径大于40mm颗粒的百分率(%)；

$G'_s$——粒径大于40mm颗粒的毛体积比重，计算至0.01。

最佳含水率按公式(2-1-8)校正，计算至0.01。

$$w'_0=w_0(1-0.01P)+0.01Pw_2 \tag{2-1-8}$$

式中：$w_0$——用粒径小于 40mm 的土样试验所得的最佳含水率(%)；

$w_2$——粒径大于 40mm 颗粒土样吸水率(%)。

(5)试验含水率须进行 2 次平行测定，取其算术平均值。允许平行差值应符合表 2-1-6 规定。

**含水率测定允许平行差值** 表 2-1-6

| 含水率(%) | 允许平行差值(%) | 含水率(%) | 允许平行差值(%) | 含水率(%) | 允许平行差值(%) |
|---|---|---|---|---|---|
| 5 以下 | ≤0.3 | 40 以下 | ≤1 | 40 以上 | ≤2 |

## 五、土的承载比(CBR)试验

### 1. 仪器设备

(1)圆孔筛：孔径 40mm、20mm 和 5mm 各一个。

(2)试筒和击实仪：试筒用击实试验大击实筒，击实采用重型击实法参数。

(3)路面材料强度仪：能量不小于 50kN，能调节贯入速度至每分钟贯入 1mm，可采用测力计式。

(4)测膨胀量附件：多孔板、支撑百分表架子、荷载板等。

(5)其他：脱模器、天平、水槽等。

### 2. 试样准备

(1)将具有代表性的风干试料(必要时可在 50℃烘箱内烘干)，用木碾捣碎，但应尽量注意不使土或粒料的单个颗粒破碎。土团均应捣碎到通过 5mm 的筛孔。

(2)采取有代表性的试料 90kg，用 40mm 筛筛除大于 40mm 的颗粒，并记录超尺寸颗粒的百分数。将已过筛的试料按四分法分成 15 份(6 份供击实试验，9 份留作制件)，每份质量 6kg，供击实试验和制件之用。

(3)在预定做击实试验或制件的前一天，取有代表性的试料测定其风干含水率。测定含水率用试样数量参照表 2-1-7 采取。

**测定含水率用试样的数量** 表 2-1-7

| 最大粒径(mm) | 试样质量(g) | 个　　数 |
|---|---|---|
| <5 | 15～20 | 2 |
| 约 5 | 约 50 | 1 |
| 约 20 | 约 250 | 1 |
| 约 40 | 约 500 | 1 |

### 3. 击实试验

将试料按重型击实 II-2 类别进行击实(击实参数见表 2-1-3)，计算试料的最大干密度和最佳含水率。

4.试件制作

(1)将其余 9 份试料,按最佳含水率制备 3 种干密度试件,每种干密度制作 3 个试件。每层击数分别为 30、50 和 98 次,使试件的干密度从低于 95%达到等于 100%的最大干密度。

(2)制件前将一份试料平铺于金属盘内,根据式(2-1-9)计算得到该份试料的应加水量,并将其均匀喷洒在试料上。

$$m_{\mathrm{w}} = \frac{m_i}{1 + 0.01w_i} \times 0.01(w - w_i) \tag{2-1-9}$$

式中:$m_{\mathrm{w}}$——所需的加水量(g);

$i$——3 组试样编号,分别取 1、2、3;

$m_i$——含水率 $w_i$ 时土样的质量(g);

$w_i$——土样原有含水率(%);

$w$——要求达到的最佳含水率(%)。

(3)用小铲将试料充分拌和到均匀状态,然后装入密封容器或塑料口袋内浸润备用。浸润时间:重黏土不得少于 24h,轻黏土可缩短到 12h,砂土可缩短到 1h,天然砂砾可缩短到 2h 左右。制每个件时,都要取样测定试料的含水率。

(4)将击实筒放在坚硬的地面上,取制备好的土样分 3 次倒入筒内,每层需试样 1700g 左右。整平表面,并稍加压紧,然后按规定的击数进行第一层土的击实,击实时击锤自由垂直落下,锤迹必须均匀分布于土料面,第一层击实完后,将试样层面"拉毛",重复上述方法进行其余各层土的击实。试样不应高出筒顶面 10mm。

(5)卸下套环,用直刮刀沿试筒顶修平击实的试件,表面不平整处用细料修补。取出垫块,称试筒和试件的质量 $m_2$。

5.试件浸泡

(1)在试件制成后,取下试件顶面的破残滤纸,放一张好滤纸,并在其上安装附有调节杆的多孔板,在多孔板上加 4 块荷载板。将试筒与多孔板一起放入槽内(先不放水),并用拉杆将模具拉紧,安装百分表,并读取初读数。

(2)向水槽内放水,使水自进到试件的底部和顶部。在泡水期间,槽内水面应保持在试件顶面以上约 25mm 处。通常试件要泡水 4 昼夜。

(3)泡水终了时,读取试件上百分表的终读数,并计算膨胀量:

$$膨胀量 = \frac{泡水后试件高度变化}{原试件高(=120\mathrm{mm})} \times 100$$

(4)从水槽中取出试件,倒出试件顶面的水,静置 15min,让其排水,然后卸去附加荷载和多孔板、底板和滤纸,并称量($m_3$),以计算试件的湿度和密度的变化。

6. 贯入试验

(1)将泡水试验终了的试件放到路面材料强度试验仪的升降台上，调整偏球座，对准、整平并使贯入杆与试件顶面全面接触，在贯入杆周围放置4块荷载板。

(2)先在贯入杆上施加45N荷载，然后将测力和测变形的百分表指针均调整至整数，并记读起始读数。

(3)加荷使贯入杆以1～1.25mm/min的速度压入试件，同时测记3个百分表的读数，记录测力计内百分表某些读数(如20、40、60)时的贯入量，并注意使贯入量为2.5mm时，能有5个以上的读数。因此，测力计内的第一个读数应是贯入量为0.3mm左右时。

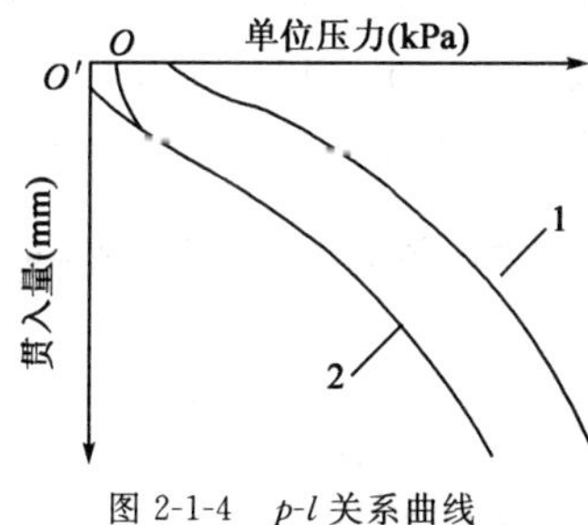

图 2-1-4　$p$-$l$ 关系曲线

7. 数据处理

(1)以单位压力($p$)为横坐标、贯入量($l$)为纵坐标，绘制 $p$-$l$ 关系曲线，如图2-1-4所示。曲线1是合适的。曲线2开始时是凹曲线，需要进行修正。修正时在变曲率点引一切线，与纵坐标交于$O'$点，$O'$点为修正后的原点。

(2)一般采用贯入量为2.5mm时的单位压力与标准压力之比作为材料的承载比(CBR，California Bearing Ratio)。即：

$$\mathrm{CBR}=\frac{p}{7000}\times 100 \tag{2-1-10}$$

同时计算贯入量为5mm时的承载比：

$$\mathrm{CBR}=\frac{p}{10500}\times 100 \tag{2-1-11}$$

如贯入量为5mm时的承载比大于2.5mm时的承载比，则试验重做。如结果仍然如此，则采用5mm时的承载比。

(3)试件的湿密度按式(2-1-12)计算：

$$\rho=\frac{m_2-m_1}{2177} \tag{2-1-12}$$

式中：$\rho$——试件的湿密度($g/cm^3$)，计算至0.01；

$m_2$——试筒和试件的合质量(g)；

$m_1$——试筒的质量(g)。

(4)试件的干密度 $\rho_d$ 按式(2-1-13)计算：

$$\rho_d=\frac{\rho}{1+0.01w} \tag{2-1-13}$$

(5)泡水后试件的吸水量按式(2-1-14)计算：

$$w_a = m_3 - m_2 \tag{2-1-14}$$

式中：$w_a$——泡水后试件的吸水量(g)；

$m_2$——试筒和试件的合质量(g)；

$m_3$——泡水后试筒和试件的合质量(g)。

(6)精密度和允许差：如根据3个平行试验结果计算得的承载比变异系数$C_v$大于12%，则去掉一个偏差大的值，取其余两个平均值。如$C_v$小于12%，且3个平行试验结果计算的干密度偏差小于0.03g/cm³，则取3个结果的平均值。如3个试验结果计算的干密度偏差超过0.03g/cm³，则去掉一个偏差大的值，取其余两个平均值。承载比小于100，相对偏差不大于5%；承载比大于100，相对偏差不大于10%。

## 六、常用试验记录表格(表2-1-8～表2-1-14)

______公路含水率试验记录表(烘干法和酒精燃烧法)　　表2-1-8

承包单位：　　　　合同号：

监理单位：　　　　编　号：

| 样品名称 | | | | 试验日期 | | | | |
|---|---|---|---|---|---|---|---|---|
| 样品来源 | | | | 试验用途 | | | | |
| 盒号 | | | | | | | | |
| 盒+湿土质量(g) | | | | | | | | |
| 盒+干土质量(g) | | | | | | | | |
| 盒质量(g) | | | | | | | | |
| 水分质量(g) | | | | | | | | |
| 干土质量(g) | | | | | | | | |
| 含水率(%) | | | | | | | | |
| 平均含水率(%) | | | | | | | | |
| 结论：<br><br>试验工程师：　　年　月　日 | | | | | | | | |
| 监理意见：<br><br>监理人员：　　年　月　日 | | | | | | | | |

试验人员：　　　　校核：

## ______公路土颗粒分析试验记录表(筛分法)　　表 2-1-9

承包单位：　　　　　　　　　　合同号：

监理单位：　　　　　　　　　　编　号：

| 样品名称 | | | | 试验日期 | | | | |
|---|---|---|---|---|---|---|---|---|
| 样品来源 | | | | 试验用途 | | | | |
| 筛前总土质量＝　g | | | | 小于 2mm 取试样质量＝　g | | | | |
| 小于 2mm 土质量＝　g | | | | 小于 2mm 土占总土质量＝　% | | | | |
| 粗筛分析 | | | | 细筛分析 | | | | |
| 孔径<br>(mm) | 累积留筛土质量<br>(g) | 小于该孔径土质量<br>(g) | 小于该孔径土质量百分比<br>(%) | 孔径<br>(mm) | 留筛土质量<br>(g) | 小于该孔径土质量<br>(g) | 小于该孔径土质量百分比<br>(%) | 占总土质量百分比<br>(%) |
| 60 | | | | 2 | | | | |
| 40 | | | | 1 | | | | |
| 20 | | | | 0.5 | | | | |
| 10 | | | | 0.25 | | | | |
| 5 | | | | 0.075 | | | | |
| 2 | | | | | | | | |

结论：

试验工程师：　　　　年　月　日

监理意见：

监理人员：　　　　年　月　日

试验人员：　　　　　　　　　校核：

## ______公路土的界限含水率试验记录表(液塑限联合测定)　表 2-1-10

承包单位：　　　　　　　　　　　　　　　　　合同号：

监理单位：　　　　　　　　　　　　　　　　　编　号：

| 样品名称 | | 试验日期 | |
|---|---|---|---|
| 样品来源 | | 试验用途 | |

| 试验项目 ＼ 试验次数 | | 1 | | 2 | | 3 | | 锥入深度(mm) 100.00 / 10.00 / 1.00；含水率(%) 1.0 / 10.0 / 100.0 |
|---|---|---|---|---|---|---|---|---|
| 锥入深度(mm) | $h_1$ | | | | | | | |
| | $h_2$ | | | | | | | |
| | $(h_1+h_2)/2$ | | | | | | | |
| 含水率(%) | 盒号 | | | | | | | |
| | 盒＋湿土质量(g) | | | | | | | |
| | 盒＋干土质量(g) | | | | | | | |
| | 盒质量(g) | | | | | | | |
| | 水分质量(g) | | | | | | | |
| | 干土质量(g) | | | | | | | 液限 $w_L=$ 　　% |
| | 含水率(%) | | | | | | | 塑限 $w_P=$ 　　% |
| | 平均含水率(%) | | | | | | | 塑性指数 $I_P=$ |

| 结论： | 监理意见： |
|---|---|
| | |

试验人员：　　　　　　　　　　　　　　　　　校核：

## ______公路击实试验记录表

表 2-1-11

承包单位：　　　　　　　　　　　　　　　　　　合同号：

监理单位：　　　　　　　　　　　　　　　　　　编　号：

| 样品名称 | | | | | | 试验日期 | | | | | | |
|---|---|---|---|---|---|---|---|---|---|---|---|---|
| 样品来源 | | | | | | 试验用途 | | | | | | |
| 击实方法 | 每层击数： | | | 筒容积：　$cm^3$ | | | 超尺寸颗粒含量：　% | | | | | |
| 预加含水率(%) | | | | | | | | | | | | |
| 筒号 | | | | | | | | | | | | |
| 筒＋湿土质量(g) | | | | | | | | | | | | |
| 筒质量(g) | | | | | | | | | | | | |
| 湿土质量(g) | | | | | | | | | | | | |
| 湿密度($g/cm^3$) | | | | | | | | | | | | |
| 盒号 | | | | | | | | | | | | |
| 盒＋湿土质量(g) | | | | | | | | | | | | |
| 盒＋干土质量(g) | | | | | | | | | | | | |
| 盒质量(g) | | | | | | | | | | | | |
| 水分质量(g) | | | | | | | | | | | | |
| 干土质量(g) | | | | | | | | | | | | |
| 含水率(%) | | | | | | | | | | | | |
| 平均含水率(%) | | | | | | | | | | | | |
| 干密度($g/cm^3$) | | | | | | | | | | | | |
| 最大干密度($g/cm^3$) | | | | | | 最佳含水率(%) | | | | | | |

干密度($g/cm^3$)

含水率(%)

| 结论：<br><br>试验工程师：　　　　年　月　日 | 监理意见：<br><br>监理人员：　　　　年　月　日 |
|---|---|

试验人员：　　　　　　　　　　　　　　　　　　校核：

表 2-1-12

## ______公路土的承载比试验记录表(CBR 试验)

承包单位：　　　　　　　　　　　　　　　　　　　　合同号：

监理单位：　　　　　　　　　　　　　　　　　　　　编　号：

| 样品名称 | | 试验日期 | |
|---|---|---|---|
| 样品来源 | | 试验用途 | |

| 击实试件含水率 | | | | | | | 试件密实度 | | | |
|---|---|---|---|---|---|---|---|---|---|---|
| 简号 | | | | | | | 每层击次 | | | |
| 每层击数 | | | | | | | 简号 | | | |
| 盒号 | | | | | | | 模＋土(g) | | | |
| 盒＋湿土质量(g) | | | | | | | 试模质量(g) | | | |
| 盒＋干土质量(g) | | | | | | | 湿土质量(g) | | | |
| 盒质量(g) | | | | | | | 试模体积($cm^3$) | | | |
| 水分质量(g) | | | | | | | 湿密度($g/cm^3$) | | | |
| 干土质量(g) | | | | | | | 含水率(%) | | | |
| 含水率(%) | | | | | | | 干密度($g/cm^3$) | | | |
| 平均含水率(%) | | | | | | | 最大干密度($g/cm^3$) | | | |
| | | | | | | | 试件成型压实度(%) | | | |

| 贯入试验 | | | | | | | | |
|---|---|---|---|---|---|---|---|---|
| 应力环校正系数：　　kPa/(0.01mm) | | | | | 贯入杆面积：$A=19.635cm^2$ | | | |
| 简号 | | | 简号 | | | 简号 | | |
| 贯入量 (mm) | 百分表读数 (0.01mm) | 荷载 (kPa) | 贯入量 (mm) | 百分表读数 (0.01mm) | 荷载 (kPa) | 贯入量 (mm) | 百分表读数 (0.01mm) | 荷载 (kPa) |
| | | | | | | | | |
| | | | | | | | | |
| | | | | | | | | |
| | | | | | | | | |
| | | | | | | | | |
| | | | | | | | | |
| | | | | | | | | |
| | | | | | | | | |
| | | | | | | | | |
| | | | | | | | | |
| | | | | | | | | |
| | | | | | | | | |
| | | | | | | | | |

| 膨胀量试验 | | | |
|---|---|---|---|
| 简号 | | | |
| 百分表初读数(mm) | | | |
| 百分表终读数(mm) | | | |
| 膨胀量(%) | | | |
| 膨胀量平均值(%) | | | |

试验人员：　　　　　　　　　　校核：　　　　　　　　　　监理人员：

## ______公路承载比(CBR)试验记录表(单位压力—贯入量曲线)　　表 2-1-13

承包单位：　　　　　　　　　　　　　　　　合同号：

监理单位：　　　　　　　　　　　　　　　　编　号：

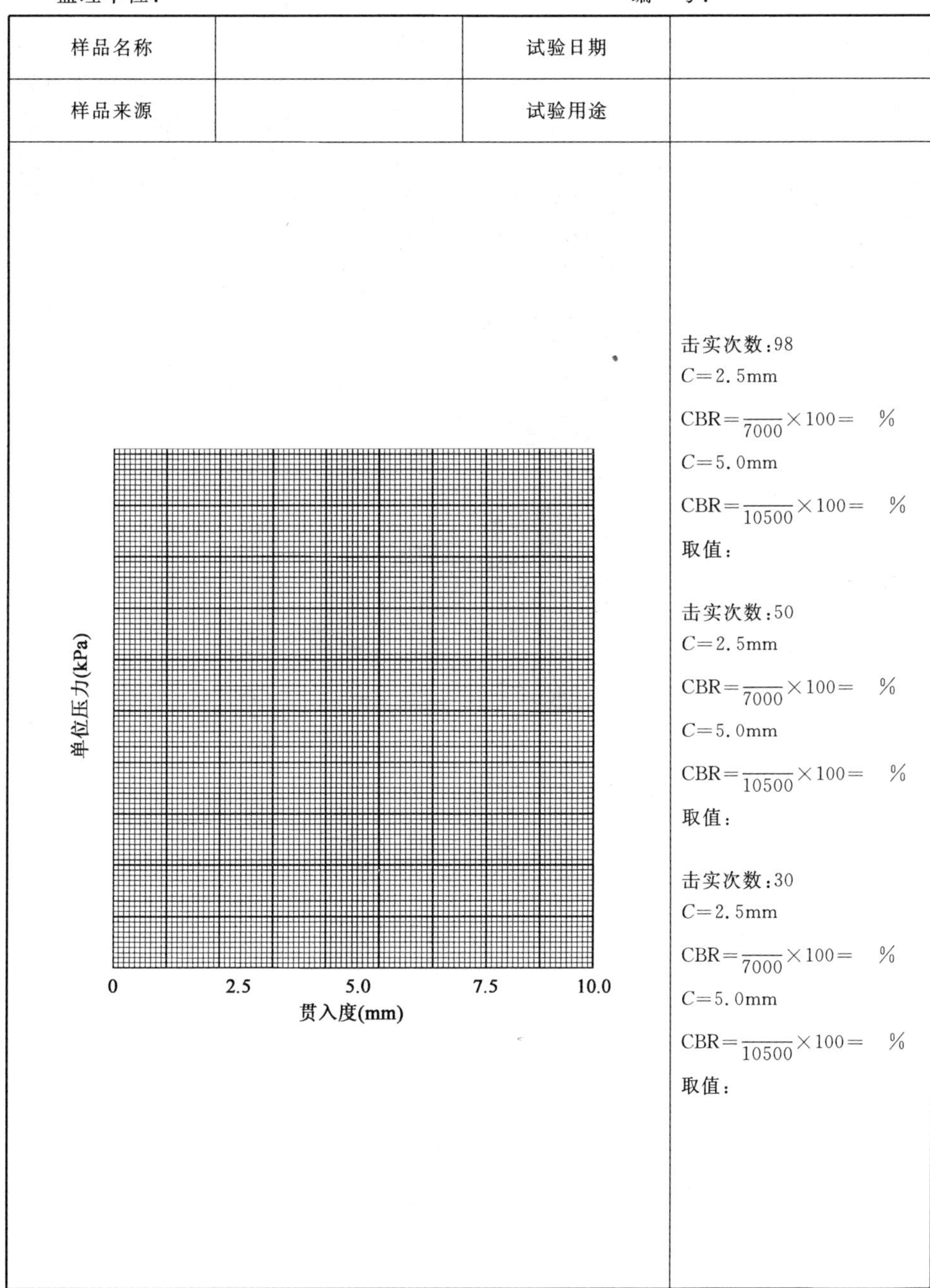

| 样品名称 | | 试验日期 | |
|---|---|---|---|
| 样品来源 | | 试验用途 | |



击实次数:98

$C=2.5\mathrm{mm}$

$\mathrm{CBR}=\frac{\quad}{7000}\times 100=$ 　%

$C=5.0\mathrm{mm}$

$\mathrm{CBR}=\frac{\quad}{10500}\times 100=$ 　%

取值：

击实次数:50

$C=2.5\mathrm{mm}$

$\mathrm{CBR}=\frac{\quad}{7000}\times 100=$ 　%

$C=5.0\mathrm{mm}$

$\mathrm{CBR}=\frac{\quad}{10500}\times 100=$ 　%

取值：

击实次数:30

$C=2.5\mathrm{mm}$

$\mathrm{CBR}=\frac{\quad}{7000}\times 100=$ 　%

$C=5.0\mathrm{mm}$

$\mathrm{CBR}=\frac{\quad}{10500}\times 100=$ 　%

取值：

试验人员：　　　　　　　　校核：　　　　　　　　监理人员：

表 2-1-14

## ______高速公路 CBR 与标准击实试验对照记录表

承包单位： 合同号：

监理单位： 编　号：

| 样品名称 | | 试验日期 | |
|---|---|---|---|
| 样品来源 | | 试验用途 | |

干密度($g/cm^3$)

含水率(%)

密实度为 100%时，CBR＝　　密实度为 96%时，CBR＝　　密实度为 94%时，CBR＝

密实度为 93%时，CBR＝　　密实度为 90%时，CBR＝

| 结论： | 监理意见： |
|---|---|
| 试验工程师：　　年　月　日 | 试验监理工程师：　　年　月　日 |

试验人员：　　校核：

# 第二章　公路工程用粗集料

## 第一节　技术指标及要求

### 一、混凝土用粗集料

1. 颗粒级配

粗集料应按最大公称粒径的不同，采用 2～4 个粒级的集料进行掺配，并应符合表 2-2-1 的要求。

粗集料颗粒级配范围　　表 2-2-1

| 公称粒级(mm) | | 累计筛余[按质量百分率计(%)] | | | | | | | | |
|---|---|---|---|---|---|---|---|---|---|---|
| | | 方孔筛筛孔边长尺寸(mm) | | | | | | | | |
| | | 2.36 | 4.75 | 9.5 | 16 | 19 | 26.5 | 31.5 | 37.5 | 53.0 |
| 合成级配 | 5～10 | 95～100 | 80～100 | 0～15 | 0 | | | | | |
| | 5～16 | 95～100 | 85～100 | 30～60 | 0～10 | 0 | | | | |
| | 5～20 | 95～100 | 90～100 | 40～80 | | 0～10 | 0 | | | |
| | 5～25 | 95～100 | 90～100 | | 30～70 | | 0～5 | 0 | | |
| | 5～31.5 | 95～100 | 90～100 | 70～90 | | 15～45 | | 0～5 | 0 | |
| | 5～40 | | 95～100 | 70～90 | | 30～65 | | | 0～5 | 0 |
| 单粒级 | 10～20 | | 95～100 | 85～100 | | 0～15 | 0 | | | |
| | 16～31.5 | | 95～100 | | 85～100 | | | 0～10 | 0 | |
| | 20～40 | | | 95～100 | | 80～100 | | | 0～10 | 0 |

2. 主要技术指标

(1)桥涵隧道结构混凝土用粗集料技术指标应符合表 2-2-2 规定。

(2)水泥混凝土路面用粗集料技术指标应符合表 2-2-3 规定。

碎石或卵石主要技术要求(JTG/T F50—2011)　　表 2-2-2

| 项　　目 | 技术要求 | | |
| --- | --- | --- | --- |
| | I 类 | II 类 | III 类 |
| 碎石压碎值指标(%),< | 10 | 20 | 30 |
| 卵石压碎值指标(%),< | 12 | 16 | 16 |
| 针片状颗粒含量(%),< | 5 | 15 | 25 |
| 吸水率(%),< | 1.0 | 2.0 | 2.5 |
| 含泥量(%),< | 0.5 | 1.0 | 1.5 |
| 泥块含量(%),≤ | 0 | 0.5 | 0.7 |
| 有机物含量(比色法) | 合格 | 合格 | 合格 |
| 硫化物及硫酸盐含量(按 $SO_3$ 计)(%),< | 0.5 | 1.0 | 1.0 |
| 坚固性(%),< | 5 | 8 | 12 |
| 岩石抗压强度(MPa) | 在饱水状态下,火成岩不小于 80;变质岩不小于 60;水成岩不小于 30 | | |
| 密度与空隙率 | 表观密度>2500kg/m³;堆积密度>1350kg/m³;空隙率<47% | | |
| 碱集料反应 | 经碱集料反应后,由集料制备的试件无裂缝、酥裂、胶体外溢等现象,在规定试验龄期的膨胀率小于 0.10% | | |

粗集料主要技术指标(JTG F30—2003)　　表 2-2-3

| 技术指标 | 技术要求 | | |
| --- | --- | --- | --- |
| | I 级 | II 级 | III 级 |
| 碎石压碎值指标(%),< | 10 | 15 | 20 |
| 卵石压碎值指标(%),< | 12 | 14 | 16 |
| 针片状颗粒含量(%),< | 5 | 15 | 20 |
| 含泥量(%),< | 0.5 | 1.0 | 1.5 |
| 泥块含量(%),≤ | 0 | 0.2 | 0.5 |
| 有机物含量(比色法) | 合格 | 合格 | 合格 |
| 硫化物及硫酸盐含量(按 $SO_3$ 计)(%),< | 0.5 | 1.0 | 1.0 |
| 坚固性(%),< | 5 | 8 | 12 |
| 岩石抗压强度(MPa) | 火成岩不小于 100;变质岩不小于 80;水成岩不小于 60 | | |
| 密度与空隙率 | 表观密度>2500kg/m³;堆积密度>1300kg/m³;空隙率<47% | | |
| 碱集料反应 | 经碱集料反应后,试件无裂缝、酥裂和胶体外溢现象,在规定龄期内试件膨胀率小于 0.10% | | |

## 二、路面基层用集料

公路路面基层、底基层材料采用水泥稳定级配碎石、级配砂砾、未筛分碎石、石屑形式较多。受地域或地方材料的供应限制，集料技术指标一般在执行施工规范的基础上，由设计部门提出具体的要求。下面仅介绍水泥稳定级配碎石的技术要求。

1. 颗粒级配

用于底基层的碎石最大粒径为 37.5mm，用于基层的碎石最大粒径为 31.5mm，碎石颗粒应接近立方体；细集料质地应坚硬、耐久、洁净，并具有良好级配，其合成级配应符合设计要求，一般参见表 2-2-4 的要求。

**水泥稳定集料级配范围** 表 2-2-4

| 孔径(mm) | | 37.5 | 31.5 | 26.5 | 19 | 9.5 | 4.75 | 2.36 | 0.6 | 0.075 |
|---|---|---|---|---|---|---|---|---|---|---|
| 通过百分率(%) | 底基层 | 100 | 90～100 | — | 6～90 | 40～64 | 25～45 | 15～35 | 6～20 | 0～5 |
| | 基层 | 100 | 100 | 90～100 | 68～86 | 38～58 | 22～32 | 16～28 | 8～15 | 0～3 |

注：本级配范围可根据各地情况设计调整。

2. 技术指标要求

用于水泥稳定碎石底基层与基层中的碎石由岩石或砾石轧制而成，应质地坚硬、耐久、洁净、有良好的级配，并具有足够的强度和耐磨耗性，其颗粒形状应具有棱角，接近立方体，不得含软石和其他杂质。其技术指标应符合设计或规范要求，一般参见表 2-2-5 的要求。

**水泥稳定集料技术要求**(JTJ 034—2000) 表 2-2-5

| 项目 | | 压碎值(%) | 有机质含量(%) | 硫酸盐含量(%) | 针片状颗粒(%) | 液限(%) | 塑性指数 |
|---|---|---|---|---|---|---|---|
| 技术要求 | 底基层 | ≤30 | ≤2 | ≤0.25 | ≤20 | <28 | <9 |
| | 基层 | ≤30 | ≤2 | ≤0.25 | ≤20 | <25 | <6 |

## 三、沥青混合料用粗集料

1. 主要技术指标

沥青混合料用粗集料包括碎石、破碎砾石，应该洁净、干燥、表面粗糙，质量应符合表 2-2-6 的规定。

2. 颗粒级配

粗集料的粒径规格应符合 2-2-7 的要求。

**沥青混合料用粗集料质量技术要求**(JTG F40—2004)　　表 2-2-6

| 指标 | | 单位 | 表面层 | 中下面层、基层 |
|---|---|---|---|---|
| 压碎值,≤ | | % | 26 | 28 |
| 洛杉矶磨耗损失,≤ | | % | 28 | 30 |
| 表面相对密度,≥ | | — | 2.60 | 2.50 |
| 吸水率,≤ | | % | 2.0 | 3.0 |
| 坚固性,≤ | | % | 12 | 12 |
| 针片状 | 混合料,≤ | % | 15 | 18 |
| | 其中粒径大于 9.5mm,≤ | % | 12 | 15 |
| | 其中粒径小于 9.5mm,≤ | % | 18 | 20 |
| 水洗法<0.075mm 颗粒含量,≤ | | % | 1 | 1 |
| 软石含量,≤ | | % | 3 | 5 |
| 与沥青黏附性,≥ | | — | 5(潮湿区)、4(湿润区)、4(半干区)、3(干旱区) | 4(潮湿区)、4(湿润区)、3(半干区)、3(干旱区) |
| 用于表面层的磨耗值 PSV,≥ | | — | 42(潮湿区)、40(湿润区)、38(半干区)、36(干旱区) | — |

**混合料用粗集料的规格**(JTG F40—2004)　　表 2-2-7

| 规格名称 | 公称粒径(mm) | 通过下列筛孔(mm)的质量百分率(%) | | | | | | | | | | | | |
|---|---|---|---|---|---|---|---|---|---|---|---|---|---|---|
| | | 106 | 75 | 63 | 53 | 37.5 | 31.5 | 26.5 | 19.0 | 13.2 | 9.5 | 4.75 | 2.36 | 0.6 |
| S1 | 40～75 | 100 | 90～100 | | | 0～15 | | 0～5 | | | | | | |
| S2 | 40～60 | | 100 | 90～100 | | 0～15 | | 0～5 | | | | | | |
| S3 | 30～60 | | 100 | 90～100 | | | 0～15 | | 0～5 | | | | | |
| S4 | 25～50 | | | 100 | 90～100 | | | 0～15 | | 0～5 | | | | |
| S5 | 20～40 | | | | 100 | 90～100 | | | 0～15 | | 0～5 | | | |
| S6 | 15～30 | | | | | 100 | 90～100 | | | 0～15 | | 0～5 | | |
| S7 | 10～30 | | | | | 100 | 90～100 | | | | 0～15 | 0～5 | | |

续上表

| 规格名称 | 公称粒径(mm) | 通过下列筛孔(mm)的质量百分率(%) | | | | | | | | | | | | |
|---|---|---|---|---|---|---|---|---|---|---|---|---|---|---|
| | | 106 | 75 | 63 | 53 | 37.5 | 31.5 | 26.5 | 19.0 | 13.2 | 9.5 | 4.75 | 2.36 | 0.6 |
| S8 | 10～25 | | | | | | 100 | 90～100 | | 0～15 | | 0～5 | | |
| S9 | 10～20 | | | | | | | 100 | 90～100 | | 0～15 | 0～5 | | |
| S10 | 10～15 | | | | | | | | 100 | 90～100 | 0～15 | 0～5 | | |
| S11 | 5～15 | | | | | | | | 100 | 90～100 | 40～70 | 0～15 | 0～5 | |
| S12 | 5～10 | | | | | | | | | 100 | 90～100 | 0～15 | 0～5 | |
| S13 | 3～10 | | | | | | | | | 100 | 90～100 | 40～70 | 0～15 | 0～5 |
| S14 | 3～5 | | | | | | | | | | 100 | 90～100 | 0～15 | 0～5 |

# 第二节　试验项目和参数

## 一、试验项目依据

试验项目依据包括:《公路桥涵施工技术规范》(JTG/T F50—2011);《公路隧道施工技术规范》(JTJ F60—2009);《公路水泥混凝土施工技术规范》(JTJ F30—2003);《公路沥青路面施工技术规范》(JTJ F40—2004);《公路路面基层施工技术规范》(JTJ 034—2000)。

## 二、检测参数及方法

检测参数包括:①筛分试验;②密度及吸水率试验(网篮法);③含水率快速试验(酒精燃烧法);④堆积密度及空隙率;⑤含泥量及泥块含量;⑥针片状颗粒含量(规准依法);⑦针片状颗粒含量(游标卡尺法);⑧有机物含量;⑨坚固性;⑩压碎值;⑪磨耗(洛杉矶法);⑫软弱颗粒;⑬磨光值;⑭碱活性检验(砂浆长度法)。

以上参数均按《公路工程集料试验规程》(JTG E42—2005)进行检测。

# 第三节　常用参数的试验细则

## 一、粗集料筛分试验

1. 仪具及试样准备

(1)仪具:试验筛(标准筛)、震摆摇筛机、电子天平(感量不大于试样质量的0.1%)。

(2)试样准备:将来样用四分法缩分至不少于表2-2-8要求的试样数量,风干后备用。根据需要可按要求的集料最大粒径的筛孔尺寸过筛,除去超粒径部分颗粒,再进行筛分。

筛分用的试样质量　　表2-2-8

| 公称最大粒径(mm) | 63 | 37.5 | 31.5 | 26.5 | 19 | 16 | 9.5 | 4.75 |
|---|---|---|---|---|---|---|---|---|
| 试样质量不少于(kg) | 8 | 5 | 4 | 2.5 | 2 | 1 | 1 | 0.5 |

2. 干筛法步骤

(1)取试样一份置(105±5)℃烘箱中烘干至恒重,称取干燥集料试样的总质量 $m_0$,准确至0.1%。

(2)将试样放入准备好的一组套筛的顶层筛中,在摇筛机上固定好套筛,启动摇筛机,筛分10min后取出套筛再逐个由人工补筛。应确认每号筛1min内通过筛孔的质量确实小于筛上残余量的0.1%。

(3)称取每个筛上的筛余量,准确至总质量的0.1%。各筛分计筛余量 $m_i$ 及筛底存量 $m_{底}$ 的总和与筛分前试样 $m_0$ 相比,差值为筛分损耗 $m_5$,其值不得超过 $m_0$ 的0.5%。

3. 水洗法步骤

(1)取试样一份置(105±5)℃烘箱中烘干至恒重,称取干燥集料试样的总质量 $m_3$,准确至0.1%。

(2)将试样置一洁净容器中,加入足够数量的洁净水,将集料全部淹没,但不得使用任何洗涤剂、分散剂或表面活性剂。

(3)用搅棒充分搅动集料,使集料表面洗涤干净,使细粉悬浮在水中,但不得破碎集料或有集料从水中溅出。

(4)根据集料粒径大小选择组成一组套筛,其底部为0.075mm标准筛,上部位2.36mm或4.75mm筛。仔细将容器中混有细粉的悬浮液倒出,经过套筛流入另一容器中,尽量不将粗集料倒出,以免损坏标准筛面。

(5)重复步骤(2)～步骤(4)，直至倒出的水洁净为止，必要时可采用水流缓慢冲洗。

(6)将套筛每个筛子上的集料及容器中的集料全部回收在一个搪瓷盘中，容器上不得有黏附的集料颗粒。

(7)在确保细粉不散失的情况下，小心泌去搪瓷盘中积水，将搪瓷盘连同集料一起置(105±5)℃烘箱中烘干至恒重，称取干燥集料试样的总质量 $m_4$，准确至 0.1%。以 $m_3$ 与 $m_4$ 之差作为 0.075mm 的筛下部分 $m_{0.075}$。

(8)将回收的干燥集料按干筛方法筛分出 0.075mm 筛以上各筛的筛余量，此时 0.075mm 筛下部分应为 0，如果尚能筛出，则应将其并入水洗得到的 0.075mm的筛下部分，且表示水洗得不干净。

4. 干筛法结果整理

(1)计算各筛分计筛余量及筛底存量的总和与筛分前试样干质量 $m_0$ 之差，作为筛分时的损耗，按式(2-2-1)计算。并计算损耗率，若损耗率大于 0.3%，应重新试验。

$$m_5 = m_0 - (\sum m_i + m_{0.075}) \qquad (2\text{-}2\text{-}1)$$

式中：$m_5$——由于筛分造成的损耗(g)；

$m_0$——用于干筛的干燥集料总质量(g)；

$m_i$——各号筛上的分计筛余(g)；

$i$——依次为 0.075mm、0.15mm……至集料最大粒径的排序；

$m_{0.075}$——筛底(0.075mm 以下部分)集料总质量(g)。

(2)干筛后各号筛上的分计筛余百分率按式(2-2-2)计算，精确至 0.1%。各号筛累计筛余百分率为该号筛以上各号筛的分计筛余百分率之和，精确至0.1%。各号筛的质量通过百分率 $P_i$ 等于 100 减去该号筛累计筛余百分率，精确至 0.1%。

$$p_i' = \frac{m_i}{m_0 - m_5} \times 100 \qquad (2\text{-}2\text{-}2)$$

式中：$p_i'$——各号筛上的分计筛余百分率(%)；

$m_5$——由于筛分造成的损耗(g)；

$m_0$——用于干筛的干燥集料总质量(g)；

$m_i$——各号筛上的分计筛余(g)；

$i$——依次为 0.075mm、0.15mm……至集料最大粒径的排序。

(3)同一种集料进行两次试验，取平均值作为试验结果。当两次试验结果 $P_{0.075}$ 的差值超过 1%时，试验应重新进行。

5. 水筛法结果整理

(1)按式(2-2-3)、式(2-2-4)计算粗集料中 0.075mm 筛下部分质量 $m_{0.075}$ 和含量 $P_{0.075}$，精确至 0.1%。当两次试验结果 $P_{0.075}$ 的差值超过 1%时，试验应重新进行。

$$m_{0.075} = m_3 - m_4 \tag{2-2-3}$$

$$P_{0.075} = \frac{m_{0.075}}{m_3} = \frac{m_3 - m_4}{m_3} \times 100 \tag{2-2-4}$$

式中：$P_{0.075}$——粗集料中小于 0.075mm 的含量(通过率)(%)；

$m_{0.075}$——粗集料中水洗得到的小于 0.075mm 部分的质量(g)；

$m_3$——用于水洗的干燥集料总质量(g)；

$m_4$——水洗后的干燥粗集料总质量(g)。

(2)计算各筛分计筛余量及筛底存量的总和与筛分前试样干质量 $m_4$ 之差，作为筛分时的损耗，按式(2-2-5)计算。并计算损耗率，若损耗率大于 0.3%，应重新试验。

$$m_5 = m_3 - (\sum m_i + m_{0.075}) \tag{2-2-5}$$

式中：$m_5$——由于筛分造成的损耗(g)；

$m_3$——用于水筛的干燥集料总质量(g)；

$m_i$——各号筛上的分计筛余(g)；

$i$——依次为 0.075mm、0.15mm……至集料最大粒径的排序；

$m_{0.075}$——水洗后得到的 0.075mm 以下部分集料总质量(g)，即$(m_3 - m_4)$。

(3)按 $P_{0.075} = \frac{m_{0.075}}{m_3} \times 100$ 计算小于 0.075mm 的含量，当两次试验结果差值超过 1%时，应重新试验；按干筛法同样方法计算各筛号分计筛余百分率，再计算累计筛余百分率和通过率，精确至 0.1%。

6.记录表格式

(1)筛分结果以各筛孔质量通过百分率表示。

(2)结果应绘制筛分曲线；

## 二、含泥量及泥块含量试验

1.仪器与试样准备

(1)仪器：天平(感量不大于称量的 0.1%)；标准筛[1.18mm、0.075mm(含泥量用)；2.36mm、4.75mm(泥块含量用)]。

(2)将来样用四分法缩分至不少于表 2-2-9 要求的试样数量，置于(105±5)℃烘箱中烘干至恒重，冷却至室温后分成两份备用。

**含泥量及泥块含量试验用的试样质量** 表 2-2-9

| 公称最大粒径(mm) | 37.5 | 31.5 | 26.5 | 19 | 16 | 9.5 | 4.75 |
|---|---|---|---|---|---|---|---|
| 试样质量不少于(kg) | 10 | 10 | 6 | 6 | 2 | 2 | 1.5 |

2. 含泥量试验步骤

(1)称取一份试样($m_0$)装入容器中,加水,浸泡 24h,用手在水中掏洗颗粒,使尘屑、黏土等悬浮于水中;缓慢地将浑浊液倒入 1.18mm 及 0.075mm 的套筛上,滤去 0.075mm 以下的颗粒。

(2)加水重复上述步骤,直至洗出的水清澈为止。

(3)用水充分洗除小于 0.075mm 以下的颗粒,将筛上余物置于(105±5)℃烘箱中烘干至恒重,冷却至室温后,称取试样的质量($m_1$)。

3. 含泥量计算

按式(2-2-6)计算含泥量,精确至 0.1%。

$$Q_n = \frac{m_0 - m_1}{m_0} \times 100 \tag{2-2-6}$$

式中:$Q_n$——粗集料含泥量(%);

$m_0$——试验前烘干试样质量(g);

$m_1$——试验后烘干试样质量(g)。

以两次试验的算术平均值作为测定值,两次结果的差值不得超过 0.2%。

4. 泥块含量试验步骤

(1)取试样 1 份,用 4.75mm 筛将试样过筛,称出筛去 4.75mm 以下颗粒后的试样质量 $m_2$。

(2)将试样在容器中摊平,加水使水面高出试样表面,24h 后将水放掉,用手捻压泥块,然后将试样放在 2.36mm 筛上用水冲洗,直至洗出的水清澈为止。

(3)小心地取出 2.36mm 筛上试样,置于温度为(105±5)℃烘箱中烘干至恒重,冷却至室温后,称取试样的质量 $m_3$。

5. 泥块含量计算

按式(2-2-7)计算泥块含量,精确至 0.1%。

$$Q_k = \frac{m_2 - m_3}{m_2} \times 100 \tag{2-2-7}$$

式中:$Q_k$——粗集料泥块含量(%);

$m_2$——4.75mm 筛的筛余量(g);

$m_3$——试验后烘干试样质量(g)。

以两次试验的算术平均值作为测定值,两次结果的差值不得超过 0.1%。

## 三、粗集料密度及吸水率试验(网篮法)

1. 试验仪具

(1)浸水天平:可悬挂吊篮测定集料的水中重量,感量不大于最大称量的

0.05%。

(2)吊篮：耐腐蚀材料制成，直径和高度均为150mm，四周及底部具有密集的孔眼。

(3)溢流水槽：在称量水中质量时能保持水面高度一定。

(4)其他：烘箱、温度计、毛巾、标准筛、盛水容器等。

2.试样准备

(1)对较粗集料，用4.75mm标准筛对样品进行过筛，对2.36～4.75mm集料，用2.36mm标准筛过筛，筛除其中细粒径的材料。用四分法缩分至要求的质量，分两份备用，每份质量不小于表2-2-10规定。

**测定密度所需要的试样最小质量** 表2-2-10

| 公称最大粒径(mm) | 63 | 37.5 | 31.5 | 26.5 | 19 | 16 | 9.5 | 4.75 |
|---|---|---|---|---|---|---|---|---|
| 试样质量不少于(kg) | 3 | 2 | 1.5 | 1.5 | 1 | 1 | 1 | 0.8 |

(2)对沥青路面用粗集料，应对不同规格的集料分别测定，不得混杂，所取的每一份集料应基本上保持原有的级配。

3.试验步骤

(1)将每一份试样浸泡在水中，并适当搅动，仔细洗去尘土和石粉，经多次漂洗干净至水完全清澈为止，在室温下保持浸水24h。

(2)将吊篮挂在天平的吊钩上，浸入溢流水槽中，向溢流水槽中注水，水面高度至水槽的溢流孔，将天平调零。吊篮的筛网应保证样品不会通过筛孔流失。

(3)调节水温在15～25℃范围内。将试样移入吊篮中。溢流水槽中的水面高度由溢流孔控制，维持不变。称取试样的水中质量$m_w$。

(4)提起吊篮，稍稍滴水后，将集料直接倒在拧干的湿毛巾上。再用拧干的湿毛巾轻轻擦干集料表面水，至表面看不到发亮的水迹。

(5)立即在保持表干状态下，称取集料的表干质量$m_f$。

(6)将试样放入浅盘中，置于(105±5)℃烘箱中烘干至恒重，冷却至室温后，称取试样的质量$m_a$。

4.结果整理

(1)表观相对密度$\gamma_a$、表干相对密度$\gamma_s$、毛体积相对密度$\gamma_b$分别按式(2-2-8)、式(2-2-9)、式(2-2-10)计算，精确至小数点后3位。

$$\gamma_a = \frac{m_a}{m_a - m_w} \quad (2\text{-}2\text{-}8)$$

$$\gamma_s = \frac{m_f}{m_f - m_w} \quad (2\text{-}2\text{-}9)$$

$$\gamma_b = \frac{m_a}{m_f - m_w} \tag{2-2-10}$$

式中：$\gamma_a$——集料表观相对密度，无量纲；

$\gamma_s$——集料表干相对密度，无量纲；

$\gamma_b$——集料毛体积相对密度，无量纲；

$m_a$——集料的烘干质量(g)；

$m_f$——集料的表干质量(g)；

$m_w$——集料的水中质量(g)。

(2)集料吸水率以烘干试样为基准，按式(2-2-11)计算，精确至0.01%。

$$w_x = \frac{m_f - m_a}{m_a} \times 100 \tag{2-2-11}$$

式中：$w_x$——粗集料吸水率(%)。

(3)粗集料表观密度 $\rho_a$、表干密度 $\rho_s$、毛体积密度 $\rho_b$ 分别按式(2-2-12)、式(2-2-13)、式(2-2-14)计算，精确至小数点后3位。不同水温条件下测量的粗集料密度需进行水温修正，不同试验温度下水的密度 $\rho_T$ 按表2-2-11选用。

$$\rho_a = \gamma_a \times \rho_T \tag{2-2-12}$$

$$\rho_s = \gamma_s \times \rho_T \tag{2-2-13}$$

$$\rho_b = \gamma_b \times \rho_T \tag{2-2-14}$$

**不同水温时水密度 $\rho_T$** 表2-2-11

| 水温(℃) | 15 | 16 | 17 | 18 | 19 | 20 |
|---|---|---|---|---|---|---|
| 水的密度 $\rho_T$(g/cm$^3$) | 0.99913 | 0.99897 | 0.99880 | 0.99862 | 0.99843 | 0.99822 |
| 水温(℃) | 21 | 22 | 23 | 24 | 25 | |
| 水的密度 $\rho_T$(g/cm$^3$) | 0.99802 | 0.99779 | 0.99756 | 0.99733 | 0.99702 | |

(4)应进行两次平行试验，以试验结果的算术平均值作为测定值。如两次试验相对密度结果之差大于0.02g/cm$^3$，吸水率相差0.2%，应重新进行试验。

## 四、粗集料堆积密度及空隙率试验

1. 仪具与试样准备

(1)仪具：容量筒(规格见表2-2-12要求)；电子称(感量不大于称量的0.1%)；烘箱；捣棒(直径16mm，长600mm、一端为圆头的钢棒)。

(2)按本节粗集料取样方法取样、缩分，质量满足试验要求，将试样摊在洁净地面上风干，拌匀后分成两份备用。

**容量筒规格要求** 表 2-2-12

| 公称最大粒径(mm) | 容积(L) | 规格(mm) | | | 筒壁厚度(mm) |
|---|---|---|---|---|---|
| | | 内径 | 净高 | 底厚 | |
| ≤4.75 | 3 | 155±2 | 160±2 | 5.0 | 2.5 |
| 9.5～26.5 | 10 | 205±2 | 305±2 | 5.0 | 2.5 |
| 31.5～37.5 | 15 | 255±2 | 295±5 | 5.0 | 3.0 |

2. 试验步骤

(1)自然堆积密度

取试样 1 份，置于平整干净的水泥地上，用平头锹铲起试样，使集料自由落入容量筒内。

此时，从铁锹的齐口至容量筒上口的距离应保持为 50mm 左右，装满容量筒并除去凸出筒口表面的颗粒，并以合适的颗粒填入凹陷空隙，使表面稍凸起部分和凹陷部分的体积大致相等，称取试样和容量筒总质量($m_2$)。

(2)振实密度

将试样分三层装入容量筒：装完一层后，在筒底垫放一根直径为 25mm 的钢筋，将筒按住，左右交替颠击地面 25 下；然后装入第二层，用同样方法垫实(但筒底所垫钢筋的方向应与第一次放置的方向垂直)；然后再装第三层，如法垫实。待三层试样装填完毕后，加料填到试样超出容量筒口，用钢筋沿筒口边缘滚转，刮下高出筒口的颗粒，用合适的颗粒填平凹处，使表面稍凸起部分和凹陷部分体积大致相等，称取试样和容量筒总质量($m_2$)。

(3)捣实密度

根据沥青混合料的类型和公称最大粒径，确定起骨架作用的关键性筛孔(通常为 4.75mm 或 2.36mm 等)。将矿料混合料中此筛孔以上颗粒筛出，作为试样装入符合要求规格的容器中达到 1/3 的高度，由边至中用捣棒均匀捣实 25 次。再向容器中装入 1/3 高度的试样，用捣棒均匀地捣实 25 次，捣实深度约至下层的表面。然后重复上一步骤，加最后一层，捣实 25 次，使集料与容器口齐平。用合适的集料充填表面的大空隙，用直尺大体刮平，目测估计表面稍凸起部分和凹陷部分体积大致相等，称取试样和容量筒总质量($m_2$)。

(4)容器容积的标定

用水装满容量筒，测量水温，擦干筒外壁的水分，称取容量筒与水的总质量($m_w$)，并按水的密度对容量筒的容积作校正。

3. 结果整理

(1)容量筒的容积按式(2-2-15)计算。

$$V = \frac{m_w - m_1}{\rho_T} \tag{2-2-15}$$

式中：$V$——容量筒的容积(L)；

$m_1$——容量筒的质量(kg)；

$m_w$——容量筒与水的总质量(kg)；

$\rho_T$——试验温度 $T$ 时水的密度(g/cm$^3$)，按表 2-2-12 选用。

(2)堆积密度(包括自然堆积状态、振实状态、捣实状态)按式(2-2-16)计算至小数点后 2 位。

$$\rho = \frac{m_2 - m_1}{V} \tag{2-2-16}$$

式中：$\rho$——与各种状态相对应的堆积密度(t/m$^3$)；

$m_1$——容量筒的质量(kg)；

$m_2$——容量筒与试样的总质量(kg)；

$V$——容量筒的容积(L)。

(3)水泥混凝土用集料振实状态下空隙率按式(2-2-17)计算。

$$V_c = \left(1 - \frac{\rho}{\rho_a}\right) \times 100 \tag{2-2-17}$$

式中：$V_c$——水泥混凝土用集料的空隙率(%)；

$\rho_a$——集料的表观密度(t/m$^3$)；

$\rho$——按振实法测定的堆积密度(t/m$^3$)。

(4)沥青混合料用集料骨架捣实状态下间隙率按式(2-2-18)计算。

$$VCA_{DRC} = \left(1 - \frac{\rho}{\rho_b}\right) \times 100 \tag{2-2-18}$$

式中：$VCA_{DRC}$——捣实状态下集料的骨架间隙率(%)；

$\rho_b$——集料的毛体积密度(t/m$^3$)；

$\rho$——按捣实法测定的堆积密度(t/m$^3$)。

(5)以两次平行试验结果平均值作为测定值。

## 五、针片状颗粒含量(规准仪法)

### 1. 仪具与试样准备

(1)仪具：针状和片状规准仪；天平(感量不大于称量值的 0.1%)；标准筛。

(2)试样准备：将来样风干后用四分法缩分至不少于表 2-2-13 要求的试样数量，称量($m_0$)，然后筛分成表 2-2-14 所规定的粒级备用。

**针片状颗粒试验用的试样质量** 表 2-2-13

| 公称最大粒径(mm) | 37.5 | 31.5 | 26.5 | 19 | 16 | 9.5 |
|---|---|---|---|---|---|---|
| 试样质量不少于(kg) | 10 | 5 | 3 | 2 | 1 | 0.3 |

2.试验步骤

(1)目测先挑出有可能属于针状颗粒或片状颗粒的试样,再逐个对可疑试样在规准仪上试验,通不过针状仪的为针状颗粒,通过片状仪孔的为片状颗粒。

(2)称量由各粒级挑出的针片状颗粒的质量,其总质量为 $m_1$。

3.结果整理

按式(2-2-19)计算针片状含量,精确至0.1%。如需要可以分别计算针状颗粒和片状颗粒的含量百分数。

$$Q_e = \frac{m_1}{m_0} \times 100 \tag{2-2-19}$$

式中:$Q_e$——试样的针片状颗粒含量(%);

$m_1$——试样中所含针状与片状颗粒的总质量(g);

$m_0$——试样总质量(g)。

4.试验记录表格式

见本章"十一、常用试验纪录表格"。

## 六、针片状颗粒含量试验(游标卡尺法)

1.仪具与试样准备

(1)仪具:游标卡尺(精密度为0.1mm);天平(感量不大于1g);标准筛(4.75mm)。

(2)试样准备:按四分法选取1kg左右的试样。对每种规格的粗集料,应按照不同的公称粒径,分别取样检验。

2.试验步骤

(1)用4.75mm标准筛将试样过筛,取筛上部分供试验用,称取试样的总质量 $m_0$,准确至1g,试样数量应不少于800g,并不少于100颗。

(2)将试样平摊于桌面上,首先用目测挑出接近立方体的颗粒,剩下可能属于针片状颗粒。

(3)按图2-2-1所示的方法将欲测量的颗粒放在桌面上成一稳定的状态,图中颗粒平面方向的最大长度为 $L$,侧面厚度的最大尺寸为 $t$,颗粒最大宽度为 $w(t<w<L)$,用卡尺逐个测量 $L$ 及 $t$,将 $\frac{L}{t} \geqslant 3$ 的颗粒分别挑出作为针片状颗粒。

称取针片状颗粒的质量 $m_1$，准确至 1g。

3. 结果整理

(1)按公式(2-2-19)计算针片状颗粒含量。

(2)试验平行测定两次，计算两次结果平均值。如两次结果之差小于平均值的 20%，取平均值为试验值；如大于或等于 20%，应追加测定一次，取 3 次结果平均值为测定值。

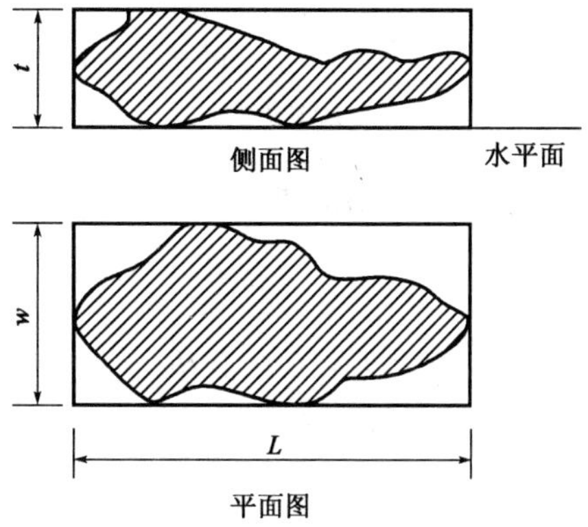

图 2-2-1　针片状颗粒稳定状态

## 七、粗集料压碎值试验

1. 仪具与试样准备

(1)仪具：石料压碎值仪；金属棒(直径 10mm，长 450～600mm，一端加工成半球形)；天平(感量不大于 1g)；标准筛(13.2mm、9.5mm、2.36mm 各一个)；压力机(至少 500kN 量程)。

(2)试样准备：采用风干试样，用 13.2mm 和 9.5mm 标准筛过筛，取 13.2～9.5mm 的试样 3 组各约 3000g。用金属筒标定装入压碎值仪内的试样，将试样分 3 次均匀装入筒内，每次均将表面整平用金属棒半球面捣实 25 次。称取金属筒内的试样质量 $m_0$。以相同质量的试样进行压碎值的平行试验。

2. 试验步骤

(1)将质量为 $m_0$ 的试样分 3 次装入压碎值仪试筒内，整平和捣实方法同上。

(2)将装有试样的压碎值仪放到压力机上，同时加压头放入试筒内，注意压头摆平，勿挤压侧壁。

(3)开动压力机，均匀施加荷载，在 10min 左右时间内达到总荷载 400kN，稳压 5s，然后卸载。

(3)取出试样，用 2.36mm 标准筛筛分经压碎的全部试样，筛到 1min 时间内无明显筛出物为止。

(4)称取通过 2.36mm 筛孔的全部细料质量 $m_1$，准确至 1g。

3. 结果整理

石料压碎值按式(2-2-20)计算，精确至 0.1%。以 3 个试样试验结果的算术平均值作为测定值。

$$Q_a' = \frac{m_1}{m_0} \times 100 \qquad (2\text{-}2\text{-}20)$$

式中：$Q_a'$——石料压碎值(%)；

$m_1$——试验后通过 2.36mm 筛孔的细料质量(g)；

$m_0$——试验前试样质量(g)。

## 八、粗集料磨耗试验(洛杉矶法)

1.试验仪具

(1)洛杉矶磨耗试验机：圆筒内径(710±5)mm，内侧长(510±5)mm，投料口的钢盖通过紧固栓和橡胶垫与钢筒紧密封闭。钢筒的回转速率为 30～33r/min。

(2)钢球：直径约 46.8mm，质量为 390～445g，大小稍有不同，以便按要求组合成符合要求的总质量。

(3)其他：台秤(感量 5g)，标准筛(符合要求标准筛系列，以及 1.7mm 方孔筛一个)，烘箱，容器等。

2.试样准备

(1)将不同规格的集料用水冲洗干净，置烘箱中烘干至恒重。

(2)对所使用的集料，根据实际情况按表 2-2-14 选择最接近的粒级类别，确定相应的试验条件，按规定的粒级组成备料、筛分。

3.试验步骤

(1)分级称量(准确至 5g)，称取总质量 $m_1$，装入磨耗机圆筒中。

(2)选择钢球，使钢球的数量及总质量符合表 2-2-15 中规定。将钢球加入钢筒中，盖好筒盖，紧固密封。

(3)将计数器调整到零位，设定要求的回转次数。开动磨耗机，以 30～33r/min转速转动至要求的回转次数为止。

(4)取出钢球，将经过磨耗后的试样从投料口倒入接收容器(搪瓷盘)中。

(5)将试样用 1.7mm 的方孔筛过筛，筛去试样中被撞击磨碎的细屑。

(6)用水冲洗干净留在筛上的碎石，置(105±5)℃烘箱中烘干至恒重，冷却至室温后，称取试样的质量 $m_2$。

4.结果整理

按式(2-2-21)计算磨耗损失，精确至 0.1%。取两次平行试验结果的算术平均值作为测定值，两次试验的差值应不大于 2%，否则须重新做试验。

$$Q=\frac{m_1-m_2}{m_1}\times 100 \tag{2-2-21}$$

式中：$Q$——洛杉矶磨耗损失(%)；

$m_1$——装入圆筒试样质量(g)；

$m_2$——试验后在 1.7mm 筛上洗净烘干的试样质量(g)。

**粗集料洛杉矶试验条件** 表 2-2-14

| 粒度类型 | 粒级组成(mm) | 试样质量(g) | 试样总质量(g) | 钢球数量(个) | 钢球总质量(g) | 转动次数(转) | 适用粗集料 | |
|---|---|---|---|---|---|---|---|---|
| | | | | | | | 规格 | 公称粒径 |
| A | 26.5～37.5<br>19.0～26.5<br>16.0～19.0<br>9.5～16.0 | 1250±25<br>1250±25<br>1250±10<br>1250±10 | 5000±10 | 12 | 5000±25 | 500 | | |
| B | 19.0～26.5<br>16.0～19.0 | 2500±10<br>2500±10 | 5000±10 | 11 | 4850±25 | 500 | S6<br>S7<br>S8 | 15～30<br>10～30<br>10～25 |
| C | 9.5～16.0<br>4.75～9.5 | 2500±10<br>2500±10 | 5000±10 | 8 | 3330±20 | 500 | S9<br>S10<br>S11<br>S12 | 10～20<br>10～15<br>5～15<br>5～10 |
| D | 2.36～4.75 | 5000±10 | 5000±10 | 6 | 2500±15 | 500 | S13<br>S14 | 3～10<br>3～5 |
| E | 63～75<br>53～63<br>37.5～53 | 2500±10<br>2500±10<br>5000±10 | 10000±100 | 12 | 5000±25 | 1000 | S1<br>S2 | 40～75<br>40～60 |
| F | 37.5～53<br>26.5～37.5 | 5000±10<br>5000±10 | 10000±75 | 12 | 5000±25 | 1000 | S3<br>S4 | 30～60<br>25～50 |
| G | 26.5～37.5<br>19.0～26.5 | 5000±10<br>5000±10 | 10000±50 | 12 | 5000±25 | 1000 | S5 | 20～40 |

注:1.表中 16mm 也可用 13.2mm 代替。

2.A 级适用于未筛分碎石混合料及水泥混凝土用料。

3.C 级中 S12 可全部采用 4.74～9.5mm 颗粒 5000g;S9 及 S10 可全部采用 9.5～16.0mm 颗粒 5000g。

4.E 级中缺 63～75mm 颗粒时,可用 53～63mm 颗粒代替。

## 九、粗集料对沥青黏附性试验

1.试验准备

(1)将集料过 13.2mm,19mm 的筛,取粒径 13.2～19mm 形状接近立方体的规则集料 5 颗,用洁净水洗净,置温度为(105±5)℃的烘箱烘干,然后放在干燥剂中备用。

(2)将大烧杯中盛水,并置于加热炉的石棉网上煮沸。

2. 试验步骤

(1)将集料逐个用细线在中部系牢,再置(105±5)℃烘箱内1h。准备好沥青试样。

(2)逐个取出加热的矿料颗粒,用细线提起,浸入预先加热的沥青[石油沥青(130~150℃),煤沥青(100~110℃)]试样中45s后,轻轻拿出,使集料颗粒完全为沥青膜所裹覆。

(3)将裹覆沥青的集料颗粒悬挂于试验架上,下面垫一些纸,使多余的沥青流掉,并在室温下冷却15min。

(4)待集料颗粒冷却后,逐个用线提起,浸入盛有沸煮水的大烧杯中央,调整加热炉,使烧杯中的水保持微沸状态,但不允许有沸点和泡沫。

(5)浸煮3min后将集料从水中取出,观察矿料颗粒上沥青膜的剥落程度,按表2-2-15评定其黏附性等级。

**沥青与集料的黏附性等级** 表2-2-15

| 试验后石料表面上沥青膜剥落情况 | 黏附性等级 |
|---|---|
| 沥青膜完全保存,剥落面积百分率接近0 | 5 |
| 沥青膜少部为水所移动,厚度不均匀,剥落面积百分率少于10% | 4 |
| 沥青膜局部明显为水所移动,基本上保留在石料表面,剥落面积百分率少于30% | 3 |
| 沥青膜大部分为水所移动,局部保留在石料表面,剥落面积百分率大于30% | 2 |
| 沥青膜完全为水所移动,石料基本裸露,沥青全浮于水面上 | 1 |

3. 结果评定

同一试样应平行试验5个集料颗粒,并由两名以上经验丰富的试验人员分别评定后,取平均等级作为试验结果。

## 十、粗集料含水率快速试验(酒精燃烧法)

1. 仪具与材料

(1)天平:称量1000g,感量不大于1g。

(2)容器:铁或铝制浅盘。

(3)大于50mL的量筒或量杯。

(4)酒精:普通工业酒精。

2. 试验步骤

(1)取洁净容器,称其质量($m_0$)。

(2)向干净的容器中加入约500g试样,称取试样与容器合质量($m_1$)。

(3)向容器中的试样加入酒精约50mL,拌和均匀点火燃烧,并不断翻拌试样，待火焰熄灭后，过 1min 再加入酒精 50mL，仍按上述步骤进行。

(4)待第二次火焰熄灭后，称取干试样与容器总质量($m_2$)。

3. 结果整理

粗集料含水率按式(2-2-22)计算，精确至 0.1%。以两次平行试验结果的算术平均值作为测定值。

$$w=\frac{m_1-m_2}{m_2-m_0}\times 100 \qquad (2\text{-}2\text{-}22)$$

式中：$w$——粗集料的含水率(%)；

$m_0$——容器质量(g)；

$m_1$——烧干前试样与容器总质量(g)；

$m_2$——烧干后试样与容器总质量(g)。

## 十一、常用试验记录表格(表 2-2-16～表 2-2-20)

## ______公路粗集料技术性能试验记录表　　表 2-2-16

承包单位：　　　　　　　　　　　　　　　　合同号：

监理单位：　　　　　　　　　　　　　　　　编　号：

| 样品名称 | | 试验日期 | | |
|---|---|---|---|---|
| 样品来源 | | 试验用途 | | |

| 堆积密度（容重）（$kg/m^3$） | 容器容积 $V(L)$ | 容器质量 $m_1(kg)$ | 容器＋石质量 $m_2(kg)$ | $\frac{m_2-m_1}{V}\times1000$ | 平均值② |
|---|---|---|---|---|---|
| | | | | | |
| | | | | | |

| 表观密度（视比重）（$kg/m^3$） | 石质量 $m_0(g)$ | 吊篮水中质量 $m_1(g)$ | 吊篮＋石水中质量 $m_2(g)$ | $\frac{m_0}{m_0+m_1-m_2}\times1000$ | 平均值① |
|---|---|---|---|---|---|
| | | | | | |
| | | | | | |

| 空隙率（%） | 表观密度（$kg/m^3$） | 堆积密度（$kg/m^3$） | 空隙率　　% 　　$③=1-\frac{②}{①}\times100\%$ |
|---|---|---|---|
| | | | |

| 吸水率（%），毛体积密度（$g/cm^3$） | 烘干试样质量 $m_0(g)$ | 饱和面干试样在空中的质量 $m_3(g)$ | 饱和面干试样在水中的质量 $m_4(g)$ | 毛体积密度 $\frac{m_0}{m_3-m_4}$（$g/cm^3$） | 吸水率（%） | 平均吸水率（%） | 平均毛体积密度（$g/cm^3$） |
|---|---|---|---|---|---|---|---|
| | | | | | | | |
| | | | | | | | |

| 含泥量（冲洗法） | 试样总质量 $m_0$ | 烘干后试样质量 $m_1$ | 含泥量 $Q_n=\frac{m_0-m_1}{m_0}\times100\%$ | 平均值（%） |
|---|---|---|---|---|
| | | | | |
| | | | | |

| 针片状颗粒含量 | 各粒级质量（g） | | | 各粒级含量（%） | | |
|---|---|---|---|---|---|---|
| | 针状质量 | 片状质量 | 分计筛余质量 | 针状含量 | 片状含量 | 分级含量 |
| 粒级（mm） | ① | ② | ③ | | | |
| 4.75～9.5 | | | | | | |
| 9.5～16 | | | | | | |
| 16～19 | | | | | | |
| 19～26.5 | | | | | | |
| 26.5～31.5 | | | | | | |
| 合计 | | | | 针片状总含量＝$\frac{\Sigma①+\Sigma②}{\Sigma③}$＝　　% | | |

| 结论：<br><br>试验工程师：　　　年　月　日 | 监理意见：<br><br>监理人员：　　　年　月　日 |
|---|---|

试验人员：　　　　　　　　　　　　　　　校核：

______公路粗集料筛分试验记录表　　表 2-2-17

承包单位：　　合同号：

监理单位：　　编　号：

| 样品名称 | | | | | 试验日期 | | | | |
|---|---|---|---|---|---|---|---|---|---|
| 样品来源 | | | | | 取样日期 | | | | |
| 试验用途 | | | | | | | | | |
| 干燥试样总重(g) | 第 1 组 | | | | 第 2 组 | | | | 平均值 |
| | | | | | | | | | |
| 水洗后筛上总重(g) | | | | | | | | | |
| $m_{0.075}$(g) | | | | | | | | | |
| $P_{0.075}$(%) | | | | | | | | | |
| 筛孔尺寸(mm) | 筛余量(g) | 分计筛余(%) | 累计筛余(%) | 通过率(%) | 筛余量(g) | 分计筛余(%) | 累计筛余(%) | 通过率(%) | 平均通过率(%) |
| | | | | | | | | | |
| | | | | | | | | | |
| | | | | | | | | | |
| | | | | | | | | | |
| | | | | | | | | | |
| | | | | | | | | | |
| | | | | | | | | | |
| | | | | | | | | | |
| | | | | | | | | | |
| | | | | | | | | | |
| | | | | | | | | | |
| 筛后总重 | | | | | | | | | |
| 损耗(g) | | | | | | | | | |
| 损耗率(%) | | | | | | | | | |
| 扣除损耗后总重(g) | | | | | | | | | |

| 结论：<br><br>试验工程师：　　年　月　日 | 监理意见：<br><br>监理人员：　　年　月　日 |
|---|---|

试验人员：　　校核：

## ______公路碎(砾)石压碎值、磨耗及软颗粒含量试验记录表　表 2-2-18

承包单位：　　　　　　　　　　　　　　合同号：

监理单位：　　　　　　　　　　　　　　编　号：

<table>
<tr><td>样品名称</td><td colspan="3"></td><td colspan="2">试验日期</td><td colspan="2"></td></tr>
<tr><td>样品来源</td><td colspan="3"></td><td colspan="2">用　途</td><td colspan="2"></td></tr>
<tr><td rowspan="4">压碎值指标试验</td><td>试验前试样质量(g)</td><td colspan="3">试验后通过 2.36mm 筛的质量(g)</td><td>压碎值(%)</td><td>平均值(%)</td><td>换算值(%)</td></tr>
<tr><td></td><td colspan="3"></td><td></td><td rowspan="3"></td><td rowspan="3"></td></tr>
<tr><td></td><td colspan="3"></td><td></td></tr>
<tr><td></td><td colspan="3"></td><td></td></tr>
<tr><td rowspan="4">磨耗试验(洛杉矶法)</td><td>试验前试样质量(g)</td><td colspan="4">试验后过 1.7mm 筛洗净的试样质量(g)</td><td>磨耗率(%)</td><td>平均值(%)</td></tr>
<tr><td></td><td colspan="4"></td><td rowspan="3"></td><td rowspan="3"></td></tr>
<tr><td></td><td colspan="4"></td></tr>
<tr><td></td><td colspan="4"></td></tr>
<tr><td rowspan="5">软颗粒含量试验</td><td rowspan="2">试样质量(g)</td><td colspan="4">软颗粒质量(g)</td><td rowspan="2">软颗粒含量(%)</td><td rowspan="2">平均值(%)</td></tr>
<tr><td>4.75～9.5</td><td>9.5～16</td><td>>16</td><td>总量</td></tr>
<tr><td></td><td></td><td></td><td></td><td></td><td></td><td rowspan="3"></td></tr>
<tr><td></td><td></td><td></td><td></td><td></td><td></td></tr>
<tr><td></td><td></td><td></td><td></td><td></td><td></td></tr>
<tr><td colspan="4">结论：<br><br><br>试验工程师：　　　年　月　日</td><td colspan="4">监理意见：<br><br><br>监理人员：　　　年　月　日</td></tr>
</table>

试验人员：　　　　　　　　　　　　　　校核：

______公路沥青与矿料的黏附性试验记录表　　表 2-2-19

承包单位：　　合同号：

监理单位：　　编　号：

| 沥青名称 | | | 试验日期 | |
|---|---|---|---|---|
| 沥青来源 | | | 集料名称 | |
| 集料来源 | | | | |
| 试样编号 | 试验方法 | 集料粒径（mm） | 沥青剥落面积及程度描述 | 黏附性等级 |
| | | | | |
| | | | | |
| | | | | |
| | | | | |
| | | | | |
| | | | | |
| | | | | |
| | | | | |
| | | | | |
| | | | | |
| 结论：<br><br>试验工程师：　　年　月　日 | | | 监理意见：<br><br>监理人员：　　年　月　日 | |

试验人员：　　校核：

______公路含水率试验记录表（酒精燃烧法）　　表 2-2-20

承包单位：　　　　合同号：

监理单位：　　　　编　号：

<table>
<tr><td>样品名称</td><td colspan="3"></td><td colspan="2">试验日期</td><td colspan="3"></td></tr>
<tr><td>样品来源</td><td colspan="3"></td><td colspan="2">试验用途</td><td colspan="3"></td></tr>
<tr><td>盒号</td><td></td><td></td><td></td><td></td><td></td><td></td><td></td><td></td></tr>
<tr><td>盒＋湿土质量(g)</td><td></td><td></td><td></td><td></td><td></td><td></td><td></td><td></td></tr>
<tr><td>盒＋干土质量(g)</td><td></td><td></td><td></td><td></td><td></td><td></td><td></td><td></td></tr>
<tr><td>盒质量(g)</td><td></td><td></td><td></td><td></td><td></td><td></td><td></td><td></td></tr>
<tr><td>水分质量(g)</td><td></td><td></td><td></td><td></td><td></td><td></td><td></td><td></td></tr>
<tr><td>干土质量(g)</td><td></td><td></td><td></td><td></td><td></td><td></td><td></td><td></td></tr>
<tr><td>含水率(％)</td><td></td><td></td><td></td><td></td><td></td><td></td><td></td><td></td></tr>
<tr><td>平均含水率(％)</td><td colspan="2"></td><td colspan="2"></td><td colspan="2"></td><td colspan="2"></td></tr>
<tr><td colspan="9">结论：<br><br>试验工程师：　　　　年　月　日</td></tr>
<tr><td colspan="9">监理意见：<br><br>试验监理工程师：　　　　年　月　日</td></tr>
</table>

试验人员：　　　　校核：

# 第三章　公路工程用细集料

## 第一节　技术指标及要求

### 一、水泥混凝土用细集料

1. 基本要求

混凝土用细集料应采用级配良好、质地坚硬、颗粒洁净、粒径小于 5mm 的河砂，河砂不易得到时，也可用山砂或硬质岩石加工的机制砂。特重、重交通路面混凝土宜使用河砂，砂的硅质含量不低于 25%。

2. 分类及颗粒级配

砂按细度模数的大小分为粗砂（3.7～3.1mm）、中砂（3.0～2.3mm）、细砂（2.2～1.6mm），混凝土用砂优选中砂或中粗砂。

砂的级配应符合表 2-3-1 的任何一个级配区范围，其中，2 区砂宜优选用于配制不同等级的混凝土。

砂的分区及级配范围　　表 2-3-1

| 标准筛孔尺寸(mm) | 级配区 | | | 标准筛孔尺寸(mm) | 级配区 | | |
|---|---|---|---|---|---|---|---|
| | 1 | 2 | 3 | | 1 | 2 | 3 |
| | 累积筛余(%) | | | | 累积筛余(%) | | |
| 9.5 | 0 | 0 | 0 | 0.60 | 85～71 | 70～41 | 40～16 |
| 4.75 | 10～0 | 10～0 | 10～0 | 0.30 | 95～80 | 92～70 | 85～55 |
| 2.36 | 35～5 | 25～0 | 15～0 | 0.15 | 100～90 | 100～90 | 100～90 |
| 1.18 | 65～35 | 50～10 | 25～0 | | | | |

3. 技术指标

（1）桥涵隧道混凝土用细集料中有害杂质最大含量不超过表 2-3-2 规定。

（2）路面混凝土用天然砂、机制砂和混合砂，技术指标不低于表 2-3-3 中 II 级要求。

**桥隧混凝土用细集料技术指标(JTG/T F50—2011)** 表 2-3-2

| 技术指标 | 技术要求 | | |
|---|---|---|---|
| | I 类 | II 类 | III 类 |
| 机制砂最大单粒级压碎值指标(%),< | 20 | 25 | 30 |
| 氯化物(氯离子含量)(%),≤ | 0.01 | 0.02 | 0.06 |
| 云母含量(%),≤ | 1.0 | 2.0 | 2.0 |
| 天然砂含泥量(%),≤ | 2.0 | 3.0 | 5.0 |
| 天然砂、机制砂泥块含量(%),≤ | 0.5 | 1.0 | 2.0 |
| 机制砂石粉含量(MB<1.4 或合格)(%),≤ | 5.0 | 7.0 | 10.0 |
| 机制砂石粉含量(MB≥1.4 不合格)(%),≤ | 2.0 | 3.0 | 5.0 |
| 有机物含量(比色法) | 合格 | 合格 | 合格 |
| 硫化物及硫酸盐含量(按 $SO_3$ 计)(%),≤ | 0.5 | | |
| 轻物质含量(%),≤ | 1.0 | | |
| 天然砂坚固性(%),≤ | 8 | 8 | 10 |
| 机制砂母岩抗压强度(MPa) | 火成岩不小于 100;变质岩不小于 80;水成岩不小于 60 | | |
| 密度与空隙率 | 表观密度>2500kg/m³;堆积密度>1350kg/m³;空隙率<47% | | |
| 碱集料反应 | 经碱集料反应后,试件无裂缝、酥裂和胶体外溢现象,在规定龄期内试件膨胀率小于 0.10% | | |

**细集料技术指标(JTG F30—2003)** 表 2-3-3

| 技术指标 | 技术要求 | | |
|---|---|---|---|
| | I 类 | II 类 | III 类 |
| 机制砂单粒级最大压碎值指标(%),< | 20 | 25 | 30 |
| 氯化物(氯离子含量)(%),< | 0.01 | 0.02 | 0.06 |
| 云母含量(%),< | 1.0 | 2.0 | 2.0 |
| 天然砂、机制砂含泥量(%),< | 1.0 | 2.0 | 3.0 |
| 天然砂、机制砂泥块含量(%),≤ | 0 | 1.0 | 2.0 |
| 机制砂石粉含量(MB<1.4 或合格)(%),< | 3.0 | 5.0 | 7.0 |
| 机制砂石粉含量(MB≥1.4 或不合格)(%),< | 1.0 | 3.0 | 5.0 |
| 有机物含量(比色法) | 合格 | 合格 | 合格 |

续上表

| 技术指标 | 技术要求 | | |
|---|---|---|---|
| | I类 | II类 | III类 |
| 硫化物及硫酸盐含量(按 $SO_3$ 计)(%),< | 0.5 | | |
| 轻物质含量(%),< | 1.0 | | |
| 坚固性(%),< | 6 | 8 | 10 |
| 机制砂母岩抗压强度(MPa) | 火成岩不小于100;变质岩不小于80;水成岩不小于60 | | |
| 密度与空隙率 | 表观密度>2500kg/$m^3$;堆积密度>1300kg/$m^3$;空隙率<47% | | |
| 碱集料反应 | 经碱集料反应后,试件无裂缝、酥裂和胶体外溢现象,在规定龄期内试件膨胀率小于0.10% | | |

## 二、沥青混合料用细集料

### 1.基本要求

细集料包括天然砂、机制砂、石屑。应洁净、干燥、无风化、无杂质,并有适当的颗粒级配,其质量技术指标应符合表2-3-4的规定。细集料的洁净程度,天然砂以小于0.075mm百分数表示,石屑和机制砂以砂当量(适用于0～4.75mm)或亚甲蓝值(适用于0～2.36mm或0～0.15mm)表示。

**沥青混合料用细集料质量要求**(JTG F40—2004)　　表2-3-4

| 项　目 | 单位 | 指标要求 |
|---|---|---|
| 表观相对密度,≥ | — | 2.50 |
| 坚固性(>0.3mm部分),≥ | % | 12 |
| 含泥量(小于0.075mm的含量),≤ | % | 3 |
| 砂当量,≥ | % | 60 |
| 亚甲蓝值,≤ | g/kg | 25 |
| 棱角性(流动时间),≥ | s | 30 |

### 2.颗粒级配

(1)天然砂可采用河砂或海砂,通常宜采用粗、中砂,其规格应符合表2-3-5规定。热拌密级配沥青混合料中天然砂的用量通常不宜超过集料总量的20%,SMA混合料不宜使用天然砂。

(2)石屑是采石场破碎石料时通过4.75mm或2.36mm的筛下部分,其规格应符合表2-3-5的要求。

沥青混合料用机制砂或石屑规格(JTG F40—2004)　　表 2-3-5

| 规格 | 公称粒径(mm) | 水洗法通过各筛孔的质量百分率(%) | | | | | | | |
|---|---|---|---|---|---|---|---|---|---|
| | | 9.5 | 4.75 | 2.36 | 1.18 | 0.6 | 0.3 | 0.15 | 0.075 |
| S15 | 0～5 | 100 | 90～100 | 60～90 | 40～75 | 20～55 | 7～40 | 2～20 | 0～10 |
| S16 | 0～3 | | 100 | 80～100 | 50～80 | 25～60 | 8～45 | 0～25 | 0～15 |

(3)机制砂宜采用专用的制砂机制造,并选用优质石料生产,其级配应符合 S16 的要求。

## 第二节　试验项目和参数

### 一、试验项目依据

公路工程用细集料试验项目依据包括:《公路桥涵施工技术规范》(JTG/T F50—2011);《公路隧道施工技术规范》(JTJ F60—2009);《公路水泥混凝土施工技术规范》(JTJ F30—2003);《公路沥青路面施工技术规范》(JTJ F40—2004);《公路路面基层施工技术规范》(JTJ 034—2000)。

### 二、检测参数及方法

检测参数包括:①颗粒分析(筛分法);②表观密度(容量瓶法);③堆积密度及紧装密度;④含水率快速试验(酒精燃烧法);⑤含泥量(筛洗法);⑥砂当量;⑦泥块含量;⑧有机质含量;⑨云母含量;⑩轻物质含量;⑪坚固性;⑫硫化物含量;⑬亚甲蓝试验;⑭压碎值指标。

## 第三节　常用参数的试验细则

### 一、细集料筛分试验

1.仪具与试样准备

(1)仪具:标准筛;天平(感量不大于 0.5g);摇筛机;烘箱;浅盘和毛刷等。

(2)试样准备:用 9.5mm 或 4.75mm 标准筛对样品进行过筛,筛除其中超粒径的材料。然后将样品在潮湿状态下充分拌匀,用四分法缩分至每份不少于 550g 的试样两份,在(105±5℃)烘箱中烘干至恒重,冷却至室温后备用。

2.干筛法试验步骤

(1)准确称取烘干试样约 500g($m_1$),准确至 0.5g,置于套筛的最上面一只

(即 4.75mm 筛)，将套筛装入摇筛机，摇筛约 10min 后取出套筛，再逐个进行手筛，确认每号筛 1min 内通过筛孔的质量确实小于筛上残余量的 0.1%。

(2)称量各筛筛余试样的质量，精确至 0.5g。所有各筛的分计筛余量和底盘中剩余量的总量与筛分前的试样总量，相差不得超过后者的 1%。

3.水洗法试验步骤

(1)准确称取烘干试样约 500g($m_1$)，准确至 0.5g，将试样置一洁净容器中，加入足够数量的洁净水，将集料全部淹没。

(2)用搅棒充分搅动集料，将集料表面洗涤干净，使细粉悬浮在水中，但不得有集料从水中溅出。

(3)用 1.18mm 筛及 0.075mm 筛组成套筛。仔细将容器中混有细粉的悬浮液徐徐倒出，经过套筛流入另一容器中，但不得将集料倒出。

(4)重复步骤(1)～步骤(3)，直到倒出的水洁净且小于 0.075mm 的颗粒全部倒出。

(5)将容器中的集料倒入搪瓷盘中，用少量水冲洗，使容器上黏附的集料颗粒全部进入搪瓷盘中。将筛子反扣过来，用少量的水将筛上的集料冲入搪瓷盘中。操作过程中不得有集料散失。

(6)将搪瓷盘连同集料一起置(105±5℃)烘箱中烘干至恒重，冷却至室温后，称取试样的质量 $m_2$，准确至 0.1%。$m_1$ 与 $m_2$ 之差即为通过 0.075mm 筛部分。

(7)将全部要求筛孔组成套筛(但不需 0.075mm 筛)，将已经洗去小于 0.075mm部分的干燥集料置于套筛上(通常为 4.75mm 筛)，将套筛装入摇筛机，摇筛约 10min，然后取出套筛，再按筛孔大小顺序，从最大的筛号开始，在清洁的浅盘上逐个进行手筛，直至每分钟的筛出量不超过筛上剩余量的 0.1%时为止，将筛出通过的颗粒并入下一号筛，和下一号筛中的试样一起过筛，这样顺序进行，直至各号筛全部筛完为止。

(8)称量各筛筛余试样的质量，精确至 0.5g。所有各筛的分计筛余量和底盘中剩余量的总量与筛分前的试样总量 $m_2$ 的差值，相差不得超过后者的 1%。

4.结果整理

(1)计算分计筛余百分率：各号筛的分计筛余百分率为各号筛上的筛余量除以试样总量($m_1$)的百分率，精确至 0.1%。

(2)计算累计筛余百分率各号筛的累计筛余百分率为该号筛及大于该号筛的各号筛的分计筛余百分率之和，准确至 0.1%。

(3)计算质量通过百分率：各号筛的质量通过百分率等于 100 减去该号筛的累计筛余百分率，准确至 0.1%。

(4)根据各筛的累计筛余百分率或通过百分率，绘制级配曲线。

(5)天然砂的细度模数按式(2-3-1)计算，精确至0.01。

$$M_x = \frac{A_{0.15} + A_{0.3} + A_{0.6} + A_{1.18} + A_{2.36} - 5A_{4.75}}{100 - A_{4.75}} \tag{2-3-1}$$

式中： $M_x$——砂的细度模数；

$A_{0.15}$、$A_{0.3}$、…$A_{4.75}$——分别为0.15mm、0.3mm、…4.75mm各筛上累计筛余百分率(%)。

(6)应进行两次平行试验，以试验结果的算术平均值作为测定值。如两次试验所得的细度模数之差大于0.2，应重新进行试验。

## 二、细集料表观密度试验(容量瓶法)

1.仪具及试样准备

(1)仪具：天平(感量不大于1g)；容量瓶(500mL)；烘箱；其他仪具(浅盘、温度计等)。

(2)试样准备：将缩分至650g左右的试样在温度为(105±5)℃烘箱中烘干至恒重，冷却至室温后分成两份备用。

2.试验步骤

(1)称取试样约300g($m_0$)，装入盛有半瓶洁净水的容量瓶中。

(2)摇转容量瓶，使试样在已保温至(23±1.7)℃的水中充分搅动以排除气泡，塞紧瓶塞，在恒温条件下静置24h，然后用滴管添水，使水面与瓶颈刻度齐平，再塞紧瓶塞，擦干瓶外水分，称其总质量$m_2$。

(3)倒出瓶中的水和试样，将瓶的内外表面洗净，再向瓶内注入同样温度的洁净水(温差不超过2℃)至瓶颈刻度线，塞紧瓶塞，擦干瓶外水分，称其总质量$m_1$。

3.结果整理

(1)细集料的表观相对密度按式(2-3-2)计算，至小数点后3位。

$$\gamma_a = \frac{m_0}{m_0 + m_1 - m_2} \tag{2-3-2}$$

式中：$\gamma_a$——细集料的表观相对密度，无量纲；

$m_0$——试样的烘干质量(g)；

$m_1$——水及容量瓶总质量(g)；

$m_2$——试样、水及容量瓶总质量(g)。

(2)表观密度按(2-3-3)计算，至小数点后3位。

$$\rho_a = \gamma_a \times \rho_T \tag{2-3-3}$$

式中：$\rho_a$——细集料的表观密度($g/cm^3$)；

$\rho_T$——试验温度 $T$ 下水的密度($g/cm^3$)；

$\gamma_a$——细集料的表观相对密度，无量纲。

(3)应进行两次平行试验，以试验结果的算术平均值作为测定值。如两次试验结果之差大于 $0.01g/cm^3$，应重新进行试验。

## 三、细集料密度及吸水率试验(坍落筒法)

1. 试验仪具

(1)天平：称量 1kg，感量不大于 0.1g。

(2)饱和面干试模：上口径(40±3)mm，下口径(90±3)mm，高(75±3)mm 的坍落度筒(图 2-3-1)。

(3)捣棒：金属棒，直径(25±3)mm，质量(340±15)g(图 2-3-1)。

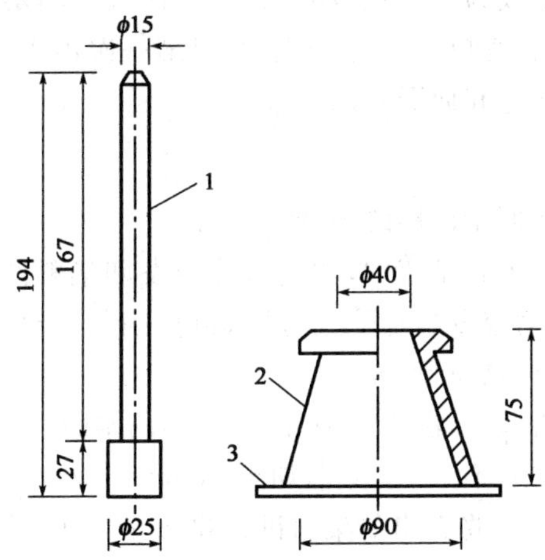


图 2-3-1 饱和面干试模及捣棒(尺寸单位：mm)

1-捣棒；2-试模；3-玻璃板

(4)烧杯、容量瓶：500mL。

(5)洁净水：温度(23±1.7)℃。

(6)其他：烘箱，吹风机(手提式)，浅盘，温度计，等。

2. 试样准备

(1)将来样用 2.36mm 标准筛过筛，除去大于 2.36mm 的部分。在潮湿状态下用四分法缩分细集料至每份 1000g，拌匀后分成两份，分别装入浅盘或其他合适的容器中。

(2)注入洁净水，使水面高出试样表面 20mm 左右[测量水温并控制在(23±1.7)℃]，用玻璃棒连续搅拌 5min，以排除气泡，静置 24h。

(3)细心地倒去试样上部的水，但不得将细粉部分倒走，并用吸管吸去余水。

(4)将试样在盘中摊开，用手提吹风机缓缓吹入暖风，并不断翻拌试样，使集料表面的水在各部分均匀蒸发，达到估计的饱和面干状态。注意吹风过程中不得使细粉损失。

(5)然后将试样松散地一次装入饱和面干试模中，用捣棒轻捣25次，捣棒端面距试样表面距离不超过10mm，使之自由落下，捣完后刮平模口，如留有空隙亦不必再装满。

(6)从垂直方向徐徐提起试模，如试样保留锥形没有坍落，则说明集料中尚含有表面水，应继续按上述方法用暖风干燥、试验，直至试模提起后试样开始出现坍落为止。如试模提起后试样坍落过多，则说明试样已干燥过分，此时应将试样均匀洒水约5mL，充分拌匀，并置于加盖的容器中30min后，再按上述方法进行试验，至达到饱和面干状态为止。判断饱和面干状态的标准，对天然砂，宜以"在试样中心部分上部成为2/3左右的圆锥体，即大致坍落1/3左右"作为标准状态；对机制砂和石屑，宜以"当移去坍落度筒第一次出现坍落时的含水率即最大含水率"作为试样的饱和面干状态。

3. 试验步骤

(1)立即称取饱和面干试样约300g($m_3$)。

(2)将试样迅速放入容量瓶中，勿使水分蒸发和集料散失，而后加洁净水至约450mL刻度处，转动容量瓶排除气泡后，再仔细加水至500mL刻度处，塞紧瓶塞，擦干瓶外水分，称其总量($m_2$)。

(3)全部倒出集料试样，洗净瓶内外，用同样的水[每次需测量水温，宜为(23±1.7)℃，两次水温相差不大于2℃]，加至500mL刻度处，塞紧瓶塞，擦干瓶外水分，称其总质量($m_1$)。将倒出的集料试样烘干至恒重，冷却至室温，称取干样的质量($m_0$)。

4. 结果整理

(1)细集料的表观相对密度$\gamma_a$、表干相对密度$\gamma_s$及毛体积密度$\gamma_b$分别按式(2-3-4)、式(2-3-5)、式(2-3-6)计算，精确至小数点后3位。

$$\gamma_a = \frac{m_0}{m_0 + m_1 - m_2} \tag{2-3-4}$$

$$\gamma_s = \frac{m_3}{m_3 + m_1 - m_2} \tag{2-3-5}$$

$$\gamma_b = \frac{m_0}{m_3 + m_1 - m_2} \tag{2-3-6}$$

式中：$\gamma_a$——细集料的表观相对密度，无量纲；

$\gamma_s$——细集料的表干相对密度，无量纲；

$\gamma_b$——细集料的毛体积相对密度，无量纲；

$m_1$——水、瓶总质量(g)；

$m_2$——饱和面干试样、水、瓶总质量(g)；

$m_3$——饱和面干试样质量(g)；

$m_0$——试样烘干后质量(g)。

(2)细集料表观密度 $\rho_a$、表干密度 $\rho_s$、毛体积密度 $\rho_b$ 分别按式(2-3-7)、式(2-3-8)、式(2-3-9)计算，精确至小数点后 3 位。不同水温条件下测量的细集料密度需进行水温修正，不同试验温度下水的密度 $\rho_T$ 按表 2-2-12 选用。

$$\rho_a = \gamma_a \times \rho_T \tag{2-3-7}$$

$$\rho_s = \gamma_s \times \rho_T \tag{2-3-8}$$

$$\rho_b = \gamma_b \times \rho_T \tag{2-3-9}$$

(3)细集料吸水率以烘干试样为基准，按式(2-3-10)计算，精确至 0.01%。

$$w_x = \frac{m_3 - m_0}{m_0} \times 100 \tag{2-3-10}$$

式中：$w_x$——细集料吸水率(%)。

(4)毛体积密度及饱和面干密度以两次平行试样结果的算术平均值为测定值，如两次平均值之差大于 0.01g/cm$^3$ 时，应重新试验。

(5)吸水率以两次平行试样结果的算术平均值为测定值，如两次平均值之差大于 0.02%时，应重新试验。

## 四、细集料堆积密度及紧装密度试验

1. 试验仪具

(1)台秤：称量 5kg，感量 5g。

(2)容量筒：金属制，圆筒形，内径 108mm，净高 109mm，筒壁厚 5mm，容积为 1L。

(3)标准漏斗(图 2-3-2)。

(4)其他：烘箱、浅盘等。

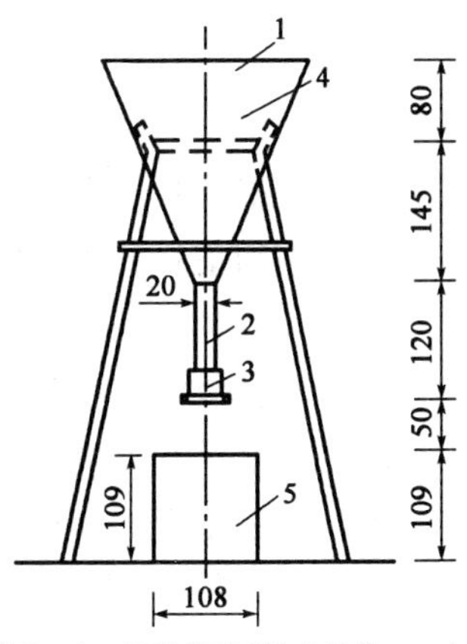

图 2-3-2 标准漏斗(尺寸单位：mm)

1-漏斗；2-$\phi$20mm 管子；3-活动门；4-筛；5-金属量筒

2. 试样准备

(1)试样制备：用浅盘装来样约 5kg，在烘箱中烘干至恒重，冷却至室温，分成大致相等的两等份备用。

(2)容量筒容积校正：以温度为 20℃±5℃ 的洁净水装满容量筒，用玻璃板沿筒口滑移，使其紧贴水面，玻璃板与水面之间不得有空隙。擦干筒外壁水分，然后称量，用式(2-3-11)计算筒的容积 $V$。

$$V = m_2' - m_1' \tag{2-3-11}$$

式中：$V$——容量筒的容积(mL)；

$m_2'$——容量筒和玻璃板的总质量(g)；

$m_1'$——容量筒、玻璃板和水的总质量(g)。

3. 试验步骤

(1)堆积密度：将试样装入漏斗中，打开底部的活动门，将砂流入容量筒中，试样装满并超出容量筒筒口后，用直尺将多余的试样沿筒口中心线向两个相反方向刮平，称取质量($m_1$)。

(2)紧装密度：取试样1份，分两层装入容量筒。装完一层后，在筒底放一根10mm的钢筋，将筒按住，左右交替颠击25下，然后装第二层。

第二层装满后用同样方法颠实(与等一层方向垂直颠击)，两层装完并颠实后，添加试样超出筒口，然后用直尺将多余试样刮去，称其质量($m_2$)。

4. 结果整理

(1)堆积密度及紧装密度分别按式(2-3-12)、(2-3-13)计算，精确至小数点后3位。

$$\rho = \frac{m_1 - m_0}{V} \tag{2-3-12}$$

$$\rho' = \frac{m_2 - m_0}{V} \tag{2-3-13}$$

式中：$\rho$——细集料的堆积密度($g/cm^3$)；

$\rho'$——细集料的堆积密度($g/cm^3$)；

$m_0$——容量筒的质量(g)；

$m_1$——容量筒与堆积砂的总质量(g)；

$m_2$——容量筒与紧装砂的总质量(g)；

$V$——容量筒的容积(mL)。

(2)细集料的空隙率按式(2-3-14)计算，精确至0.1%。

$$n = (1 - \frac{\rho}{\rho_a}) \times 100 \tag{2-3-14}$$

式中：$n$——细集料的空隙率(%)；

$\rho$——细集料的堆积或紧装密度($g/cm^3$)；

$\rho_a$——细集料的表观密度($g/cm^3$)。

(3)以两次试验结果的平均值作为测定值。

## 五、细集料含泥量试验(筛洗法)

1. 试验仪具及样品准备

(1)试验仪具:天平(称量1kg,感量不大于1g);标准筛(0.075mm、1.18mm方孔筛各一个);烘箱、浅盘等。

(2)试样准备:将来样用四分法缩分至每份约1000g,置于温度为(105±5℃)烘箱中烘干至恒重,冷却至室温后,称取约400g($m_0$)的试样两份备用。

2. 试验步骤

(1)取烘干的试样一份置于筒中,并注入洁净的水,使水面高出砂面约200mm,充分拌和均匀后,浸泡24h,然后用手在水中淘洗试样,使尘屑、淤泥和黏土与砂粒分离,并使之悬浮水中,缓缓地将浑浊液倒入1.18mm至0.075mm的套筛上,滤去小于0.075mm的颗粒。试验前筛子的两面应先用水湿润,在整个试验过程中应避免砂粒丢失。

(2)再次加水于筒中,重复上述过程,直至筒内砂样洗出的水清澈为止。

(3)用水冲洗剩留在筛上的细粒,并将0.075mm筛放在水中来回摇动,以充分洗除小于0.075mm的颗粒;然后将两筛上筛余的颗粒和筒中已经洗净的试样一并装入浅盘,置于温度为(105±5)℃烘箱中烘干至恒重,冷却至室温后,称取试样质量$m_1$。

3. 结果整理

含泥量按式(2-3-15)计算,精确至0.1%。以两次试样试验结果的算术平均值作为测定值。两次结果的差值超过0.5%时,应重新取样进行试验。

$$Q_n = \frac{m_0 - m_1}{m_0} \times 100 \tag{2-3-15}$$

式中:$Q_n$——细集料的含泥量(%);

$m_0$——试验前的烘干质量(g);

$m_1$——试验后的烘干质量(g)。

4. 试验记录表格式

见本章“九、常用参数试验记录表格”。

## 六、细集料砂当量试验

1. 试验仪具与试剂

(1)透明圆柱试筒:透明塑料制(图2-3-3)。

(2)冲洗管:不锈钢制(图2-3-4)。

(3)配重活塞:由长杆、底座、套筒和配重组成。外形尺寸见图 2-3-5。

(4)机械振荡器:使试筒产生横向的直线运动振荡。

(5)塑料桶和橡胶管:5L 塑料桶;长约 1.5m,内径 5mm 的橡胶管(与冲洗管相连)。

(6)其他仪具:天平(感量不大于 0.1g);烘箱;秒表;温度计;钢板尺等。

(7)试剂:无水氯化钙、丙三醇、甲醛、洁净水等。

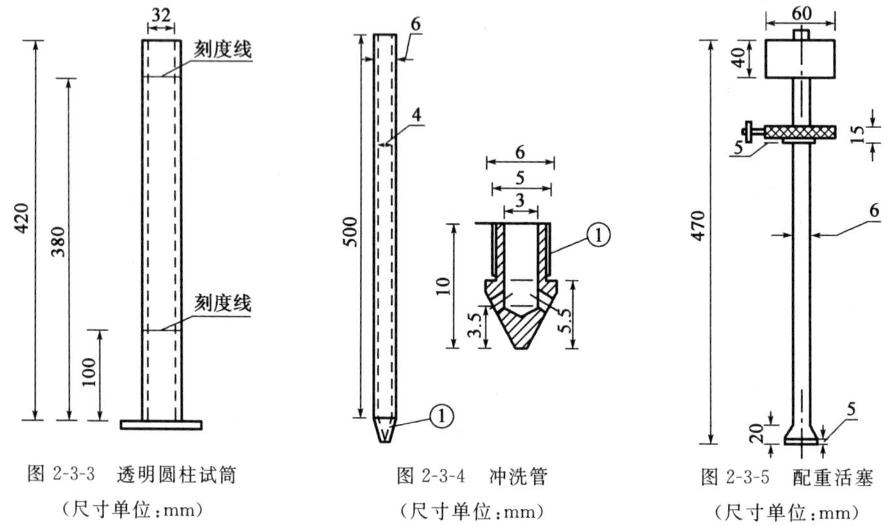


图 2-3-3 透明圆柱试筒（尺寸单位:mm）

图 2-3-4 冲洗管（尺寸单位:mm）

图 2-3-5 配重活塞（尺寸单位:mm）

2.样品准备

(1)将样品提前通过孔径 4.75mm 筛,去掉筛上的粗颗粒部分,试样数量不少于 1000g。如样品过分干燥,可在筛分之前加少量水分湿润(含水率为 3%左右),用包橡胶的小锤打碎土块,然后再过筛,以防止将土块作为粗颗粒筛除。当粗颗粒部分在筛分时被不能分离的杂质裹覆时,应将筛上该部分的粗集料进行清洗,并回收其中的细粒放入试样中。

(2)按标准方法测定试样含水率,计算相当于 120g 干燥试样的样品湿重,准确至 0.1g。

(3)一次性配制冲洗液 5L,冲洗液的浓度以每升冲洗液中的氯化钙、甘油、甲醛含量分别为 2.79g、12.12g、0.34g 控制。

(4)称取无水氯化钙 14.0g 放入烧杯中,加洁净水 30mL 充分溶解,此时溶液温度会升高,待溶液冷却至室温,观察是否有不溶的杂质,若有杂质必须用滤纸将溶液过滤,除去不溶的杂质。

(5)然后倒入适量洁净水稀释,加入甘油 60.6g,用玻璃棒搅拌均匀后再加入甲醛 1.7g,用玻璃棒搅拌搅匀后全部倒入 1L 量筒中,并用少量洁净水分别对盛过 3 种试剂的器皿洗涤 3 次,每次洗涤的水均放入量筒中,最后加入洁净水至

1L 刻度线。

(6)将配制的 1L 溶液倒入塑料桶或其他容器中,再加入 4L 洁净水或纯净水稀释至(5±0.005)L。该冲洗液的使用期限不得超过 2 周,超过 2 周后必须废弃,其工作温度为(22±3)℃。

3. 试验步骤

(1)用冲洗管将冲洗液加入试筒,直到最下面的 100mm 刻度处(约需 80m 试验用冲洗液)。

(2)把相当于(120±1)g 干料重的湿样用漏斗仔细地倒入竖立的试筒中。

(3)用手掌反复敲打试筒下部,以除去气泡,使试样尽快湿润,然后放置 10min。

(4)在试样静止(10±1)min 后,在试筒上塞上橡胶塞堵住试筒,将试筒水平固定在震荡机上。开动机械振荡器,在(30±1)s 的时间内振荡 90 次。然后将试筒取下竖直放回试验台上,拧下橡胶塞。

(5)将冲洗管插入试筒中,用冲洗液冲洗附在试筒壁上的集料,然后迅速将冲洗管插到试筒底部,不断转动冲洗管,使附着在集料表面的土粒杂质浮游上来。

(6)缓慢匀速向上拔出冲洗管,当冲洗液抽出液面,且保持液面位于 380mm 刻度线时,切断冲洗管的液流,使液面保持在 380mm 刻度线处,然后开动秒表在没有扰动的情况下静置 20min±15s。

(7)如图 2-3-6 所示,在静置 20min 后,用尺量测从底部到絮状物上页面的高度 $h_1$。

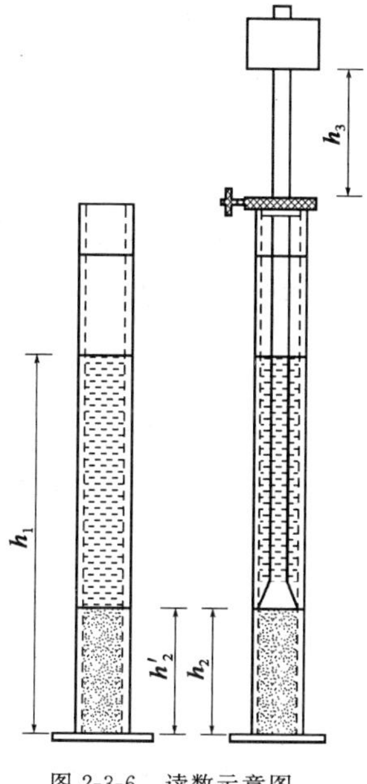


图 2-3-6　读数示意图

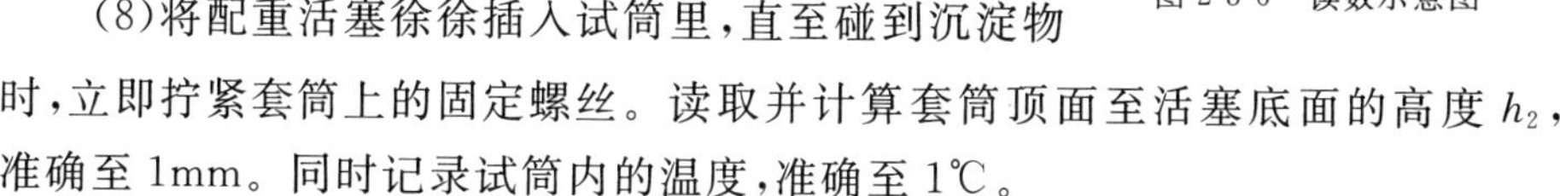

(8)将配重活塞徐徐插入试筒里,直至碰到沉淀物时,立即拧紧套筒上的固定螺丝。读取并计算套筒顶面至活塞底面的高度 $h_2$,准确至 1mm。同时记录试筒内的温度,准确至 1℃。

4. 结果整理

试样砂当量按式(2-3-16)计算。一种集料应平行测定两次,取两次试样的平均值,并以活塞测得砂当量为准,并以整数表示。

$$SE = \frac{h_2}{h_1} \times 100 \tag{2-3-16}$$

式中:SE——试样的砂当量(%);

$h_2$——试筒中用活塞测定的集料沉淀物的高度(mm);

$h_1$——试筒中絮状物和沉淀物的总高度(mm)。

## 七、细集料泥块含量试验

1. 试验准备

将来样用四分法缩分至每份约 2500g，置于温度为(105±5)℃烘箱中烘干至恒重，冷却至室温后，用 1.18mm 筛筛分，取筛上的砂约 400g 分两份备用。

2. 试验步骤

(1)取试样 1 份 200g($m_1$)置于容器中，并注入洁净的水，使水面至少超出砂面约 200mm，充分混均匀后，静置 24h，然后用手在水中捻碎泥块，再把试样放在 0.6mm 筛上，用水淘洗至水清澈为止。

(2)筛余下来的试样应小心地从筛里取出，并在(105±5)℃烘箱中烘干至恒重，冷却至室温后称量 $m_2$。

3. 计算

砂中泥块含量按式(2-3-17)计算，精确至 0.1%。取两次平行试验结果的算术平均值作为测定值，两次结果的差值如超过 0.4%，应重新取样试验。

$$Q_k = \frac{m_1 - m_2}{m_1} \times 100 \tag{2-3-17}$$

式中：$Q_k$——细集料中大于 1.18mm 泥块含量(%)；

$m_1$——试验前存留于 1.18mm 筛上的烘干质量(g)；

$m_2$——试验后的烘干质量(g)。

## 八、细集料含水率快速试验(酒精燃烧法)

1. 仪具与材料

(1)天平：称量 200g，感量不大于 0.2g。

(2)容器：铁或铝制浅盘。

(3)大于 50mL 的量筒或量杯。

(4)酒精：普通工业酒精。

2. 试样步骤

(1)取洁净容器，称其质量 $m_1$。

(2)向干净的容器中加入约 100g 试样，称取试样与容器合质量 $m_2$。

(3)向容器中的试样加入约 20mL 酒精，拌和均匀点火燃烧，并不断翻拌试样，待火焰熄灭后，过 1min，再加酒精约 20mL，仍按上述步骤进行。

(4)待第二次熄火后，称取试样与容器总质量 $m_3$。

3. 结果整理

细集料含水率按式(2-3-18)计算，精确至 0.1%。以两次平行试验结果的算术平均值作为测定值。

$$w=\frac{m_2-m_3}{m_2-m_1}\times 100 \tag{2-3-18}$$

式中：$w$——砂的含水率(%)；

$m_1$——容器质量(g)；

$m_2$——燃烧前试样与容器总质量(g)；

$m_3$——燃烧后试样与容器总质量(g)。

## 九、常用参数试验记录表格(表 2-3-6～表 2-3-9)

## ______公路细集料技术性能试验记录表

表 2-3-6

承包单位：　　　　　　　　　　　　　　　　　　　　　　合同号：

监理单位：　　　　　　　　　　　　　　　　　　　　　　编　号：

| 样品名称 | | | 试验日期 | |
|---|---|---|---|---|
| 样品来源 | | 试验用途 | | |

| 堆积密度（容重）$(g/cm^3)$ | 容器容积 $V$ (L) | 容器质量 $m_0$ (kg) | 容器＋砂质量 $m_1$ (kg) | $\rho_{松}=\frac{m_1-m_0}{V}$ $(g/cm^3)$ | 平均值 $(g/cm^3)$ |
|---|---|---|---|---|---|
| | | | | | |
| | | | | | |

| 表观密度（视比重）$(g/cm^3)$ | 砂质量 $m_0$ (g) | 水＋容器质量$(m_1)$ (g) | 水＋容器＋砂质量 $(m_2)$(g) | $\gamma_k=\frac{m_0}{m_0+m_1-m_2}$ | 平均值 |
|---|---|---|---|---|---|
| | | | | | |
| | | | | | |

| 空隙率 (%) | 表观密度 $\rho_a$ $(g/cm^3)$ | 堆积密度 $(g/cm^3)$ | 空隙率(%) |
|---|---|---|---|
| | | | |

| 毛体积密度 $(g/cm^3)$ | 烘干试样质量 $m_4$(g) | 饱和面干试样质量 $m_1$(g) | 水、瓶总质量 $m_2$(g) | 饱和面干试样、水瓶质量 $m_3$(g) | $\frac{m_4}{m_1+m_2-m_3}$ $(g/cm^3)$ | 平均毛体积密度 $(g/cm^3)$ |
|---|---|---|---|---|---|---|
| | | | | | | |
| | | | | | | |

| 吸水率 (%) | 饱和面干试样质量 $m_1$(g) | 烘干试样质量 $m_4$(g) | $\frac{m_1-m_4}{m_4}\times 100$ (%) | 平均吸水率 (%) |
|---|---|---|---|---|
| | | | | |
| | | | | |

| 含泥量（冲洗法）(%) | 试样总质量 $m_0$ | 试验后的烘干试样质量 $m_1$ | 含泥量 $Q_n=\frac{m_0-m_1}{m_0}\times 100\ \%$ | 平均值(%) |
|---|---|---|---|---|
| | | | | |
| | | | | |

| 云母含量 (%) | $\frac{挑出的云母质量(g)}{烘干试样质量(g)}\times 100\%=$ ______ $\times 100=$　　% |
|---|---|
| SO$_3$ 定性结果： | 试注入时间：　时　分；　判定时间：　日　时<br>注：如有白色沉淀物产生，须另进行定量试验 |
| 结论：<br>试验工程师：　年　月　日 | 监理意见：<br>监理人员：　年　月　日 |

试验人员：　　　　　　　　　　　　　　　　　　　　　　校核：

## ______公路细集料筛分试验记录表

表 2-3-7

承包单位： 合同号：

监理单位： 编　号：

| 样品名称 | | | | | 试验日期 | | | | | |
|---|---|---|---|---|---|---|---|---|---|---|
| 样品来源 | | | | 试验用途 | | | | | | |
| 试样质量(g) | 筛孔尺寸(mm) | 筛余量(g) | | 分计筛余(%) | | 累计筛余(%) | | 通过百分率(%) | | |
| | | I | II | I | II | I | II | I | II | 平均 |
| 试样 I 质量(g) | 9.5 | | | | | | | | | |
| | 4.75 | | | | | | | | | |
| | 2.36 | | | | | | | | | |
| | 1.18 | | | | | | | | | |
| 试样 II 质量(g) | 0.6 | | | | | | | | | |
| | 0.3 | | | | | | | | | |
| | 0.15 | | | | | | | | | |
| | 底筛 | | | | | | | | | |

天然砂的细度模数 $M_x$ 计算

| 试验次数 | $M_x=\dfrac{(A_{0.15}+A_{0.3}+A_{0.6}+A_{1.18}+A_{2.36})-5\times A_{4.75}}{100-A_{4.75}}$ | 平均值 |
|---|---|---|
| I | | |
| II | | |

砂子筛分级配图

累计筛余百分率(%)：0　10　20　30　40　50　60　70　80　90　100

筛孔尺寸(mm)：0.15　0.3　0.6　1.18　2.36　4.75

I区　II区　III区

| 结论：<br><br>试验工程师：　　年　月　日 | 监理意见：<br><br>监理人员：　　年　月　日 |
|---|---|

试验人员： 校核：

______公路砂当量试验记录表　　　　表 2-3-8

承包单位：　　　　　　　　合同号：

监理单位：　　　　　　　　编　号：

| 样品名称 | | 试验日期 | | |
|---|---|---|---|---|
| 样品来源 | | 用　　途 | | |
| 级配范围 | | | | |
| 项　　目 | | 次　　数 | | |
| | | 1 | 2 | 3 |
| 试筒中絮凝物和沉淀物的总高度($h_1$) | | | | |
| 试筒中用活塞测定的集料沉淀物的高度($h_2$) | | | | |
| 砂当量(%)$\frac{h_2}{h_1}\times 100\%$ | | | | |
| 平均值(%) | | | | |
| 要求值(%) | | | | |
| 结论：<br><br>试验工程师：　　　年　　月　　日 | | | | |
| 监理意见：<br><br>监理员或试验监理工程师：　　　年　　月　　日 | | | | |

试验人员：　　　　　　　　校核：

______公路含水率试验记录表(酒精燃烧法)　　表 2-3-9

承包单位：　　合同号：

监理单位：　　编　号：

| 样品名称 | | | | 试验日期 | | | |
|---|---|---|---|---|---|---|---|
| 样品来源 | | | | 试验用途 | | | |

| 盒　号 | | | | | | | | |
|---|---|---|---|---|---|---|---|---|
| 盒＋湿土质量(g) | | | | | | | | |
| 盒＋干土质量(g) | | | | | | | | |
| 盒质量(g) | | | | | | | | |
| 水分质量(g) | | | | | | | | |
| 干土质量(g) | | | | | | | | |
| 含 水 率(%) | | | | | | | | |
| 平均含水率(%) | | | | | | | | |

结论：

试验工程师：　　年　月　日

监理意见：

试验监理工程师：　　年　月　日

试验人员：　　校核：

# 第四章 沥青混合料用矿粉

## 第一节 技术指标及要求

### 一、矿粉分类

1. 磨细矿粉

沥青混合料的矿粉必须采用石灰岩或岩浆岩中的强基性岩石等憎水性石料经磨细得到的矿粉，原石料中的泥土杂质应除净。矿粉应干燥、洁净，能自由地从矿粉仓中流出。

2. 回收矿粉

拌和机的粉尘可作为矿粉的一部分回收使用。但每盘用量不得超过填料总量的 25%，掺有粉尘填料的塑性指数不得大于 4%。

3. 其他填料

粉煤灰作为填料使用时，用量不得超过填料总量的 50%，粉煤灰的烧失量应小于 12%，与矿粉混合后的塑性指数应小于 4%，其余质量要求与矿粉相同。高速公路、一级公路的沥青面层不宜采用粉煤灰做填料。

### 二、矿粉质量要求

沥青混合料用矿粉质量应符合表 2-4-1 要求。

**沥青混合料用矿粉质量要求**(JTG F40—2004)　　表 2-4-1

| 项　目 | | 单 位 | 高速公路、一级公路 | 其他等级公路 |
|---|---|---|---|---|
| 表观密度，≥ | | t/m³ | 2.50 | 2.45 |
| 含水率，≤ | | % | 1 | 1 |
| 粒度范围 | <0.6mm | % | 100 | 100 |
| | <0.15mm | | 90～100 | 90～100 |
| | <0.075mm | | 75～100 | 70～100 |
| 外观 | | — | 无团粒结块 | |

续上表

| 项　　目 | 单 位 | 高速公路、一级公路 | 其他等级公路 |
|---|---|---|---|
| 亲水系数 | — | <1 | |
| 塑性指数 | — | <4 | |
| 加热安定性 | — | 实测记录 | |

## 第二节　试验项目和参数

### 一、试验项目依据

公路工程用矿粉项目依据为《公路沥青路面施工技术规范》(JTG F40—2004)。

### 二、检测参数及方法

公路工程用矿粉试验项目检测参数有：①筛分(水洗法)；②密度；③亲水系数；④塑性指数；⑤加热安定性。

以上参数均按《公路工程集料试验规程》(JTG E42—2005)进行检测，其中，塑性指数参照《公路土工试验规程》(JTG E40—2007)进行检测。

## 第三节　常用参数的试验细则

### 一、矿粉筛分试验

1. 主要仪具

主要仪具包括：标准筛(孔径分别为 0.6mm、0.3mm、0.15mm、0.075mm)；天平(感量不大于 0.1g)；烘箱。

2. 试验步骤

(1)将矿粉试样放入(105±5)℃烘箱中烘干至恒重，冷却，称取 300g，准确至 0.1g。

(2)将 0.6mm、0.3mm、0.15mm、0.075mm 筛仔细清洁干净，组成套筛装在筛底上，仔细倒入矿粉，盖上筛盖。手工轻轻筛分，至大体上筛不下去为止。存留在筛底上的小于 0.075mm 部分可弃去。

(3)除去筛盖和筛底，在自来水龙头下方接一胶管，用胶管的水轻轻冲洗矿粉过筛，0.075mm 筛下部分任其流失，直至流出的水色清澈为止。水洗过程中，可以适当用手搅动试样，加速矿粉过筛，待上层筛冲干净后，取去 0.6mm 筛，接着从 0.3mm 筛或 0.15mm 筛上冲洗，但不得直接冲洗 0.075mm 筛。

(4)分别将各筛上的筛余反过来用小水流仔细冲洗入各个搪瓷盘中，待筛余沉淀后，稍稍倾斜搪瓷盘，仔细除去清水，放入(105±5)℃烘箱中烘至恒重。称取各号筛上的筛余量，准确至 0.1g。

3. 结果整理

(1)各号筛上的筛余量除以试样总量的百分率，即为各号筛的分计筛余百分率，精确至 0.1%。用 100 减去 0.6mm、0.3mm、0.15mm、0.075mm 各筛的分计筛余百分率，即为通过 0.075mm 的通过百分率，加上 0.075mm 的分计筛余百分率即为 0.15mm 筛的通过百分率，以此类推，计算出各号筛的通过百分率，精确至 0.1%。

(2)以两次平行试验结果的平均值作为试验结果。各号筛的通过率相差不得大于 2%。

## 二、矿粉密度试验

1. 主要仪具

主要仪具包括：李氏比重瓶(容量 250mL)；天平(感量不大于 0.01g)；烘箱；恒温水浴[能控制温度(20±0.5)℃]。

2. 试验步骤

(1)将代表性矿粉试样置器皿中，在(105±5)℃烘箱中不少于 6h，放入干燥器中冷却，矿粉质量应不少于 200g。

(2)向比重瓶中注入蒸馏水，至刻度 0～1mL 之间，将比重瓶放入(20±0.5)℃恒温水槽中不少于 3h，读取比重瓶中水面刻度(下液面)($V_1$)，准确至 0.02mL。

(3)将比重瓶擦干，放在电子天平上，归零，用小牛角匙将矿粉试样通过漏斗徐徐加入比重瓶中，待比重瓶中水的液面上升至接近比重瓶最大读数时为止，记录加入矿粉质量($m_0$)。轻轻摇晃比重瓶，使瓶中的空气充分逸出，并将粘在瓶颈上的矿粉仔细洗入瓶中。再次将比重瓶放入 20℃恒温水槽中不少于 3h，待温度不再变化时，读取比重瓶的读数($V_2$)，准确至 0.02mL。

3. 结果整理

(1)矿粉的密度和相对密度分别按式(2-4-1)、式(2-4-2)计算，精确至小数点后 3 位。

$$\rho_f = \frac{m_0}{V_2 - V_1} \tag{2-4-1}$$

$$\gamma_f = \frac{\rho_f}{\rho'_w} \tag{2-4-2}$$

式中：$\rho_f$——矿粉的密度（g/cm$^3$）；

$\gamma_f$——矿粉对水的相对密度，无量纲；

$m_0$——矿粉的干燥质量（g）；

$V_1$——加矿粉以前比重瓶得的初读数（mL）；

$V_2$——加矿粉以后比重瓶得的终读数（mL）；

$\rho'_w$——试验温度时水的密度，按表 2-2-12 取用。

（2）同一试样平行试验两次，取平均值作为试验结果。两次试验结果的差值不得大于 0.01g/cm$^3$。

## 三、矿粉亲水系数试验

1. 主要试验仪具

主要试验仪具包括：量筒（50mL 两个，刻度至 0.5mL）；天平（感量不大于 0.01g）；烘箱。

2. 试验步骤

（1）将矿粉放入（105±5）℃烘箱中不少于 6h，称取烘干的矿粉 5g（准确至 0.01g），将其放在研钵中，加入 15mL 蒸馏水，用橡皮研杵仔细磨 5min，然后用洗瓶把研钵中的悬浮液仔细多次洗入量筒中，使量筒中的液面恰为 50mL。然后用玻璃棒搅和悬浮液。

（2）同上法将另一份同样重量的矿粉，用 15mL 煤油仔细研磨后将悬浮液仔细多次冲洗移入另一量筒中，液面亦为 50mL。

（3）将上两量筒静置，使量筒内液体中颗粒沉淀。

（4）每天两次记录沉淀物的体积，直至体积不变为止。

3. 结果整理

（1）亲水系数按式（2-4-3）计算。

$$\eta = \frac{V_B}{V_H} \tag{2-4-3}$$

式中：$\eta$——亲水系数，无量纲；

$V_B$——水中沉淀物体积（mL）；

$V_H$——煤油中沉淀物体积（mL）。

（2）平行测定两次，以两次测定值的平均值作为试验结果。

## 四、矿粉加热安定性试验

1. 主要仪具

主要仪具包括:坩埚(可存放 100g 矿粉)、天平、电炉、温度计等。

2. 试验步骤

(1)称取矿粉 100g,装入坩埚中,摊开。

(2)将盛有矿粉的坩埚置于电炉火源加热,将温度计插入矿粉中,一边搅拌石粉,一边测量温度,加热到 200℃,关闭火源。

(3)将矿粉在室温中放置冷却,观察石粉颜色的变化。

3. 结果报告

报告石粉在受热后颜色变化,判断石粉的变质情况。

## 五、常用试验记录表格(表 2-4-2～表 2-4-3)

## ______公路矿粉、水泥技术性能试验记录表

表 2-4-2

承包单位： 合同号：

监理单位： 编 号：

| 样品名称 | | 用途 | | | 试验日期 | |
|---|---|---|---|---|---|---|
| 样品来源 | | | | | 水温(℃) | |
| 表观密度($g/m^3$) | 比重瓶和水的质量 $m_1$(g) | 比重瓶、水和试样质量 $m_2$(g) | 比重瓶加试样前初读数 $V_1$(mL) | 比重瓶加试样后终读数 $V_2$(mL) | 表观密度 $\rho_f=\frac{m_2-m_1}{V_2-V_1}$ ($g/m^3$) | 平均值($g/m^3$) |
| 1 | | | | | | |
| 2 | | | | | | |
| 含水率(%) | 试样烘干前质量 $m_3$(g) | | 试样烘干后质量 $m_4$(g) | | 含水率(%) $w=\frac{m_3-m_4}{m_4}\times 100$ | 平均值 |
| 1 | | | | | | |
| 2 | | | | | | |
| 试样烘干前外观状态 | | | | | | |

| 矿粉亲水系数试验记录 | | | | | | |
|---|---|---|---|---|---|---|
| 试验次数 | 1 | | 2 | | 3 | |
| 记录次数 | 水中沉淀物体积 $V_B$(mL) | 煤油中沉淀物体积 $V_H$(mL) | 水中沉淀物体积 $V_B$(mL) | 煤油中沉淀物体积 $V_H$(mL) | 水中沉淀物体积 $V_B$(mL) | 煤油中沉淀物体积 $V_H$(mL) |
| 1 | | | | | | |
| 2 | | | | | | |
| 3 | | | | | | |
| 4 | | | | | | |
| 5 | | | | | | |
| 6 | | | | | | |
| 7 | | | | | | |
| 8 | | | | | | |
| 9 | | | | | | |
| 10 | | | | | | |
| 11 | | | | | | |
| 12 | | | | | | |
| 亲水系数 $\eta=\frac{V_B}{V_H}$ | | | | | | |
| 平均值 | | | | | | |

| 结论：<br>试验工程师： 年 月 日 | 监理意见：<br>监理人员： 年 月 日 |
|---|---|

试验人员： 校核：

## ______公路矿粉、水泥筛分试验记录表　　表 2-4-3

承包单位：　　　　　　　　　　　　合同号：

监理单位：　　　　　　　　　　　　编　号：

| 样品名称 | | | | | 试验日期 | | | | | |
|---|---|---|---|---|---|---|---|---|---|---|
| 样品来源 | | | | | 用　途 | | | | | |
| 总质量 | g(I)+g(II)=g | | | | | | | | | |
| 筛孔直径(mm) | 筛余量(g) | | 分计筛余(%) | | 累计筛余(%) | | 通过百分率(%) | | | |
| | I | II | I | II | I | II | I | II | 平均 | 设计 |
| 1.18 | | | | | | | | | | |
| 0.6 | | | | | | | | | | 100 |
| 0.3 | | | | | | | | | | |
| 0.15 | | | | | | | | | | 90～100 |
| 0.075 | | | | | | | | | | 75～100 |
| <0.075 | | | | | | | | | | |
| | | | | | | | | | | |

矿粉、水泥级配曲线图

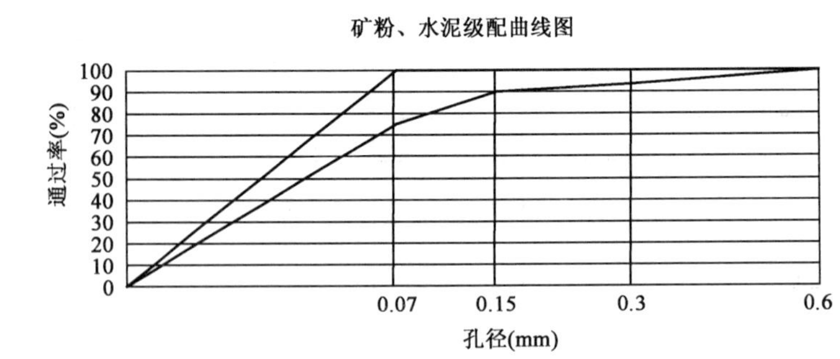


| 结论：<br><br>试验工程师：　　　年　　月　　日 | 监理意见：<br><br>监理人员：　　　年　　月　　日 |
|---|---|

试验人员：　　　　　　　　　　　　校核：

# 第五章　通用硅酸盐水泥

## 第一节　技术指标及要求

### 一、水泥分类

我国现行的《通用硅酸盐水泥》(GB 175—2007)将水泥按混合材料的品种和掺量分成6个品种，分别为：硅酸盐水泥、普通硅酸盐水泥、矿渣硅酸盐水泥、火山灰质硅酸盐水泥、粉煤灰硅酸盐水泥和复合硅酸盐水泥。

### 二、技术要求

水泥技术指标分为化学指标、物理指标、碱含量和细度。分别要求如下：

1. 化学指标

包括不溶物、烧失量、三氧化硫、氧化镁和氯离子含量，具体要求见表2-5-1。

**水泥化学指标要求**(GB 175—2007)　　表2-5-1

| 品种<br>指标 | 不溶物<br>(%) | 烧失量<br>(%) | 三氧化硫<br>(%) | 氧化镁<br>(%) | 氯离子<br>(%) |
|---|---|---|---|---|---|
| 硅酸盐水泥 | P. Ⅰ≤0.75<br>P. Ⅱ≤1.5 | P. Ⅰ≤3.0<br>P. Ⅱ≤3.5 | ≤3.5 | ≤5.0 | ≤0.06 |
| 普通硅酸盐水泥 | — | ≤5.0 | ≤3.5 | ≤5.0 | ≤0.06 |
| 矿渣水泥 | — | — | ≤4.0 | A型≤6.0<br>B型不做要求 | ≤0.06 |
| 火山灰水泥<br>粉煤灰水泥<br>复合水泥 | | — | ≤3.5 | ≤6.0 | ≤0.06 |

2. 物理指标

包括凝结时间、安定性、强度，具体指标要求见表2-5-2。

3. 碱含量

按水泥中 $Na_2O+0.658K_2O$ 计算值表示。碱含量是水泥检验中的选择性指标，若使用活性骨料，水泥中的碱含量应不大于0.60%或由买卖双方协商确定。

水泥物理技术指标　　表2-5-2

| 水泥品种 | 细度（比表面积） | 初凝时间（min） | 终凝时间（min） | 安定性（雷式法） | 强度等级 | 抗压强度（MPa） | | 抗折强度（MPa） | |
|---|---|---|---|---|---|---|---|---|---|
| | | | | | | 3d | 28d | 3d | 28d |
| 普通硅酸盐水泥 | 不小于300m²/kg | ≥45 | ≤600 | 必须合格（≤5mm） | 42.5 | ≥17.0 | ≥42.5 | ≥3.5 | ≥6.5 |
| | | | | | 42.5R | ≥22.0 | ≥42.5 | ≥4.0 | ≥6.5 |
| | | | | | 52.5 | ≥23.0 | ≥52.5 | ≥4.0 | ≥7.0 |
| | | | | | 52.5R | ≥27.0 | ≥52.5 | ≥5.0 | ≥7.0 |
| 硅酸盐水泥 | 不小于300m²/kg | ≥45 | ≤390 | 必须合格（≤5mm） | 42.5 | ≥17.0 | ≥42.5 | ≥3.5 | ≥6.5 |
| | | | | | 42.5R | ≥22.0 | ≥42.5 | ≥4.0 | ≥6.5 |
| | | | | | 52.5 | ≥23.0 | ≥52.5 | ≥4.0 | ≥7.0 |
| | | | | | 52.5R | ≥27.0 | ≥52.5 | ≥5.0 | ≥7.0 |
| | | | | | 62.5 | ≥28.0 | ≥62.5 | ≥5.0 | ≥8.0 |
| | | | | | 62.5R | ≥32.0 | ≥62.5 | ≥5.5 | ≥8.0 |
| 矿渣水泥 火山灰水泥 粉煤灰水泥 复合水泥 | （筛析法）≤10（%） | ≥45 | ≤600 | 必须合格（≤5mm） | 32.5 | ≥10.0 | ≥32.5 | ≥2.5 | ≥5.5 |
| | | | | | 32.5R | ≥15.0 | ≥32.5 | ≥3.5 | ≥5.5 |
| | | | | | 42.5 | ≥15.0 | ≥42.5 | ≥3.5 | ≥6.5 |
| | | | | | 42.5R | ≥19.0 | ≥42.5 | ≥4.0 | ≥6.5 |
| | | | | | 52.5 | ≥21.0 | ≥52.5 | ≥4.0 | ≥7.0 |
| | | | | | 52.5R | ≥23.0 | ≥52.5 | ≥4.5 | ≥7.0 |

4. 细度

用比表面积和筛余量两种形式表示，相关要求见表2-5-2。

## 第二节　试验项目和参数

### 一、试验项目依据

通用硅酸盐水泥试验项目的依据为《通用硅酸盐水泥》（GB 175—2007）。

### 二、检测参数及方法

1. 化学性能

化学性能方面的检测参数有：①不溶物；②烧失量；③氧化镁；④三氧化硫；

⑤氯离子；⑥碱含量。

以上参数检测均按《水泥化学分析方法》(GB 176—2008)的规定进行。

2.物理力学性能

物理力学性能方面的检测参数有：①细度(负压筛法)；②比表面积(勃氏法)；③标准稠度用水量、凝结时间、安定性；④胶砂强度；⑤流动度。

以上参数检测均按《公路工程水泥及水泥混凝土试验规程》(JTG E30—2005)的规定进行。

## 第三节 常用参数的试验细则

### 一、水泥细度试验(负压筛法)

1.仪器设备

试验筛(孔径尺寸为 80μm 或 45μm)；负压筛析仪(可调负压 4000～6000Pa)；天平(称量 100g,感量不大于 0.01g)。

2.试样准备

80μm 筛析试验应称取试样 25g,45μm 筛析试验应称取试样 10g,精确至 0.01g。

3.试验步骤

(1)筛析试验前,应把负压筛放在筛座上,盖上筛盖,接通电源,检查控制系统,调节负压筛至 4000～6000Pa 范围内。

(2)将称取的水泥试样,置于洁净的负压筛中放在筛座上,盖上筛盖开动筛析仪连续筛析 2min,在此期间如有试样附着在筛盖上,可轻轻地敲击,使试样落下。筛毕,用天平称量全部筛余物。

4.结果计算及修正

(1)筛分结果计算

水泥试样筛余百分数按式(2-5-1)计算，结果保留至 0.1%。

$$F=\frac{R_s}{m}\times 100 \tag{2-5-1}$$

式中：$F$——水泥试样的筛余百分数(%)；

$R_s$——水泥筛余物的质量(g)；

$m$——水泥试样的质量(g)。

(2)试验筛的标定

被标定的试验筛应事先经过清洗、去污、干燥，并和标定试验温度一致。将水泥细度标准样品装入干燥的密封广口瓶中，盖上盖子摇动 2min，消除结块。静置 2min 后，用一根干燥洁净的搅棒搅匀样品。按上述方法进行筛析试验操作。每个试验筛的标定应称取两个标准样品连续进行，中间不得插做其他样品。

(3)试验筛修正系数计算

以上两个样品结果的算术平均值为最终值，但当两个样品筛余结果相差0.3%时，应称取第三个样品进行试验，并取接近的两个结果进行平均作为结果。试验筛的修正系数按式(2-5-2)计算，精确至 0.01。

$$C=\frac{F_n}{F_t} \tag{2-5-2}$$

式中：$C$——试验筛的修正系数；

$F_n$——标准样品的筛余标准值(%)；

$F_t$——标准样品在试验筛上的筛余值(%)。

当 $C$ 值在 0.80～1.20 范围内时，试验筛可继续使用，$C$ 作为结果的修正系数。当 $C$ 值超过 0.80～1.20 时，试验筛应予淘汰。

(4)筛余结果的修正

水泥样的筛分结果修正按式(2-5-3)计算。

$$F_c=C\times F \tag{2-5-3}$$

式中：$F_c$——水泥试样修正后的筛余百分数(%)；

$C$——试验筛修正系数；

$F$——水泥试样修正前的筛余百分数(%)。

(5)合格评定

每个样品应称取两个试样分别筛析，取筛余平均值为筛析结果。若两次相近结果绝对误差大于 0.5%时(筛余值大于 5%可放宽至 1.0%)，应再做一次试验，取两次相近结果的算术平均值，作为最终结果。

## 二、水泥比表面积测定(勃氏法)

### 1.仪器与标样

(1)仪具：Blaine 透气仪[由透气圆筒、压力计、抽气装置 3 部分组成(图2-5-1)]；滤纸(中速定量滤纸)；天平(分度值为 0.001g)；秒表(精确到 0.01s)；烘箱。

(2)标准水泥样：由中国水泥质量监督检测中心制备。

### 2.仪器校准

(1)漏气检查

将透气筒上口用橡皮塞塞紧，接到压力计上。用抽气装置从压力计一臂中抽出部分气体，关闭阀门，观察是否漏气。若漏气应用油脂加以密封。

(2)试料层体积的测定

水银排代法：将两片滤纸沿圆筒壁放入透气圆筒内，用一个略比透气筒小的细长棒往下按，直到滤纸平整放在金属的穿孔板上。然后装满水银，用一块薄玻璃板轻压水银表面，使水银面与筒口齐平，并保证在玻璃板和水银之间没有气泡或空洞存在。从筒中倒出水银，称量，精确至 0.05g。重复几次，直到数值不变为止。然后从圆筒中取出一片滤纸，试用约 3.3g 的水泥，压实好水泥层。再在圆筒上部空间注入水银，同上述方法除去气泡、压平、倒出水银称量，重复几次，直到水银称量值相差小于 0.05g 为止。圆筒内的试料层体积按式(2-5-4)计算，精确到 $5\times10^{-9}m^3$：

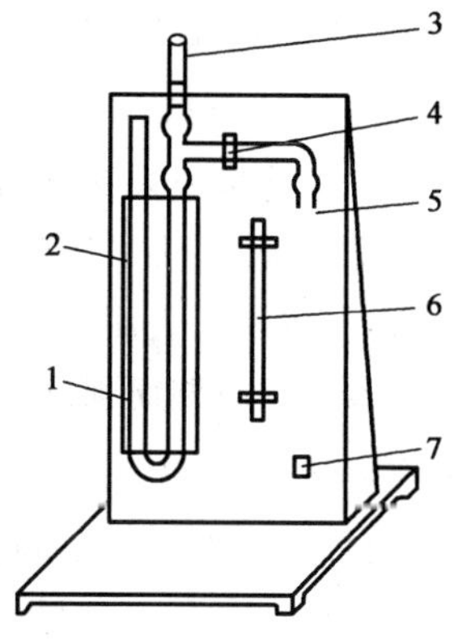

图 2-5-1　Blaine 透气仪示意图
1-U 形压力计；2-平面镜；3-透气圆筒；4-活塞；5-背面接微型电磁泵；6-温度计；7-开关

$$V = 10^{-6} \times \frac{P_1 - P_2}{\rho_{水银}} \tag{2-5-4}$$

式中：$V$——试料层体积($m^3$)；

$P_1$——未装水泥时，充满圆筒的水银质量(g)；

$P_2$——装水泥后，充满圆筒的水银质量(g)；

$\rho_{水银}$——试验温度下的水银密度($g/cm^3$)。

试料层体积至少测定两次，两次数值相差不超过 $5\times10^{-9}m^3$，取平均值为测定值，精确至 $10^{-10}m^3$。

3.试样准备

(1)将(110±5)℃下烘干并在干燥器中冷却到室温的标准试样，倒入 100mL 的密封瓶内，用力摇动 2min，将结块成团的试样振碎，使试样松散。静置 2min 后，打开瓶盖，轻轻搅拌，使在松散过程中落到表面的细粉，分布到整个试样中。

(2)水泥试样，先通过 0.9mm 方孔筛，再在(110±5)℃下烘干，并在干燥器中冷却至室温。

4.确定试样量

校正试验用的标准试样量和被测定水泥质量，应达到在制备的试料层中的空隙率为 0.500±0.005，计算式为：

$$W = \rho V(1-\varepsilon) \tag{2-5-5}$$

式中：$W$——需要的试样量(kg)，精确至 1mg；

$\rho$——试样密度($kg/m^3$)；

$V$——试料层体积($m^3$)；

$\varepsilon$——试料层空隙率(%)。

5.试料层制备

将穿孔板放入透气筒的突缘上,用一根直径比圆筒略小的细棒把一片滤纸送到穿孔板上,边缘压紧。称取试样量($W$),精确至1mg,倒入圆筒。轻敲圆筒的边,使水泥层表面平坦。再放入一片滤纸,用捣棒均匀捣实试料直至捣器的支持环紧紧接触圆筒顶编并旋转两周,慢慢取出捣器。

6.透气试验

(1)把装有试料层的透气圆筒接到压力计上,要保证紧密连接不致漏气,并不振动所制备的试料层。

(2)打开微型电磁泵慢慢从压力计一臂中抽出空气,直到压力计内液面上升到扩大部下端时关闭阀门。当压力计内液体的弯月液面下降到第一个刻度线开始计时,当液面的弯月面下降到第二条刻度线时停止计时,记录液面从第一刻度线下降到第二刻度线所经历的时间,以秒表记录,并记录下试验时的温度。

7.结果整理

(1)当被测物料的密度、试料层中空隙率与标准试样相同,试验时温差不超过±3℃时,可按式(2-5-6)计算:

$$S_c = \frac{S_s\sqrt{T}}{\sqrt{T_s}} \tag{2-5-6}$$

如试验时温差超过±3℃时,则按式(2-5-7)计算:

$$S_c = \frac{S_s\sqrt{T}\sqrt{\eta_s}}{\sqrt{T_s}\sqrt{\eta}} \tag{2-5-7}$$

式中:$S_c$——被测试样的比表面积($m^2/kg$);

$S_s$——标准试样的比表面积($m^2/kg$);

$T$——被测试样试验时,压力计中液面降落测得的时间(s);

$T_s$——标准试样试验时,压力计中液面降落测得的时间(s);

$\eta$——被测试样试验温度下的空气黏度(Pa·s);

$\eta_s$——标准试样试验温度下的空气黏度(Pa·s)。

(2)当被测试样的试料层中空隙率与标准试样试料层中空隙率不同,试验时温差不超过±3℃时,可按式(2-5-8)计算:

$$S_c = \frac{S_s\sqrt{T}(1-\varepsilon_s)\sqrt{\varepsilon^3}}{\sqrt{T_s}(1-\varepsilon)\sqrt{\varepsilon_s^3}} \tag{2-5-8}$$

如试验时温差超过±3℃时，则按式(2-5-9)计算：

$$S_c = \frac{S_s \sqrt{T}(1-\varepsilon_s)\sqrt{\varepsilon^3}\sqrt{\eta^s}}{\sqrt{T_s}(1-\varepsilon)\sqrt{\varepsilon_s^3}\sqrt{\eta}} \tag{2-5-9}$$

式中：$\varepsilon$——被测试样试料层中的空隙率；

$\varepsilon_s$——标准试样试料层中的空隙率。

(3)当被测试样的密度和空隙率均与标准试样不同，试验时温差不超过±3℃时，可按式(2-5-10)计算：

$$S_c = \frac{S_s \sqrt{T}(1-\varepsilon_s)\sqrt{\varepsilon^3}\rho_s}{\sqrt{T_s}(1-\varepsilon)\sqrt{\varepsilon_s^3}\rho} \tag{2-5-10}$$

如试验时温差超过±3℃时，则按式(2-5-11)计算：

$$S_c = \frac{S_s \sqrt{T}(1-\varepsilon_s)\sqrt{\varepsilon^3}\rho_s\sqrt{\eta_s}}{\sqrt{T_s}(1-\varepsilon)\sqrt{\varepsilon_s^3}\rho\sqrt{\eta}} \tag{2-5-11}$$

式中：$\rho$——被测试样的密度($kg/m^3$)；

$\rho_s$——被测试样的密度($kg/m^3$)。

(4)水泥比表面积应由两次透气试验结果的平均值确定，精确至$1m^2/kg$。如两次试验结果相差2%，应重新试验。

## 三、标准稠度用水量、凝结时间、安定性试验

1.仪器设备

(1)水泥净浆搅拌机。

(2)维卡仪：组成和各部分尺寸如图2-5-2所示。

(3)水泥净浆试模。

(4)沸煮箱。

(5)雷氏夹及其测定仪：雷氏夹结构如图2-5-3所示、受力示意图如图2-5-4所示，测定仪见图2-5-5。

(6)天平：感量1g。

(7)量水器或量筒：分度值0.1mL，精度1%。

(8)湿气养护箱：控制温度(20±1)℃，相对湿度大于90%。

2.实验室环境

温度为(20±2)℃，相对湿度大于50%。水泥试样、仪器和用具温度应与实验室内一致。

3.水泥净浆的拌制

用水泥净浆搅拌机搅拌，先向搅拌锅内加水，再小心将500g水泥加入水中。

拌和时，低速搅拌 120s，停 15s，同时将叶片和锅壁上的水泥浆刮入锅中间，接着高速搅拌 120s 停机。

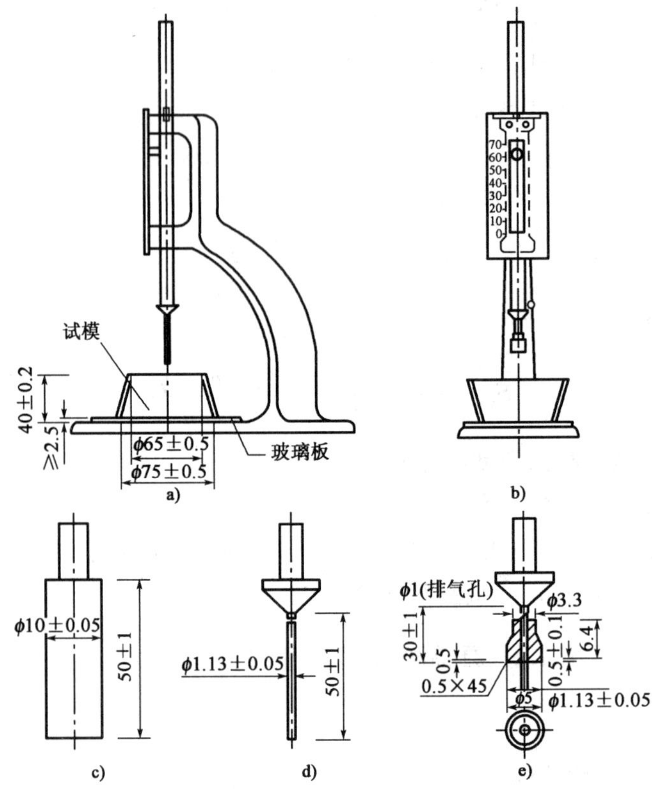


图 2-5-2 测定水泥标准稠度和凝结时间用的维卡仪(尺寸单位:mm)

a)初凝时间测定用立式试模侧视图;b)终凝时间测定用反转试模前视图;c)标准稠度试杆;d)初凝用试针;e)终凝用试针

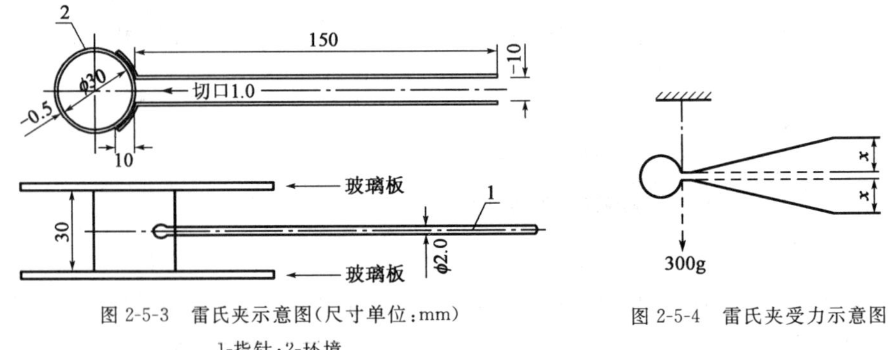


图 2-5-3 雷氏夹示意图(尺寸单位:mm)

1-指针;2-环境

图 2-5-4 雷氏夹受力示意图

4. 标准用水量测定

立即将水泥净浆放入试模中，用小刀插捣，手工振实，刮平表面，移至维卡仪

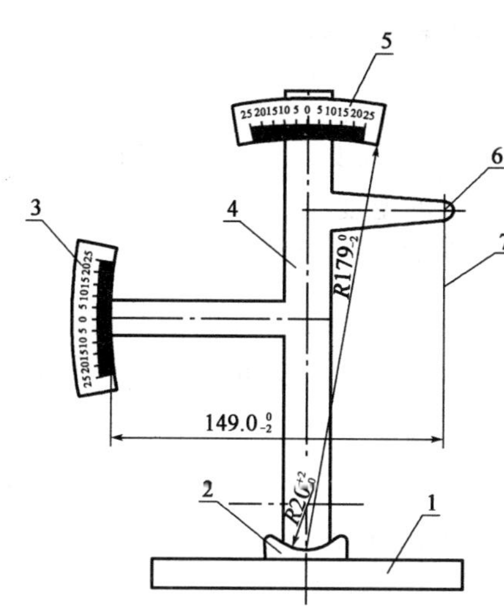


图 2-5-5 雷氏膨胀值测量仪(尺寸单位:mm)
1-底座;2-模子座;3-测弹性标尺;4-立柱;5-测膨胀值标尺;6-悬臂;7-悬丝

上,调整好试杆和试模的位置,释放试杆使其自由地沉入水泥净浆中。在试杆停止沉入或释放试杆 30s 时记录试杆到底板的距离,以试杆距底板(6±1)mm 的水泥净浆为标准稠度净浆。其拌和水量为该水泥的标准稠度用水量($P$),按水泥质量的百分计。

5. 初凝时间测定

试件在湿气养护箱中至加水后 30min 时进行第一次测定。测定时,取出试模放到试针下,降低试针与净浆表面接触。拧紧螺丝瞬间立即放松,使试针垂直沉入净浆中。观察试针停止沉入或 30s 时指针的读数。临近初凝时,每隔 5min 测定一次。当试针沉入至底板(4±1)mm 时,为水泥达到初凝状态。

6. 终凝时间的测定

在完成初凝时间测定后,立即将试模连同浆体以平移的方式从玻璃底板下翻转 180°,倒置在玻璃板上,再放入湿气养护箱中继续养护。

临近终凝时间时每隔 15min 测定一次,当试针沉入试件 0.5mm 时,即环形附件开始不能在试件上留下痕迹时,水泥达到终凝状态。

7. 安定性测定

将雷氏夹放在已稍擦油的玻璃板上,立刻将标准净浆装满雷氏夹,用小刀插捣后抹平,盖上玻璃板,移至养护箱内养护(24±2)h。脱去玻璃板取下试件,先测量雷氏夹指针尖端间的距离 $A$(图 2-5-5),精确到 0.5mm,接着指针朝上将试件放入沸煮箱内,在(30±5)min 内加热水至沸腾,并恒沸 3h±5min。沸煮结束后取出试件进行判定。测定雷氏夹指针尖距离 $C$,精确到 0.5mm,计算煮后增加距离($C$-$A$)。当平行试验两个试件增加距离平均值不大于 5.0mm,即认为合格;当两个试件增加值相差超过 4.0mm,应重新试验,再如此,则认为不合格。

## 四、胶砂强度试验

1. 仪器设备

胶砂强度试验的仪器设备有:胶砂搅拌机;振实台;试模及下料漏斗;双杠杆

式抗折试验机和抗折夹具;300kN 恒压力试验机和抗压夹具;天平(感量 1g)。

2.温度与相对湿度

试件成型实验室应保持温度为(20±2)℃,相对湿度大于 50%(包括强度实验室)。水泥试样、ISO 标准砂、拌和水及试模等的温度应与室温相同。养护箱控制温度(20±1)℃,相对湿度大于 90%,养护水温度(20±1)℃。

3.试件成型

每成型三条试件需称量的材料用量为:水泥(450±2)g;ISO 砂(1350±5)g;水(225±1)mL。

在胶砂搅拌机上搅拌,先将水加入锅中,再加入水泥。启动机器,低速搅拌 30s,在第二个 30s 开始的同时均匀加入砂子,再高速搅拌 30s。停 90s,同时将叶片和锅壁上的胶砂刮入锅中间,接着高速搅拌 60s 停机。

将空试模和模套固定在振实台上,用勺子直接从搅拌锅中将胶砂分为两层装入试模。装第一层时,每个槽里约放 300g 砂浆,用大播料器垂直架在模套顶部,沿每个槽来回将料播平,接着振实 60 次。再装第二层,用小播料器播平,再振实 60 次。取下试模,用刮尺以 90°的角度架在试模顶,沿试模长度方向以横向锯切动作慢慢将多余胶砂刮去。再用刮尺水平抹平表面。

4.试件养护

成型的试件在养护箱养护 20~24h 内脱模,编号后放入养护箱水槽内养护,至相应龄期(3d±45min、28d±8h)时取出进行破性试验。

5.抗折强度试验

试件放入前,应使杠杆成水平状态,将试件成型侧面朝上放入夹具中。调整夹具,使杠杆在试件折断时尽可能地接近水平状态。启动机器,加荷速度为(50±10)N/s,直至折断,读数精确至 0.01MPa。

抗折强度结果取三个试件平均值,精确至 0.1MPa。当三个强度值中有超过平均值±10%的,应剔除后再平均,以平均值作为抗折强度结果。

6.抗压强度试验

抗折试验后断块应立即进行抗压试验。将试件成型侧面作为承压面,放入夹具中,设置好试验机的加荷速度为(2400±200)N/s,启动机器,压至试件破坏,记录破坏荷载,并计算抗压强度值,精确至 0.1MPa。抗压强度结果为一组 6 个试件的强度平均值,精确至 0.1MPa。如有一个值超过平均值的±10%,剔除该值后以剩下 5 个值的平均值作为结果。如 5 个值中再有超过平均值的±10%,则该组试件无效。

## 五、常用参数试验记录表格（表 2-5-3）

**______公路水泥物理力学性能试验记录表** 表 2-5-3

承包单位： 合同号：

监理单位： 编 号：

| 样品名称 | | | | | | | | |
|---|---|---|---|---|---|---|---|---|
| 样品来源 | | | | 试验日期 | 年 月 日 | | | |
| 样品批号 | | | | 试验用途 | | | | |
| 1. 细度 | | | | 5. 安定性试验 | | | | |
| 试样质量（g） | 筛余质量（g） | 筛余百分比（%） | 平均值（%） | 测试前 $A_1$ ,mm | | 测试前 $A_0$ ,mm | | |
| | | | | 测试后 $C_1$ :mm | | 测试后 $C_2$ :mm | | |
| | | | | 平均值:mm | | | | |
| 2. 标准稠度 | | | | 6. 胶砂强度： | | 制件日期： | | |
| 调整水量法 | | 固定水量法 | | 龄期 | | 3 天 | 7 天 | 28 天 |
| 试样重：<br>试杆距底板(mm)<br>加水量：<br>标准稠度： | | S：<br>$P = 33.4 - 0.185S$<br>= %<br>注：S 若小于 13mm 应改用调整水量法测定 | | 试压日期 | | | | |
| | | | | 抗折强度试验 | 强度（MPa） | | | |
| | | | | | | | | |
| | | | | | | | | |
| | | | | | 平均强度(MPa) | | | |
| 3. 凝结时间 | | | | 抗压强度试验 | 破坏荷载(kN) | | | |
| 加水时间： | | | | | | | | |
| 针距底板(4±1)mm 时间： | | | | | | | | |
| 针沉入净浆中<0.5 mm 时间： | | | | | | | | |
| | | | | | | | | |
| | | | | | | | | |
| 初凝： | | | | | 平均 荷载(kN) | | | |
| 终凝： | | | | | 平均 强度(MPa) | | | |
| 4. 比表面积 | | | | 7. 胶砂流动度 | | | | |
| 1： $m^2/kg$ | 2： $m^2/kg$ | 平均： $m^2/kg$ | | 横向： mm | 纵向： mm | 平均： mm | | |
| 备注： | | | | | | | | |

试验人员： 校核： 监理：

# 第六章 建筑钢筋

## 第一节 常用钢筋质量要求

### 一、分类和牌号

热轧光圆钢筋和热轧带肋钢筋是钢筋混凝土最常用的两类普通钢筋。《钢筋混凝土用钢》(GB 1499)将钢筋按屈服强度特征值分为235级、300级、335级、400级、500级。钢筋的牌号的构成及其含义见表2-6-1。

**普通钢筋牌号含义** 表2-6-1

| 类别 | 牌号 | 牌号构成 | 英文字母含义 |
| --- | --- | --- | --- |
| 热轧光圆钢筋 | HPB235 | 由HPB+屈服强度特征值构成 | HPB——热轧光圆钢筋的英文(Hot tolled Plain Bares)缩写 |
| | HPB300 | | |
| 普通热轧带肋钢筋 | HRB335 | 由HRB+屈服强度特征值构成 | HRB——热轧带肋钢筋的英文(Hot tolled Ribbed Bares)缩写 |
| | HRB400 | | |
| | HRB500 | | |

### 二、尺寸和质量

热轧光圆钢筋的公称直径范围为6～22mm,常见公称直径有6mm、8mm、10mm、12mm、16mm、20mm。热轧带肋钢筋的公称直径范围为6～50mm,常见公称直径有6mm、8mm、10mm、12mm、16mm、20mm、25mm、32mm。

钢筋的理论密度为7.85g/cm$^3$。实际质量与理论质量允许偏差应在表2-6-2规定范围内。

**钢筋质量允许偏差** 表2-6-2

| 公称直径(mm) | 实际质量与理论质量的偏差(%) |
| --- | --- |
| 6～12 | ±7 |
| 14～20 | ±5 |
| 22～50 | ±4 |

## 三、技术要求

《钢筋混凝土用钢　第 1 部分：热扎光圆钢筋》(GB 1499.1—2008)、《钢筋混凝土用钢　第 2 部分：热扎带肋钢筋》(GB 1499.2—2007)规定的钢筋主要技术要求如下：

1. 化学成分

钢筋牌号及化学成分和碳当量符合表 2-6-3 要求。

**化学成分**(微量元素)　　表 2-6-3

<table>
<tr><th rowspan="2">牌号</th><th colspan="6">化学成分(质量分数)(%)，不大于</th></tr>
<tr><th>C</th><th>Si</th><th>Mn</th><th>P</th><th>S</th><th>Ceq①</th></tr>
<tr><td>HPB235</td><td>0.22</td><td>0.30</td><td>0.65</td><td rowspan="5">0.045</td><td rowspan="2">0.050</td><td>/</td></tr>
<tr><td>HPB300</td><td rowspan="4">0.25</td><td>0.55</td><td>1.50</td><td>/</td></tr>
<tr><td>HRB335</td><td rowspan="3">0.80</td><td rowspan="3">1.60</td><td rowspan="3">0.045</td><td>0.52</td></tr>
<tr><td>HRB400</td><td>0.54</td></tr>
<tr><td>HRB500</td><td>0.55</td></tr>
</table>

注：①$Ceq=C+\frac{M_n}{6}+\frac{C_r+V+M_o}{5}+\frac{Cu+Ni}{15}$。

2. 力学、工艺性能

钢筋的屈服强度 $R_{el}$、抗拉强度 $R_m$、断后伸长率 $A$ 等力学性能特征值符合表 2-6-3 要求。弯曲性能按表 2-6-4 规定的弯芯直径弯曲 180°后，钢筋受弯曲部位表面不得产生裂纹。

**钢筋的主要力学、工艺性能**　　表 2-6-4

<table>
<tr><th>钢筋类型及牌号</th><th colspan="2">HRB335(“3”)*</th><th colspan="2">HRB400(“4”)</th><th colspan="2">HRB500(“5”)</th><th>HPB235</th><th>HPB300</th></tr>
<tr><td>直径(mm)</td><td>6～25</td><td>28～40</td><td>6～25</td><td>28～40</td><td>6～25</td><td>28～40</td><td>6～22</td><td>6～22</td></tr>
<tr><td>屈服强度 $R_{el}$(MPa)</td><td colspan="2">335</td><td colspan="2">400</td><td colspan="2">500</td><td>235</td><td>300</td></tr>
<tr><td>抗拉强度 $R_m$(MPa)</td><td colspan="2">455</td><td colspan="2">540</td><td colspan="2">630</td><td>370</td><td>420</td></tr>
<tr><td>断后伸长率 $A$</td><td colspan="2">17</td><td colspan="2">16</td><td colspan="2">15</td><td>25</td><td>25</td></tr>
<tr><td>180°冷弯芯直径</td><td>3d</td><td>4d</td><td>4d</td><td>5d</td><td>6d</td><td>7d</td><td>d</td><td>d</td></tr>
</table>

注：* 为牌号简写。

# 第二节　试验项目和参数

## 一、检测项目依据

建筑钢筋试验检测依据有：《钢筋混凝土用钢　第 2 部分：热扎带肋钢筋》

(GB 1499.2—2007);《钢筋混凝土用钢　第1部分:热轧光圆钢筋》(GB 1499.1—2008);《钢筋焊接及验收规范》(JGJ 18—2003);《钢筋机械连接技术规程》(JGJ 107—2003)。

### 二、检测参数

1.化学成分分析

按《钢铁及合金化学分析方法》(GB/T 223)进行检测。

2.物理力学性能

(1)拉伸试验:按《金属材料　室温拉伸试验方法》(GB/T 228—2002)进行检测。

(2)弯曲试验:按《金属材料　弯曲试验方法》(GB/T 232—2010)进行检测。

(3)反复弯曲试验:按《金属材料 线材反复弯曲试验方法》(GB/T 238—2002)进行检测。

(4)尺寸:按产品标准的规定进行检测。

(5)表面:按产品标准的规定进行检测。

(6)质量偏差:按产品标准的规定进行检测。

3.钢筋接头性能

(1)焊接接头弯曲和拉伸试验:按《钢筋焊接接头试验方法标准》(JGJ/T 27—2001)进行检测。

(2)机械接头试验:按《钢筋机械连接技术规程》(JGJ 107—2003)进行检测。

## 第三节　常用参数的试验细则

### 一、钢筋质量偏差测量

1.试验仪具

试验仪具包括:钢筋切断机;钢直尺(量程不小于500mm,示值不大于1mm);台秤(30kg,示值不大于1g)。

2.截取试样及称重

试样从不同根的钢筋上截取,数量不少于5支,每支试样长度不小于500mm。长度逐支测量,精确到1mm。测量试样总质量时,精确到不大于总重量的1%。

3.计算

钢筋实际质量与理论质量的偏差(%)按公式(2-6-1)计算:

$$\varepsilon = \frac{g-(L-g_0)}{L \times g_0} \times 100 \tag{2-6-1}$$

式中:$\varepsilon$——钢筋质量偏差(%);

$g$——试样实际质量(g);

$L$——试样总长度(mm);

$g_0$——理论质量(g/mm)。

## 二、钢筋室内拉伸试验

1.仪器设备和环境条件

(1)一般在室温10~35℃范围内进行。

(2)万能材料试验机:量程不小于600kN,应为Ⅰ级或优于Ⅰ级的准确度。

(3)钢筋标距仪:可连续标记一系列套叠的原始标距。

(4)游标卡尺:量程0~300mm,分辨力应高于0.1mm,准确至±0.25mm。

2.试验速率的确定

(1)测定上屈服强度速率

在弹性范围至上屈服强度,试验机夹头和分离速率应尽可能保持恒定并在表2-6-5规定的应力速率的范围内。

**应力速率** 表2-6-5

| 材料弹性模量 $E$(N/mm²) | 应力速率[(N/mm²)/s] | |
|---|---|---|
| | 最小 | 最大 |
| <150000 | 2 | 20 |
| ≥150000 | 6 | 60 |

(2)测定下屈服强度速率

若仅测定下屈服强度,在试样平行长度的屈服期间应变速率应在0.00025~0.0025MPa/s之间。平行长度内的应变速率应尽可能保持恒定。如不能直接调节这一应变速率,应通过调节屈服即将开始前的应力速率来调整,在屈服完成之前不再调节试验机的控制。在任何情况下,弹性范围内的应力速率不得超过表2-6-5的最大速率。

(3)测定抗拉强度试验速率

塑性范围内平行长度的应变速率不应超过0.008MPa/s。

3. 试样准备

(1)钢筋拉伸、弯曲、反向弯曲试验试样不允许进行车削加工，试样长度应大于夹持长度加原始标距的长度。

(2)试验机两夹头间的自由长度应足够，以使试样原始的标记与接近夹头间的距离不小于1.5d。

(3)试样原始标距的标记和测量：钢筋采用比例试样，公称标距通常采用5倍的直径，个别直径较小的钢筋也可采用10倍直径(需在试验记录中加以说明)。用钢筋标距仪标计一系列套叠的原始标距，标距误差不超过±1%。

4. 试验步骤

(1)开启万能试验机，升降上下钳口，确认正常后对读数进行调零。调整上下夹头高度，将试样夹持在试验机的上下钳口内，试样头部被夹持的长度不得小于钳口长度的2/3。夹持面与试样接触面应尽可能对称均匀，试样轴线应绝对垂直于试验机。

(2)按表2-6-5要求控制好加荷速度，不得冲击。试件断后，取下试件，对断口不能造成人为伤痕。依次排列以便测量伸长率。

(3)屈服强度的确定：从拉伸曲线图(图2-6-1)上确定试验过程中的上、下屈服强度。无曲线图时，从读盘指针(或屏显数值)读取力值，拉伸时，指针首次停止转动的恒定力、首次回转前的最大力和不计初瞬时效应的最小力，对应的应力为上、下屈服强度。

(4)抗拉强度的确定：试样拉至断裂，从拉伸曲线图上或测力读盘(数显屏幕)上读取最大力。

(5)断后伸长率测定：将试样断裂的部分仔细地配接在一起使其轴线处于同一直线上，用分辨率不低于0.1mm的游标卡尺量测断后标距，精确至0.25mm。

5. 数据处理

(1)下屈服强度按式(2-6-2)计算：

$$R_{eL} = \frac{F_{eL}}{S_0} \tag{2-6-2}$$

式中：$R_{eL}$——下屈服强度(MPa)；

$F_{eL}$——屈服时不计初瞬时效应的最小力(N)；

$S_0$——钢筋的横截面积(mm)。

(2)抗拉强度按式(2-6-3)计算：

$$R_m = \frac{F_m}{S_0} \tag{2-6-3}$$

式中：$R_m$——抗拉强度（MPa）；

$F_m$——拉伸过程最大力（N）；

$S_0$——钢筋的横截面积（mm）。

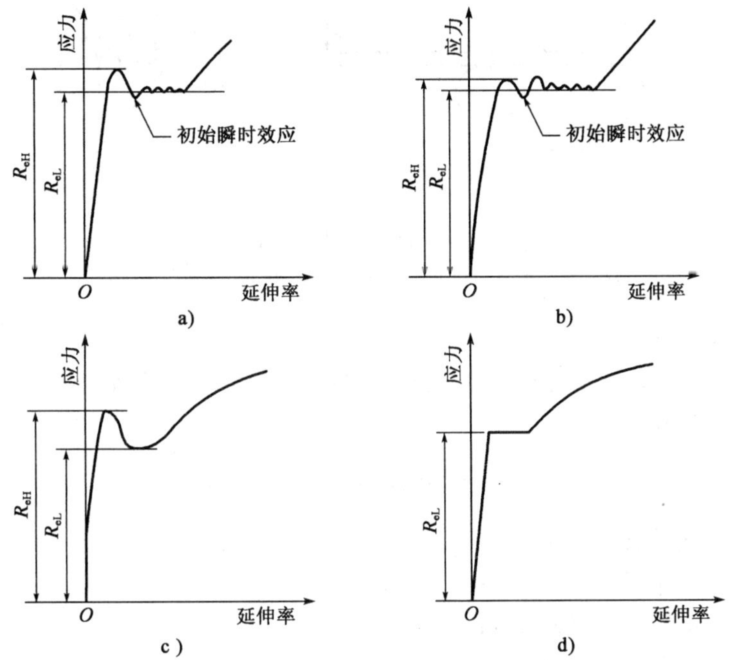


图 2-6-1 不同类型曲线的上屈服强度和下屈服强度（$R_{rH}$和 $R_{eL}$）

(3)断后伸长率按式(2-6-4)计算：

$$A=\frac{L_u-L_0}{L_0}\times 100 \quad (2\text{-}6\text{-}4)$$

式中：$A$——断后伸长率（%）；

$L_u$——断后标距（mm）；

$L_0$——原始标距（mm）。

6.结果评定

作拉伸试验的 2 根试件中，任一根试件的屈服强度、抗拉强度、伸长率 3 个指标中有一个指标不符合标准时，即为拉伸试验不合格，应取双倍试件重新测定；在第二次拉伸试验中，如有一项指标不符合规定，不论这个指标在第一次试验中是否合格，拉伸试验项目定为不合格。

## 三、钢筋弯曲试验（支辊法）

1.仪器设备与环境

(1)仪器设备：液压万能试验机（量程 300～1000kN）；支辊式弯曲装置（图

2-6-2)。

(2)试验环境：一般在(10～35)℃室温环境内进行。

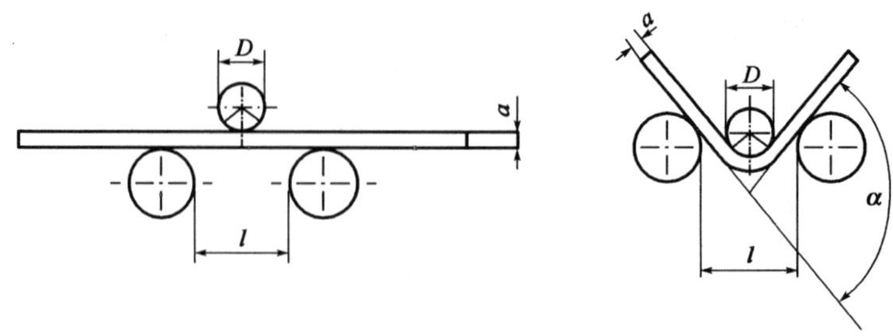


图 2-6-2 支辊式弯曲装置示意图

D-弯曲压头直径；a-试样直径；1-支辊间距；α-弯曲角度

2. 试样准备

钢筋试样的表面不得有影响检测结果的毛刺、伤痕、刻痕等缺陷。试样长度可按式(2-6-5)确定：

$$L = 0.5\pi(D + a) + 140 \tag{2-6-5}$$

式中：$L$——试样长度(m)；

$D$——弯曲压头直径(m)；

$a$——钢筋试样直径(m)；

$\pi$——圆周率，其值取 3.1。

3. 试验步骤

(1)组装万能试验机工作平台上的支辊弯曲装置，根据钢筋牌号和直径的大小选择弯曲压头直径，按式(2-6-6)计算支辊间距并加以调整。

$$l = (D + 3a) \pm \frac{a}{2} \tag{2-6-6}$$

式中：$l$——试样长度(m)；

$D$——弯曲压头直径(m)；

$a$——钢筋试样直径(m)。

(2)试样平放在支辊上，试样轴线应与弯曲压头轴线垂直，启动万能试验机，缓慢施加弯曲力，弯曲至试样尽可能大角度；

(3)小心取下试样，然后将试样置于两平行压板之间(图 2-6-3)，连续施加力压其两端，使其进一步弯曲，直至两臂平行。

(4)仔细观察试样弯曲表面有无裂纹、裂缝或裂断现象，记录下试验结果并作合格与否的判定。

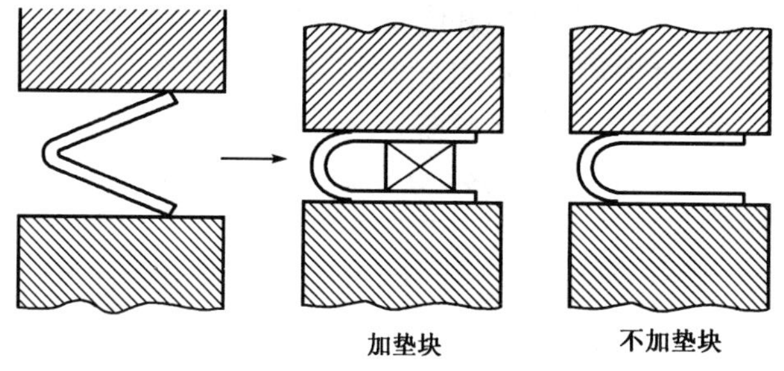


图 2-6-3　试样弯至两臂平行

## 四、焊接接头性能试验

1.施焊前工艺性检验

在工程开工或者每批钢筋正式焊接之前，无论采用何种焊接工艺方法，均须采用与生产条件相同的条件进行焊接工艺试验，以便了解钢筋的焊接性能，选择最佳焊接参数，以及掌握担负生产的焊工的技术水平。每种牌号、每种规格钢筋至少做 1 组试件。若第 1 次未通过，应改进工艺，调整参数，直至合格为止。接头检验包括焊件外观质量、尺寸偏差、力学性能试验(拉伸、弯曲)等，检验结果应符合质量验收标准的要求。

2.施工现场检验与验收

(1)现场取样规定

以 300 个同类型焊接钢筋在同一焊接条件下(同一焊工在同一班内用同一焊接参数)焊接作为一批，一周内焊接不足 300 个者，亦按一批计。取样前应先对焊件的尺寸、外观进行检验，确认合格后再从成品上截取试件，每批取最大钢筋直径焊件，3 根试件为一组进行拉伸试验，闪光对焊接头的尚应取最大钢筋直径焊件 3 根试件为一组进行弯曲试验。

(2)拉伸试验及评定

试验方法按《钢筋焊接接头试验方法标准》(JGJ/T 27—2001)要求执行。每根试件的焊接接头抗拉强度均应符合表 2-6-3 规定的钢筋抗拉强度要求。至少有 2 个试件断于焊缝之外，并呈延性断裂。当试验结果有 1 个试件的抗拉强度小于上述规定值，或有 2 个试件在焊缝或热影响区发生脆性断裂时，应再取 6 个试件进行复验。复验结果中，当仍有 1 个试件抗拉强度小于规定值时，或 3 个试件断于焊缝或热影响区，呈脆性断裂，应确认该批接头为不合格品。

(3)弯曲试验及评定

闪光对焊接头弯曲试验时，应将受压面的金属毛刺和增厚部分消除，且与母材的外表齐平。弯曲试验可在万能试验机、手动或电动液压弯曲试验器上进行，焊缝应处于弯曲中心，弯心直径和弯曲角应符合表 2-6-6 的规定，当弯至 90°，至少有 2 个试件不得发生破断。

**闪光对焊接头弯曲试验指标** 表 2-6-6

| 钢筋类型及牌号 | | 弯心直径 | 弯曲角(°) |
|---|---|---|---|
| 热轧光圆钢筋 | HPB235 | $2d$ | 90 |
| 热轧带肋钢筋 | HRB335 | $4d$ | 90 |
| | HRB400 | $5d$ | 90 |

注：1. $d$ 为钢筋直径(mm)。

2. 直径大于 25mm 的钢筋对焊接头，弯曲试验时弯心直径应增加 1 倍钢筋直径。

## 五、机械接头性能试验

### 1. 工艺性试验

工程中应用机械连接接头时，应由该技术提供单位提交有效的型式检验报告。钢筋连接工程开始及施工过程中，应对每批进场的钢筋进行接头工艺性检验，工艺检验应符合如下要求：

(1)每种规格钢筋接头试件不应少于 3 根。

(2)对接头试件的钢筋母材应进行抗拉强度试验，并不应少于 3 根，且应自接头试件的同一根钢筋。

(3)3 根接头试件的抗拉强度符合表 2-6-7 的规定。

**接 头 抗 拉 强 度** 表 2-6-7

| 接头等级 | I 级 | II 级 | III |
|---|---|---|---|
| 抗拉强度 | $f^0_{mst} \geq f_{stk}$(断于钢筋)<br>或$\geq 1.10 f_{stk}$(断于接头) | $f^0_{mst} \geq f_{stk}$ | $f^0_{mst} \geq 1.25\ f_{yk}$ |

注：$f^0_{mst}$——接头试件实际抗拉强度；

$f_{stk}$——接头试件中钢筋抗拉强度实测值；

$f_{yk}$——钢筋屈服强度标准值。

### 2. 施工现场检验与验收

(1)钢筋机械接头的现场检验按验收批进行。同一施工条件下采用同一批材料的同等级、同型式、同规格接头，以 500 个为一个验收批，不足 500 个亦作为一个验收批。

(2)每一验收批必须在成品中随机截取 3 个试件的做单向拉伸试验，拉伸试验可在万能试验机上进行，试验结果应符合图纸要求的接头性能等级。

(3)当3个试件单向拉伸试验结果中，如有1个试件的强度不符合要求，应再取6个试件进行复验，复验中如仍有1个试件结果不符合要求，则该验收批为不合格。

(4)在现场连续检验10个验收批，抽样试件单向拉伸强度一次合格率为100%时，验收批接头数量可扩大一倍。

## 六、常用参数试验记录表格(表2-6-8～表2-6-9)

## ______公路钢材机械性能试验记录表　　表 2-6-8

承包单位：　　　　　　　　　　　　　　　合同号：

监理单位：　　　　　　　　　　　　　　　编　号：

| 样品名称 | | | | 试验日期 | | | |
|---|---|---|---|---|---|---|---|
| 试验用途 | | | | 厂家 | | | |
| 样品批量 | | | | 批号 | | | |
| 试样编号 | | | | | | | |
| 试件尺寸 | 直径(mm) | | | | | | |
| | 长度(mm) | | | | | | |
| | 重量(g) | | | | | | |
| | 截面积($mm^2$) | | | | | | |
| | 标距(mm) | | | | | | |
| 拉伸荷载(kN) | 屈服 | | | | | | |
| | 极　限 | | | | | | |
| 强度(MPa) | 屈服强度 | | | | | | |
| | 抗拉强度 | | | | | | |
| 伸长率(%) | 断后标距(mm) | | | | | | |
| | 伸长率(%) | | | | | | |
| 冷弯 | 弯心直径(mm) | | | | | | |
| | 弯曲角度(°) | | | | | | |
| | 结果 | | | | | | |
| 反复弯曲 | 弯曲半径(mm) | | | | | | |
| | 弯折次数 | | | | | | |

结论：

试验工程师：　　　　年　　月　　日

监理意见：

监理人员：　　　　年　　月　　日

试验人员：　　　　　　　　　　　　　　　校核：

## ______公路焊接钢材机械性能试验记录表

表 2-6-9

承包单位：　　　　　　　　　　　　　　　　　　　　合同号：

监理单位：　　　　　　　　　　　　　　　　　　　　编　号：

| 样品名称 | | | | 样品来源 | | |
|---|---|---|---|---|---|---|
| 试验用途 | | | | 厂家 | | |
| 批号 | | | | 试验日期 | | |
| 焊接种类 | | | | 结构部 | | |
| 试件编号 | | | | | | |
| 试件尺寸 | 直径(mm) | | | | | |
| | 长度(mm) | | | | | |
| | 焊口直径(mm) | | | | | |
| | 母材截面积($mm^2$) | | | | | |
| 断口部位 | | | | | | |
| 极限荷载(kN) | | | | | | |
| 极限强度(MPa) | | | | | | |
| 冷弯 | 弯心直径(mm) | | | | | |
| | 弯曲角度(°) | | | | | |
| | 结果 | | | | | |
| 焊接质量评述 | | | | | | |

结论：

试验工程师：　　　　年　　月　　日

监理意见：

监理人员：　　　　年　　月　　日

试验人员：　　　　　　　　　　　　　　　　　　　　校核：

# 第七章　公路工程用石料

## 第一节　技术指标及要求

### 一、用途及分类

石料是由天然岩石经打眼放炮开采得到的大块石，再按要求的规格经粗加工或细加工而得到的规则或不规则的片石、块石以及粗料石等；另一料源是由天然的卵石、漂石、巨石经加工而成。公路工程使用的石料主要用于砌体工程，如路基护坡、挡墙、排水设施等，桥涵拱圈、墩台、基础、锥坡等。石料分类如下。

(1)片石：一般指用爆破或钎劈法开采的石块，厚度不小于 150mm。用作镶面的片石，应选择表面较平整、尺寸较大者，并应稍加修整。

(2)块石：形状应大致方正，上下面大致平整，厚度 200～300mm，宽度约为厚度的 1.0～1.5 倍，长度约为厚度的 1.5～3.0 倍。块石用作镶面时，应由露面四周向内稍加修凿，后部可不修凿，但应略小于修凿部分。

(3)粗料石：是由岩层或大块石料开劈并经粗略修凿而成，外形应方正，成六面体，厚度 200～300mm，宽度为厚度的 1～1.5 倍，长度为厚度的 2.5～4 倍，表面凹陷深度不大于 20mm。加工镶面粗料石时，料石长度应比相邻顺石宽度至少长 150mm，修凿面每 100mm 长须有錾路约 4～5 条，侧面修凿面应与外露面垂直，正面凹陷深度不应超过 15.0mm。镶面粗料石的外露面如带细凿边缘时，细凿边缘的宽度应为 30～50mm。

采用卵石代替片石时，其石质及规格须符合片石规定。

### 二、技术要求

砌体用石料应符合设计规定的类别和强度，石质应均匀、不易风化。要求孔隙率小，不透水、无裂纹、坚硬、耐冻。石料强度、试件规格应符合设计要求。一月份平均气温低于－10℃的地区，除干旱地区的不受冰冻部位或根据以往实践经验证明材料确有足够抗冻性者外，所用石料及混凝土材料须通过冻融试验证明其符合表 2-7-1 的抗冻指标后，方可使用。

石料及混凝土材料抗冻性能指标　　表 2-7-1

| 结构物类别 | 大、中桥 | 小桥、涵洞及大型挡墙 |
| --- | --- | --- |
| 镶面或表层 | 50 | 25 |

注：抗冻指标指材料在含水饱和状态下经－15℃的冻结与融化的循环次数。试验后的材料应无明显损伤（裂缝、脱层），其强度不低于试验前的 0.75 倍。

## 第二节　试验项目和参数

### 一、试验项目依据

试验项目依据有：《公路路基施工技术规范》（JTG F10—2006）；《公路桥涵施工技术规范》（JTJ 041—2000）；《公路隧道施工技术规范》（JTG F60—2006）；工程项目设计文件。

### 二、检测参数及方法

1. 物理性能

物理性能方面的检测参数有：①含水率；②密度；③毛体积密度；④吸水率；⑤膨胀性；⑥耐崩解性。

2. 力学性能

力学性能方面的检测参数有：①单轴抗压强度；②单轴压缩变形；③劈裂强度；④抗剪强度；⑤点荷载强度；⑥抗折强度。

3. 耐久性

耐久性方面的检测参数有：①抗冻性能；②坚固性。

以上参数均按《公路工程岩石试验规程》（JTG E41—2005）进行检测。

## 第三节　常用参数的试验细则

### 一、天然含水率试验（烘干法）

1. 试样准备

（1）保持天然含水率的试件应在现场采取，不得采用爆破或湿钻法。试件在采样、运输、储存和制备过程中，含水率的变化不应超过 1％。

（2）每个试件尺寸应大于组成岩石最大颗粒尺寸的 10 倍。每个试件的质量不得小于 40g，不大于 200g。每组试验试件的数量不宜少于 5 个。

2. 主要仪器设备

主要仪器设备有:烘箱、干燥器、天平(感量 0.01g)。

3. 试验步骤

(1)将试件放置在已烘干的称量盒内,称取试件和称量盒的合质量($m_1$),精确至 0.01g。

(2)将称量盒连同试件一起置于烘箱内。对于不含结晶水的岩石,在 105~110℃的恒温下烘 12~14h。对于含结晶水的岩石,在(60±5)℃的恒温下烘 24~48h。

(3)将称量盒从烘箱中取出,放入干燥器中冷却至室温,称取烘干后的试件和称量盒的合质量($m_2$)。

4. 结果整理

(1)按式(2-7-1)计算岩石含水率:

$$w = \frac{m_1 - m_2}{m_2 - m_0} \times 100 \quad (2\text{-}7\text{-}1)$$

式中:$w$——岩石含水率(%);

$m_0$——称量盒烘干质量(g);

$m_1$——岩石和称量盒烘干前的合质量(g);

$m_2$——岩石和称量盒烘干后的合质量(g)。

(2)以 5 个试件的算术平均值作为试验结果,计算精确至 0.1%。

## 二、岩石颗粒密度试验

1. 仪器设备

(1)密度瓶:短颈量瓶,容积 100mL。

(2)天平:感量 0.001g。

(3)粉碎机、瓷研钵、磁铁块和孔径为 0.3mm 的筛子。

(4)真空抽气设备和煮沸设备。

(5)烘箱和干燥器。

(6)恒温水浴箱。

(7)温度计。

2. 试样制备

(1)将岩石用粉碎机粉碎成岩粉,使之全部通过 0.3mm 的筛子,用磁铁块吸去铁屑。

(2)对含有磁性矿物的岩石,应采取瓷研钵粉碎岩石,使全部通过 0.3mm

筛孔。

3. 试验步骤

(1)将制备好的岩粉，置于105～110℃的烘箱中烘干，烘干时间不得少于6h，然后放入干燥器内冷却至室温。

(2)用四分法取两份岩粉，每份岩粉质量15g。

(3)把称量的岩粉装入烘干的密度瓶内，注入试液(纯水或煤油)至密度瓶容积的一半处。对含水溶性矿物的岩石，应使用煤油作试液。

(4)当使用纯水作试液时，应采用煮沸法或真空抽气法排除气体；当使用煤油作试液时，应采用真空抽气法排除气体。

(5)当采用煮沸法排除气体时，沸煮时间在加热沸腾以后，不少于1h。

(6)当采用真空抽气法排除气体时，真空压力表读数宜为100kPa，抽气至无气泡逸出，抽气时间不宜少于1h。

(7)将经过排除气体的试液注入密度瓶至近满，然后置于恒温水槽内，使瓶内温度保持温度保持稳定并使上部悬浮液澄清。

(8)塞好瓶塞，使多余试液自瓶塞毛细孔中溢出，将瓶外擦干，称瓶、试液和岩粉的总质量，并测定瓶内试液的温度。

(9)洗净密度瓶，注入经排除气体并与试验同温度的试液至密度瓶内，按本条(7)、(8)程序称瓶和试液的质量。

(10)称量精确至0.01g。

4. 结果整理

(1)按式(2-7-2)计算岩石的颗粒密度：

$$\rho_t = \frac{m_1}{m_1 + m_2 - m_3} \times \rho_{wt} \qquad (2\text{-}7\text{-}2)$$

式中：$\rho_t$——岩石的密度($g/cm^3$)；

$m_1$——干岩粉质量(g)；

$m_2$——密度瓶与试液的合质量(g)；

$m_3$——密度瓶、试液与岩粉的总质量(g)；

$\rho_{wt}$——与试验同温度的试液密度($g/cm^3$)。

洁净水的密度由表2-2-12查得，煤油的密度按式(2-7-3)计算：

$$\rho_{wt} = \frac{m_5 - m_4}{m_6 - m_4} \times \rho_w \qquad (2\text{-}7\text{-}3)$$

式中：$m_4$——密度瓶的质量(g)；

$m_5$——密度瓶与煤油的合质量(g)；

$m_6$——密度瓶与经排除气泡的洁净水的合质量(g)；

$\rho_w$——经排除气泡的洁净水的密度(g/cm³)。由表 2-2-12 查得。

(2)颗粒密度试验进行两次试验,两次测定值差值不得大于 0.02 g/cm³,取两次平均值作为最终结果。计算精确至 0.01 g/cm³。

## 三、单轴抗压强度试验

1. 仪器设备

(1)压力试验机:其精度为±1%;试件破坏荷载应大于压力机全程的 20%,且小于压力机全程的 80%;应具有加荷速度指示装置或加荷速度控制装置,并应能均匀、连续加荷。

(2)钻芯机、切石机、磨石机等岩石试件加工设备。

(3)烘箱、游标卡尺、角尺及水池等。

(4)小球座(直径不大于 150mm):钢质坚硬,面部平整度要求在 100mm 距离内高低差值不超过 0.05mm,球面及球窝粗糙度 $R_a=0.32\mu m$,研磨、转动灵活。

2. 试件制备

(1)建筑地基的岩石试验,采用圆柱体作为标准试件,直径为(50±2)mm、高径比为 2:1。每组试件共 6 个。

(2)桥梁工程用的石料试验,采用立方体试件,边长(70±2)mm。每组试件共 6 个。

(3)路面工程用石料试验,采用圆柱体或立方体试件,其直径或边长和高均为(50±2)mm。每组试件共 6 个。

有显著层理的岩石,分别沿平行和垂直层理方向各取试件 6 个。试件上、下端面应平行和磨平,试件端面的平面度公差应小于 0.05mm,端面对于试件轴线垂直度偏差不应超过 0.25°。

3. 试验步骤

(1)用游标卡尺量取试件尺寸(精确到 0.1mm)。对立方体试件在顶面和底面上各量取其边长,以各个面上相互平行的两个边长的算术平均值计算其承压面积;对于圆柱体试件在顶面和底面分别测量两个相互正交的直径,并以其各自的算术平均值分别计算底面和顶面的面积,取其顶面和底面面积的算术平均值作为计算抗压强度所用的截面积。

(2)试件的含水状态可根据工程应用部位选择烘干状态、天然状态、饱和状态和冻融循环后状态。

(3)按岩石强度性质,选定合适的压力机。将试件置于压力机的承压板中央,对正上、下承压板,不得偏心。再将小球座放在试件的上端面。以 0.5～

1.0MPa/s的速率进行加荷直至破坏，记录破坏荷载及加载过程中出现的现象。抗压试件试验的最大荷载记录以N为单位，精度至1%。

4.结果整理

(1)岩石的抗压强度按式(2-7-4)计算，精确至0.01MPa。

$$R = \frac{P}{A} \tag{2-7-4}$$

式中：$R$——岩石单轴抗压强度(MPa)；

$P$——试件破坏时的荷载(N)；

$A$——试件的截面积($mm^2$)。

(2)软化系数按公式(2-7-5)计算，精确至0.01。

$$k_p = \frac{R_w}{R_d} \tag{2-7-5}$$

式中：$k_p$——岩石软化系数，无量纲；

$R_w$——岩石饱和状态下的单轴抗压强度(MPa)；

$R_d$——岩石烘干状态下的单轴抗压强度(MPa)。

(3)单轴抗压强度试验结果应同时列出每个试件的试验值及同组岩石单轴抗压强度的平均值；有显著层理的岩石，分别报告垂直与平行层理方向的试件强度的平均值。计算值精确至0.1MPa。

(4)软化系数计算值精确至0.01，3个试件平行测定，取算术平均值；3个值中最大值与最小值之差不应超过平均值的20%，否则，应另取第4个试件，并在4个试件中取接近的3个值的平均值作为试验结果，同时在报告中将4个值全部给出。

## 四、吸水率试验

1.试件制备

试件尺寸应符合单轴抗压强度试件要求，每组试件至少3个，岩石组织不均匀者，每组试件不少于5个。

2.试验步骤

(1)将试件放入温度105～110℃的烘箱内烘至恒重，烘干时间一般为12～24h，取出置于干燥器内冷却置室温[(20±2)℃]，称其质量，精确至0.01g(后同)。

(2)将称量后的试件置于盛水容器内，先注水至试件的1/2和3/4处，6h后将水加至高出试件顶面20mm，以利试件内空气逸出。试件全部被水淹没后再自由吸水48h。

(3)取出浸水试件，用湿纱布擦去试件表面水分，立即称其质量。

3. 数据处理

(1)按式(2-7-6)计算吸水率，试验结果精确至0.01%。

$$w_a = \frac{m_1 - m}{m} \times 100 \tag{2-7-6}$$

式中：$w_a$——岩石吸水率(%)；

$m$——烘干至恒量时的试件质量(g)；

$m_1$——吸水至恒量时试件质量(g)。

(2)组织均匀的试件，取3个试件试验结果的平均值作为测定值；组织不均匀的，则取5个试件试验结果的平均值作为测定值。并同时列出每一个试件的试验结果。

## 五、岩块毛体积密度试验

1. 试验方法和适用范围

岩石毛体积密度试验分为量积法、水中称量法和蜡封法。

量积法适用于能制备成规则试件的各类岩石；水中称量法适用于除遇水崩解、溶解和干缩湿胀外的其他各类岩石；蜡封法适用于不能用量积法或直接在水中进行试验的岩石。

2. 试验仪具

(1)切石机、磨平机、钻芯机等岩石加工设备。

(2)天平：感量0.01g，称量大于500g。

(3)烘箱；石蜡及熔蜡设备。

(4)水中称量装置。

(5)游标卡尺。

3. 试样制备

(1)量积法试件制备，试件尺寸符合单轴抗压强度试件要求。

(2)水中称量法试件制备，试件尺寸应符合下列规定：试件可采用规则或不规则形状，试件尺寸应大于组成岩石最大颗粒粒径的10倍，每个试件质量不宜小于150g。

(3)蜡封法试件制备，将岩块制成40～60mm的立方体试件，用砂轮打磨尖锐棱角，使其成浑圆状块体；或采用直径为48～52mm圆柱体试件。同一含水状况的试件不少于3个。

(4)试样数量，同一含水状态，每组不得少于3个。

4. 量积法试验步骤

(1)用游标量测试件两端和中间 3 个断面上互相垂直的两个直径和边长，按平均值计算截面积。

(2)用游标卡尺量测端面周边对称 4 点和中心点的 5 个高度，计算高度平均值。

(3)将试件置于烘箱中，在 105～110℃的恒温下烘 12～24h，然后放入干燥器内冷却至室温，称试件质量。

(4)长度测量精确至 0.01mm，称量精确至 0.01g。

5. 水中称量法步骤

(1)测定天然密度时，应取有代表性的岩石制备试件并称量；测干密度时，将试件放入烘箱，在 105～110℃的恒温下烘 12～24h，然后放入干燥器内冷却至室温，称试件质量。

(2)将干试件浸入水中进行饱和，饱和方法可依据岩石性质选用煮沸法或真空抽气法。饱和过程和称量，应符合岩石吸水率试验中的规定。

(3)将试样放在水中称量装置的丝网上，称取试样在水中的质量。在称量过程中，称量装置的液面应始终保持同一高度，并记下水温。

6. 蜡封法试验步骤

(1)测定天然密度时，应取有代表性的岩石制备试件并称量；测定干密度时，将试件置于烘箱中，在 105～110℃的恒温下烘 12～24h，然后放入干燥器内冷却至室温称试件质量。

(2)把石蜡装在干净的铁盆中加热熔化，至稍高于熔点(一般石蜡熔点在 55～58℃)。

(3)将试样系上细线，置于熔蜡中，使试件表面均匀涂上一层厚度 1mm 左右蜡膜。当试件上蜡膜有气泡时，应用热针穿刺并用蜡液涂平，待冷却后称蜡封试件质量。

(4)将蜡封试件置于水中称量。

(5)取出试件，擦干表面水分后再次称量。当浸水后的蜡封试件质量增加超过 0.05g 时，应重做试验。

7. 结果整理

(1)量积法岩石毛体积密度按式(2-7-7)～式(2-7-9)计算：

$$\rho_0 = \frac{m_0}{V} \tag{2-7-7}$$

$$\rho_s = \frac{m_s}{V} \tag{2-7-8}$$

$$\rho_d = \frac{m_d}{V} \tag{2-7-9}$$

式中：$\rho_0$——天然密度(g/cm$^3$)；

$\rho_s$——饱和密度(g/cm$^3$)；

$\rho_d$——干密度(g/cm$^3$)；

$m_0$——试件烘干前的质量(g)；

$m_s$——试件强制饱和后的质量(g)；

$m_d$——试件烘干后的质量(g)；

$V$——岩石的体积(cm$^3$)。

(2)水中称量法岩石毛体积密度按式(2-7-10)～式(2-7-12)计算：

$$\rho_0 = \frac{m_0}{m_s - m_w} \times \rho_w \tag{2-7-10}$$

$$\rho_s = \frac{m_s}{m_s - m_w} \times \rho_w \tag{2-7-11}$$

$$\rho_d = \frac{m_d}{m_s - m_w} \times \rho_w \tag{2-7-12}$$

式中：$m_w$——试件强制饱和后在洁净水中的质量(g)；

$\rho_w$——洁净水的密度(g/cm$^3$)，由表 2-2-12 查得。

(3)蜡封法岩石毛体积密度按式(2-7-13)、(2-7-14)计算：

$$\rho_0 = \frac{m_0}{\dfrac{m_1 - m_2}{\rho_w} - \dfrac{m_1 - m_d}{\rho_N}} \tag{2-7-13}$$

$$\rho_d = \frac{m_d}{\dfrac{m_1 - m_2}{\rho_w} - \dfrac{m_1 - m_d}{\rho_N}} \tag{2-7-14}$$

式中：$m_1$——蜡封试件质量(g)；

$m_2$——蜡封试件在洁净水中的质量(g)；

$\rho_N$——石蜡的密度(g/cm$^3$)。

(4)毛体积密度试验结果精确至 0.01g/cm$^3$，3 个试件平行试验，取平均值作为最终结果。

(5)孔隙率计算。

求得岩石的毛体积密度及密度后，用公式(2-7-15)计算总孔隙率 $n$，试验结果精确至 0.1%：

$$n = \left(1 - \frac{\rho_d}{\rho_t} \times 100\right) \tag{2-7-15}$$

式中：$n$——岩石总孔隙率(%)；

$\rho_t$——岩石的密度(g/cm$^3$)。

## 六、常用参数试验记录表格(表 2-7-2～表 2-7-3)

______**公路石料密度、毛体积密度、含水率试验记录表**　　表 2-7-2

承包单位：　　　　　　　　　　　　　　　　合同号：

监理单位：　　　　　　　　　　　　　　　　编　号：

<table>
<tr><td colspan="2">样品名称</td><td colspan="3"></td><td colspan="2">试验日期</td><td colspan="2"></td></tr>
<tr><td colspan="2">样品来源</td><td colspan="3"></td><td colspan="2">用途</td><td colspan="2"></td></tr>
<tr><td rowspan="4">相对密度</td><td rowspan="2">试验前石粉＋瓷器的质量<br>(g)</td><td rowspan="2">试验后剩余石粉＋瓷器的质量<br>(g)</td><td rowspan="2">装入李氏比重瓶的石粉质量<br>(g)</td><td colspan="2">李氏比重瓶液面读数</td><td rowspan="2">石粉体积<br>(cm³)</td><td rowspan="2">相对密度(比重)<br>(g/cm³)</td><td rowspan="2">平均值<br>(g/cm³)</td></tr>
<tr><td>装入石粉后<br>(cm³)</td><td>装入石粉后<br>(cm³)</td></tr>
<tr><td></td><td></td><td></td><td></td><td></td><td></td><td></td><td rowspan="2"></td></tr>
<tr><td></td><td></td><td></td><td></td><td></td><td></td><td></td></tr>
<tr><td rowspan="5">毛体积密度</td><td rowspan="2">烘干试件的质量<br>(g)</td><td rowspan="2">涂蜡试件在空气中的质量<br>(g)</td><td rowspan="2">涂蜡试件在水中的质量<br>(g)</td><td rowspan="2">石料体积<br>(cm³)</td><td colspan="2">毛体积密度</td><td colspan="2" rowspan="2">孔隙率<br>(%)</td></tr>
<tr><td>个别值<br>(g/cm³)</td><td>平均值<br>(g/cm³)</td></tr>
<tr><td></td><td></td><td></td><td></td><td></td><td rowspan="3"></td><td colspan="2" rowspan="3"></td></tr>
<tr><td></td><td></td><td></td><td></td><td></td></tr>
<tr><td></td><td></td><td></td><td></td><td></td></tr>
<tr><td rowspan="4">天然含水率</td><td colspan="2">称量盒质量<br>(g)</td><td colspan="2">烘干前样＋盒质量<br>(g)</td><td colspan="2">烘干后样＋盒质量<br>(g)</td><td>单个值<br>(%)</td><td>平均值<br>(%)</td></tr>
<tr><td colspan="2"></td><td colspan="2"></td><td colspan="2"></td><td></td><td rowspan="3"></td></tr>
<tr><td colspan="2"></td><td colspan="2"></td><td colspan="2"></td><td></td></tr>
<tr><td colspan="2"></td><td colspan="2"></td><td colspan="2"></td><td></td></tr>
<tr><td colspan="5">结论：<br><br><br>试验工程师：　　　　年　　月　　日</td><td colspan="4">监理意见：<br><br><br>监理人员：　　　　年　　月　　日</td></tr>
</table>

试验人员：　　　　　　　　　　　　　　　　校核：

## ______公路石料吸水率、抗压强度试验记录表　　表 2-7-3

承包单位：　　　　　　　　　　　　　　　　　　合同号：

监理单位：　　　　　　　　　　　　　　　　　　编　号：

<table>
<tr><td colspan="2">样品名称</td><td colspan="4"></td><td colspan="3">试验日期</td><td colspan="3"></td></tr>
<tr><td colspan="2">样品来源</td><td colspan="4"></td><td colspan="3">试验用途</td><td colspan="3"></td></tr>
<tr><td colspan="2">名称</td><td colspan="2"></td><td colspan="3">产地</td><td></td><td>用途</td><td colspan="3"></td></tr>
<tr><td rowspan="4">吸水率</td><td>试件编号</td><td colspan="3">烘至恒重的试件质量(g)</td><td colspan="3">试件吸水后的质量(g)</td><td colspan="3">吸水率(%)</td><td>平均值(%)</td></tr>
<tr><td></td><td colspan="3"></td><td colspan="3"></td><td colspan="3"></td><td rowspan="3"></td></tr>
<tr><td></td><td colspan="3"></td><td colspan="3"></td><td colspan="3"></td></tr>
<tr><td></td><td colspan="3"></td><td colspan="3"></td><td colspan="3"></td></tr>
<tr><td rowspan="8">抗压强度</td><td rowspan="2">试件编号</td><td rowspan="2">试件有无缺陷</td><td colspan="4">试件尺寸(cm)</td><td rowspan="2">试件面积(cm²)</td><td rowspan="2">破坏荷载(kN)</td><td rowspan="2">抗压强度(MPa)</td><td rowspan="2">平均值(MPa)</td></tr>
<tr><td>长</td><td>宽</td><td>高</td><td>直径</td></tr>
<tr><td></td><td></td><td></td><td></td><td></td><td></td><td></td><td></td><td></td><td rowspan="6"></td></tr>
<tr><td></td><td></td><td></td><td></td><td></td><td></td><td></td><td></td><td></td></tr>
<tr><td></td><td></td><td></td><td></td><td></td><td></td><td></td><td></td><td></td></tr>
<tr><td></td><td></td><td></td><td></td><td></td><td></td><td></td><td></td><td></td></tr>
<tr><td></td><td></td><td></td><td></td><td></td><td></td><td></td><td></td><td></td></tr>
<tr><td></td><td></td><td></td><td></td><td></td><td></td><td></td><td></td><td></td></tr>
<tr><td colspan="7">尺寸换算系数</td><td colspan="4">经换算后抗压强度(MPa)</td></tr>
<tr><td colspan="7">结论：<br><br>试验工程师：　　年　月　日</td><td colspan="4">监理意见：<br><br>监理人员：　　年　月　日</td></tr>
<tr><td colspan="11">备注</td></tr>
</table>

试验人员：　　　　　　　　　　　　　　　　　　校核：

# 第八章　沥　　青

## 第一节　沥青分类及技术要求

### 一、沥青种类及适用范围

1. 沥青种类

(1)道路石油沥青：是由石油经过蒸馏、吹氧、调和等工艺加工而成，是一种半固体状物质，主要成分是碳氢化合物。根据沥青适用和生产水平，按技术性能又分为A、B、C三个等级。

(2)乳化石油沥青：是由石油沥青(或煤沥青)与水在乳化剂、稳定剂作用下加工制得的均匀的沥青乳液。又可分为喷洒型(P)和拌和型(B)两大类。

(3)液体石油沥青：是用汽油、煤油、柴油等溶剂将石油沥青稀释而成。

(4)煤沥青：由煤干馏得到煤焦油，再经蒸馏加工制成的沥青。

(5)改性沥青：在沥青中掺加橡胶、树脂、高分子聚合物、磨细的橡胶粉或其他填料等外掺剂(改性剂)或对沥青轻度氧化加工使其性能得以改善而制成的沥青结合料。

2. 适用范围

各类沥青的用途及适用范围见表2-8-1。

沥 青 适 用 范 围　　表2-8-1

| 沥青种类 | 适用范围 |
|---|---|
| 道路石油沥青 | 主要用于热拌式沥青混合料，还用做改性沥青、乳化沥青、改性乳化沥青、稀释沥青的基质沥青 |
| 乳化石油沥青 | 沥青表面处置路面、沥青贯入式路面、冷拌沥青混合料路面，修补裂缝，喷洒透层、黏层与封层等 |
| 液体石油沥青 | 用于透层、黏层及拌制冷拌沥青混合料 |
| 煤沥青 | 用于透层，低等级(三级及以下)路面表处、贯入式路面 |
| 改性沥青 | 用于高等级路面表面层热拌沥青混合料 |

## 道路沥青技术要求(JTG F40—2004)

表 2-8-2

| 指标 | 单位 | 等级 | 沥青标号 | | | | | | | | | | | | | | | | |
|---|---|---|---|---|---|---|---|---|---|---|---|---|---|---|---|---|---|---|---|
| | | | 160# | 130# | 110# | | | 90# | | | | | 70# | | | | | 50# | 30# |
| 针入度(25℃,5g,100g) | 0.1mm | | 140～200 | 120～140 | 100～120 | | | 80～100 | | | | | 60～80 | | | | | 40～60 | 20～40 |
| 适用的气候分区 | | | | | 2－1 | 2－2 | 3－2 | 1－1 | 1－2 | 1－3 | 2－2 | 2－3 | 1－3 | 1－4 | 2－2 | 2－3 | 2－4 | 1－4 | |
| 针入度指数 PI | | A | －1.5～＋1.0 | | | | | | | | | | | | | | | | |
| | | B | －1.8～＋1.0 | | | | | | | | | | | | | | | | |
| 软化点(R&B)≥ | ℃ | A | 38 | 40 | 43 | | | 45 | | | 44 | | 46 | | 45 | | | 49 | 55 |
| | | B | 36 | 39 | 42 | | | 43 | | | 42 | | 44 | | 43 | | | 46 | 53 |
| | | C | 36 | 37 | 41 | | | 42 | | | | | 43 | | | | | 45 | 50 |
| 60℃动力黏度≥ | Pa·s | A | — | 60 | 120 | | | 160 | | | 140 | | 180 | | 160 | | | 200 | 260 |
| 10℃延度≥ | cm | A | 50 | 50 | 40 | | | 45 | 30 | 20 | 30 | 20 | 20 | 15 | 25 | 20 | 15 | 15 | 10 |
| | | B | 30 | 30 | 30 | | | 30 | 20 | 15 | 20 | 15 | 15 | 10 | 20 | 15 | 10 | 10 | 8 |
| 10℃延度≥ | cm | A、B | 100 | | | | | | | | | | | | | | | 80 | 50 |
| | | C | 80 | 80 | 60 | | | 50 | | | | | 40 | | | | | 30 | 30 |
| 蜡含量(蒸馏法)≤ | % | A | 2.2 | | | | | | | | | | | | | | | | |
| | | B | 3.0 | | | | | | | | | | | | | | | | |
| | | C | 4.5 | | | | | | | | | | | | | | | | |
| 闪点≥ | ℃ | | 230 | | | | | 245 | | | | | 260 | | | | | | |
| 溶解度≥ | | | 99.5 | | | | | | | | | | | | | | | | |
| TFOT(RTFOT)后残留物 | % | A | 48 | 54 | 55 | | | 57 | | | | | 61 | | | | | 63 | 65 |
| 残留针入度(25℃)≥ | | B | 45 | 50 | 52 | | | 54 | | | | | 58 | | | | | 60 | 62 |
| | | C | 40 | 45 | 48 | | | 50 | | | | | 54 | | | | | 58 | 60 |
| 残留延度(10℃)≥ | cm | A | 12 | 12 | 10 | | | 8 | | | | | 6 | | | | | 4 | |
| | | B | 10 | 10 | 8 | | | 6 | | | | | 4 | | | | | 2 | |

表 2-8-3

**聚合物改性沥青技术要求(JTG F40—2004)**

| 指　标 | 单位 | SBS类(I类) | | | | SBR类(II类) | | | EVA、PE类(III类) | | | |
|---|---|---|---|---|---|---|---|---|---|---|---|---|
| | | I-A | I-B | I-C | I-D | II-A | II-B | II-C | III-A | III-B | III-C | III-D |
| 针入度(25℃,5g,100g) | 0.1mm | >100 | 80～100 | 60～80 | 40～60 | >100 | 80～100 | 60～80 | >80 | 60～80 | 40～60 | 30～40 |
| 针入度指数,≥ | | −1.2 | −0.8 | −0.4 | 0 | −1.0 | −0.8 | −0.6 | −1.0 | −0.8 | −0.6 | −0.4 |
| 延度,≥(5℃,5cm/min) | cm | 50 | 40 | 30 | 20 | 60 | 50 | 40 | — | | | |
| 软化点(R&B)≥ | ℃ | 45 | 50 | 55 | 60 | 45 | 48 | 50 | 48 | 52 | 56 | 60 |
| 运动黏度 135℃,≤ | Pa·s | 3 | | | | | | | | | | |
| 闪点,≥ | ℃ | 230 | | | | 230 | | | 230 | | | |
| 溶解度,≥ | % | 99 | | | | 99 | | | — | | | |
| 弹性恢复 25℃≥ | % | 55 | 60 | 65 | 75 | — | | | — | | | |
| 黏韧性,≥ | N·m | — | | | | 5 | | | — | | | |
| 韧性,≥ | N·m | — | | | | 2.5 | | | — | | | |
| 储存稳定性离析,48h 软化点差,≤ | ℃ | 2.5 | | | | | | | 无改性剂明显离析、凝聚 | | | |
| TFOT(或 RTFOT)后残留物 | | | | | | | | | | | | |
| 质量变化,≤ | % | ±1.0 | | | | | | | | | | |
| 针入度比 25℃,≥ | % | 50 | 55 | 60 | 65 | 50 | 55 | 60 | 50 | 55 | 58 | 60 |
| 延度 5℃,≥ | cm | 30 | 25 | 20 | 15 | 30 | 20 | 10 | — | | | |

## 二、主要沥青品种的技术要求

道路石油沥青是热拌沥青混合料的关键性有机结合材料，也是生产其他沥青的基质材料。改性沥青的使用是改善沥青混合料耐久性能的主要途径之一。下面仅以该两类沥青为例，介绍相关技术要求。

1.道路石油沥青

道路石油沥青的质量指标见表 2-8-2 规定。其中 A 级沥青适用于高速公路任何场合和层次；B 级沥青适用于高速公路沥青下面层及以下层次；C 级沥青适用于三级及三级以下公路的各个层次。

2.改性沥青

改性沥青质量指标如表 2-8-3 所示。

# 第二节　试验项目和参数

## 一、试验项目依据

道路石油沥青、乳化沥青、液体石油沥青、煤沥青、改性沥青的试验项目均依据《公路沥青路面施工技术规范》(JTG F40—2004)。

## 二、试验检测参数

试验检测参数有：沥青密度与相对密度；针入度；沥青延度；软化点；沥青溶解度；沥青蒸发损失；沥青薄膜加热试验；沥青旋转薄膜加热试验；沥青闪点/燃点试验；沥青蜡含量试验(蒸馏法)；沥青运动黏度试验(毛细管法)；沥青动力黏度试验(真空减压毛细管法)；沥青标准黏度试验(道路沥青标准黏度计法)；沥青恩格拉黏度试验(恩格拉黏度计法)；乳化沥青蒸发残留物含量试验；乳化沥青筛上剩余量试验；乳化沥青微粒离子电荷试验；乳化沥青破乳速度试验；聚合物改性沥青离析试验；沥青弹性恢复试验。以上参数均按《公路工程沥青及沥青混合料试验规程》(JTG E20—2011)进行检测。

# 第三节　常用参数的试验细则

## 一、热沥青试样的制备方法

1.沥青加热

(1)将装有试样的盛样器皿带盖放入恒温烘箱中，当石油沥青试样中含有水分时，烘箱温度80℃左右，加热至沥青全部熔化后脱水用。当石油沥青中无水分时，烘箱温度宜为软化点温度以上90℃，通常为135℃左右，对取来的沥青试样不得直接采用电炉或煤气炉明火加热。

(2)当石油沥青试样中含有水分时，将盛样器皿放在可控的砂浴、油浴、电热套上加热脱水，不得已采用电炉加热脱水时必须加放石棉垫。时间不超过30min，并用玻璃棒轻轻搅拌，防止局部过热。在沥青温度不超过100℃的条件下，仔细脱水至无泡沫为止，最后的加热温度不超过软化点以上100℃。

2. 试样制备

(1)将盛样器皿中的沥青通过0.6mm的滤筛过滤，不等冷却立即一次灌入各项试验模具中。根据需要也可将试样分装入擦拭干净并干燥的一个或数个沥青盛样器皿中，数量应满足一批试验项目所需的沥青样品并有富余。

(2)在沥青灌模过程中，如沥青温度下降，可放入烘箱中适当加热，试样冷却后反复加热的次数不得超过2次，以防止沥青老化影响试验结果。注意在沥青灌模时不得反复搅动沥青，应避免混进气泡。

(3)灌模剩余的沥青应立即清洗干净，不得重复使用。

## 二、沥青密度与相对密度试验

1. 操作前准备

(1)用洗液、水、蒸馏水先后仔细洗涤比重瓶，然后烘干称其质量 $m_1$，准确至1mg。

(2)将盛有新煮沸并冷却的蒸馏水的烧杯浸入恒温水槽中一同保温，在烧杯中插入温度计，水的深度必须超过比重瓶顶部40mm以上。

(3)使恒温水槽及烧杯中蒸馏水达至规定的试验温度±0.1℃。

2. 比重瓶水值测定步骤

(1)将比重瓶及瓶塞放入恒温水槽中，烧杯底浸没水中的深度应不少于100mm，烧杯口露出水面，并用夹具将其固定。

(2)待烧杯中水温再次达到规定温度并保温30min后，将瓶塞塞入瓶口，使多余的水由瓶塞上的毛细孔中挤出。注意比重瓶内不得有气泡。

(3)将烧杯从水槽中取出，再从烧杯中取出比重瓶，立即用干净软布将瓶塞顶部擦拭一次，再迅速擦干比重瓶外面的水分，称其质量 $m_2$，准确至1mg。

注意瓶塞顶部只能擦一次，即使由于膨胀瓶塞上有水滴也不能擦拭。

(4)以 $m_2-m_1$ 作为试验温度时比重瓶的水值。

3. 液体沥青试样的操作步骤

(1)将试样通过筛(0.6mm)后注入干燥比重瓶中至满，注意不要混入气泡。

(2)将盛有试样的比重瓶及瓶塞移入恒温水槽(测定温度±0.1℃)内盛有水的烧杯中,水面应在瓶口下约 40mm。注意勿使水浸入瓶内。

(3)当烧杯内的水温达到要求的温度后开始保温 30min,将瓶塞塞上,使多余的试样由瓶塞的毛细孔挤出。仔细用蘸有三氯乙烯的棉花擦净孔口挤出的试样,并注意保持孔口中充满试样。

(4)从水中取出比重瓶,立即用干净软布仔细擦去瓶外的水分或黏附的试样(注意不得再擦孔口)后,称其质量 $m_3$,准确至 1mg。

4.黏稠沥青试样的操作步骤

(1)准备沥青试样,沥青的加热温度不高于估计软化点以上 100℃(石油沥青)或 50℃(煤沥青),仔细注入比重瓶中约至 2/3 高度。注意勿使试样黏附在瓶口或瓶壁上,并防止混入气泡。

(2)取出盛有试样的比重瓶,移入干燥器中,在室温下冷却不少于 1h,连同瓶塞称其质量 $m_4$,准确至 1mg。

(3)从水槽中取出盛有蒸馏水的烧杯,将蒸馏水注入比重瓶,再放入烧杯中(瓶塞也放进烧杯中),然后把烧杯放回已达试验温度的恒温水槽中,从烧杯中的水温达到规定温度时起算,保温 30min 后,使比重瓶中气泡上升到水面,用细针挑除。保温至水的体积不再变化为止。待确认比重瓶已经恒温且无气泡后,再用在规定温度水中进行保温的瓶塞塞紧,使多余的水从塞孔中溢出,此时应注意不得带入气泡。

(4)保温 30min 后,取出比重瓶,按前述方法迅速拭干瓶外水分后称其质量 $m_5$,准确至 1mg。

5.固体沥青试样的操作步骤

(1)试验前,如试样表面潮湿,可用干燥、洁净的空气吹干,或置 50℃烘箱中烘干。

(2)将 50~100g 试样打碎,过 0.6mm 及 2.36mm 筛。取 0.6~2.36mm 的粉碎试样(不少于 5g)放入清洁、干燥的比重瓶中,塞紧瓶塞后称其质量 $m_6$,准确至 1mg。

(3)取下瓶塞,将恒温水槽内烧杯中的蒸馏水注入比重瓶,水面高于试样约 10mm,同时加入几滴表面活性剂溶液,并摇动比重瓶使大部分试样沉入水底,必须使试样颗粒表面所附气泡溢出。注意摇动时勿使试样摇出瓶外。

(4)取下瓶塞,将盛有试样和蒸馏水的比重瓶置真空干燥箱中抽真空,逐渐达到真空 98kPa(735mmHg)不少于 15min。如比重瓶表面仍有气泡,可再加几滴表面活性剂溶液,摇动后再抽真空。必要时可反复几次操作,直至无气泡为止。

(5)将保温烧杯中的蒸馏水再注入比重瓶中至满，轻轻塞好瓶塞，再将带塞的比重瓶放入盛有蒸馏水的烧杯中，并塞紧瓶塞。

(6)将有比重瓶的盛水烧杯再置恒温水槽中保持至少 30min 后，取出比重瓶，迅速拭干瓶外水分后称其质量 $m_7$，准确至 1mg。

6. 数据处理

(1)试验温度下液体沥青试样的密度和相对密度分别按式(2-8-1)、式(2-8-2)计算：

$$\rho_b = \frac{m_3 - m_1}{m_2 - m_1} \times \rho_w \tag{2-8-1}$$

$$\gamma_b = \frac{m_3 - m_1}{m_2 - m_1} \tag{2-8-2}$$

式中：$\rho_b$——试样在试验温度下的密度($g/cm^3$)；

$\gamma_b$——试样在试验温度下的相对密度；

$m_1$——比重瓶的质量(g)；

$m_2$——比重瓶与盛满水时的合计质量(g)；

$m_3$——比重瓶与盛满试样时的合计质量(g)；

$\rho_w$——试验温度下水的密度，15℃水的密度为 0.99910$g/cm^3$，25℃水的密度为 0.99703$g/cm^3$。

(2)试验温度下黏稠沥青试件的密度和相对密度分别按式(2-8-3)、式(2-8-4)计算：

$$\rho_b = \frac{m_4 - m_1}{(m_2 - m_1) - (m_5 - m_4)} \times \rho_w \tag{2-8-3}$$

$$\gamma_b = \frac{m_4 - m_1}{(m_2 - m_1) - (m_5 - m_4)} \tag{2-8-4}$$

式中：$m_4$——比重瓶与沥青试样的合计质量(g)；

$m_5$——比重瓶与试样和水的合计质量(g)。

(3)试验温度下固体沥青试样的密度和相对密度分别按式(2-8-5)和式(2-8-6)计算：

$$\rho_b = \frac{m_6 - m_1}{(m_2 - m_1) - (m_7 - m_6)} \times \rho_w \tag{2-8-5}$$

$$\gamma_b = \frac{m_6 - m_1}{(m_2 - m_1) - (m_7 - m_6)} \tag{2-8-6}$$

式中:$m_6$——比重瓶与沥青试样的合计质量(g);

$m_7$——比重瓶与试样和水的合计质量(g)。

7.结果评定

(1)同一试样应平行试验两次,当两次试验结果的差值符合重复性试验的精度要求时,以平均值作为沥青的密度试验结果,并精确至3位小数,试验报告应注明试验温度。

(2)对黏稠石油沥青及液体沥青,复现性试验的允许差为0.01g/cm$^3$。

(3)对固体沥青,重复性试验的允许差为0.01g/cm$^3$,复现性试验的允许差为0.02g/cm$^3$。

相对密度(无单位)的精度要求与密度相同。

## 三、针入度试验

1.试验准备

(1)试样加热至软化点以上90℃,过0.6mm筛,充分搅拌至气泡完全排除。

(2)按试验要求将恒温水槽调节到要求的试验温度25℃或15℃、30℃(5℃),保持稳定。

(3)将试样注入盛样皿中,试样高度应超过预计针入度值10mm,并盖上盛样皿,以防落入灰尘。盛有试样的试样皿,在15～30℃室温中冷却1～1.5h(小盛样皿)、1.5～2h(大盛样皿)或2～2.5h(特殊盛样皿),再放入保持规定试验温度±0.1℃的恒温水槽中(试样表面以上的水层深度不少于10mm)1～1.5h(小盛样皿)、1.5～2h(大盛样皿)或2～2.5h(特殊盛样皿)。

(4)调整针入度仪使之水平。检查针连杆和导轨,以确认无水和其他外来物,无明显摩擦。用三氯乙烯或其他溶剂清洗标准针,并擦拭,将标准针插入针连杆,用螺丝固紧。按试验条件,加上附加码。

2.操作步骤

(1)将盛有试样的平底玻璃皿置于针入度的平台上。慢慢放下针连杆,用适当位置的反光镜或灯光反射观察,使针尖恰好与试样表面接触。拉下刻度盘的拉杆,使其与针连杆顶端轻轻接触,调节刻度盘或深度指示器的指针指向零。

(2)开动秒表,在指针指5s的瞬间,用手紧压按钮,使标准针自动下落贯入试样，经规定时间，停压按钮使针停止移动。[1]

(3)拉下刻度盘拉杆与针连杆顶端接触，读取刻度盘指针或位移指示器读数，准确至 0.5mm 或 0.1mm。

(4)同一试样平行试验至少 3 次，各测试点之间及与盛样皿边缘的距离不少于 10mm。每次试验应换一根干净的标准针或将标准针取下，用三氯乙烯溶剂的棉花球擦拭，再用干棉花擦干。

(5)测定针入度大于 200 的沥青试样时，至少用 3 支标准针，每次试验后将针留在试样中，直至 3 次平行试验完成后，才能将标准针取出。

(6)测定针入度指数 PI 时，按同样的方法分别在 15℃、25℃、30℃(或 5℃)3 个或 3 个以上(必要时增加 10℃、20℃)温度条件下测定沥青的针入度，但用于仲裁试验的温度条件应为 5 个。

3. 数据处理

根据测试结果可按以下方法计算针入度指数、当量软化点及当量脆点。

(1)诺模图法。

将 3 个或 3 个以上不同温度条件下测试的针入度之值绘于针入度温度关系诺模图，按最小二乘法法则绘制回归直线，将直线向两端延长，分别与针入度为 800 及 1.2 的水平线相交，交点的温度即为当量软化点 $T_{800}$ 和当量脆点 $T_{1.2}$，以图中 O 点为原点，绘制回归直线的平行线，与 PI 线相交，读取交点处的 PI 值即为该沥青的针入度指数。

(2)公式计算法。

①对不同温度条件下测试的针入度值取对数，令 $y=\lg P$，$x=T$ 按式(2-8-7)的针入度值对数与温度的直线关系，进行 $y=a+bx$ 一元一次方程的直线回归，求取针入度温度指数 $A_{\lg Pen}$：

$$\lg P = K + A_{\lg Pen} T \tag{2-8-7}$$

式中：$T$——不同试验温度，相应温度下的针入度为 $P$；

$K$——回归方程的常数项；

$A_{\lg Pen}$——回归方程系数。

按式(2-8-7)回归时必须进行相关性检验，直线回归系数 $R$ 不得小于 0.997(置信度 95%)，否则试验无效。

②按式(2-8-8)确定沥青的针入度指数 PI(Penetration Index)，并记为 $PI_{\lg Pen}$；

---

[1] 当采用自动针入度仪时，计时与标准针落下贯入试样同时开始，至 5s 时自动停止。

$$PI_{lgPen} = \frac{20 - 500A_{lgPen}}{1 + 50A_{lgPen}} \tag{2-8-8}$$

③按式(2-8-9)确定沥青的当量软化点 $T_{800}$：

$$T_{800} = \frac{\lg 800 - k}{A_{lgPen}} \tag{2-8-9}$$

④按式(2-8-10)确定沥青当量脆点 $T_{1.2}$：

$$T_{1.2} = \frac{\lg 1.2 - k}{A_{lgPen}} \tag{2-8-10}$$

⑤按式(2-8-11)计算沥青的塑性温度范围 $\Delta T$：

$$\Delta T = T_{800} - T_{1.2} = \frac{2.8239}{A_{lgPen}} \tag{2-8-11}$$

4. 结果评定

(1)应报告标准温度(25℃)时的针入度 $T_{25}$ 以及其他试验温度 $T$ 所对应针入度 $P$，及由此求取针入度指数 PI、当量软化点 $T_{1.2}$ 的方法和结果，当采用公式计算法时，应报告按式(2-8-7)回归的直线相关系数 $R$。

(2)同一试样 3 次平行试验结果的最大值和最小值之差在表 2-8-4 允许偏差范围内时，计算 3 次试验结果的平均值，取整数作为针入度试验结果，以 0.1mm为单位。

针入度允许偏差　　表 2-8-4

| 针入度(0.1) | 允许差值(0.1mm) | 针入度(0.1) | 允许差值(0.1mm) |
|---|---|---|---|
| 0～49 | 2 | 50～149 | 4 |
| 150～249 | 12 | 250～500 | 20 |

当试验值不符合此要求时，应重新进行。

(3)当试验结果小于 50(0.1mm)时，重复性试验的允许差为 2(0.1mm)，复现性试验的允许差为 4(0.1mm)。

(4)当试验结果等于或大于 50(0.1mm)时，重复性试验的允许差为平均值的 4%，复现性试验的允许差为平均值的 8%。

## 四、软化点(环球法)试验

1. 试验准备

(1)将隔离剂(甘油与滑石粉的质量为 2∶1)拌和均匀，涂在清洁干燥的试模底板。将准备好的沥青试样徐徐注入试样杯内至略高于杯面为止。如估计试样软化点高于120℃，则试样杯和试样底板均预热80～100℃。

(2)试样在室温冷却30min后，用环夹夹着试样杯，并用热刮刀刮除杯面的试样，务必使其与杯面齐平。

2. 操作步骤

(1)试样软化点在80℃以下者：

①将装有试样的试样杯连同试样底板置于(5±0.5)℃水的恒温水槽中至少15min；同时将金属支架、钢球、钢球定位环等亦置于相同水槽中。

②烧杯内注人新煮沸并冷却至5℃的蒸馏水，水面略低于立杆上的深度标记。

③从恒温水槽中取出盛有试样杯，并放置在支架中层板的圆孔中，套上定位环；然后将整个环架放入烧杯中，调整水面至深度标记，并保持水温为(5±0.5)℃。环架上任何部分不得附有气泡。将0～80℃的温度计由上层板中心孔垂直插入，使端部测温头底部与试样杯下面齐平。

④将盛有水和环架的烧杯移至放有石棉网的加热炉具上，然后将钢球放在定位环中间的试样中央，立即开动振荡搅拌器使水微微振荡，并开始加热，使杯中水温在3min内调节至维持每分钟上升(5±0.5)℃。在加热过程中，应记录每分钟上升的温度值，如温度上升速度超出此范围时，则试验应重做。

⑤试样受热软化逐渐下坠，至与下层底板表面接触时，立即读取温度，准确至0.5℃。

(2)试样软化点在80℃以上者：

①将装有试样的试样杯连同试样底板置于(32±1)℃甘油恒温水槽中至少15min；同时将金属支架、钢球、钢球定位环等亦置于甘油中。

②在烧杯内注入预先加热至32℃的甘油，其液面略低于立杆上深度标记。

③从恒温水槽中取出装有试样的试样杯，按上述③～⑤的方法进行测定，准确至1℃。

3. 结果评定

(1)同一试样平行试验两次，当两次测定值的差值符合重复性试验精密度要求时，取平均值作为软化点试验结果，准确至0.5℃。

(2)当试样软化点小于80℃时，重复性试验的允许差为1℃，复现性试验的允许差为4℃。

(3)当试样软化点小于80℃时，重复性试验的允许差为2℃，复现性试验的允许差为8℃。

## 五、沥青延度试验

1. 试验准备

(1)将隔离剂(甘油与滑石粉的质量为2:1)拌和均匀,涂在清洁干燥的试模底板和侧模的内表面,并将试模在试模底板上装妥。

(2)试样加热至软化点以上90℃,过0.6mm筛,充分搅拌至气泡完全排出。将试样仔细自试摸的一端至另一端往返数次缓缓注入试模中,最后略高出试模,灌模时应注意勿使气泡混入。

(3)试件在室温中冷却30~40min后,然后置于规定试验温度±0.1℃的恒温水槽中,保持30min后取出,用热刮刀刮除高出试模的沥青,使沥青与试模面齐平。沥青的刮法应自试模的中间刮向两端,且表面应刮得平滑。将试模连同底板再浸入规定试验温度下的水槽1~1.5h。

(4)将延度仪注水,并按下"启动"按钮,仪器接通电源进入工作状态,保温达到试验温度±0.5℃。按下"循环"按钮,确认循环水泵正常工作。检查延度仪延伸速度是否符合规定要求,然后打开开合螺母,移动滑板至可安装沥青试模的位置。

2. 操作步骤

(1)将保温后的试件连同底板移入延度仪的水槽中,然后将盛有试样的试模自底板取下,将试模两端的孔分别套在固定柱上,取下侧模。水面距试件表面应不小于25mm。

(2)合上开合螺母,开动延度仪,先按"清零"键,再按"拉伸"键,用肉眼观察沥青断截,待每个试样拉断时,按"手持延度记录"键以保持该次的试验数据,3个试样应按3次。3次试样完成后,各"延度记录"显示窗口分别显示其对应的延度值。"拉力"显示窗口显示其最大拉力。按下"延度平均值"按钮,打印机自动打印。

(3)工作结束后,按"停止"按钮,关上电源,取出试模,同时将移动滑板置于中间位置。

(4)试验中,如发现沥青细丝浮于水面或沉入槽底时,则应在水中加入酒精或食盐,调整水的密度至与试样相近后,重新试验。

(5)试验时如遇停电超5min,试样作废。

3. 数据处理

同一试样,平行试验不少于3个,如3个测定值均大于100cm,试验结果记作">100cm",特殊需要时也可分别记录实测值。如3个测定结果中,有一个以上的测定值小于100cm时,若最大值或最小值与平均值之差满足重复性试验精密度要求，则取3个测定结果的平均值的整数作为延度试验结果，若平均值大于100cm，记作“>100cm”；若最大值或最小值与平均值之差不符合重复性试验精度要求，试验应重新进行。

4. 结果评定

当试验结果小于100cm时，重复性试验的允许差为平均值的20%；复现性试验的允许差为平均值的30%。

## 六、沥青溶解度试验

1. 试验准备

(1)按沥青试样准备方法准备沥青试样。

(2)将玻璃纤维滤纸置于洁净的古氏坩埚中的底部，用溶液冲洗滤纸和古氏坩埚，使溶剂挥发后，置温度为(105±5)℃的烘箱内干燥至恒重(一般为15min)，然后移入干燥器中冷却，冷却时间不少于30min，称其质量 $m_1$，准确至0.2mg。

(3)取已烘干的锥形烧瓶和玻璃棒(质量 $m_2$，准确至0.2mg)。

2. 操作步骤

(1)用预先干燥的锥形烧瓶称取沥青试样2g($m_3$)，准确至0.2mg。

(2)在不断摇动下，分次加入三氯乙烯各100mL，直至试样溶解后盖上瓶塞，并在室温下放置至少15min。

(3)将已称质量的滤纸及古氏坩埚，安装在过滤烧瓶上，用少量的三氯乙烯润湿玻璃纤维滤纸。然后，将沥青溶液沿玻璃棒倒入玻璃纤维滤纸中，并以连续滴状速度进行过滤。必要时，使用水流泵或真空泵过滤。过滤时，应尽量将锥形烧瓶中的不溶物移入坩埚，直至全部溶液滤完。用少量溶液分次清洗锥形烧瓶，并将全部不溶物移至坩埚中。再用溶剂洗涤古氏坩埚的玻璃纤维滤纸，直至滤纸透明为止。

(4)取出古氏坩埚，置通风处，直至无溶剂气味为止；然后，将古氏坩埚移入温度为(105±5)℃的烘箱中至少20min；同时，将原锥形瓶、玻璃棒等也置于烘箱中烘至恒重。

(5)取出古氏坩埚及锥形瓶等置干燥器中冷却(30±5)min后，分别称其质量 $m_4$、$m_5$，直至连续称量的差不大于0.3mg为止。

3. 数据处理

沥青试样的可溶物含量按式(2-8-12)计算：

$$S_b = \left[1 - \frac{(m_4 - m_1) - (m_5 - m_2)}{m_3 - m_2}\right] \times 100 \qquad (2\text{-}8\text{-}12)$$

式中：$S_b$——沥青试样的溶解度(%)；

$m_1$——古氏坩埚与玻璃纤维滤纸合计质量(g)；

$m_2$——锥形瓶与玻璃棒的合计质量(g)；

$m_3$——锥形瓶、玻璃棒与沥青试样的合计质量(g)；

$m_4$——古氏坩埚、玻璃纤维滤纸与不溶合计质量(g)；

$m_5$——锥形瓶、玻璃棒与黏附不溶物的合计质量(g)。

4.结果评定

(1)同一试样至少平行试验两次，当两次结果之差不大于0.1%时，取其平均值作为试验结果。对于溶解度大于99.0%的试验结果，准确至0.01%；对于溶解度等于或小于99.0%的试验结果，准确至0.1%。

(2)当试验结果平均值大于99.0%时，重复性试验的允许误差为0.1%，复现性试验的允许误差为0.5%。

## 七、沥青闪点/燃点试验(克利夫兰开口杯法)

1.操作前的准备

(1)试样杯用溶剂洗净、烘干，装置于支架上。加热板放在可调电炉上，如用燃气炉时，加热板距炉口约50mm，接好可燃气管道或电源。

(2)安装温度计，垂直插入试样杯中，温度计的水银球距杯底约6.5mm，位置在与点火器相对一侧距杯缘约16mm处。

(3)将准备好的沥青试样注入试样杯的标线处，并使试样杯其他部位不粘有沥青。

(4)全部装置应置于室内光线较暗且无显著空气流通的地方，并用防风屏围护。

(5)将点火器转向一侧，试验点火，调节火苗在成标准球的形状或成直径为(4±0.8)mm的小球形试焰。

2.操作步骤

(1)开始加热试样，记录开始加热时的温度，升温速度迅速达到14～17℃/min，并记录3min内的升温温度，待试样温度达到预期闪点前56℃时，记录温度，调节加热器降低升温速度，以便在预期闪点前28℃时能升温速度控制在(5.5±0.5)℃/min，并记录3min内的升温温度。

(2)试样温度达到预期闪点前28℃时开始(并记录3min内的升温温度)，每隔2℃将点火器的试焰沿试验杯口中心以150mm半径作弧水平扫过一次；从试验杯口的一边至另一边所经过的时间约1s。此时应确认点火器的试焰为直径(4±0.8)mm的火球，并位于坩埚口上方2～2.5mm处。

(3)当试样液面上最初出现一瞬即灭的蓝色火焰，立即从温度计上读记温度，作为试样的闪点。注意勿将试焰四周的蓝白色火焰误认为是闪点火焰。

(4)继续加热，保持试样升温速度(5.5±0.5)℃/min，并按上述操作要求用点火器点火试验。

(5)当试样接触火焰立即着火，并能继续燃烧不少于5s，停止加热，并读记温度计上的温度，作为试样的燃点。

3. 数据处理

(1)同一试样至少平行试验两次，两次测定结果的差值不超过重复性试验允许差8℃时，取其平均值的整数作为试验结果。

(2)当试验时大气压在95.3kPa以下时，应对闪点或燃点的试验结果进行修正，详见表2-8-5。

**沥青闪点/燃点修正表** 表2-8-5

| 大　气　压 | 闪点或燃点修正值 |
|---|---|
| (95.3～84.5) kPa(715～634mmHg) | +2.8℃ |
| (84.5～73.3) kPa(634～550)mmHg) | +5.5℃ |

## 八、沥青薄膜加热试验

1. 操作前准备

(1)将洁净、烘干、冷却后的盛样皿编号，称其质量($m_0$)，准确至1mg。

(2)按沥青试样准备方法准备沥青试样，分别注入4个已称质量的盛样皿中(50±5)g，并形成沥青厚度均匀的薄膜，放入干燥器中冷却至室温后称取质量($m_1$)，准确至1mg。同时按规定的方法，测定沥青试样薄膜加热前的针入度、黏度、软化点、脆点及延度等性质，当试验项目需要，预计沥青数量不够时，可增加盛样皿数目，但不允许将不同品种或不同标号的沥青，同时放在一个烘箱中试验。

(3)将温度计垂直悬挂于转盘轴上，使其位于转盘中心，水银球应在转盘面上的6mm处，并将烘箱加热并保持至(163±1)℃。

2. 操作步骤

(1)把烘箱调平，使转盘在水平面上以(5.5±1)r/min的速度旋转，转盘与水平面倾斜角不大于$3^0$，温度计位置距转盘中心和边缘相等。

(2)在烘箱达到恒温163℃后，将盛样皿迅速放入烘箱内保持转盘上，并关闭烘箱门和开动转盘架；使烘箱内温度回升至162℃时开始计时，连续5h并保持温度(163±1)℃。从放置盛样皿开始至试验结束的总时间,不得超过5.25h。

(3)加热后取出盛样皿,放入干燥器中冷却至室温后,随机取其中两个盛样皿分别称其质量($m_2$),准确至1mg。注意,即使不进行质量损失测定的,亦应入干燥器中冷却,但不称量,然后进行以下步骤。

(4)将盛样皿置一石棉网上,并连同石棉网放回(163±1)℃的烘箱中转动15min;然后取出石棉网和盛样皿,立即将沥青残留物样品刮入一适当的容器内,置于加热炉上加热并适当搅拌,使之充分熔化达到流动状态。

(5)将热试样倾入针入度盛样皿或延度、软化点等试模内,并按规定方法进行针入度等各项薄膜加热试验后残留物的相应试验。如在当日不能进行试验,试样应在容器内冷却后过夜,但全部试验必须加热后72h内完成。

3.数据处理

(1)沥青薄膜加热后的质量损失按式(2-8-13)计算:

$$L_b = \frac{m_2 - m_1}{m_1 - m_0} \times 100 \tag{2-8-13}$$

式中:$L_b$——试样的蒸发损失(%);

$m_0$——盛样皿质量(g);

$m_1$——加热前盛样皿与试样合计质量(g);

$m_2$——加热后盛样皿与试样合计质量(g)。

(2)残留物针入度与原试样针入度的比值按式(2-8-14)计算:

$$K_p = \frac{P_2}{P_1} \times 100 \tag{2-8-14}$$

式中:$K_p$——针入度比(%);

$P_1$——原试样针入度(0.1mm);

$P_2$——蒸发损失后残留物的针入度(0.1mm)。

(3)沥青薄膜加热试验的残留物软化点增值按式(2-8-15)计算:

$$\Delta T = T_2 - T_1 \tag{2-8-15}$$

式中:$\Delta T$——薄膜加热试验后软化点增值(℃);

$T_1$——薄膜加热试验前软化点(℃);

$T_2$——薄膜加热试验后软化点(℃)。

(4)沥青薄膜加热试验黏度比按式(2-8-16)计算:

$$K_\eta = \frac{\eta_2}{\eta_1} \times 100 \tag{2-8-16}$$

式中:$K_\eta$——沥青薄膜加热前后60℃黏度比;

$\eta_1$——沥青薄膜加热前60℃黏度(Pa·s);

$\eta_2$——沥青薄膜加热后60℃黏度(Pa·s)。

(5)沥青老化指数按式(2-8-17)计算:

$$C = \lg\lg(\eta_2 \times 10^3) - \lg\lg(\eta_1 \times 10^3) \quad (2\text{-}8\text{-}17)$$

式中:$C$——沥青薄膜加热试验的老化指数。

4.结果评定

本试验的报告应注明下列结果:

(1)质量损失,当两个试样皿的质量损失符合重复性试验精密度要求时,取其平均值作为试验结果,精确至小数点后2位。

(2)根据需要报告残留物的针入度及针入度比、软化点增值、黏度及黏度比、老化指数、延度、脆点等各性质的变化。

(3)当薄膜加热后的质量损失小于或等于0.4%时,重复性试验的允许差为0.04%,复现性试验的允许差为0.16%。

(4)当薄膜加热后的质量损失大于0.4%时,重复性试验的允许差为平均值的8%,复现性试验的允许差为平均值的40%。

(5)残留物针入度、软化点、延度、黏度等性质试验的精度应符合相应的试验方法的规定。

## 九、沥青弹性恢复试验

1.操作步骤

(1)按沥青延度试验方法浇灌改性沥青试样、制模,最后将试样在25℃水槽中保温1.5h(试验温度为25℃)。

(2)将试样安装在板上,按延度试验方法以规定的5cm/min的速率拉伸试样,达(10±0.25)cm时停止拉伸。

(3)拉伸一停止就立即用剪刀在中间将沥青试样剪断,保持试样在水中1h,并保持水温不变。注意在停止拉伸后至剪断试样之间不得有时间间隔,以免使拉伸应力松弛。

(4)取下两个半截的回缩的沥青试样轻轻扶直,但不得施加拉力,移动滑板使改性沥青试样的尖端刚好接触,测量试件的残留长度为$X$。

2.数据处理和结果

按式(2-8-18)计算弹性恢复率:

$$D = \frac{10 - X}{10} \times 100 \quad (2\text{-}8\text{-}18)$$

式中:$D$——试样的弹性恢复率(%);

$X$——试样的残留长度(cm)。

## 十、沥青含蜡量试验(裂解蒸馏法)

1.试验仪具与材料

(1)冷却管蒸馏瓶:耐热玻璃制成。

(2)冷却过滤装置:玻璃制品,由吸滤瓶、砂芯过滤漏斗、试样冷却筒、塞子及冷浴等组成。

(3)加热用立式高温电炉、电热套或燃气炉。

(4)天平:感量不大于1mg及不大于0.1g各一个。

(5)温度计:-30～+60℃,分度0.5℃。

(6)锥形烧瓶:150mL或250mL数个。

(7)水流泵或真空泵。

(8)化学试剂:乙醚、乙醇,以及二者按1:1比例的混合液、(除去芳烃)石油醚,试剂均属化学纯。

(9)工业酒精及干冰。

(10)冰块。

(11)其他:烘箱、恒温水槽、量筒、烧杯、铁架、U形水银压力计(或真空表)、洗液、蒸馏水、温度计、电炉等。

2.准备工作

(1)将蒸馏水洗净、干燥后,称其质量,准确至0.1g,然后置烘箱中备用。

(2)将150mL或250mL锥形瓶洗净、烘干、编号后,称其质量,准确至1mg,然后置干燥器中备用。

(3)将冷却装置各部洗净、干燥,其中砂芯过滤漏斗用洗液浸泡后蒸馏水洗至中性,然后干燥备用。

(4)准备沥青试样。

(5)用高温炉蒸馏时,应预先加热并控制炉内恒温(550±10)℃。

(6)在烧杯内备好冰水,以备馏出物接收瓶冷却用。

3.试验步骤

(1)在蒸馏瓶中称取沥青试样质量($m_b$)(50±1)g,准确至0.1g,塞好瓶塞,用锥形瓶做接受器,装在盛有冰水的烧杯中。

(2)当用高温电炉时,将盛有试样的蒸馏瓶置于已恒温(550±10)℃的电炉中,并迅速将瓶颈固定在铁架的弹簧支架上,蒸馏瓶通过支管与置于冰水中的锥形瓶连接。如用燃气炉时,调节火焰高度将蒸馏瓶周围包住。

(3)调节加热强度(即调节蒸馏瓶至高温炉间距或燃气炉火焰大小),使从加热开始起5～8min内开始初馏(支管端口流出第一滴馏分)。其后以每秒两滴

(4～5mL/min)的流出速度继续蒸馏至无馏出油为止，然后在1min内将蒸馏瓶底烧红(即瓶内蒸馏残留物焦化)。全部蒸馏过程中必须在25min内完成。蒸馏后支管中残留的馏出油应流入接受器中。

(4)将盛有馏出油的锥形瓶从冰水中取出，拭干瓶外水分，在室温下冷却称其质量，得到馏出油总质量($m_1$)，准确至0.05g。

(5)将锥形瓶中的馏出油加热熔化，并晃动使其均匀。注意加热时温度不能太高，避免因温度过高蒸发引起损失。然后将熔化后的一部分馏出油注入另一已知质量的锥形瓶(250mL)中用于脱蜡，要求其数量能够使其冷冻过滤后能得到0.05～0.1g蜡，但取样总量不得超过10g。称取用于脱蜡的馏出油质量($m_2$)，即已知质量锥形瓶和脱蜡用油分的质量之和减去锥形瓶的质量，准确至1mg。

(6)将冷却过滤装置装妥，并将吸滤瓶支管用橡胶管与水流泵(或真空泵)及U形水银柱压力连接起来。向冷浴中注入适量的冷液(工业酒精)，其液面比试样冷却筒内液面(乙醚—乙醇)高约70mm以上，以便向冷浴内加干冰时不致将冷液溅入试样冷却筒内。用适当工具搅拌冷液，使之保持温度(－20±0.5)℃；也可取低温水槽作冷浴，此时冷却液可采用1∶1甲醇水溶液，低温水槽应能自动控温到(－20±0.5)℃。

(7)将盛有馏出油的锥形瓶注入10mL乙醚，使其充分溶解，然后注入试样冷却筒中，再用15mL乙醚分两次清洗盛油的锥形瓶，并将清洗液倒入试样冷却筒中。将25mL乙醇注入试样冷却筒内与乙醚充分混合均匀。从加入乙醚时间开始，冷却1h，使蜡充分结晶析出。

(8)预先在另一锥形瓶或试管(50mL)中量取50mL乙醚—乙醇(1∶1)混合液，使其冷却至－20℃，至少恒冷15min后再使用。

(9)当试样冷却筒中溶液冷却结晶后，拔起其中的塞子(即实心玻璃棒)，过滤结晶析出的蜡，并将塞子用适当方法吊在试样冷却筒中，保持自然过滤30min。

(10)当砂芯过滤漏斗内看不到液体时，启动水流泵(或真空泵)，调节U形水银柱压力计算真空度，使滤液的过滤速度为每秒一滴左右，抽滤至无液体滴落，然后小心地关闭水流泵，使压力恢复常压。再将已冷却的乙醚—乙醇混合液一次加入30mL，洗涤蜡层，并清洗玻璃棒塞子及试样冷却筒内壁。继续过滤，当溶剂在蜡层上看不见时，继续抽滤5min，将蜡中的溶剂抽干，以除去蜡中溶液。

(11)从冷浴中取出试样冷却过滤装置，取下吸滤瓶，将其中溶液倾入一回收瓶中。吸滤瓶也用乙醚—乙醇混合液冲洗3次，每次用10～15mL洗液倒入回收瓶中。

(12)将试样冷却筒、塞子及吸滤瓶重新装妥，再将 30mL 已预热至 50～60℃的石油醚在溶解结晶析出的蜡同时，清洗试样冷却筒及塞子，拔起塞子使溶液流至过滤漏斗。待漏斗中无溶液后，再用热石油醚溶解漏斗中蜡两次，每次用量 35mL，然后立即用水泵(或真空泵)吸滤，至无液滴滴落。

(13)将吸滤瓶中被石油醚溶解的蜡溶液倾入已知质量的锥形瓶中，并用常温石油醚分 3 次清洗吸滤瓶，每次用量 10～15mL，并将洗液全部倒入锥形瓶的蜡溶液中。

(14)将盛有蜡溶液的锥形瓶放在适宜的热源上，回收石油醚溶剂或使溶剂蒸发掉。然后将锥形瓶置温度为(105±5)℃烘箱中进一步除去残留的石油醚，然后放入真空干燥箱[条件(105±5)℃，残压 21～35kPa]中 1h，再置于干燥器中冷却 1h 后称其质量，得到析出蜡的质量，准确至 0.1mg。

(15)同一沥青试样蒸馏后，从馏出油中取至少两个以上试样进行平行试验。

4.试验结果处理

(1)平行试验各次试验结果中沥青蜡含量按式(2-8-19)计算：

$$P_{\mathrm{p}}=\frac{\dfrac{m_1}{m_2}\times m_{\mathrm{w}}}{m_{\mathrm{b}}}\times 100 \tag{2-8-19}$$

式中：$P_{\mathrm{p}}$——蜡含量(取小数点后一位)(%)；

$m_{\mathrm{b}}$——沥青试样质量(g)；

$m_1$——馏出油总质量(g)；

$m_2$——用于测定蜡的馏出油质量(g)；

$m_{\mathrm{w}}$——析出蜡的质量(g)。

(2)当平行试验结果的最大值与最小值之差满足重复性精度试验要求时，取平均值作为蜡含量测定结果。

(3)当不满足重复性试验要求时，按下列方法处理：以每次试验析出的蜡的质量(g)为横轴，相应计算得到的蜡的质量百分率为纵轴，画图。在图中确定各平行试验的结果，采用回归拟合的方法得到关系直线图(方向系数应为正值)。然后在横轴上找出蜡的质量为 0.075g 时对应的蜡的质量百分率，作为蜡含量测定结果。

(4)蜡含量测定精度的允许差应符合表 2-8-6 要求。

**蜡含量测定精度** 表 2-8-6

| 蜡含量(%) | 重复性(%) | 再现性(%) |
|---|---|---|
| 0～1.0 | 0.1 | 0.3 |
| 1.0～3.0 | 0.3 | 1.0 |
| >3.0 | 0.5 | 1.5 |

## 十一、沥青标准黏度试验

1. 主要仪具

主要仪具有：沥青标准黏度计、标准恒温水浴。

2. 操作前准备

(1)按沥青试样方法准备沥青试样，根据沥青材料的种类和稠度，选择需要流孔孔径的盛样管，置水槽圆井中。用规定的球塞堵好流孔，流孔下放蒸发皿，以备接受不慎流出的试样。除 10mm 流孔采用 12.7mm 球塞外，其余流孔均采用 6.35mm 的球塞。

(2)根据试验温度需要，调整恒温水槽的水温±0.1℃，并将其进出口与黏度计水槽的进出口用胶管接妥，使热水流进行正常循环。

3. 操作步骤

(1)将试样加热至比试验温度高 2～3℃时注入盛样管，其数量以液面到达球塞垂直杆上标记为准。

(2)试样在水槽中保持试验温度至少 30min，用温度计轻轻搅拌试样，测量试样温度为试验温度±0.1℃，调整试样液面至球塞杆的标记处，再继续保温 1～3min。

(3)将流孔下蒸发皿移去，放置接受瓶或量筒，使其中心正对流孔。接受瓶或量筒可预先注入肥皂水 25mL，以利于洗涤及读数准确。

(4)提起球塞，使标记悬挂在试样管边上，待试样流入接受瓶或量筒达 25mL 时，按动秒表，待试样流出 75mL 时，按停秒表。

(5)记取试样流出 50mL 所经历的时间，以秒计，即为试样的黏度。

4. 数据处理

(1)同一试样至少平行试验两次，当两次测定值不大于平均值的 4%时，取平均值整数作为试验结果。

(2)重复性试验的允许误差为平均值的 4%。

## 十二、常用参数试验记录表格(表 2-8-7～表 2-8-11)

## ____公路沥青密度与相对密度试验记录表

表 2-8-7

承包单位：　　　　　　　　　　　　　　　　合同号：

监理单位：　　　　　　　　　　　　　　　　编　号：

| 沥青名称 | | | 取样日期 | |
|---|---|---|---|---|
| 沥青来源 | | | 试验日期 | |
| 试验用途 | | | 试验温度(℃) | |
| 项　目 | 试样编号 | | | |
| | I | II | III | |
| 比重瓶质量 $m_1$(g) | | | | |
| 比重瓶盛水时合计质量 $m_2$(g) | | | | |
| 比重瓶与沥青试样合计质量 $m_3$(g) | | | | |
| 比重瓶与沥青和水合计质量 $m_4$(g) | | | | |
| 沥青的相对密度 $\gamma_b$ | | | | |
| 相对密度平均值 $\gamma_b$ | | | | |
| 沥青的密度 $\rho_b$(g/cm$^3$) | | | | |
| 沥青密度平均值 $\bar{\rho}_b$ | | | | |
| 结论：<br><br>试验工程师：　　　　年　月　日 | | | | |
| 监理意见：<br><br>监理人员：　　　　年　月　日 | | | | |

试验人员：　　　　　　　　　　　　　　　　校核：

## ____公路沥青针入度、延度、软化点试验记录表　　表 2-8-8

承包单位：　　　　　　　　　　　　合同号：

监理单位：　　　　　　　　　　　　编　号：

| 样品名称 | | | 取样日期 | |
|---|---|---|---|---|
| 样品来源 | | | 试验日期 | |
| 试验用途 | | | | |
| 沥青针入度试验记录 | | | | |
| 试验结果 / 试验温度 | 针入度平行试验值(0.1mm) | | | 试验结果(0.1mm) |
| | 1 | 2 | 3 | |
| 15℃ | | | | |
| 25℃ | | | | |
| 30℃ | | | | |
| 针入度指数 | PI=　　　　,相关系数 R= | | | |
| 沥青延度试验记录 | | | | |
| 试验结果 / 试验温度 | 延度平行试验值(cm) | | | 试验结果(cm) |
| | 1 | 2 | 3 | |
| 5℃ | | | | |
| 10℃ | | | | |
| 15℃ | | | | |
| 25℃ | | | | |
| 沥青软化点试验记录 | | | | |
| 起始温度(℃) | | | 升温速度(℃/min) | |
| 软化点平行试验值(℃) | | | | 试验结果(℃) |
| 1 | | 2 | | |
| | | | | |
| 结论：<br><br>试验工程师：　　　　年　月　日 | | | | |
| 监理意见：<br><br>监理人员：　　　　年　月　日 | | | | |

试验人员：　　　　　　　　　　　　校核：

______公路沥青薄膜加热试验记录表　　表 2-8-9

承包单位：　　合同号：

监理单位：　　编　号：

| 样品名称 | | 试验日期 | |
|---|---|---|---|
| 样品来源 | | | |
| 试样编号 | | | |
| 试验后质量变化 | 试样皿质量(g) | | |
| | 加热前盛样皿与试样合计质量（g） | | |
| | 加热后盛样皿与试样合计质量（g） | | |
| | 加热变化质量（%） | | |
| 残留针入度与原试样针入度比值 | 加热前原试样针入度(0.1mm) | | |
| | 加热后残留物针入度(0.1mm) | | |
| | 残留物针入度比(%) | | |
| 加热延度 | 延度(cm) | 25℃时 | |
| | | 15℃时 | |
| 残留物软化点增值 | 加热前软化点（℃） | | |
| | 加热后软化点（℃） | | |
| | 软化点增值(℃) | | |
| 加热试验黏度比 | 加热前 60℃黏度（Pa·s） | | |
| | 加热后 60℃黏度（Pa·s） | | |
| | 加热前后 60℃黏度比 | | |
| 沥青老化指数 | | | |
| 结论：<br><br>试验工程师：　　年　月　日 | | 监理意见：<br><br>监理人员：　　年　月　日 | |

试验人员：　　校核：

## ____公路沥青标准黏度试验记录表

表 2-8-10

承包单位： 合同号：

监理单位： 编　号：

| 样品名称 | | | 试验日期 | |
|---|---|---|---|---|
| 样品来源 | | | | |
| 试样编号 | 试样流出初读数（mL） | 试样流出 50ml 时读数（mL） | 试样黏度（s） | 平均值（s） |
| | | | | |
| | | | | |
| | | | | |
| | | | | |
| | | | | |
| | | | | |
| | | | | |
| | | | | |
| | | | | |
| | | | | |
| | | | | |
| | | | | |
| 结论：<br><br>试验工程师：　　　　年　月　日 | | | | |
| 监理意见：<br><br>监理人员：　　　　年　月　日 | | | | |

试验人员： 校核：

## ____公路沥青含蜡量试验记录

表 2-8-11

承包单位：　　　　　　　　　　　　　　　　合同号：

监理单位：　　　　　　　　　　　　　　　　编　号：

<table>
<tr><td>试样名称</td><td colspan="4"></td><td>试验日期</td><td colspan="2"></td></tr>
<tr><td>试样来源</td><td colspan="7"></td></tr>
<tr><td>序号</td><td>试样质量 $m_b$(g)</td><td>馏出油总质量 $m_1$(g)</td><td>用于测定蜡的馏出油质量 $m_2$(g)</td><td>析出蜡的质量 $m_w$(g)</td><td>蜡含量 (%)</td><td>平均蜡含量 (%)</td></tr>
<tr><td rowspan="3"></td><td></td><td></td><td></td><td></td><td></td><td rowspan="3"></td></tr>
<tr><td></td><td></td><td></td><td></td><td></td></tr>
<tr><td></td><td></td><td></td><td></td><td></td></tr>
<tr><td rowspan="3"></td><td></td><td></td><td></td><td></td><td></td><td rowspan="3"></td></tr>
<tr><td></td><td></td><td></td><td></td><td></td></tr>
<tr><td></td><td></td><td></td><td></td><td></td></tr>
<tr><td rowspan="3"></td><td></td><td></td><td></td><td></td><td></td><td rowspan="3"></td></tr>
<tr><td></td><td></td><td></td><td></td><td></td></tr>
<tr><td></td><td></td><td></td><td></td><td></td></tr>
<tr><td colspan="7">结论：<br><br>试验工程师：　　　　　　年　月　日</td></tr>
<tr><td colspan="7">监理意见：<br><br>监理人员：　　　　　　年　月　日</td></tr>
</table>

试验人员：　　　　　　　　　　　　　　　　校核：

# 第九章　水泥混凝土

## 第一节　混凝土的分类及质量要求

### 一、混凝土的分类

目前，公路工程用水泥混凝土品种日益增多，其性能和用途也各不相同。一般可按集料品种、混凝土用途、施工工艺及配筋方式进行分类，见表 2-9-1。

混凝土的不同分类方法　　表 2-9-1

| 分类方法 | | 名　称 | 特　性 |
|---|---|---|---|
| 按集料分类 | 普通集料 | 碎石混凝土 | 可用于各种结构的混凝土，更适应于 C30 等级以上混凝土 |
| | | 砾石混凝土 | 适用于强度等级低，工作性要求较高的混凝土 |
| | | 碎、砾石混凝土 | 具有改善碎石混凝土工作性，提高砾石混凝土强度的特性 |
| | 轻集料 | 轻质多孔混凝土 | 用天然或人造轻质多孔集料，混凝土容重小于 1900 $kg/m^3$，依其容重大小又分为轻质结构混凝土及保温隔热混凝土 |
| | 无细集料 | 大孔隙混凝土 | 用轻粗集料或普通粗集料配置而成，混凝土容重 800～1850$kg/m^3$，适用于做墙板或隔音墙体 |
| | 无粗集料 | 细粒混凝土 | 用水泥与砂配置而成，可用于钢丝网水泥结构 |
| 按用途分类 | | 水工混凝土 | 用于大坝、大体积墩台混凝土，多数为大体积工程，要求有抗冲刷、耐磨及抗大气腐蚀性，依其不同的使用条件可选用普通水泥、矿渣水泥或火山灰水泥及大坝水泥等 |
| | | 海工混凝土 | 用于海洋工程（海岸及离岸工程）要求具有抗海水腐蚀性、抗冻性及抗渗性 |
| | | 防水混凝土 | 能承受 0.6MPa 以上的水压，不透水的混凝土可分为普通防水混凝土及掺外加剂防水混凝土与膨胀水泥防水混凝土，要求有高密实性及抗渗性，多用于隧道及桥面铺装层 |
| | | 道路混凝土 | 用于路面混凝土，要求具有足够抗弯拉强度、耐候性及耐磨性 |
| | | 结构混凝土 | 广泛用于桥涵工程、房建以及其他建筑结构物 |

续上表

| 分类方法 | | 名　称 | 特　性 |
|---|---|---|---|
| 按施工工艺分类 | 现浇类 | 普通现浇混凝土 | 用一般现浇工艺施工的塑性混凝土 |
| | | 喷射混凝土 | 用压缩空气喷射施工的混凝土，多用于隧道衬砌工程，又分为干喷及湿喷两种工艺 |
| | | 泵送混凝土 | 用混凝土泵浇灌的流动性混凝土 |
| | | 真空吸水混凝土 | 用真空泵将混凝土中多余水分吸出，从而提高密实度的一种工艺，可用于屋面、楼板、路面、飞机跑道等工程 |
| | 预制类 | 振压混凝土 | 振动加压工艺用于制作小型混凝土板类构件 |
| | | 挤压混凝土 | 以挤压机成型，用于长线台座法的空心楼板，T 型小梁等构件 |
| | | 离心混凝土 | 以离心机成型，用于混凝土管等管状构件 |
| 按配筋方式分类 | 无筋类 | 素混凝土 | 用于基础或垫层的低标号混凝土 |
| | 有筋类 | 钢筋混凝土 | 用普通钢筋加强的混凝土，其作用最广 |
| | | 钢丝网混凝土 | 用钢丝网加强无粗集料的混凝土，又称钢丝网砂浆，可用于制作薄壳、薄壁结构 |
| | | 纤维混凝土 | 用各种纤维加强的混凝土，常用的为钢纤维混凝土，其抗冲击、抗拉、抗弯拉性能好，可用于路面、桥面、机场跑道护面、隧道衬砌及桩头、桩帽等 |
| | | 预应力混凝土 | 用先张法、后张法或化学方法使混凝土预压，以提高其抗拉、抗弯强度的配筋混凝土。可用于各种构筑物及建筑结构，特别是大跨径桥梁等 |

## 二、混凝土的质量要求

混凝土必须同时满足设计的强度、耐久性、工作性和经济性四个方面的基本要求。公路桥涵、隧道、道路等工程施工因混凝土用途、施工方法以及设计要求不同，技术性质存在一定的差异，混凝土配合比设计在兼顾经济性的同时应充分满足下列技术要求。

1. 混凝土强度

(1)立方体抗压强度

桥涵、隧道、房建以及其他建筑结构物混凝土强度主要以 28d 龄期立方体抗压强度为设计标准。混凝土试配强度按式(2-9-1)为原则确定。

$$f_{cu,o} \geqslant f_{cu,k} + 1.645\sigma \tag{2-9-1}$$

式中：$f_{cu,o}$——混凝土试配强度；

$f_{cu,k}$——混凝土设计强度等级；

$\sigma$——混凝土质量统计标准差(一般由施工单位具备的历史统计数据确定,当缺乏充分的统计资料时可取用表 2-9-2 经验值)。

**σ 参 考 值** 表 2-9-2

| $f_{cu,k}$ | <C20 | C20~C30 | >C35 |
|---|---|---|---|
| $\sigma$ | 4.0 | 5.0 | 6.0 |

(2)弯拉强度

各交通等级的路面水泥混凝土主要以 28d 弯拉强度为设计标准,混凝土弯拉试配强度按式(2-9-2)确定。

$$f_c = \frac{f_r}{1-1.04C_v} + tS \tag{2-9-2}$$

式中:$f_c$——配制 28d 弯拉强度的均值(MPa);

$f_r$——设计弯拉强度标准值(MPa);

$S$——弯拉强度试验样本的标准差(MPa);

$t$——保证率系数,应按表 2-9-3 确定;

$C_v$——弯拉强度变异系数,应按统计数据在表 2-9-4 规定范围内取值。

如果施工配制弯拉强度超出设计给定的弯拉强度变异系数上限,则必须改进机械装备和提高施工控制水平。

**保 证 率 系 数 t** 表 2-9-3

| 公路技术等级 | 判别概率 $p$ | 样本数 $n$(组) | | | | |
|---|---|---|---|---|---|---|
| | | 3 | 6 | 9 | 15 | 20 |
| 高速公路 | 0.05 | 1.36 | 0.79 | 0.61 | 0.45 | 0.39 |
| 一级公路 | 0.10 | 0.95 | 0.59 | 0.46 | 0.35 | 0.30 |
| 二级公路 | 0.15 | 0.72 | 0.46 | 0.37 | 0.28 | 0.24 |
| 三、四级公路 | 0.20 | 0.56 | 0.37 | 0.29 | 0.22 | 0.19 |

**各级公路混凝土路面弯拉强度变异系数** 表 2-9-4

| 公路技术等级 | 高速公路 | 一级公路 | | 二级公路 | 三、四级公路 | |
|---|---|---|---|---|---|---|
| 变异系数水平等级 | 低 | 低 | 中 | 中 | 中 | 高 |
| 变异系数允许变化范围 | 0.05~0.10 | 0.05~0.10 | 0.10~0.15 | 0.10~0.15 | 0.10~0.15 | 0.15~0.20 |

2. 拌合物工作性

(1)公路桥涵、隧道以及建筑结构物

混凝土浇筑时的坍落度宜按表 2-9-5 选用。

**混凝土浇注入模时的坍落度＊** 表 2-9-5

| 结构物类型 | 坍落度(mm) |
| --- | --- |
| 小型预制块及便于振捣的结构 | 0～20 |
| 桥涵基础、墩台等无筋或少筋结构 | 10～30 |
| 普通配筋率的钢筋混凝土结构 | 30～50 |
| 配筋较密、断面较小的钢筋混凝土结构 | 50～70 |
| 配筋极密、断面高而窄钢筋混凝土结构 | 70～90 |
| 水下混凝土 | 180～220 |
| 泵送混凝土 | 80～180 |

注：＊表示用人工捣实时，坍落度宜增加 20～30mm。

(2)水泥混凝土路面

采用滑模摊铺工艺混凝土拌合物的工作性宜按表 2-9-6 选用，采用轨道摊铺机、三辊轴机组、小型机具摊铺工艺混凝土拌合物工作性按表 2-9-7 选用。

**混凝土路面滑模摊铺最佳工作性及允许范围** 表 2-9-6

| 指标<br>界限 | 坍落度(mm) | | 振动黏度系数<br>$\eta$(N・s/$m^2$) |
| --- | --- | --- | --- |
| | 卵石混凝土 | 碎石混凝土 | |
| 最佳工作性 | 20～40 | 25～50 | 200～500 |
| 允许波动范围 | 5～55 | 10～65 | 100～600 |

注：1. 适宜的摊铺速度应控制在 0.5～2.0m/min 之间。

2. 适用于设超铺角的滑模摊铺机；对不设超铺角的摊铺机，最佳振动黏度系数为 250～600N・s/$m^2$；最佳坍落度卵石为 10～40mm；碎石为 10～30mm。

3. 最大单位用水量卵石混凝土不宜大于 155kg/$m^3$；碎石混凝土不宜大于 160kg/$m^3$。

**不同路面施工方式混凝土坍落度及单位用水量** 表 2-9-7

| 摊 铺 方 式 | 轨道摊铺机摊铺 | | 三辊轴机组摊铺 | | 小型机具摊铺 | |
| --- | --- | --- | --- | --- | --- | --- |
| 出机坍落度(mm) | 40～60 | | 30～50 | | 10～40 | |
| 摊铺坍落度(mm) | 20～40 | | 10～30 | | 0～20 | |
| 最大单位用水量<br>(kg/$m^3$) | 碎石 156 | 卵石 153 | 碎石 153 | 卵石 148 | 碎石 150 | 卵石 145 |

注：1. 表中最大单位用水量系采用中砂、粗细集料为风干状态的取值，采用细砂时，应使用减水率较大的高效减水剂。

2. 使用碎卵石时，最大用水量可取碎石与卵石的中值。

3. 耐久性

(1)公路桥涵、隧道以及建筑结构物

普通混凝土的最大水灰比和最小水泥用量应符合表 2-9-8 规定。防水混凝土最大水灰比应符合表 2-9-9 的规定。

混凝土的最大水泥用量(包括代替部分水泥的混合材料)不宜超过500kg/m³,大体积混凝土不宜超过 350kg/m³。

**混凝土最大水灰比和最小水泥用量** 表 2-9-8

| 混凝土结构所处的环境 | 无筋混凝土 | | 钢筋混凝土 | |
|---|---|---|---|---|
| | 最大水灰比 | 最小水泥用量(kg/m³) | 最大水灰比 | 最小水泥用量(kg/m³) |
| 温暖地区或寒冷地区,无侵蚀物质影响,与土直接影响 | 0.60 | 250 | 0.55 | 275 |
| 严寒地区或使用除冰盐的桥涵 | 0.55 | 275 | 0.50 | 300 |
| 受侵蚀性物质影响 | 0.45 | 300 | 0.40 | 325 |

注:1. 本表中的水灰比,系指水与水泥(包括外掺混合材料)用量比值。

2. 本表中的最小水泥用量,包括外掺混合料。当采用人工捣实混凝土时,水泥用量应增加 25kg/m³。当掺用外加剂且能有效地改善混凝土的和易性时,水泥用量可减少 25kg/m³。

3. 严寒地区系指最冷月份平均气温≤-10℃且日平均气温在≤5℃的天数≥145d 的地区。

**防水混凝土最大水灰比** 表 2-9-9

| 抗渗等级 | 最大水灰比 | |
|---|---|---|
| | C20~C30 | >C30 |
| S6 | 0.60 | 0.55 |
| S6~S8 | 0.55 | 0.50 |
| S12 以上 | 0.50 | 0.45 |

(2)水泥混凝土路面

最大水灰比和最小水泥用量符合表 2-9-10 规定。最大单位水泥用量不宜大于 400kg/m³;掺粉煤灰时,最大单位胶材用量不宜大于 420kg/m³。混凝土含气量宜符合表 2-9-11 规定。严寒地区混凝土抗冻标号不宜小于 F250,寒冷地区不宜小于 F200。在海风、酸雨、除冰或硫酸盐腐蚀环境范围内不宜单独使用硅酸盐水泥。

**路面混凝土满足耐久性要求的最大水灰比和最小水泥用量** 表 2-9-10

| 公路技术等级 | | 高速公路、一级公路 | 二级公路 | 三、四级公路 |
|---|---|---|---|---|
| 最大水灰(胶)比 | | 0.44 | 0.46 | 0.48 |
| 抗冰冻要求最大水灰比 | | 0.42 | 0.44 | 0.46 |
| 抗盐冻要求最大水灰比 | | 0.40 | 0.42 | 0.44 |
| 最小水泥用量(kg/m³) | 42.5 级 | 300 | 300 | 290 |
| | 32.5 级 | 310 | 310 | 305 |
| 抗冰(盐)冻时最小单位水泥用量(kg/m³) | 42.5 级 | 320 | 320 | 315 |
| | 32.5 级 | 330 | 330 | 325 |
| 掺粉煤灰时最小单位水泥用量(kg/m³) | 42.5 级 | 260 | 260 | 255 |
| | 32.5 级 | 280 | 270 | 265 |
| 抗冰(盐)冻掺粉煤灰时最小单位水泥用量(42.5 级)(kg/m³) | | 280 | 270 | 265 |

注:1. 掺粉煤灰,并有抗冰(盐)冻性要求时,不得使用 32.5 级水泥。

2. 水灰比计算以砂石料的自然风干状态计(砂含水率小于 1.0%;石子含水率小于 0.5%)。

3. 处在除冰盐、海风、酸雨或硫酸盐等腐蚀环境中,或在大纵坡等加减速车道上的混凝土,最大水灰比可比表中数值降低 0.01～0.02。

**路面混凝土含气量及允许偏差(%)** 表 2-9-11

| 最大公称粒径(mm) | 无抗冻要求 | 有抗冻要求 | 有抗盐冻要求 |
|---|---|---|---|
| 19.0 | 4.0±1.0 | 5.0±0.5 | 6.0±0.5 |
| 26.5 | 3.5±1.0 | 4.5±0.5 | 5.5±0.5 |
| 31.5 | 3.5±1.0 | 4.0±0.5 | 5.0±0.5 |

# 第二节　试验项目和参数

## 一、试验项目依据

试验项目依据为:《公路桥涵施工技术规范》(JTG/T F50—2011);《公路隧道施工技术规范》(JTG F60—2006);《公路水泥混凝土路面施工技术规范》(JTG F30—2006);《公路工程质量检验评定标准　第一册　土建工程》(JTG F80/1—2004)。

## 二、试验检测参数

1. 水泥混凝土拌合物性能

水泥混凝土拌合物性能试验按《公路工程水泥及水泥混凝土试验规程》(JTG E30—2005)进行，包括：①稠度试验(坍落度法、维勃稠度法)；②凝结时间试验(贯入阻力法)；③泌水试验；④表观密度；⑤含气量试验(混合式气压法)；⑥配合比分析试验。

2. 混凝土力学性能

混凝土力学性能试验按《公路工程水泥及水泥混凝土试验规程》(JTG E30—2005)进行，包括：①抗压强度试验；②轴心抗压强度试验；③抗压弹性模量试验；④劈裂抗拉强度试验；⑤抗弯拉强度试验。

3. 混凝土长期性能和耐久性能

混凝土长期性能和耐久性能试验按《公路工程水泥及水泥混凝土试验规程》(JTG E30—2005)进行，包括：①抗冻性试验；②动弹性模量试验；③抗渗性能试验；④干缩性试验；⑤耐磨性试验。

4. 混凝土配合比设计试验

混凝土配合比设计试验包括：

(1)以抗压强度为指标的配合比设计，按《普通混凝土配合比设计规程》(JGJ 55—2000)进行。

(2)以抗弯拉强度为指标的配合比设计，按《公路水泥混凝土路面施工技术规范》(JTG F30—2006)进行。

# 第三节　常用参数试验细则

## 一、工作性试验(坍落度法)

1. 使用器具

工作性试验使用器具有：坍落筒，捣棒，小铲、木尺、小钢尺、镘刀等。

2. 试验步骤

(1)将坍落度筒内外洗净，放在经水润湿过的平板上，踏紧踏脚板。

(2)将代表试样分3层装入筒内，每层装入高度稍大于筒高的1/3，沿螺旋线由边缘至中心，用捣棒在每一层的横截面上均匀插捣25次。插捣深度为底层插至底部，其他两层应插透本层并插入下一层20～30mm。顶层插捣完毕后，用镘刀抹平筒口，刮净筒底周围的拌合物。

(3)立即垂直提起坍落度筒，提筒在5～10s内完成，并使混凝土不受横向及扭力作用。从开始装料到提出坍落度筒整个过程应在150s内完成。

(4)将坍落度筒放在锥体混凝土试样一旁，筒顶平放木尺，用小钢尺量出木尺底面至试样顶面最高点的垂直距离，即为该混凝土拌合物的坍落度，精确至1mm。

3. 试验结果

(1)当混凝土试件的一侧发生崩坍或一边剪切破坏，则应重新取样另测。如第二次仍发生上述情况，则表示该混凝土和易性不好，应记录。

(2)当混凝土拌合物的坍落度大于220mm时，用钢尺测量混凝土扩展度后最终的最大直径和最小直径，在这两个直径之差小于50mm的条件下，用其算术平均值作为坍落度扩展度值；否则，此次试验无效。

(3)坍落度试验同时，应目测混凝土拌合物下列性质。

①棍度：插捣难易程度评定。“上”——插捣容易；“中”——插捣稍有石子阻滞感觉；“下”——很难插捣。

②含砂情况：外观含砂多少评定。“多”——镘刀一两次即可抹平表面；“中”——镘刀五六次才可抹平表面；“少”——抹平困难，有石子空隙外露现象。

③黏聚性：各组分相互黏聚情况。用捣棒敲打混凝土锥体侧面，如锥体逐象，即表示黏聚性不好。

④保水性：水分析出情况。“多量”——有较多水分从筒底析出；“少量”——有少量水分从筒底析出；“无”——没有水分从筒底析出。

(4)混凝土坍落度值以毫米(mm)为单位，测量精确至1mm。平行试验两次，取平均值，结果修约至最接近的5mm。

## 二、表观密度试验

1. 仪器设备

表观密度试验的仪器设备包括：试样筒(容积5L)；磅秤(量程100kg，感量50g)；振动台；其他(直尺、镘刀、玻璃板)等。

2. 试验步骤

(1)试验前用湿布将试样筒内外擦拭干净，称出质量($m_1$)，精确至50g。

(2)当坍落度不小于70mm时，宜用人工捣固，将拌合物分两层装入，每层插捣25次。用捣棒从边缘到中心沿螺旋线均匀插捣。捣棒应垂直压下，不得冲击，捣底层时应至筒底，捣上层时，须插入其下一层约20～30mm。每捣毕一层，应在筒外壁拍打5～10次，直至拌合物表面不出现气泡为止。

(3)当坍落度小于 70mm 时，宜用振动台振实，应将试样筒在振动台上夹紧，一次将拌合物桩，装满试样筒，立即开始振动，振动过程中如果混凝土低于筒口，应随时添加混凝土，振动直至拌合物表面出现水泥浆为止。

(4)用金属直尺齐筒口刮去多余的混凝土，用镘刀抹平表面，并用玻璃板检验，而后擦净试样筒外部并称其质量($m_2$)，精确至 50g。

3. 结果整理

(1)按式(2-9-3)计算拌合物表观密度：

$$\rho_h = \frac{m_2 - m_1}{V} \times 100 \tag{2-9-3}$$

式中：$\rho_h$——拌合物表观密度($kg/m^3$)；

$m_1$——试样筒质量(kg)；

$m_2$——捣实或振实后混凝土和试样筒总质量(kg)；

$V$——试样筒体积(L)。

试验结果计算精确至 $10kg/m^3$。

(2)以两次试验结果的算术平均值作为测定值，精确到 $10kg/m^3$，试样不得重复使用。

## 三、凝结时间试验方法

1. 仪器设备

(1)贯入阻力仪

贯入阻力仪由加荷装置、测针、砂浆试验筒和标准筛组成，加荷装置最大测量值应小于 1000N，刻度盘分度值为 10N。

(2)测针：长为 10mm，承压面积分别为 $100mm^2$、$50mm^2$ 和 $20mm^2$ 的 3 种测针，在距贯入端 25mm 处刻有一圈标记。

(3)标准筛：筛孔为 4.75mm。

(4)砂浆试样筒。

2. 试样制备

(1)取混凝土拌合物代表样，用 4.75mm 筛尽快筛出砂浆，再经人工翻拌后，装入一个试模。每批混凝土拌合物取一个试样，共取 3 个试样，分装 3 个试模。

(2)对于坍落度不大于 70mm 的混凝土宜用振动台振实砂浆，振动应持续到表面出浆为止且应避免过振；对于坍落度大于 70mm 的宜用捣棒人工捣实，沿螺旋方向由外向中心均匀插捣 25 次，然后用橡皮锤轻击试模侧面以排除在捣实过程中留下的空洞。进一步整平砂浆表面，使其低于试模上沿约 10mm，砂浆试样筒应立即加盖。

(3)试件静置于温度(20±2)℃或尽可能与现场相同的环境中,并在以后的试验中,环境温度始终保持(20±2)℃。在整个测试过程中,除在吸取泌水或贯入试验外,试筒应始终加盖。

(4)约 1h 后,将试件一侧稍微垫高约 20mm,使其倾斜静置约 2min,用吸管吸取泌水。以后每到测试前约 2min,同上步步骤用吸管吸去泌水。若在贯入测试前还有泌水,也应吸干。

3. 试验步骤

(1)将试件放入在贯入阻力仪底盘底座上,记录刻度盘上显示的砂浆和容量筒总质量。

(2)根据试样的贯入阻力大小,选择适宜的测针。一般当砂浆表面测孔边出现微裂纹时,应立即改换较小截面积的测针,按表 2-9-12 选用。

**测针选用参考** 表 2-9-12

| 单位面积贯入阻力(MPa) | 0.2～3.5 | 3.5～20.0 | 20.0～28.0 |
|---|---|---|---|
| 平头测针面积($mm^2$) | 100 | 50 | 20 |

(3)先使测针端面刚刚接触砂浆表面,然后转动手轮,使测针在(10±2)s 内垂直且均匀地插入试样内,深度为(25±2)mm,记下刻度盘显示的增量,精确至 10N。并记下从开始加水拌和起所经历的时间(精确至 1min)及环境温度(精确至 0.5℃)。

测定时,测针应距试模边缘至少 25mm,测针贯入砂浆各点间净距至少为所用测针直径的两倍且不小于 15mm。3 个试模每次各测 1～2 点,取其算术平均值为该时间的贯入阻力值。

(4)每个试样作贯入阻力试验应在 0.2～28MPa 间,且不少于 6 次,最后一次的单位面积阻力应不低于 28MPa。从加水拌和时起算,常温下普通混凝土 3h 后开始测定,以后每隔 0.5h 测定一次;早强混凝土或气温较高时,宜 2h 后开始测定,缓凝混凝土或气温较低时,宜 5h 后开始测定。在邻近初凝、终凝时可增加测定次数。

4. 结果整理

(1)单位面积贯入阻力按式(2-9-4)计算,精确至 0.1MPa。

$$f_{PR} = \frac{P}{A} \tag{2-9-4}$$

式中:$f_{PR}$——单位面积贯入阻力(MPa);

$P$——测针贯入深度为 25mm 时的贯入压力(N);

$A$——贯入测针的截面积($mm^2$)。

(2)以单位面积贯入阻力为纵坐标，测试时间为横坐标，绘制单位面积贯入阻力与测试时间关系曲线。经 3.5MPa 及 28MPa 画两条平行于横坐标的直线，则直线与曲线的相交点的横坐标即为初凝及终凝时间，如图 2-9-1 所示。

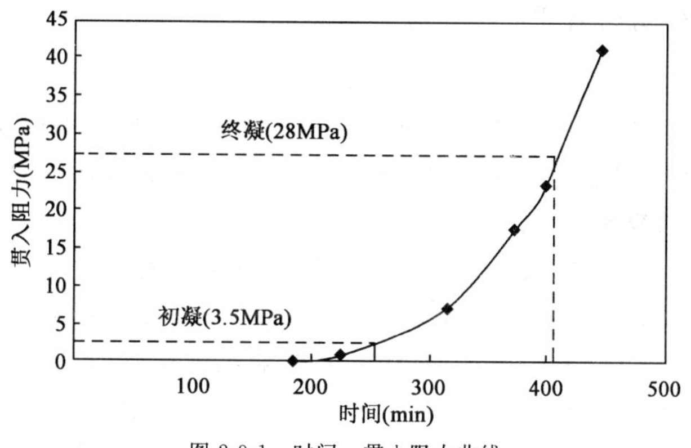


图 2-9-1　时间—贯入阻力曲线

(3)凝结时间取 3 个试样的平均值。3 个测值中的最大值或最小值，如果有一个与中间值之差超过中间值的 10%，则以中间值为试验结果；如果最大值和最小值与中间值之差均超过中间值的 10%时，则试验无效。凝结时间用h:min表示，并精确至 5min。

## 四、含气量试验方法

1. 仪器设备

(1)混合气压法含气量测定仪：包括量钵和量钵盖，盖体与盖体之间有密封圈。如图 2-9-2 所示。

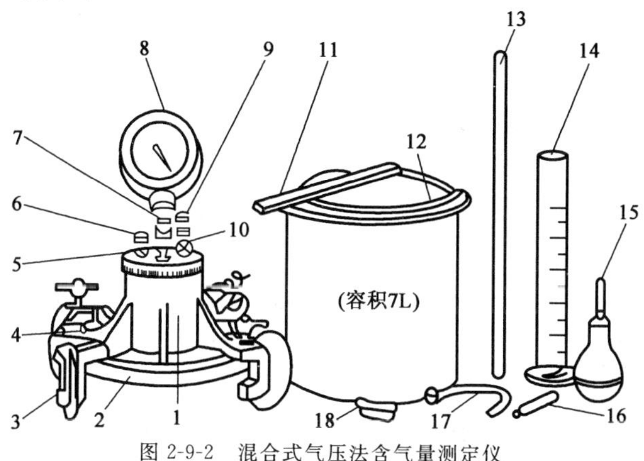


图 2-9-2　混合式气压法含气量测定仪

1-气室；2-上盖；3-夹子；4-小龙头；5-出水口；6-微调阀；7-排气阀；8-压力表；9-手泵；10-阀门杆；11-刮尺；12-量钵；13-捣棒；14-量筒；15-注水器；16-校正管(2)；17-校正管(1)；18-水平尺

(2)测定仪附件：校正管、100mL 量筒、注水器、水平尺、插倒棒。

(3)压力表：量程为 0.25MPa；分度值为 0.01MPa。

(4)台秤：量程 50kg，感量 50g。

(5)橡皮锤：应带有质量约 250g 的橡皮锤头。

2.仪器标定

(1)量钵容积的标定。先称量含气量测定仪量钵和玻璃板总重，然后将量钵加满水，用玻璃板沿量钵顶面平推，使量钵内盛满水且玻璃板一起称重。两次质量的差值除以该温度下水的密度即为量钵的容积 $V$。

(2)含气量 0%点的标定。把量钵加满水，将校正管接在钵盖下面小龙头的端部。将钵盖轻轻放在量钵上，用夹子夹紧使其气密良好并用水平仪检查仪器的水平。打开小龙头，松开排气阀，用注水器从小龙头处加水，直至排气阀出水口冒水为止。然后拧紧小龙头和排气阀，此时钵盖和钵体之间的空隙被水充满。用手泵向气室内充气，使表压稍大于 0.1MPa，然后用微调阀调整表压使其为 0.1MPa。按下阀门杆 1～2 次，使气室的压力气体进入量钵内，读取压力表读数，此时指针所示压力相当于 0%。

(3)含气量 1%～10%的标定。含气量 0%标定后，将校正管接在钵盖小龙头的上端，然后按一下阀门杆，慢慢打开小龙头，量钵中的水就通过校正管流到量筒中。当量筒中的水为量钵容积的 1%时，关闭小龙头。

打开排气阀，使量钵内的压力与大气压平衡，然后重新用手泵加压，并用微调阀准确地调到 0.1MPa。按 1～2 次阀门杆，此时测得的压力表读数值相当于含气量 1%，同样的方法可测得含气量 2%、3%～10%的压力表读数值。

以压力表读数值为横坐标，含气量为纵坐标，绘制含气量与压力表读值关系曲线。

3.混凝土拌合物含气量测定

(1)擦净量钵与钵盖内表面，并使其水平放置。将新拌混凝土拌合物均匀适量地装入量钵内，用振动台振实，振动时间 15～30s 为宜。也可用人工捣实，将拌合物分 3 层装料，每层插捣 25 次，插捣上层时捣棒应插入下层 10～20mm。

(2)刮去表面多余的混凝土拌合物，用镘刀抹平，并使其表面光滑无气泡。

(3)擦净钵体和钵盖边缘，将密封圈放于钵体边缘的凹槽内，盖上钵盖，用夹子夹紧，使之气密良好。

(4)打开小龙头和排气阀，用注水器从小龙头处往量钵中注水，直至水从排气阀出水口流出，再关紧小龙头和排气阀。

(5)关好所有的阀门，用手泵打气加压，使表压稍大于 0.1MPa，用微调阀准确地将表压调到0.1MPa。

(6)按下阀门杆1～2次，待表压指针稳定后，测得压力表读数$P_{01}$。

(7)开启排气阀，压力仪表应归零，对容器中试样在测定一次压力值$P_{02}$。

(8)如果$P_{01}$和$P_{02}$的相对误差小于0.2%，以两次测值的算术平均值，按压力与含气量关系曲线查得所测混凝土样品的仪器测定含气量$A_1$值(精确至0.1%)作为试验结果；如果不满足，则应进行第三次试验，测得压力值$P_{03}$。当$P_{03}$与$P_{01}$、$P_{02}$中接近一个值的相对误差不大于0.2%时，则取两值的算术平均值，按压力与含气量关系曲线查得所测混凝土样品的仪器测定含气量$A_1$值(精确至0.1%)作为试验结果。当仍大于0.2%时，须重做试验。

4.集料含气量$C$测定

(1)在容器中先注入1/3高度的水，然后把集料慢慢倒入容器。水面升高25mm左右就应轻轻插捣10次，并略予搅动，以排除夹杂进去的空气；加料过程中应始终保持水面高出集料顶面；集料全部加入后应浸泡约5min，再用橡皮锤轻敲容器外壁，排净气泡，除去水面气泡，加至水满，擦净容器上口边缘；装好密封圈，加盖拧紧螺栓。

(2)关闭操作阀和排气阀，开启进气阀，用气泵向气室内注入空气，打开操作阀，使气室内的压力略大于0.1MPa，待压力表显示值稳定后，打开排气阀，并用操作阀调整压力至0.1MPa，然后关紧所有阀门。

(3)开启操作阀，使气室里的压缩空气进入容器，待压力表显示稳定后记录显示值$P_{g1}$，然后开启排气阀，压力仪表应归零。

(4)重复步骤(1)～步骤(3)，对容器内试样再检测一次，记为$P_{g2}$。

(5)如果$P_{g1}$和$P_{g2}$的相对误差小于0.2%，以两次测值的算术平均值，按压力与含气量关系曲线查得所测混凝土样品的仪器测定含气量$C$值(精确至0.1%)作为试验结果；如果不满足，则应进行第三次试验，测得压力值$P_{03}$。当$P_{g3}$与$P_{g1}$、$P_{g2}$中接近一个值的相对误差不大于0.2%时，则取两值的算术平均值，按压力与含气量关系曲线查得所测混凝土样品的仪器测定含气量$C$值(精确至0.1%)作为试验结果。当仍大于0.2%时，须重做试验。

5.试验结果

含气量按式(2-9-5)计算，结果精确到0.1%。

$$A = A_1 - C \tag{2-9-5}$$

式中：$A$——混凝土拌合物含气量(%)；

$A_1$——仪器测定含气量(%)；

$C$——集料含气量(%)。

## 五、混凝土试件成型及养护方法

1.拌合物取样

每组试件所用拌合物应从同一盘或同一车中取样。取拌合物的总量至少应比所需量高20%以上,并取出少量混凝土拌合物代表样,在5min内进行坍落度或维勃试验,认为品质合格后,在拌制后尽量短的时间内成型,一般不宜超过15min。制件前应将拌合物用铁锹来回拌和3次。

2.试件成型

(1)插入式振捣棒(ϕ25mm)成型。适用于坍落度小于25mm混凝土。将混凝土拌合物一次装入试模,装料时应用抹刀沿各试模壁插捣,并使混凝土拌合物高出试模口;振捣时振捣棒距底板10～20mm,且不要接触底板。振捣直到表面出浆为止,且应避免过振,以防止混凝土离析,一般振捣时间为20s。振捣棒拔出时要缓慢,拔出后不得留有孔洞。用刮刀刮去多余的混凝土,在邻近初凝时,用抹刀抹平。试件抹面与试模边缘高低差不得超过0.5mm。

(2)标准振动台成型。适用于坍落度大于25mm且小于70mm的混凝土。将拌合物一次装入试模,装料时应应用抹刀沿四壁插捣,并使混凝土拌合物高出试模口。将试模放在标准振动台上,振动时试模不得有任何跳动,振动应持续到表面出浆为止,振动过程中随时添加混凝土使试模常满。振动结束后,刮除试模上口多余混凝土,待混凝土临近初凝时,用抹刀抹平,试件抹面与试模边缘高低差不得超过0.5mm。

(3)人工插捣成型。适用于坍落度大于70mm混凝土。将混凝土拌合物分两次装入试模,每层装料厚度大致相等。插捣应沿螺旋线由边缘至中心,每一层均匀插捣25次。插捣深度为下层插至试模底部,上层应插透本层并插入下一层20～30mm。插捣时捣棒应保持垂直,不得倾斜,然后应用抹刀沿试壁插拔数次。用橡皮锤轻轻敲打试模外端面10～15下,以填平插捣过程中流下的孔洞。刮除试模上口多余混凝土,待混凝土临近初凝时,用抹刀抹平,试件抹面与试模边缘高低差不得超过0.5mm。

3.试件养护

(1)试件成型后,用湿布覆盖表面(或其他保湿办法),在室温(20±5)℃,相对湿度大于50%的环境下,静放1～2个昼夜,然后拆模并作第一次外观检查、编号,对有缺陷的试件应除去。

(2)将完好的试件放入标养室内,标养室温度(20±2)℃,相对湿度大于95%,试件应放在铁架或木架上,间距至少10～20mm,试件表面应保持一层水膜,并避免用水直接冲淋。

(3)标准养护龄期为28d(以搅拌加水开始),非标准的龄期为1d、3d、7d、60d、90d、180d。

## 六、混凝土立方体抗压强度试验

1. 仪器设备

压力试验机:测量精度为±1%,试件破坏荷载应大于压力机全量程的20%且小于压力机全量程的80%,同时应具有加荷速度指示装置和加荷速度控制装置。

2. 试验步骤

(1)至试验龄期时,自养护室取出试件,应尽快试验,避免其湿度变化。

(2)取出试件,检查其尺寸及形状,相对两面应平行。试件各边长的尺寸的公差不得超过1mm。

(3)在试件破型前,保持试件原有湿度,在试验时擦干试件。以成型时侧面为上下受压面,试件中心应与压力机几何对中。

(4)试验机加荷速度按表2-9-13规定执行。当试件接近破坏而开始迅速变形时,应停止调整试验机油门,直至试件破坏,记下破坏极限荷载$F$(N)。

**混凝土抗压加荷速度** 表2-9-13

| 混凝土强度等级 | <C30 | C30~C60 | >C60 |
|---|---|---|---|
| 试验机加荷速度(MPa/s) | 0.3~0.5 | 0.5~0.8 | 0.8~1.0 |

3. 试验结果整理

混凝土立方体试件抗压强度按式(2-9-6)计算:

$$f_{cu}=\frac{F}{A} \tag{2-9-6}$$

式中:$f_{cu}$——混凝土立方体试件抗压强度(MPa);

$F$——极限荷载(N);

$A$——受压面积($mm^2$)。

以3个试件测值的算术平均值为测定值,计算精确到0.1MPa。3个测值中的最大值或最小值如有一个与中间之差超过中间值的15%,则取中间值为测定值;如最大值和最小值与中值之差超过中间值的15%,则该组试验结果无效。

4. 试验记录表格式

见本章"十、常用参数试验记录表格"。

## 七、混凝土抗弯拉强度试验

1. 仪器设备

(1)压力或万能试验机:测量精度为±1%,试件破坏荷载应大于压力机全量程的 20%且小于压力机全量程的 80%,同时应具有加荷速度指示装置和加荷速度控制装置。

(2)弯拉试验装置:即三分点处双点加荷和三点自由支撑式混凝土抗弯拉强度与抗弯拉弹性模量试验装置。如图2-9-3所示。

2. 试件制备和养护

(1)试件标准尺寸为 150mm×150mm×550mm,同时在试件长向中部 1/3 区段内表面不得有直径超过 5mm、深度超过 2mm 的孔洞。

(2)混凝土抗弯拉强度试件应取同龄期者为一组,每组 3 根同条件制作和养护的试件。

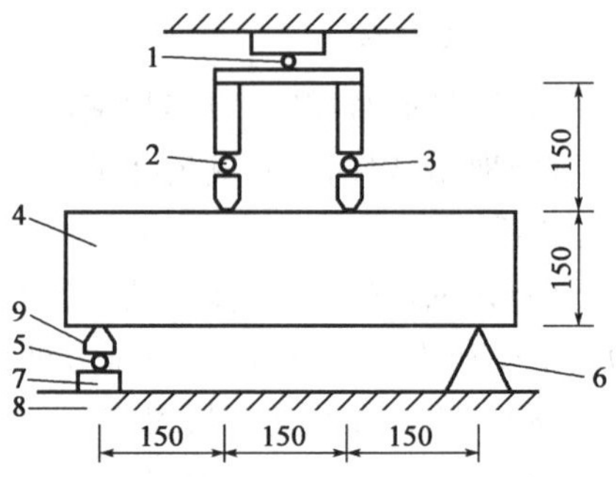


图 2-9-3 抗弯拉试验装置(尺寸单位:mm)

1、2-一个钢球;3、5-两个钢球;4-试件;6-固定支座;7-活动支座;8-机台;9-活动船形垫块

3. 试验步骤

(1)试件取出后,用湿毛巾覆盖并及时进行试验,保持试件干湿状态不变。在试件中部量出其宽度和高度,精确至 1mm。

(2)调整两个可移动支座,将试件安放在支座上,试件成型时的侧面朝上,几何对中后,务必使支座及承压面与活动船型垫块的接触面平稳、均匀,否则应垫平。

(3)加荷时,应保持均匀、连续。当混凝土的强度等级小于 C30 时,加荷速度为 0.02~0.05MPa/s;当混凝土强度等级大于等于 C30 且小于 C60 时,加荷速度为 0.05~0.08MPa/s;当混凝土的强度等级大于 C60 时,加荷速度为 0.08~0.10MPa/s。当试件接近破坏而开始迅速变形时,不得调整试验机油门,直至试件破坏,记下破坏极限荷载 $F$(N)。

(4)记录下最大荷载和试件下边缘断裂的位置。

4. 试验结果整理

(1)当断面发生在两个加荷点之间时,抗弯拉强度 $f_f$ 按式(2-9-7)计算。

$$f_f = \frac{FL}{bh^2} \tag{2-9-7}$$

式中:$f_f$——抗弯拉强度(MPa);

$F$——极限荷载(N);

$b$——试件宽度(mm);

$h$——试件高度(mm)。

(2)以3个试件测值的算术平均值为测定值。3个试件中最大值或最小值中,如有一个与中间值之差超过中间值的15%,则把最大值和最小值舍去,以中间值作为试件的抗弯拉强度;如最大值和最小值与中间值之差均超过中间值15%,则该组试验结果无效。

3个试件中如有一个断裂面位于加荷点外侧,则混凝土抗弯拉强度按另外两个试件的试验结果计算。如果这两个测值的差值不大于这两个测值中较小值的15%,则以两个测值的平均值为测试结果,否则结果无效。

如果有两根试件均出现断裂面位于加荷点外侧,则该组结果无效。

## 八、以抗压强度为指标的配合比设计方法

### (一)计算初步配合比

1. 确定混凝土的配置强度

混凝土配置强度应根据设计要求的混凝土强度等级和施工单位质量管理水平按式(2-9-1)确定。

2. 计算水灰比

(1)按式(2-9-8)计算水灰比。

$$W/C = \frac{\alpha_a \cdot f_{ce}}{f_{cu,o} + \alpha_b \cdot f_b} \quad (2\text{-}9\text{-}8)$$

式中:$\alpha_a$、$\alpha_b$——回归系数,按表2-9-14选用;

$f_b$——水泥或胶凝材料28d抗压强度实测值(MPa)。

回归系数选用表 表2-9-14

| 系数 \ 粗集料种类 | 碎　石 | 卵　石 |
|---|---|---|
| $\alpha_a$ | 0.53 | 0.49 |
| $\alpha_b$ | 0.20 | 0.13 |

无水泥28d抗压强度实测值时,按式(2-9-9)确定。无胶凝材料28d抗压强度实测值时,按式(2-9-10)确定。

$$f_{ce} = \gamma_c \cdot f_{ce,g} \quad (2\text{-}9\text{-}9)$$

$$f_b = \gamma_f \gamma_s f_{ce} \quad (2\text{-}9\text{-}10)$$

式中:$\gamma_c$——水泥强度等级值的富余系数,可按表2-9-15选用;

$f_{ce,g}$——水泥强度等级值(MPa)；

$\gamma_f$、$\gamma_s$——粉煤灰影响系数和高炉矿渣影响系数，可按表2-9-16选用。

**水泥强度等级值富余系数** 表2-9-15

| 水泥强度等级值 | 32.5 | 42.5 | 52.5 |
|---|---|---|---|
| 富余系数 | 1.12 | 1.16 | 1.10 |

**粉煤灰、高炉矿渣影响系数选用表** 表2-9-16

| 掺量(%) \ 种类 | 粉煤灰影响系数 $\gamma_f$ | 高炉矿渣影响系数 $\gamma_s$ |
|---|---|---|
| 10 | 0.85～0.95 | 1.00 |
| 20 | 0.75～0.85 | 0.95～1.00 |
| 30 | 0.65～0.75 | 0.90～1.00 |
| 40 | 0.55～0.65 | 0.80～0.90 |

注：1.II级以上粉煤灰宜取上限值。

2.S75矿渣取下限，S95矿渣取上限。

(2)根据混凝土所处的环境，耐久性要求允许的最大水灰比(表2-9-7、表2-9-8)，校核上述计算的水灰比。

3.选定单位用水量

根据粗集料的品种、粒径及施工要求的拌合物稠度选定每立方米混凝土拌合物的用水量。一般可根据施工单位对所用的材料的经验选定，如经验不足，可参照表2-9-17选用。

**混凝土单位用水量选用表**(kg/m³) 表2-9-17

| 拌合物流动性 | | 碎石最大粒径(mm) | | | | 卵石最大粒径(mm) | | | |
|---|---|---|---|---|---|---|---|---|---|
| 项目 | 范围 | 13.2 | 16 | 26.5 | 31.5 | 9.5 | 16 | 26.5 | 31.5 |
| 坍落度(mm) | 10～30 | 200 | 185 | 175 | 165 | 190 | 170 | 160 | 150 |
| | 35～55 | 210 | 195 | 185 | 175 | 200 | 180 | 170 | 160 |
| | 55～70 | 220 | 205 | 195 | 185 | 210 | 190 | 180 | 170 |
| | 75～90 | 230 | 215 | 205 | 195 | 215 | 195 | 185 | 175 |

注：1.本表用水率系采用中砂时的平均取值。采用细砂时，每立方米混凝土用水量可增加5～10kg；采用粗砂时，则可减少5～10kg。

2.掺用各种外加剂或掺合料时，用水量应相应调整。

4.计算单位水泥用量

每立方米混凝土的水泥用量可按式(2-9-10)计算：

$$m_{c0} = \frac{m_{w0}}{W/C} \tag{2-9-11}$$

式中：$m_{c0}$——单位水泥用量(kg/m$^3$)；

$m_{w0}$——单位用水量(kg/m$^3$)。

上式计算出的水泥用量，应不低于表2-9-8规定的最小水泥用量。

5. 选定砂率

根据粗集料品种、最大粒径和混凝土拌合物的水灰比确定砂率。一般可根据施工单位对所用的材料的经验选定，如经验不足，可参照表2-9-18选用。

**混凝土砂率选用表(%)** 表2-9-18

| 水灰比(W/C) | 碎石最大粒径(mm) | | | 卵石最大粒径(mm) | | |
|---|---|---|---|---|---|---|
| | 13.2 | 16 | 31.5 | 9.5 | 16 | 31.5 |
| 0.40 | 30～35 | 29～34 | 27～32 | 26～32 | 25～31 | 24～30 |
| 0.50 | 33～38 | 32～37 | 30～35 | 30～35 | 29～34 | 28～33 |
| 0.60 | 36～41 | 35～40 | 33～38 | 33～38 | 32～37 | 31～36 |
| 0.70 | 39～44 | 38～43 | 36～41 | 36～41 | 35～40 | 34～39 |

注：本表数值系中砂的选用砂率，对细砂或粗砂，可相应地减少或增大砂率。

6. 计算粗、细集料单位用量

(1)质量法，按下列公式计算：

$$m_{c0} + m_{g0} + m_{s0} + m_{w0} = m_{cp} \tag{2-9-12}$$

$$\beta_s = \frac{m_{s0}}{m_{g0} + m_{s0}} \times 100\% \tag{2-9-13}$$

式中：$m_{g0}$——单位粗集料用量(kg/m$^3$)；

$m_{s0}$——单位细集料用量(kg/m$^3$)；

$\beta_s$——砂率(%)；

$m_{cp}$——单位混凝土拌合物的假定质量(kg)，其值可取2350～2450kg。

(2)体积法，按下列公式计算：

$$\frac{m_{c0}}{\rho_c} + \frac{m_{g0}}{\rho_g} + \frac{m_{s0}}{\rho_s} + \frac{m_{w0}}{\rho_w} + 0.01\alpha = 1 \tag{2-9-14}$$

$$\beta_s = \frac{m_{s0}}{m_{g0} + m_{s0}} \times 100\% \tag{2-9-15}$$

式中：$\rho_c$——水泥密度(kg/m$^3$)，可取2900～3100kg/m$^3$；

$\rho_g$——粗集料的表观密度(kg/m$^3$)；

$\rho_s$——细集料的表观密度(kg/m$^3$)；

$\rho_w$——水的密度(kg/m³),可取 1000kg/m³;

$\alpha$——混凝土的含气量百分数,在不使用引气剂时,可取 1。

### (二)试拌调整、提出基准配合比

1.试拌

(1)试拌材料与实际工程使用的材料相同,粗、细集料的称量均以干燥状态为基准。如不是用干燥集料[1]配制,称料时应在用水量中扣除集料中超过的含水率值,集料称量也相应增加。

(2)搅拌方法应尽量与生产时使用方法相同。试拌时,每盘混凝土数量一般不少于表 2-9-19 建议值且应不少于搅拌机额定拌和量的 1/4。

混凝土试配的最小拌和量　表 2-9-19

| 集料最大粒径(mm) | 拌合物数量(L) | 集料最大粒径(mm) | 拌合物数量(L) |
|---|---|---|---|
| 26.5 | 15 | 31.5 | 25 |

2.校核工作性、调整配合比

按计算出的初步配合比进行试拌,以校核混凝土拌合物的工作性。如试拌得出的拌合物坍落度不能满足要求。或黏聚性和保水性不好,则应在保证水灰比不变的条件下,相应调整用水量或砂率,直到符合要求为止。然后提出供混凝土强度试验用的基准配合比。

### (三)检验强度、确定试验室配合比

1.制作试件、检验强度

为校核混凝土的强度,至少拟定 3 个不同的配合比,其中一个为按上述得出的基准配合比,另外两个配合比的水灰比值,应较基准配合比分别增加及减少 0.05(或 0.10),其用水量应与基准配合比相同,砂率可分别增加和减少 1%。

制作检验混凝土强度试件时,尚应检验拌合物的坍落度。黏聚性、保水性及测定混凝土的表观密度,并以此结果表征该配合比的混凝土拌合物的性能。

为检验混凝土强度,每种配合比至少制作一组(3 块)试件,在标准养护 28d 条件下进行抗压强度测试。必要时另制作几组试件,供快速检验或较早龄期(3d、7d)时的抗压强度测试,以便尽早提出混凝土配合比供施工使用。但必须以标准养护 28d 强度检验结果为依据调整配合比。

2.确定试验室配合比

根据试验得出的混凝土强度与其对应的水灰比关系,用作图法或计算法求

---

[1] 干燥状态集料系指含水率小于 0.5%的细集料或含水率小于 0.2%的粗集料。

出与混凝土配制强度相对应的水灰比，并按下列原则调整每立方米混凝土材料用量。

(1)根据强度检验结果修正配合比

①用水量($m_w$)应在基准配合比用水量基础上，根据制作强度试件时测得的坍落度值加以适当调整。

②水泥用量($m_c$)应以用水量乘以选定的灰水比计算确定。

③粗细集料用量($m_g$ 和 $m_s$)应在基准配合比的粗细集料用量的基础上，按选定的灰水比进行调整后确定。

(2)根据实测拌合物湿表观密度修正配合比

①根据强度检验结果修正后的混凝土配合比，计算出混凝土的"计算湿表观密度"：

$$\rho_{c,c} = m_c + m_g + m_s + m_w \tag{2-9-16}$$

②按式(2-9-17)计算混凝土配合比校正系数 $\delta$：

$$\delta = \frac{\rho_{c,t}}{\rho_{c,c}} \tag{2-9-17}$$

式中：$\rho_{c,t}$——混凝土表观密度实测值($kg/m^3$)；

$\rho_{c,c}$——混凝土表观密度计算值($kg/m^3$)。

③将混凝土配合比中各项材料用量乘以校正系数，即得最终的试验室配合比设计值。当混凝土的实测表观密度值与计算湿表观密度值之差的绝对值不超过计算值的 2%时，可不进行该项修正。

### (四)施工配合比换算

设施工现场实测细集料的含水率为 $a\%$，粗集料的含水率为 $b\%$。则施工配合比的各种材料单位用水量：

$$\begin{aligned} m'_c &= m_c \\ m'_s &= m_s(1 + a\%) \\ m'_g &= m_g(1 + b\%) \\ m'_w &= m_w - (m_s a\% + m_g b\%) \end{aligned} \tag{2-9-18}$$

施工配合比：

$$1:X:Y = 1:\frac{m'_s}{m'_c}:\frac{m'_g}{m'_c} \qquad \frac{W}{C} = \frac{m'_w}{m'_c} \tag{2-9-19}$$

施工每盘称量值的换算：

$$m = Vm_i \tag{2-9-20}$$

式中：$i$——材料的称量(kg)；

$m_i$——施工配合比中 $i$ 材料的用量($kg/m^3$)；

$V$——每盘搅拌量($m^3$)。

### (五)有特殊要求的混凝土配合比设计

1.泵送混凝土

(1)坍落度为 80～180mm，具体取值根据现场泵送高度选用，试配时应考虑泵送过程中坍落度的损失。

(2)泵送混凝土宜采用中砂，其通过 0.315mm 筛孔的颗粒含量不应少于 15%，通过 0.160mm 筛孔的颗粒含量不应少于 5%。砂率宜为 40%～50%。

(3)粗集料最大粒径与输送管道内径之比宜为 1/3～1/5，泵送高度在 50m 以下时用 1/3，大于 100m 时用 1/5。

(4)水灰(胶)比宜为 0.40～0.60，水泥用量不宜小于 $300kg/m^3$。

2.防水混凝土

(1)宜选用硅酸盐或普通硅酸盐水泥且强度等级不低于 42.5，水泥用量不宜小于 $320kg/m^3$。

(2)粗集料宜采用连续级配，最大粒径不宜大于 40mm，含泥量不大于 1.0%。细集料含泥量不大于 3.0%。

(3)外加剂宜采用防水剂、膨胀剂、引气剂或减水剂；掺用引气剂时，混凝土含气量控制在 3%～5%。

(4)砂率宜为 35%～45%。

(5)最大水灰比应符合表 2-9-9 的规定。

(6)进行配合比设计时，应增加抗渗性能试验。并应符合下列规定：

①抗渗水压值应比设计值提高 0.2MPa；

②试配时，应采用水灰比最大的配合比作抗渗试验，试验结果应符合式(2-9-20)要求：

$$S_t \geqslant S + 0.2 \tag{2-9-21}$$

式中：$S_t$——6 个试件中 4 个未出现渗水时的最大水压值；

$S$——设计要求的抗渗等级。

3.C50～C60 混凝土

(1)应选用质量稳定、强度等级不低于 42.5 级的硅酸盐水泥或普通硅酸盐水泥。

(2)粗集料的最大粒径不应大于 26.5mm；针片状含量不宜大于 5%；含泥量不应大于 0.5%，泥块含量不应大于 0.2%。

(3)粗集料除进行压碎值试验外，对碎石尚应进行岩石立方体抗压强度试验，其结果不应小于要求配置的混凝土抗压强度标准值的1.5倍。

(4)细集料宜采用中砂，其细度模数宜大于2.6，含泥量不应大于2.0%，泥块含量不应大于0.5%。

(5)外加剂应掺用高效减水剂或缓凝高效减水剂；外掺料应掺用活性较好的矿物掺合料，且宜复合使用矿物掺合料。

(6)水泥用量不宜大于500kg/m$^3$，水泥和混合材总量不超过550kg/m$^3$，粉煤灰掺量不宜超过胶结料的30%。

(7)采用3个不同的配合比进行强度试验时，其中一个应为基准配合比，另外两个配合比的水灰比，宜较基准配合比分别增加和减少0.02～0.03。

(8)配合比确定后，尚应进行不少于6次重复试验进行验证，其平均值不应低于配置强度。

4.大体积混凝土

(1)水泥应选用水化热低和凝结时间长的水泥，优先选用大坝水泥、矿渣硅酸盐水泥、粉煤灰硅酸盐水泥、火山灰质硅酸盐水泥。

(2)粗集料宜采用连续级配，细集料宜采用中砂。

(3)大体积混凝土应掺用缓凝剂、减水剂和减少水泥水化热的掺合料。

(4)大体积混凝土在保证混凝土强度及工作性要求的前提下，应提高掺合料及集料的含量，以降低每方混凝土中水泥用量。

5.水下混凝土

(1)可选用粉煤灰硅酸盐水泥、火山灰质硅酸盐水泥、硅酸盐水泥或普通硅酸盐水泥，使用矿渣硅酸盐水泥时应采用防离析措施。水泥的初凝时间不宜早于2.5h，水泥强度等级不宜低于42.5。

(2)粗集料宜优先选用卵石或卵石和碎石的混合料，集料的最大粒径不应大于导管内径的1/6～1/8和钢筋最小间距的1/4，同时不应大于40mm。

(3)细集料宜采用级配良好的中砂。混凝土砂率宜在40%～50%。

(4)水灰比宜采用0.50～0.60。水泥用量不宜小于350kg/m$^3$，当使用缓凝减水剂和粉煤灰时，可不少于300kg/m$^3$。

(5)混凝土拌合物应有良好的工作性，其坍落度宜为180～220mm。

6.喷射混凝土

(1)喷射混凝土的用水应采用清洁的饮用水，PH值不小于4、硫酸盐含量(以$SO_4^{2-}$计)不超过1%的清水(按质量计)。

(2)拌合料的砂率以50%～60%为宜，砂粒较粗时，砂率可以偏大；砂粒较细时，砂率可以偏小。

(3)水泥用量可取水泥与集料(粗、细)之比 1∶4～1∶4.5。

(4)水灰比在不掺减水剂的情况下,一般以 0.4～0.5 为宜。

(5)速凝剂的掺量宜在水泥用量的 3%～5%,不宜过大。

(6)掺加钢纤维时,钢纤维的抗拉强度不得低于 380MPa,直径 0.3～0.5mm,长度 20～25mm 且不得大于 25mm,掺入量为混凝土混合料质量的 3%～6%。

(7)各种组成材料用量调整应在现场试喷情况下确定,试喷应以喷射物不出现干斑、不流淌、色泽均匀、粉尘回弹较小为准。

**(六)高性能混凝土配合比设计原则**

随着混凝土技术的发展,高性能混凝土的应用日益增多。高性能混凝土有良好的力学性能、耐久性能,以及施工中的适应性能。另外,掺加粉煤灰、矿粉等混合材料使得高性能混凝土比一般混凝土环保。

高性能混凝土耐久性表现在抗裂性好和体积稳定性好,低渗透性(包括水密性和抗化学侵蚀性),无龟裂,内部结构的自愈性和长期强度缓慢持续发展。以耐久性为主的高性能混凝土配合比设计应考虑如下几点:

1.低用水量

在满足工作性条件下尽量减少用水量。混凝土高拌合水量的后果是:抗压和抗折强度降低、吸水率和渗透性增大、水密性降低、干缩裂缝出现的概率加大、砂石与水泥石界面黏结力和钢筋与混凝土握裹力减小、混凝土干湿体积变化和抗风化能力降低。一般高性能混凝土用水量要求小于 165kg/$m^3$。

2.低水泥用量

系指满足混凝土工作性和强度条件下尽量减小水泥用量,这是提高混凝土体积稳定性和抗裂性的一条重要措施。过高的水泥浆会产生大量的水化热、大的坍落度损失、塑性裂缝出现的概率大、弹性模量降低、干燥收缩与徐变增大。

3.最大堆积密度

指优化混凝土中集料级配设计获取最大密度和最小空隙率,以便尽可能减少水泥浆的用量,来达到降低砂率,减小用水量和水泥用量之目的。

4.水灰比适当

在一定范围内混凝土抗压强度与其拌合物的水灰比成反比,减小水灰比,混凝土抗压强度和体积稳定性提高,但为保证混凝土的抗裂性能,水灰比应适当,不宜过小,过小易导致混凝土自身收缩增大。

5.活性掺合料与高效减水剂的双掺

高性能混凝土的配制必须发挥活性掺合料与高效减水剂的超叠加效应,从而减少水泥用量和用水量、密实混凝土内部结构，使混凝土强度持续发展，耐久性得以改善，是混凝土具有高电阻和低电渗。

上述有特殊要求的混凝土配合比设计只是就混凝土耐久性的某一因素提出要求，在工程实际中，混凝土大都是在两种或两种以上因素的作用下，如抗冻融作用与钢筋锈蚀、碱集料反应氯盐腐蚀，还可能有碳化、硫酸盐侵蚀等参与，因此混凝土配合比设计会更加复杂，对原材料、水灰比、集料和砂率等有不同的要求。

## 九、以抗弯拉强度为指标的路面混凝土配合比设计方法

### (一)计算初步配合比

1. 确定混凝土试配强度

(1)当有统计资料时按式(2-9-2)计算配制 28d 弯拉强度的均值。

(2)无统计资料时按式(2-9-22)确定试配强度

$$f_c = K_i f_r \tag{2-9-22}$$

式中：$K_i$——混凝土提高系数，其值为 1.10～1.15，可根据施工技术水平和工程的重要性选用，施工水平较好者取 1.10，一般者或重要工程取 1.15。

2. 水灰(胶)比的计算和确定

(1)根据粗集料的类型，水灰比可分别按下列统计公式计算：

碎石或碎卵石混凝土：

$$\frac{W}{C} = \frac{1.5684}{f_c + 1.0097 - 0.3595 f_s} \tag{2-9-23}$$

卵石混凝土：

$$\frac{W}{C} = \frac{1.2618}{f_c + 1.5492 - 0.4709 f_s} \tag{2-9-24}$$

式中：$\frac{W}{C}$——水灰比；

$f_c$——水泥混凝土设计弯拉强度(MPa)；

$f_s$——水泥实测 28d 抗折强度(MPa)。

(2)掺用粉煤灰时，应计入超量取代法中代替水泥的那一部分粉煤灰用量(代替砂的超量部分不计入)，用水胶比 $W/(C+F)$ 代替水灰比 $W/C$。

(3)应在满足弯拉强度计算和耐久性(表 2-9-10)两者要求的水灰(胶)比中取小值。

2. 单位用水量的计算和确定

(1)不掺外加剂和掺和料时，单位用水量的计算

根据粗集料种类和适宜的坍落度，分别按经验公式(2-9-25)、式(2-9-26)计算单位用水量(砂石料以自然风干状态计)：

碎石： $W_o = 104.97 + 0.309S_L + 11.27C/W + 0.61S_P$ (2-9-25)

卵石： $W_o = 86.89 + 0.370S_L + 11.274C/W + 1.00S_P$ (2-9-26)

式中：$W_o$——不掺外加与掺合料混凝土的单位用水量($kg/m^3$)；

$S_L$——混凝土拌合物坍落度(mm)；

$S_P$——砂率(%)；查表 2-9-20 取值。若做抗滑槽时，砂率在表 2-9-20 基础上可增大 1%～2%。

**砂的细度模数与最优砂率关系** 表 2-9-20

| 砂细度模数 | | 2.2～2.5 | 2.5～2.8 | 2.8～3.1 | 3.1～3.4 | 3.4～3.7 |
|---|---|---|---|---|---|---|
| 砂率 $S_p$(%) | 碎石 | 30～34 | 32～36 | 34～38 | 36～40 | 38～42 |
| | 卵石 | 28～32 | 30～34 | 32～36 | 34～38 | 36～40 |

注：碎卵石可在碎石和卵石混凝土之间内插取值。

(2)掺外加剂时混凝土的单位用水量计算

掺外加剂的混凝土单位用水量应按式(2-9-27)计算：

$$W_{ow} = W_o\left(1 - \frac{\beta}{100}\right) \quad (2\text{-}9\text{-}27)$$

式中：$W_{ow}$——掺外加剂混凝土的单位用水量($kg/m^3$)；

$\beta$——所用外剂剂量的实测减水率(%)。

单位用水量应取计算值与表 3-7 或表 3-8 的规定值两者中的小值。若实际单位用水量仅掺引气剂不满足所取数值，则应掺用引气(高效)减水剂。

3. 单位水泥用量确定

应由式(2-9-28)计算，并取计算值与表 2-9-19 规定值两者的大值。

$$C_0 = \frac{C}{W} \times W_0 \quad (2\text{-}9\text{-}28)$$

式中：$C_0$——单位水泥用量($kg/m^3$)。

4. 砂石料用量

可按密度法或体积法计算。按密度法计算时，混凝土单位质量可取 2400～2450$kg/m^3$；按体积法计算时，应计入设计含气量。采用超量取代法掺用粉煤灰时，超量部分应代替砂，并折减用砂量。经计算得到的配合比，应验算单位粗集料填充体积率，且不宜小于 70%。

## (二)配合比试拌调整

1. 试拌和测定

室内试拌时，选取与实际工程使用相同的原材料，采用基准配合比，根据粗集料的最大粒径确定一次试拌的材料用量,见表 2-9-21。

**混凝土试拌材料用量** 表 2-9-21

| 集料最大粒径(mm) | 拌合物数量(L) | 集料最大粒径(mm) | 拌合物数量(L) |
|---|---|---|---|
| ≤26.5 | 10～15 | 31.5 | 25～30 |

砂、石材料以风干状态为准,采用尽可能与实际施工相同的方式拌和,随后以标准操作方法进行拌合物的工作性检测。

2. 工作性调整

首先,检验各种混凝土拌合物是否满足不同摊铺方式的最佳工作性要求。检验项目包括含气量、坍落度及其损失、外加剂品种及其最佳掺量。在工程性和含气量不满足相应摊铺方式要求时,可在保持水灰比不变的前提下调整单位用水量、外加剂掺量或砂率,不得减小满足计算弯拉强度及耐久性要求的单位水泥用量。

3. 湿密度的调整

对于采用密度法计算的配合比,应实测拌合物视密度。当混凝土表观密度的实测值 $\rho_t$ 与计算值 $\rho_c$ 之差的绝对值不超过计算值的 2%时,配合比可不进行调整;当两者之差超过 2%时,需将计算配合比各材料用量乘以密度修正系数 $\delta=\rho_t/\rho_c$,即为调整后的混凝土配合比。调整时水灰比不得增大,单位水泥用量不得减小。实测拌合物含气量 $\alpha$(%)及其偏差应满足表 2-9-11 的规定,不满足要求时,应调整引气剂掺量直至达到规定含气量。

4. 制作试件检验强度

为验证混凝土弯拉强度、抗压强度等指标,按照基准配合比成型,检验各种混凝土 7d 和 28d 强度指标。该强度试验至少要采用 3 种不同的水灰比,其中一个是基准配合比所确定的水灰比,另外两个水灰比分别较基准配合比减少或增加 0.02,即维持单位用水量不变,增加或减少水泥用量,此时的水灰比变化基本不会影响混凝土的流动性。当不同水灰比混凝土的黏聚性和保水性仍然较好时,砂率也可保持不变。

对 3 组不同水灰比的混凝土分别进行拌和,检验各自工作性。当不同水灰比的混凝土拌合物坍落度与要求值相差超过允许范围时,可以适当增、减用水量进行调整,砂率也可酌情分别增加或减少 1%,以保证混凝土拌合物的工作性满足要求,同时测定混凝土拌合物的表观密度 $\rho_t$。

当有耐久性要求时也要制作相应的试件,进行检验。

## 十、常用参数试验记录表格(表 2-9-22～表 2-9-26)

____公路混凝土拌合物坍落度、稠度(维勃仪法)试验记录表　　表 2-9-22

承包单位：　　　　合同号：

监理单位：　　　　编　号：

| 样品名称 | | | 试验日期 | | | | |
|---|---|---|---|---|---|---|---|
| 样品来源 | | | 试验用途 | | | | |
| 配合比 | | | 外加剂 | | | | |
| 设计强度 | | | 气温(℃) | | | | |
| 试验号 | 试样最大粒径(mm) | | 振动台工作频率(Hz) | 振动台振幅(mm) | | 维勃稠度(s) | |
| | | | | | | | |
| | | | | | | | |
| | | | | | | | |
| 试验号 | 坍落度(mm) | | | 目测内容 | | | |
| | 1 | 2 | 平均 | 棍度 | 含砂情况 | 黏聚性 | 保水性 |
| | | | | | | | |
| | | | | | | | |
| | | | | | | | |
| | | | | | | | |
| | | | | | | | |
| | | | | | | | |
| | | | | | | | |
| | | | | | | | |
| | | | | | | | |
| | | | | | | | |

结论：

试验工程师：　　　　年　月　日

监理意见：

监理人员：　　　　年　月　日

试验人员：　　　　校核：

## ____公路混凝土拌合物含气量试验记录表(改良气压法)　表 2-9-23

承包单位：　　　　　　　　　　　　合同号：

监理单位：　　　　　　　　　　　　编　号：

<table>
<tr><td>样品名称</td><td colspan="2"></td><td>试验日期</td><td></td></tr>
<tr><td>样品来源</td><td colspan="2"></td><td>试验用途</td><td></td></tr>
<tr><td rowspan="6">含气量标定</td><td>压力表读数<br>(MPa)</td><td>含气量<br>(%)</td><td colspan="2" rowspan="16">压力表读值(MPa)</td></tr>
<tr><td></td><td></td></tr>
<tr><td></td><td></td></tr>
<tr><td></td><td></td></tr>
<tr><td></td><td></td></tr>
<tr><td></td><td></td></tr>
<tr><td rowspan="6">混凝土<br>含气量测定</td><td>压力表读数<br>(MPa)</td><td>含气量<br>(%)</td></tr>
<tr><td></td><td></td></tr>
<tr><td></td><td></td></tr>
<tr><td></td><td></td></tr>
<tr><td></td><td></td></tr>
<tr><td></td><td></td></tr>
<tr><td>混凝土含气量<br>(%)</td><td colspan="2"></td></tr>
<tr><td colspan="3">结论：<br><br>试验工程师：　　　　　　　　年　月　日</td></tr>
<tr><td colspan="3">监理意见：<br><br>监理人员：　　　　　　　　年　月　日</td></tr>
</table>

试验人员：　　　　　　　　　　　　校核：

## ____公路混凝土拌合物凝结时间试验记录表

表 2-9-24

承包单位：　　　　　　　　　　　　　　　　　　　　　　　　合同号：

监理单位：　　　　　　　　　　　　　　　　　　　　　　　　编　号：

<table>
<tr><td>样品名称</td><td colspan="4"></td><td colspan="2">试验日期</td><td colspan="5"></td></tr>
<tr><td>样品来源</td><td colspan="4"></td><td colspan="2">用　　途</td><td colspan="5"></td></tr>
<tr><td colspan="5">[　　](5mm)湿筛</td><td colspan="7">[　　]按混凝土中砂浆的配合比直接称料拌和</td></tr>
<tr><td colspan="5">[　　]振动台</td><td colspan="7">[　　]人工插捣</td></tr>
<tr><td colspan="4">试验次数</td><td>1</td><td>2</td><td>3</td><td>4</td><td>5</td><td>6</td><td>7</td><td>8</td></tr>
<tr><td rowspan="8">试样(1)<br>$F_0$=(N)</td><td colspan="3">时间(h)</td><td></td><td></td><td></td><td></td><td></td><td></td><td></td><td></td></tr>
<tr><td colspan="3">气温(℃)</td><td></td><td></td><td></td><td></td><td></td><td></td><td></td><td></td></tr>
<tr><td colspan="3">$A$(mm$^2$)</td><td></td><td></td><td></td><td></td><td></td><td></td><td></td><td></td></tr>
<tr><td rowspan="3" colspan="2">读数 $F_1$(N)</td><td>点 1</td><td></td><td></td><td></td><td></td><td></td><td></td><td></td><td></td></tr>
<tr><td>点 2</td><td></td><td></td><td></td><td></td><td></td><td></td><td></td><td></td></tr>
<tr><td>平均值</td><td></td><td></td><td></td><td></td><td></td><td></td><td></td><td></td></tr>
<tr><td colspan="3">平均贯入力 $F=F_1-F_0$(N)</td><td></td><td></td><td></td><td></td><td></td><td></td><td></td><td></td></tr>
<tr><td colspan="3">$P=F/A$(MPa)</td><td></td><td></td><td></td><td></td><td></td><td></td><td></td><td></td></tr>
<tr><td rowspan="8">试样(2)<br>$F_0$=(N)</td><td colspan="3">时间(h)</td><td></td><td></td><td></td><td></td><td></td><td></td><td></td><td></td></tr>
<tr><td colspan="3">气温(℃)</td><td></td><td></td><td></td><td></td><td></td><td></td><td></td><td></td></tr>
<tr><td colspan="3">$A$(mm$^2$)</td><td></td><td></td><td></td><td></td><td></td><td></td><td></td><td></td></tr>
<tr><td rowspan="3" colspan="2">读数 $F_1$(N)</td><td>点 1</td><td></td><td></td><td></td><td></td><td></td><td></td><td></td><td></td></tr>
<tr><td>点 2</td><td></td><td></td><td></td><td></td><td></td><td></td><td></td><td></td></tr>
<tr><td>平均值</td><td></td><td></td><td></td><td></td><td></td><td></td><td></td><td></td></tr>
<tr><td colspan="3">平均贯入力 $F=F_1-F_0$(N)</td><td></td><td></td><td></td><td></td><td></td><td></td><td></td><td></td></tr>
<tr><td colspan="3">$P=F/A$(MPa)</td><td></td><td></td><td></td><td></td><td></td><td></td><td></td><td></td></tr>
<tr><td rowspan="8">试样(3)<br>$F_0$=(N)</td><td colspan="3">时间(h)</td><td></td><td></td><td></td><td></td><td></td><td></td><td></td><td></td></tr>
<tr><td colspan="3">气温(℃)</td><td></td><td></td><td></td><td></td><td></td><td></td><td></td><td></td></tr>
<tr><td colspan="3">$A$(mm$^2$)</td><td></td><td></td><td></td><td></td><td></td><td></td><td></td><td></td></tr>
<tr><td rowspan="3" colspan="2">读数 $F_1$(N)</td><td>点 1</td><td></td><td></td><td></td><td></td><td></td><td></td><td></td><td></td></tr>
<tr><td>点 2</td><td></td><td></td><td></td><td></td><td></td><td></td><td></td><td></td></tr>
<tr><td>平均值</td><td></td><td></td><td></td><td></td><td></td><td></td><td></td><td></td></tr>
<tr><td colspan="3">平均贯入力 $F=F_1-F_0$(N)</td><td></td><td></td><td></td><td></td><td></td><td></td><td></td><td></td></tr>
<tr><td colspan="3">$P=F/A$(MPa)</td><td></td><td></td><td></td><td></td><td></td><td></td><td></td><td></td></tr>
<tr><td colspan="5">结论：<br>试验工程师：　　　　　　　　年　月　日</td><td colspan="7">监理意见：<br>监理人员：　　　　　　　　年　月　日</td></tr>
</table>

试验人员：　　　　　　　　　　　　　　　　　　　　　　　　校核：

## ____公路混凝土抗压强度试验记录表

表 2-9-25

承包单位： 合同号：

监理单位： 编　号：

<table>
<tr><td>工程名称</td><td colspan="5"></td><td colspan="2">试验日期</td><td colspan="5"></td></tr>
<tr><td>桩号及部位</td><td colspan="5"></td><td colspan="2">仪器名称及型号</td><td colspan="5"></td></tr>
<tr><td>养护条件</td><td colspan="5"></td><td colspan="2">制件说明</td><td colspan="5"></td></tr>
<tr><td rowspan="2">试件编号</td><td rowspan="2">制件日期</td><td rowspan="2">试压日期</td><td rowspan="2">龄期(d)</td><td rowspan="2">试件尺寸(cm)</td><td rowspan="2">外观描述</td><td rowspan="2">破坏载荷(kN)</td><td colspan="2">抗压强度(MPa)</td><td rowspan="2">换算抗压强度(MPa)</td><td rowspan="2">设计强度等级</td></tr>
<tr><td>单值</td><td>平均值</td></tr>
<tr><td rowspan="3"></td><td rowspan="3"></td><td rowspan="3"></td><td rowspan="3"></td><td rowspan="3"></td><td rowspan="3"></td><td></td><td></td><td rowspan="3"></td><td rowspan="3"></td><td rowspan="3"></td></tr>
<tr><td></td><td></td></tr>
<tr><td></td><td></td></tr>
<tr><td rowspan="3"></td><td rowspan="3"></td><td rowspan="3"></td><td rowspan="3"></td><td rowspan="3"></td><td rowspan="3"></td><td></td><td></td><td rowspan="3"></td><td rowspan="3"></td><td rowspan="3"></td></tr>
<tr><td></td><td></td></tr>
<tr><td></td><td></td></tr>
<tr><td rowspan="3"></td><td rowspan="3"></td><td rowspan="3"></td><td rowspan="3"></td><td rowspan="3"></td><td rowspan="3"></td><td></td><td></td><td rowspan="3"></td><td rowspan="3"></td><td rowspan="3"></td></tr>
<tr><td></td><td></td></tr>
<tr><td></td><td></td></tr>
<tr><td rowspan="3"></td><td rowspan="3"></td><td rowspan="3"></td><td rowspan="3"></td><td rowspan="3"></td><td rowspan="3"></td><td></td><td></td><td rowspan="3"></td><td rowspan="3"></td><td rowspan="3"></td></tr>
<tr><td></td><td></td></tr>
<tr><td></td><td></td></tr>
<tr><td rowspan="3"></td><td rowspan="3"></td><td rowspan="3"></td><td rowspan="3"></td><td rowspan="3"></td><td rowspan="3"></td><td></td><td></td><td rowspan="3"></td><td rowspan="3"></td><td rowspan="3"></td></tr>
<tr><td></td><td></td></tr>
<tr><td></td><td></td></tr>
<tr><td rowspan="3"></td><td rowspan="3"></td><td rowspan="3"></td><td rowspan="3"></td><td rowspan="3"></td><td rowspan="3"></td><td></td><td></td><td rowspan="3"></td><td rowspan="3"></td><td rowspan="3"></td></tr>
<tr><td></td><td></td></tr>
<tr><td></td><td></td></tr>
<tr><td colspan="11">结论：<br><br>试验工程师：　　　　年　月　日</td></tr>
<tr><td colspan="11">监理意见：<br><br>监理人员：　　　　年　月　日</td></tr>
</table>

试验人员： 校核：

## ____公路混凝土抗弯拉强度试验记录表　　表 2-9-26

承包单位：　　　　　　　　　　　　　　　　合同号：

监理单位：　　　　　　　　　　　　　　　　编　号：

| 工程名称 | | | | | 试验日期 | | | | |
|---|---|---|---|---|---|---|---|---|---|
| 桩号及部位 | | | | | 仪器名称及型号 | | | | |
| 养护条件 | | | | | 制件说明 | | | | |
| 试件编号 | 制件日期 | 试压日期 | 龄期（d） | 试件尺寸（cm） | 断面与临近支点间的距离 | 破坏载荷（kN） | 抗压强度（MPa） | | 设计弯拉强度（MPa） |
| | | | | | | | 单值 | 平均值 | |
| | | | | | | | | | |
| | | | | | | | | | |
| | | | | | | | | | |
| | | | | | | | | | |
| | | | | | | | | | |
| | | | | | | | | | |
| | | | | | | | | | |
| | | | | | | | | | |
| | | | | | | | | | |
| | | | | | | | | | |
| | | | | | | | | | |
| | | | | | | | | | |
| | | | | | | | | | |
| | | | | | | | | | |
| | | | | | | | | | |
| | | | | | | | | | |
| | | | | | | | | | |
| | | | | | | | | | |

结论：

试验工程师：　　　　　　　　年　月　日

监理意见：

监理人员：　　　　　　　　年　月　日

试验人员：　　　　　　　　　　　　　　　　校核：

# 第十章　砌筑砂浆(孔道压浆料)

## 第一节　砌筑砂浆(孔道压浆料)的组成及技术要求

道路和桥隧工程中,砂浆主要用来砌筑圬工桥涵、沿线挡土墙和隧道衬砌等砌体,同时也用来修饰这些构筑物的表面。砌筑砂浆是将砌筑块体材料(砖、石、砌块)黏结为整体的砂浆。砌体的强度不仅取决与砌块,而且取决于砂浆的强度,所以砂浆为砌体的重要组元。

### 一、砌筑砂浆的组成材料及要求

1. 水泥

砌筑砂浆用水泥强度等级应根据设计要求进行选择。水泥砂浆采用的水泥,其强度等级不宜大于32.5级;水泥混合砂浆采用的水泥,其强度等级不宜大于42.5级。

2. 细集料

砌筑砂浆用细集料,其最大粒径不应超过灰缝的1/4～1/5。一般宜用中砂,其中毛石砌体宜选用粗砂。细集料的含泥量不应超过5%。强度等级为M2.5的混合砂浆,细集料的含泥量不应超过10%。

3. 掺合料(石灰)

生石灰熟化成石灰膏时,应用孔径不大于3mm×3mm的网过滤,熟化时间不得少于7d;磨细生石灰粉的熟化时间不得小于2d。沉淀池中储存的石灰膏,应采用放止干燥冻结和污染的措施。严禁使用脱水硬化的石灰膏。

4. 拌合水

应符合现行行业标准《混凝土用水标准》(JGJ 63—2006)的规定。

### 二、砌筑砂浆的质量要求

1. 新拌砂浆的和易性

(1)砂浆稠度

在选用砂浆的稠度时，应根据砌体的类型、气候条件、施工条件等因素决定，参见表 2-10-1。

**砌筑砂浆稠度要求** 表 2-10-1

| 砌体种类 | | 砖砌体 | 普通毛石砌体 | 振捣毛石砌体 | 炉渣混凝土砌块 |
|---|---|---|---|---|---|
| 稠度（cm） | 干燥气候或多孔砌块 | 8～10 | 6～7 | 2～3 | 7～9 |
| | 寒冷气候或密实砌体 | 6～8 | 4～5 | 1～2 | 5～7 |

(2)砂浆分层度

良好保水性的砂浆，其分层度应不大于 2cm。分层度大于 2cm 的砂浆容易离析，不便施工；但分层度小于 1cm，硬化后易产生干缩裂缝。

2. 硬化后的砂浆强度

公路圬工桥涵常用砂浆强度，根据结构物类型和用途而决定，参见表 2-10-2 选用。

**桥涵圬工砌体用砂浆强度等级** 表 2-10-2

| 结构物类型 | | 砂浆强度等级 | |
|---|---|---|---|
| | | 砌筑用 | 勾缝用 |
| 拱圈 | 大中跨径及轻台拱桥 | M7.5 | ≥M7.5 |
| | 小跨径桥涵 | M5 | |
| 大中跨径桥墩及基础 | 圬工面层 | M5 | ≥M7.5 |
| | 圬工里层 | M2.5 | |
| 小桥墩台及基础挡土墙 | 轻型桥台及轻台拱桥 | M5 | ≥M5 |
| | 其他 | M2.5 | |

## 三、预应力后张孔道压浆料质量要求

1. 原材料

(1)水泥应采用性能稳定、强度等级不低于 42.5 的低碱硅酸盐水泥或普通硅酸盐水泥。

(2)外加剂宜采用与水泥相容性好，且不含有氯盐、亚硝酸盐或对预应力筋有害的化学成分。其性能应符合《混凝土外加剂》(GB 8076—2008)中高效减水剂一等品的规定。

(3)矿物掺合料的品种宜为Ⅰ级粉煤灰、磨细矿渣粉或硅灰。

(4)水不应含有对预应力筋或水泥有害的成分，不得含有 350mg/L 以上的氯化物或任何其他有机物，宜采用符合国家卫生标准的清洁饮用水。

(5)膨胀剂宜采用钙矾石系或复合性膨胀剂，不得采用以铝粉为膨胀源的膨胀剂或总量 0.75%以上的高碱膨胀剂。

(6)压浆材料中的氯离子含量不应超过胶凝材料总量的 0.06%，比表面积应大于 350m²/kg，三氧化硫含量不应超过 6.0%。

2. 压浆液性能

采用压浆材料配置的浆液，其性能应符合表 2-10-3 要求。

**后张预应力孔道压浆液性能指标** 表 2-10-3

| 项目 | | 性能指标 | 试验方法 |
|---|---|---|---|
| 水胶比 | | 0.26～0.28 | 《水泥标准稠度用水量、凝结时间、安定性检验方法》(GB/T 1346) |
| 凝结时间(h) | 初凝 | ≥5 | |
| | 终凝 | ≤24 | |
| 流动度(25℃)/(s) | 初始流动度 | 10～17 | 《公路桥涵施工技术规范》(JTG/T F50—2011)附录 C3～C7 |
| | 30min 流动度 | 10～20 | |
| | 60min 流动度 | 10～25 | |
| 泌水率(%) | 24h 自由泌水率 | 0 | |
| | 3h 钢丝间泌水率 | 0 | |
| 压力泌水率(%) | 0.22MPa(孔道垂直高度≤1.8m) | 0 | |
| | 0.36MPa(孔道垂直高度≤1.8m) | 0 | |
| 自由膨胀率(%) | 3h | 0～2 | |
| | 24h | 0～3 | |
| 充盈度 | | 合格 | |
| 抗压强度(MPa) | 3d | | 《水泥胶砂强度检验方法(ISO 法)》(GB/T 17671—1999) |
| | 7d | | |
| | 28d | | |
| 抗折强度(MPa) | 3d | | |
| | 7d | | |
| | 28d | | |
| 对钢筋的锈蚀作用 | | 无锈蚀 | |

## 第二节　试验项目和参数

### 一、试验项目依据

试验项目依据为:《公路桥涵施工技术规范》(JTG/T F50—2011);《公路隧道施工技术规范》(JTG F60—2006);《公路路基施工技术规范》(JTG F10—2006);《公路工程质量检验评定标准　第一册　土建工程》(JTG F80/1—2004)。

### 二、试验检测参数

(1)配合比设计的试验按 JGJ 98—2000《砌筑砂浆配合比设计规程》进行。

(2)以下 8 个参数的检测按《建筑砂浆基本性能试验方法》(JGJ 70—2009)进行:①稠度;②密度;③分层度;④凝结时间测定;⑤立方体抗压强度;⑥静力受压弹性模量;⑦抗冻性能;⑧收缩性能。

## 第三节　常用参数的试验细则

### 一、砌筑砂浆配合比设计方法

1. 确定试配强度

按式(2-10-1)计算砂浆试配强度

$$f_{m,0} = f_2 + 0.645\sigma \tag{2-10-1}$$

式中:$f_{m,0}$——砂浆的试配强度(MPa),精确至 0.1MPa;

$f_2$——砂浆设计强度(MPa);

$\sigma$——砂浆现场强度标准差(MPa),精确至 0.01MPa。

砌筑砂浆现场强度标准差的确定应符合下列规定:

当有统计资料时,应按式(2-10-2)计算砂浆强度标准差:

$$\sigma = \sqrt{\frac{\sum_{i=1}^{n} f_{m,i}^2 - nu_{f_m}^2}{n-1}} \tag{2-10-2}$$

式中:$f_{m,i}$——统计周期内同一品种砂浆第 $i$ 组试件的强度(MPa);

$u_{f_m}$——统计周期内同一品种砂浆 $n$ 组试件的强度平均值(MPa);

$n$——统计周期内同一品种砂浆试件的总组数，$n \geqslant 25$。

当不具有近期统计资料时，砂浆现场强度标准差可按表 2-10-4 取用。

**砂浆强度标准差 σ 选用表** 表 2-10-4

| 施工水平 | 砂浆强度等级 | | | | | |
|---|---|---|---|---|---|---|
| | M2.5 | M5.0 | M7.5 | M10 | M15 | M20 |
| 优良 | 0.50 | 1.00 | 1.50 | 2.00 | 3.00 | 4.00 |
| 一般 | 0.62 | 1.25 | 1.88 | 2.50 | 3.75 | 5.00 |
| 较差 | 0.75 | 1.50 | 2.25 | 3.00 | 4.50 | 6.00 |

2. 水泥用量计算

每立方米砂浆中的水泥用量，应按式(2-10-3)计算：

$$Q_c = \frac{1000(f_{m,0} - \beta)}{\alpha f_{ce}} \tag{2-10-3}$$

式中：$Q_c$——每立方米砂浆的水泥用量，精确至 1kg；

$f_{m,0}$——砂浆的试配强度，精确至 0.1MPa；

$f_{ce}$——水泥实测强度，精确至 0.1MPa；

$\alpha$，$\beta$——砂浆特征系数，其中 $\alpha=3.03$，$\beta=-15.09$。

在无法取得水泥的试验强度值时，可按式(2-10-4)计算：

$$f_{ce} = \gamma_c \cdot f_{ce,k} \tag{2-10-4}$$

式中：$f_{ce,k}$——水泥强度等级对应的强度值；

$\gamma_c$——水泥强度等级值富余系数，应按实际统计资料确定。无统计资料取 1.0。

3. 水泥混合砂浆的掺加料用量

按式(2-10-5)计算：

$$Q_D = Q_A - Q_C \tag{2-10-5}$$

式中：$Q_D$——每立方米砂浆掺加料用量，精确至 1kg；石灰膏，黏土膏使用时的稠度为(120±5)mm；

$Q_C$——每立方米砂浆水泥用量，精确至 1kg；

$Q_A$——每立方米砂浆水泥和掺加料总量，精确至 1kg；宜在 300～350kg 之间。

4. 细集料用量

应按干燥状态(含水率小于 0.5%)的堆积密度值作为计算值。

5. 单位用水量[1]

每立方米砂浆用水量，根据砂浆稠度等要求可选择240～310kg。

6. 水泥砂浆初步配合比确定

水泥砂浆材料初步用量可按表2-10-5选用。

每立方米水泥砂浆材料用量　　表2-10-5

| 强度等级 | 水泥用量(kg/m³) | 砂用量(kg/m³) | 用水量(kg/m³) |
|---|---|---|---|
| M2.5～M5 | 200～230 | 砂堆积密度值 | 270～330 |
| M7.5～M10 | 220～280 | | |
| M15 | 280～340 | | |
| M20 | 340～400 | | |

7. 试拌、调整工作性

按计算或查表所得配合比进行试拌时，应测定拌合物的稠度和分层度，当不能满足要求时，应调整材料用量，直到符合要求为止。

8. 成型试件、检验强度

至少应采用三个不同的配合比，一个为基准配合比，其他配合比的水泥用量分别增加和减少10%。在保证和易性不变条件下，调整用水量。对三个不同的配合比分别成型试件，测定砂浆强度。

9. 确定试验室配合比

选定符合强度要求，且水泥用量适中的配合比作为砂浆试验室配合比。

## 二、稠度试验

1. 仪器设备

(1)砂浆稠度仪：由试锥、容器和支座3部分组成。试锥为铜质(或钢材)高度145mm、锥底直径75mm、试锥连同滑杆质量为300g；盛砂容器为钢板制成的倒锥体，筒高为180mm，锥底内径为150mm；支座分底座、支架及稠度显示3部分，由钢及其他金属制成。

(2)钢制捣棒：直径10mm、长350mm、端部磨圆。

(3)秒表等。

[1] 混合砂浆中用水量，不包括石灰膏或黏土膏中的水；当采用细砂或粗砂时，用水量分别取上限或下限；稠度小于70mm时，用水量可小于下限；施工现场气候炎热或干燥季节，可酌量增加用水量。

2. 试验步骤

(1)盛浆容器和试锥表面用湿布擦干净,并用少量润滑油轻擦滑杆,使滑杆能自由滑动。

(2)将砂浆拌合物一次装入容器,使砂浆表面低于容器口约10mm左右,用捣棒自容器中心向边缘插到25次,然后将容器轻轻摇动或敲击5～6下,使砂浆表面平整,随后将容器置于稠度测定仪的底座上。

(3)拧开试锥滑杆的制动螺丝,向下移动滑杆,当试锥尖端刚接触砂浆面时,拧紧制动螺丝,调整指针对零点。

(4)拧开制动螺丝,同时计时,待10s立即固定螺丝,读取指针读数(下沉深度,精确1mm),即为砂浆稠度值。

(5)容器内的砂浆只允许测定一次,重新测定时应再取样品。

3. 试验结果整理

取两次试验结果的算术平均值,计算值精确至1mm。两次试验值差值大于10mm,则应另取砂浆搅拌后重新测定。

## 三、分层度试验

1. 仪器设备

(1)分层度筒:内径为150mm,上节高度为200mm、下节带底净高为100mm,用金属板制成,上下层连接处需加宽到3～5mm,并设有橡胶垫圈。

(2)稠度仪、木锤等。

2. 试验步骤

(1)首先将砂浆拌合物按稠度试验方法测定稠度。

(2)将砂浆拌合物一次装入分层度筒内,待装满后,用木锤在容器周围距离大致相等的4个不同地方轻轻敲击1～2下,如砂浆沉落到低于筒口,则应随时添加,然后刮去多余的砂浆并用抹刀抹平。

(3)静置30min后,去掉上节200mm砂浆,剩余的100mm砂浆倒出放在拌和锅内拌2min,再测定其稠度。前后两次测得稠度之差为砂浆的分层度值(cm)。

3. 试验结果处理

取两次试验结果的算术平均值,计算值精确至1mm。两次试验值差值大于10mm,则应另取砂浆搅拌后重新测定。

## 四、砂浆试件抗压强度试验

1. 仪器设备

(1)试模:立方体(7.07mm×7.07mm×7.07mm),内表面应平整,组装后各相邻面的不垂直度不应超过±0.5°。

(2)压力试验机:测量精度为±1%,试件破坏荷载应大于压力机全量程的20%,且小于压力机全量程的80%。同时应具有加荷速度指示装置和加荷速度控制装置。

2. 试件制备及养护

(1)制作砌筑砂浆试件时,将无底试模放在普通黏土砖上,试模内壁事先涂刷薄层机油或脱模剂。制作灌浆的水泥净浆时,试模用带底模。

(2)向试模内一次性注满砂浆,用捣棒(直径10mm,长约350mm)均匀由外向里按螺旋方向插捣25次,为防止插捣留下孔洞可用油灰刀沿模壁插捣数次,使砂浆高出试模顶面6~8mm。

(3)约15~30min,将高出部分的砂浆沿试模顶面削去抹平。试件制作后在(20±5)℃环境下放置一至两个昼夜,然后拆模、编号,应在标准养护条件下养护28d。

(4)标准养护条件

水泥混合砂浆:标准养护条件为温度(20±2)℃,相对湿度60%~80%。

水泥砂浆:标准养护条件为温度(20±2)℃,相对湿度90%以上。

养护期间,试件彼此间隔10mm以上。

3. 试压步骤

(1)试件从养护室取出尽快试验,先测量试件尺寸,精确至1mm,实测尺寸与公称尺寸之差不超过±1mm,按公称尺寸计算。

(2)试件承压面为成型时的侧面,试件中心与试验机上下压板中心对准,开动试验机,连续均匀加荷,速度控制在0.5~5kN/s,直至试件破坏。

4. 试验结果计算

立方体抗压强度按式(2-10-6)计算:

$$f = \frac{F_u}{A} \tag{2-10-6}$$

式中:$F_u$——破坏荷载(N);

$A$——试件承压面积($mm^2$)。

以6个试件算术平均值为该组试件的抗压强度,精确至0.1MPa。当6个试件的最大值或最小值与平均值的差值的差值超过 20%时，以中间 4 个试件的平均值作为该组试件的抗压强度值。

## 五、后张压浆液性能试验

1. 流动度试验

(1)试验仪器

①流动度测试仪：流动锥，如图 2-10-1 所示。

②流动锥校准：(1725±5)mL，水流出时间为(8.0±0.2)s。

(2)流动度试验方法

测定时，先将漏斗调整放平，关上底口活门，将搅拌均匀的浆液倾入漏斗内，直至表面触及点规下端[(1725±5)mL 浆液]；打开活门，让浆液自由流出，浆液全部流完时间(s)称为压浆液的流动度。

2. 自由泌水率和自由膨胀率试验

(1)容器

试验容器如图 2-10-2 所示，用有机玻璃制成，带有密封盖，高 120mm，置放于水平面上。

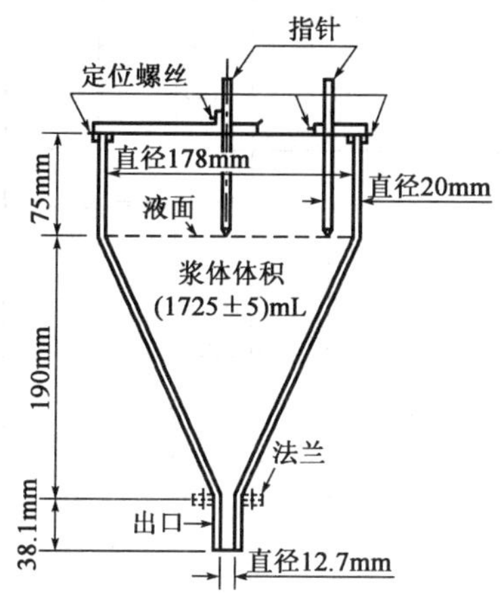

图 2-10-1 净浆流动锥示意图

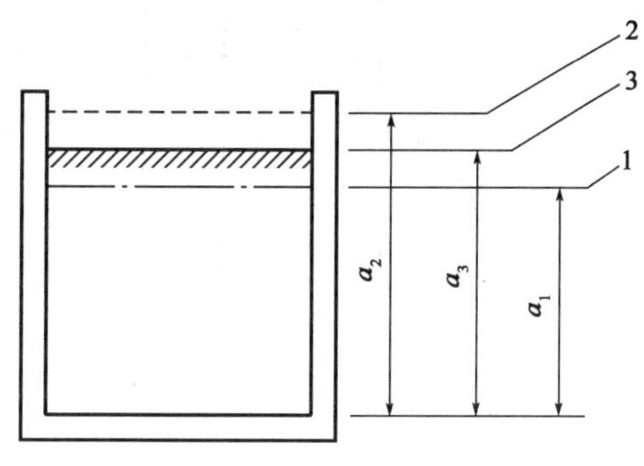


图 2-10-2 水泥浆泌水率和膨胀率试验

1-最初填灌的水泥浆面；2-水面；3-膨胀后的水泥浆面

(2)试验方法

往容器内填灌浆液约 100mm 深，测填灌面高度并记录，然后盖严。置放 3h 和 4h 后量测其离析水面和浆液膨胀面，然后按式(2-10-7)～式(2-10-8)计算泌水率及膨胀率：

$$泌水率=\frac{100(a_2-a_3)}{a_1}(\%) \tag{2-10-7}$$

$$膨胀率=\frac{100(a_3-a_1)}{a_1}(\%) \tag{2-10-8}$$

## 六、常用试验记录表格(表 2-10-6～表 2-10-7)

**______公路水泥(砂)浆配合比试验记录** 表 2-10-6

承包单位： 合同号：

监理单位： 编 号：

<table>
<tr><td colspan="3">样品名称</td><td colspan="4"></td><td colspan="3">试验日期</td><td colspan="6"></td></tr>
<tr><td colspan="3">样品来源</td><td colspan="4"></td><td colspan="3">用途</td><td colspan="6"></td></tr>
<tr><td rowspan="2">设计等级</td><td rowspan="2">水泥标号</td><td rowspan="2">试件尺寸(cm)</td><td rowspan="2">水灰比</td><td colspan="3">每立方米砂浆中各项材料用量(kg)</td><td colspan="3">稠度(cm)</td><td rowspan="2">养护温度(℃)</td><td rowspan="2">单位体积重(kg/m³)</td><td rowspan="2">龄期 d</td><td rowspan="2">破坏荷载(kN)</td><td rowspan="2">抗压强度(MPa)</td><td rowspan="2">平均值(MPa)</td></tr>
<tr><td>砂</td><td>水</td><td>水泥</td><td>1</td><td>2</td><td>平均值</td></tr>
<tr><td rowspan="6"></td><td rowspan="6"></td><td rowspan="6"></td><td rowspan="6"></td><td rowspan="6"></td><td rowspan="6"></td><td rowspan="6"></td><td rowspan="6"></td><td rowspan="6"></td><td rowspan="6"></td><td rowspan="6"></td><td rowspan="6"></td><td rowspan="6"></td><td></td><td></td><td rowspan="6"></td></tr>
<tr><td></td><td></td></tr>
<tr><td></td><td></td></tr>
<tr><td></td><td></td></tr>
<tr><td></td><td></td></tr>
<tr><td></td><td></td></tr>
<tr><td rowspan="6"></td><td rowspan="6"></td><td rowspan="6"></td><td rowspan="6"></td><td rowspan="6"></td><td rowspan="6"></td><td rowspan="6"></td><td rowspan="6"></td><td rowspan="6"></td><td rowspan="6"></td><td rowspan="6"></td><td rowspan="6"></td><td rowspan="6"></td><td></td><td></td><td rowspan="6"></td></tr>
<tr><td></td><td></td></tr>
<tr><td></td><td></td></tr>
<tr><td></td><td></td></tr>
<tr><td></td><td></td></tr>
<tr><td></td><td></td></tr>
<tr><td>说明</td><td colspan="15">1. 水泥厂商品牌：<br>2. 外加剂名称、掺量：<br>3. 混凝土拌制方法：<br>4. 其他：</td></tr>
<tr><td colspan="8">结论：<br><br><br>试验工程师： 年 月 日</td><td colspan="8">监理意见：<br><br><br>监理工程师： 年 月 日</td></tr>
</table>

试验人员： 校核： 监理：

______公路水泥砂浆抗压强度试验记录表　　表 2-10-7

承包单位：　　　　合同号：

监理单位：　　　　编　号：

| 工 程 名 称 | | | | 试 验 日 期 | | | |
|---|---|---|---|---|---|---|---|
| 桩号及部位 | | | | 仪器名称及型号 | | | |
| 养护条件 | | | | 制件说明 | | | |
| 试件编号 | 制件日期 | 试压日期 | 龄期(d) | 试件尺寸(cm) | 破坏荷载(kN) | 抗压强度(MPa) | | 设计强度等级 |
| | | | | | | 单值 | 平均值 | |
| | | | | | | | | |
| | | | | | | | | |

结论：

试验工程师：　　　　年　　月　　日

监理意见：

试验监理工程师：　　　　年　　月　　日

试验人员：　　　　校核：

# 第十一章　无机结合料稳定材料

## 第一节　分类及技术要求

### 一、概念及分类

凡是采用无机结合料(水泥、石灰、粉煤灰及其他工业废渣等)稳定的各种土,当其强度符合有关技术规范的基本要求时,都统称为无机结合料稳定材料。按无机结合料的性质不同分为水泥稳定土、石灰稳定土、综合稳定土以及石灰工业废渣稳定材料等。按其稳定材料的颗粒大小及组成不同又细分为各种类型。具体分类参见图 2-11-1。

常用无机结合料稳定材料的分类　　表 2-11-1

| 按结合料性质分类 | 按颗粒大小及组成分类 | 特　　性 |
|---|---|---|
| 水泥稳定土 | 水泥稳定细粒土 | 包括水泥土、水泥砂、水泥石屑等,不适宜二级及以上等级公路的路面基层材料 |
| | 水泥稳定中粒土和粗粒土 | 包括水泥砂砾土、水泥碎石土、水泥砂砾、水泥碎石等,适宜所用公路的路面基层和底基层材料 |
| 石灰稳定土 | 石灰稳定细粒土 | 常用石灰稳定黏性土,不适宜二级及以上等级公路的路面基层材料 |
| | 石灰稳定中粒土和粗粒土 | 含有一定量黏性土(塑性指数为 15～20)的中、粗粒土适宜石灰稳定,无塑性指数的砂砾、碎石等应添加黏土后用石灰稳定。稳定后的中、粗粒土适宜二级及以下公路基层材料,不适宜高速公路和一级公路的路面基层材料。 |
| 综合稳定土 | 水泥石灰稳定细粒土 | 塑性指数大于 17 的细粒土宜用石灰水泥综合稳定,不适宜二级及以上等级公路的路面基层材料 |
| | 水泥石灰稳定中粒土和粗粒土 | 如土中 0.6mm 以下颗粒含量较多(30%以上),塑性指数大于 17,宜用石灰水泥综合稳定,适宜所用公路的路面基层和底基层材料 |

续上表

| 按结合料性质分类 | | 按颗粒大小及组成分类 | 特性 |
|---|---|---|---|
| 石灰工业废渣类 | 石灰粉煤灰类 | 二灰稳定细粒土 | 包括二灰、二灰土和二灰砂等，不适宜二级及以上等级公路的路面基层材料 |
| | | 二灰稳定中粒土和粗粒土 | 包括二灰砂砾、二灰碎石、二灰矿渣以及二灰其他粒料，可用作各种等级公路路面的基层 |
| | 石灰煤渣类 | 石灰煤渣稳定细粒土 | 石灰煤渣土，不适宜二级及以上等级公路的路面基层材料 |
| | | 石灰煤渣稳定中粒土和粗粒土 | 石灰煤渣集料，可用作各种等级公路路面的基层材料 |

注：1. 细粒土：颗粒最大粒径不大于4.75mm，公称最大粒径不大于2.36mm的土，包括各种黏质土、粉质土、砂和石屑等。

2. 中粒土：颗粒最大粒径不大于26.5mm，公称最大粒径大于2.36mm且不大于19mm的土或集料，包括砂砾土、碎石土、级配砂砾、级配碎石等。

3. 粗粒土：颗粒最大粒径不大于53mm，公称最大粒径大于19mm且不大于37.5mm的土或集料，包括砂砾土、碎石土、级配砂砾、级配碎石等。

## 二、混合料的强度标准

各种无机结合料稳定材料的强度标准见表2-11-2。

**无机结合料稳定土7d饱水抗压强度标准值**(单位：MPa)　　表2-11-2

| 结合料类型 | 层位＼公路等级 | 二级和二级以下公路 | 高速公路和一级公路 |
|---|---|---|---|
| 石灰② | 基层 | ≥0.8 | |
| | 底基层 | 0.5～0.7① | ≥0.8 |
| 水泥③ | 基层 | 2.5～3.0 | 3.0～5.0 |
| | 底基层 | 1.5～2.0 | 1.5～2.5 |
| 石灰粉煤灰(1∶2～1∶4) | 基层 | 0.6～0.8 | 0.8～1.1 |
| | 底基层 | ≥0.5 | ≥0.6 |

注：①指直径∶高为1∶1的圆柱体试件，经过6d湿养(保湿、保温)、1d浸水的抗压强度(MPa)。对于结合料稳定细粒土，规定采用$\phi$50mm×50mm的小试件。对于结合料稳定中粒土，规定采用$\phi$100mm×100mm的中试件。对于结合料稳定粗粒土，规定采用$\phi$150mm×150mm的大试件。

②包括石灰＋少量(占总剂量的30％以下)水泥综合稳定土，强度标准值指石灰稳定细粒土。

③包括石灰＋部分(占总剂量的31％以上)水泥的综合稳定土。

## 三、原材料及其技术要求

### (一)水泥稳定土

1. 水泥

(1)种类：普通硅酸盐水泥、矿渣硅酸盐水泥以及火山灰硅酸盐水泥均可使用。快硬水泥、早强水泥以及受潮变质的水泥不宜使用。

(2)凝结时间：选用初凝试件 3h 以上和终凝时间在 6h 以上的水泥，以适应工艺要求。

(3)标号：宜选用低标号或一般标号的水泥(如 32.5、42.5)。

2. 土

(1)最大粒径：不同等级公路水泥稳定土基层、底基层对集料最大粒径要求如表 2-11-3 所示。

水泥稳定土集料最大粒径要求　　表 2-11-3

| 公路等级 | | 高速、一级公路 | 二级及其以下公路 |
|---|---|---|---|
| 允许最大粒径(mm) | 基层 | ≤31.5 | ≤37.5 |
| | 底基层 | ≤37.5 | ≤53 |

(2)级配要求：不同等级公路基层、底基层采用水泥稳定土的集料级配组成，见表 2-11-4、表 2-11-5。

水泥稳定土的颗粒组成范围

(二级及以下公路基层)　　表 2-11-4

| 应用层位 | | 基　层 | 底　基　层 |
|---|---|---|---|
| 通过下列筛孔(mm)的质量百分率(%) | 53 | | 100 |
| | 37.5 | 90～100 | |
| | 26.5 | 66～100 | |
| | 19 | 54～100 | |
| | 9.5 | 39～100 | |
| | 4.75 | 28～84 | 50～100 |
| | 2.36 | 20～70 | |
| | 1.18 | 14～57 | |
| | 0.6 | 8～47 | 17～100 |
| | 0.075 | 0～30 | 0～50 |
| | 0.002 | | 0～30 |

**水泥稳定土的颗粒组成范围**

**（高速公路、一级公路）** 表 2-11-5

| 应用层位 | 基层 | 底基层 | | |
|---|---|---|---|---|
| | | 细粒土 | 中粒土、粗粒土 | |
| 通过下列筛孔(mm)的质量百分率(%) | 37.5 | | 100 | 100 |
| | 31.5 | 100 | | 90～100 |
| | 26.5 | 90～100 | | |
| | 19 | 72～89 | | 67～90 |
| | 9.5 | 47～67 | | 45～68 |
| | 4.75 | 29～49 | 50～100 | 29～50 |
| | 2.36 | 17～35 | | 18～38 |
| | 0.6 | 8～22 | 17～100 | 8～22 |
| | 0.075 | 0～7① | 0～30 | 0～7* |

注：* 表示集料中 0.5mm 以下细粒土有塑性指数时，小于 0.075mm 的颗粒含量不超过 5%。细粒土无塑性指数时，小于 0.075mm 的颗粒含量不超过 7%。

(3)塑性要求：水泥稳定土要达到规定的强度，水泥剂量随土中粉粒和黏粒含量增加而增大，过高的水泥剂量不经济。土的适宜塑性指标要求如表 2-11-6 所示。

**水泥稳定土塑性要求** 表 2-11-6

| 公路等级 | | 高速、一级公路 | 二级及其以下公路 |
|---|---|---|---|
| 塑性要求 | 液限 | <28 | <40 |
| | 塑性指数 | <9 | <17 |

(4)集料压碎值：符合表 2-11-7 要求。

**水泥稳定土集料压碎值要求** 表 2-11-7

| 公路等级 | | 高速、一级公路 | 二级及其以下公路 |
|---|---|---|---|
| 压碎值(%) | 基层 | ≤30 | ≤35 |
| | 底基层 | ≤30 | ≤40 |

(5)有害成分：有机质含量 2%的土，必须先用石灰处理，闷料一夜后再用水泥稳定。硫酸盐含量超过 0.25%的土，不应用水泥稳定。

### (二)石灰稳定土

1. *石灰*

石灰质量应符合图 2-11-8 规定的 III 级以上的生石灰或消石灰的技术指标。要尽量缩短石灰的存放时间。石灰的野外堆放时间较长时，应妥善覆盖保管，不应遭日晒雨淋。

**石灰的技术标准** 表 2-11-8

| 项目 \ 类别指标 | 钙质生石灰 | | | 镁质生石灰 | | | 钙质消石灰 | | | 镁质消石灰 | | |
|---|---|---|---|---|---|---|---|---|---|---|---|---|
| | 等级 | | | | | | | | | | | |
| 有效钙加氧化镁含量（%）不小于 | I | II | III | I | II | III | I | II | III | I | II | III |
| | 85 | 80 | 70 | 80 | 75 | 65 | 65 | 60 | 55 | 60 | 55 | 50 |
| 未消化残渣含量（5mm圆孔筛的筛余%）不大于 | 7 | 11 | 17 | 10 | 14 | 20 | | | | | | |
| 含水率（%）不大于 | | | | | | | 4 | | | | | |
| 细度：0.71mm方孔筛的筛余（%）不大于 | | | | | | | 0 | 1 | 1 | 0 | 1 | 1 |
| 细度：0.125mm方孔筛的筛余（%）不大于 | | | | | | | 13 | 20 | | | 13 | 20 |
| 钙镁石灰的分类界限，氧化镁含量（%） | ≤5 | | | >5 | | | ≤4 | | | >4 | | |

注：硅、铝、镁氧化物含量之和大于5%的生石灰，有效钙加氧化镁含量指标，I等≥75%，II等≥70%，III等≥60%；未消化残渣含量与镁质生石灰指标相同。

等外石灰、贝壳石灰、珊瑚石灰等，通过试验，只要石灰土混合料的强度符合要求，可以使用。

对于高速公路和一级公路，宜采用磨细生石灰粉。

2. 土

(1)塑性指数：塑性指数为15～20的黏性土以及含有一定数量的黏性土的中、粗粒土均适宜于石灰稳定。

(2)最大粒径：见表2-11-9要求。

**石灰稳定土集料最大粒径要求** 表 2-11-9

| 公路等级 | | 高速、一级公路 | 二级及其以下公路 |
|---|---|---|---|
| 允许最大粒径（mm） | 基层 | — | ≤37.5 |
| | 底基层 | ≤37.5 | ≤53 |

(3)集料压碎值：见表2-11-10要求。

**石灰稳定土集料压碎值要求** 表 2-11-10

| 公路等级 | | 高速、一级公路 | 二级公路 | 二级以下公路 |
|---|---|---|---|---|
| 压碎值（%） | 基层 | — | ≤30 | ≤35 |
| | 底基层 | ≤35 | ≤40 | |

(4)有害物质:硫酸盐含量超过 0.8%的土和有机质含量超过 10%的土,不宜用石灰稳定。

### (三)石灰粉煤灰稳定土

1.石灰

同石灰稳定土中的石灰技术要求。

2.粉煤灰

(1)活性成分含量:粉煤灰中 $SiO_2$、$Al_2O_3$ 和 $Fe_2O_3$ 的总含量应大于 70%。

(2)碳含量:烧失量不应超过 20%。

(3)细度:比表面积宜大于 $2500cm^2/g$(或 90%通过 0.3mm 筛孔,70%通过 0.075mm 筛孔)。

(4)含水率:湿粉煤灰含水率不宜超过 35%。

3.土

石灰粉煤灰可以稳定碎石、砾石以及矿渣等级料,也可以用于稳定粉土以及低塑限的黏性土等细粒土。对土和集料的技术要求如下。

(1)细粒土:塑性指数宜在 12~20;土块最大尺寸不大于 15mm;有机质含量不超过 10%。

(2)中、粗粒土:最大粒径和集料含量符合表 2-11-11 要求;级配符合表 2-11-12、表 2-11-13 要求,其中用作高速公路和一级公路基层时应满足 2 号级配要求;压碎值符合表 2-11-7 要求。

**二灰集料中集料含量及最大粒径要求** 表 2-11-11

| 公路等级 | | 高速公路<br>一级公路 | 二级及以下<br>各级公路 |
|---|---|---|---|
| 基层 | 集料最大粒径(mm),≤ | 31.5 | 37.5 |
| | 集料质量占混合料质量(%) | 80~85 | ≥80 |
| 底基层 | 集料最大粒径(mm),≤ | 37.5 | 53 |

**二灰级配砂砾中集料的颗粒组成范围** 表 2-11-12

| 筛孔通过率(mm)/% \ 级配号 | 1 | 2 | 筛孔通过率(mm)/% \ 级配号 | 1 | 2 |
|---|---|---|---|---|---|
| 37.5 | 100 | | 2.36 | 25~45 | 27~47 |
| 31.5 | 85~100 | 100 | 1.18 | 17~35 | 17~35 |
| 19.0 | 65~85 | 85~100 | 0.60 | 10~27 | 10~25 |
| 9.50 | 50~70 | 55~75 | 0.075 | 0~15 | 0~10 |
| 4.75 | 35~55 | 39~59 | | | |

二灰级配碎石中集料的颗粒组成范围　　表 2-11-13

| 筛孔通过率(mm)/% \ 级配号 | 1 | 2 | 筛孔通过率(mm)/% \ 级配号 | 1 | 2 |
|---|---|---|---|---|---|
| 37.5 | 100 | | 2.36 | 18～38 | 18～38 |
| 31.5 | 90～100 | 100 | 1.18 | 10～27 | 10～27 |
| 19.0 | 72～90 | 81～98 | 0.60 | 6～20 | 6～20 |
| 9.50 | 48～68 | 52～70 | 0.075 | 0～7 | 0～7 |
| 4.75 | 30～50 | 30～50 | | | |

# 第二节　试验项目和参数

## 一、检测项目及依据

1. 检测项目

无机结合料;水泥稳定土;石灰稳定土;水泥石灰稳定土;石灰粉煤灰稳定土。

2. 检测项目依据

检测项目依据为《公路路面基层施工技术规范》(JTJ 034—2000)。

## 二、检测参数

(1)含水率试验(烘干法、酒精法);
(2)击实试验;
(3)振动压实试验;
(4)无侧限抗压试验;
(5)间接抗拉试验(劈裂法);
(6)室内抗压回弹模量试验(承载板法、顶面法);
(7)石灰和水泥剂量测定(EDTA 滴定法、直读式测钙仪法);
(8)石灰有效钙,氧化镁;
(9)配合比设计。

以上参数(1)～(8)按《公路工程无机结合料稳定材料试验规程》(JTG E51—2009)进行检测。参数(9)按《公路路面基层施工技术规范》(JTJ 034—2000)要求进行。

# 第三节　常用参数的试验细则

## 一、含水率试验(烘干法)

### 1.仪器设备

(1)烘箱:量程不小于110℃,控温精度为2℃。

(2)铝盒:小盒直径约50mm,高25～30mm;中盒能放样品500g以上;大盒能放样品2000g以上。

(3)电子天平:称细料量程150g,感量0.01g;称中、粗料量程5000g,感量0.1g。

### 2.操作步骤

(1)取洁净的铝盒,称其质量 $m_1$,取试样(水泥、石灰、粉煤灰及细粒土50g,中粒土500g,粗粒土2000g)经粉碎后松散地放入铝盒中,称其质量 $m_1$。其中细粒土精确至0.01g,其他精确至0.1g。

(2)对于水泥稳定材料,将烘箱温度调到110℃;对于其他类材料,将烘箱调到105℃。待烘箱达到设定的温度后,取下盒盖,并将盛有试样的铝盒放在盒盖上,然后一起放入烘箱中进行烘干,需要的烘干时间随土类和试样的数量而改变。当冷却试样连续两次称量的差(每次间隔4h)不超过原试样质量的0.1%时,即认为样品已烘干。

(3)烘干后,将盛有烘干试样的铝盒盒盖盖紧,放置冷却。

(4)称取铝盒和烘干试样的质量 $m_3$,细粒土精确至0.01g,其他精确至0.1g。

### 3.结果计算与整理

(1)用式(2-11-1)计算无机结合料稳定材料的含水率。

$$w = \frac{m_2 - m_3}{m_3 - m_1} \times 100 \tag{2-11-1}$$

式中:$w$——无机结合料稳定材料的含水率(%);

$m_1$——铝盒质量(g);

$m_2$——铝盒和湿稳定材料的合计质量(g);

$m_3$——铝盒和干稳定材料的合计质量(g)。

(2)试验进行两次平行测定,取算术平均值,保留至小数点后两位。允许重复性误差符合图2-11-14的要求。

含水率测定的允许重复性误差值　　表 2-11-14

| 含水率(%) | 允许误差(%) | 含水率(%) | 允许误差(%) |
| --- | --- | --- | --- |
| ≤7 | ≤0.5 | >40 | ≤2 |
| >7,≤40 | ≤1 | | |

## 二、水泥或石灰稳定材料中水泥和石灰剂量测定方法(EDTA 滴定法)

1. 主要仪器设备

主要仪器设备包括:水泥滴定全套设备、大肚移液管(10mL)、锥形瓶(200mL)、烧杯(2000mL)、容量瓶(1000mL)、量筒(100mL 和 5mL)、电子天平(量程不小于 1500g,感量 0.01g)。

2. 试剂制备

(1)0.1mol/$m^3$ 乙二胺四乙酸二钠标准溶液:准确称取 EDTA 二钠(分析纯)37.23g,用 40～50℃的无二氧化碳蒸馏水溶解,待全部溶解并冷却至室温后,定容至 1000mL。

(2)10%氯化铵溶液:将 500g 氯化铵放在 10L 的聚乙烯桶内,加入蒸馏水 4500mL,充分振荡,使氯化铵完全溶解。

(3)1.8%氢氧化钠溶液:用天平称 18g 氢氧化钠,放入洁净干燥的 1000mL 烧杯中,加 1000mL 蒸馏水使其全部溶解,待溶液冷却至室温后,加 2mL 三乙醇胺,搅拌均匀后储于塑料桶中。

(4)钙红指示剂:将 0.2g 钙试剂羧酸钠与 20g 预先在 105℃烘箱烘 1h 的硫酸钾混合。一起放入研钵中,研成极细粉末,储于棕色广口瓶中,以防吸潮。

3. 准备标准曲线

(1)取样:取工地用石灰和土,风干后用烘干法测其含水率(如为水泥,可假定含水率为 0)。

(2)混合料组成计算:

干混合料质量=湿混合料质量/(1+最佳含水率)

干土质量=干混合料质量/(1+石灰或水泥剂量)

干石灰或水泥质量=干混合料质量-干土质量

湿土质量=干土质量×(1+土的风干含水率)

湿石灰质量=干石灰质量×(1+石灰的风干含水率)

石灰土中应加入的水=湿混合料质量-湿土质量-湿石灰质量

(3)准备 5 种试样,每种两个样品,如为水泥稳定中、粗粒土,每个样品取

1000g 左右(如为细粒土,则可称取 300g 左右)准备试验。为了减少中、粗粒土的离散,宜按设计级配单份掺配的方式备料。

5 种混合料的水泥剂量可为 0、2%、4%、6%、8%。如水泥剂量较高或较低,应保证工地实际所用水泥或石灰的剂量位于标准曲线所用剂量的中间。

(4)取一个盛有试样的盛样器(细粒土用搪瓷杯,中、粗粒土用塑料桶),在盛样器内加入两倍质量(湿质量)体积的 10%氯化铵溶液(如湿质量为 300g,则氯化铵溶液为 600mL;如湿质量为 1000g,则氯化铵溶液为 2000mL)。
料为 300g,则搅拌 3min;料为 1000g,则搅拌 5min。放置沉淀 10min,然后将上部清液转移到 300mL 烧杯中,搅匀,加盖表面皿待测。

(5)用移液管吸取上层(液面上 1~2cm)悬浮液 10.0mL 的三角瓶内,用量管量取 1.8%氢氧化钠溶液 50mL 倒入三角瓶中,此时溶液 pH 值为 12.5~13.0(可用 pH12~14 精密试纸检验),然后加入钙红指示剂(质量约为 0.2g),摇匀,溶液呈玫瑰红色。记录滴定管中 EDTA 二钠标准溶液的体积 $V_1$,然后用 EDTA 二钠标准溶液滴定,边滴定边摇匀,并仔细观察溶液的颜色;在溶液颜色变为紫色时,放慢滴定速度,并摇匀;直到纯蓝色为终点,记录滴定管中 EDTA 二钠标准溶液的体积 $V_2$(以 mL 计,读至 0.1mL)。计算 $V_1-V_2$ 即为 EDTA 二钠标准溶液的消耗量。

(6)对其他几个盛样器中的试样,用同样的方法进行试验,并记录各自的 EDTA 二钠标准溶液的消耗量。

(7)以同一水泥或石灰剂量稳定材料 EDTA 二钠标准溶液消耗量(mL)的平均值为纵坐标,以水泥或石灰剂量(%)为横坐标制图。两者的关系应是一根圆滑的曲线。如素土、水泥或石灰改变,必须重做标准曲线。

4.试验步骤

(1)选取有代表性的无机结合料稳定材料,对稳定中、粗粒土取试样约 3000g,对稳定细粒土取试样约 1000g。

(2)对水泥或石灰稳定细粒土,称 300g 放在搪瓷杯中,用搅拌棒将结块搅散,加 10%氯化铵溶液 600mL;对水泥或石灰稳定中、粗粒土,可直接称取 1000g,放入 10%氯化铵 2000mL,然后如前述步骤进行试验。

(3)利用所绘制的标准曲线,根据 EDTA 二钠标准溶液的消耗量,确定混合料中的水泥或石灰剂量。

5.结果整理

试验进行两次平行测定,取算术平均值,精确至 0.1mL。允许重复性误差不得大于均值的 5%,否则,重新进行试验。

## 三、无机结合料稳定材料击实试验方法

1. 主要仪具

主要仪具有：多功能自控电动击实仪；电子天平（量程 4000g，感量 0.01g；量程 15kg，感量 0.1g）；方孔筛（53mm、37.5mm、26.5mm、19mm、4.75mm、2.36mm各一个）；烘箱；电动脱模器；游标卡尺；其他[拌和工具（大瓷盘、小铲）、量筒、铝盒、刮刀、台秤、木锤]。

2. 试验方法类别

分甲、乙、丙三类，各类击实方法的主要参数见表 2-11-15。

**击实试验方法类别** 表 2-11-15

| 类别 | 锤的质量(kg) | 锤击面直径(cm) | 落高(cm) | 试筒尺寸 | | | 锤击层数 | 每层锤击次数 | 平均单位击实功(J) | 容许最大粒径(mm) |
|---|---|---|---|---|---|---|---|---|---|---|
| | | | | 内径(cm) | 高(cm) | 容积($cm^3$) | | | | |
| 甲 | 4.5 | 5.0 | 45 | 10.0 | 12.7 | 997 | 5 | 27 | 2.687 | 19.0 |
| 乙 | 4.5 | 5.0 | 45 | 15.2 | 12.0 | 2177 | 5 | 59 | 2.687 | 19.0 |
| 丙 | 4.5 | 5.0 | 45 | 15.2 | 12.0 | 2177 | 3 | 98 | 2.677 | 37.5 |

3. 试样准备

(1)将具有代表性的风干试料用木锤捣碎或用木碾碾碎。土团均应破碎到能通过 4.75mm 的筛孔。但应注意不要将集料单个颗粒破碎。

(2)如试料是细粒土，将已破碎的具有代表性的土过 4.75mm 筛备用(用甲法或乙法做试验)。

(3)如试料中含有粒径大于 4.75mm 的颗粒，则先将试料过 19mm 筛；如存留在 19mm 筛上的颗粒的含量不超过 10%，则过 26.5mm 筛，留作备用(用甲法或乙法做试验)。

(4)如试料中粒径大于 19mm 的颗粒含量超过 10%，则将试料过 37.5mm 筛；如果存留在 37.5mm 筛上的颗粒含量不超过 10%，则过 53mm 的筛备用(用并法试验)。

(5)每次筛分后，均应记录超尺寸颗粒的百分率 $P$。

(6)在预定做击实试验的前一天，取有代表性的试料测定其风干含水率。对于细粒土，试样应不少于 100g；对于中粒土，试样应不少于 1000g；对于粗粒土，试样应不少于 2000g。

(7)在试验前用游标卡尺准确测量试模的内径、高度和垫块的厚度，以计算试筒的容积。

4. 甲法试验步骤

(1)将已过筛的试料用四分法逐次分小，至最后取出约 10～15kg 试料。再用四分法将取出的试料分成 5～6 份，每份试料干质量为 2.0kg(对于细粒土)或 2.5kg(对于各种中粒土)。

(2)预定 5～6 个不同含水率，依次相差 0.5%～1.5%。在估计的最佳含水率左右只差 0.5%～1%。

(3)按预定含水率制备试样。将 1 份试料平铺于金属盘内，将事先计算得的该份试料中应加的水量均匀地喷洒在试料上，用小铲将试料充分拌和到均匀状态，然后装入密封容器或塑料口袋内浸润备用。

浸润时间要求：黏质土 12～24h，粉质土 6～8h，砂类土、砂砾土、红土砂砾、级配砂砾等可以缩短到 4h 左右，含土很少的未筛分碎石、砂砾和砂可缩短到 2h。浸润时间一般不超过 24h。

应加水量可按式(2-11-2)计算：

$$Q_w = \left(\frac{Q_n}{1+0.01w_n} + \frac{Q_c}{1+0.01w_c}\right) \times 0.01\omega - \frac{Q_n}{1+0.01w_n} \times 0.01w_n - \frac{Q_c}{1+0.01w_c} \times 0.01w_c \tag{2-11-2}$$

式中：$Q_w$——混合料中应加水量(g)；

$Q_n$——混合料中集料质量(g)，其原始含水率为 $w_n$，即风干含水率(%)；

$Q_c$——混合料中水泥的质量(g)，其原始含水率为 $\omega_c$(%)。

(4)将所需要的稳定剂水泥加到浸润后的试料中，并用小铲、泥刀或其他工具充分拌和到均匀状态。水泥应在土样击实前逐个加入。加有水泥的试样拌和后，应在 1h 内完成下述击实试验，拌和后超过 1h 的试样，应予作废。

(5)将试筒、套环与击实底板紧密联结。将击实筒放在坚实的地面上，用四分法取制备好的试样 400～500g(其量应使击实后的试样等于或略高于筒高的 1/5)左右倒入筒内，整平其表面，并稍加压紧。然后按所需击数进行第一层试样的击实。第 1 层击实完后，检查该层高度是否合适，以便调整以后几层的试样用量。用刮土刀或改锥将已击实层的表面“拉毛”，然后重复上述做法，进行其余 4 层试样的击实。最后一层试样击实后，试样超过试筒顶的高度不得大于 6mm，超过高度过大的试件应作废。

(6)用刮土刀沿套环内壁削挖后，扭动并取下套环。齐筒顶细心刮平试样，并拆除底板。如试样底面略突出筒外或有孔洞，则应细心刮平或修补。最后用工字形刮平尺齐筒顶和筒底将试样刮平。擦净试筒的外壁，称其质量 $m_1$。

(7)用脱模器推出筒内试样。从试样内部从上到下取有两个有代表性的样品，测定其含水率，计算至 0.1%。两个试样含水率的差值不得大于 1%。所取样品的数量见图 2-11-16(如只取一个样品测定含水率，则样品的质量应为表列数值的两倍)。擦净试筒，称其质量 $m_2$。

**测稳定材料含水率的样品质量** 表 2-11-16

| 稳定材料名称 | 公称最大粒径(mm) | 样品质量(g) |
|---|---|---|
| 细粒土 | 2.36 | 约 50 |
| 中粒土 | 19 | 约 300 |
| 粗粒土 | 37.5 | 约 1000 |

烘箱的温度应事先调整到 110℃左右，以使放入的试样能立即在 105～110℃的温度下烘干。

(8)按上述(3)～(7)项进行其余含水率下稳定土的击实和测定。凡已用过的试样，一律不再重复使用。

5. 乙法试验步骤

(1)在缺乏内径 10cm 的试筒时，以及在需要与承载比等试验结合起来进行时，采用乙法进行击实试验。乙法更适宜于公称最大粒径达 19mm 的集料。

(2)将已过筛的试料用四分法逐次分小，至最后取出约 30kg 试料。再用四分法将取出的试料分成 5～6 份，每份试料干质量为 4.4kg(对于细粒土)或 5.5kg(对于各种中粒土)。

(3)以下各步的做法与甲法(2)～(8)相同，但应该先将垫块放入筒内底板上，然后加料并击实。所不同的是，每层需取制备好的试样约 900g(对于水泥或石灰稳定细粒土)或 1100g(对于稳定中粒土)，每层的锤击数为 59 次。

6. 丙法试验步骤

(1)将已过筛的试料用四分法逐次分小，至最后取出约 33kg 试料。再用四分法将取出的试料分成 5～6 份，每份试料干质量约为 5.5kg。

(2)预定 5～6 个不同含水率，依次相差 0.5%～1.5%。在估计的最佳含水率左右只差 0.5%～1%。

(3)同甲法(3)。

(4)同甲法(4)。

(5)将试筒、套环与击实底板紧密联结在一起，并将垫块放在筒内底板上。击实筒放在坚实的地面上，取制备好的试样 1.8kg 左右(其量应使击实后的试样等于或略高于筒高的 1/3)倒入筒内，整平其表面，并稍加压紧。然后按所需击数进行第 1 层试样的击实。第 1 层击实完后，检查该层高度是否合适，以便调整以后几层的试样用量。用刮土刀或改锥将已击实层的表面“拉毛”，然后重复上述做法，进行其余两层试样的击实。最后一层试样击实后，试样超过试筒顶的高度不得大于 6mm,超过高度过大的试件应作废。

(6)用刮土刀沿套环内壁削挖后,扭动并取下套环。齐筒顶细心刮平试样,并拆除底板,取走垫块。擦净试筒的外壁,称其质量 $m_1$。

(7)用脱模器推出筒内试样。从试样内部从上到下取有两个有代表性的样品,测定其含水率,计算至 0.1%。两个试样含水率的差值不得大于 1%。所取样品的数量应不少于 700g,如只取一个样品测定含水率,则样品的质量应不少于 1400g。烘箱的温度应事先调整到 110℃左右,以使放入的试样能立即在 105～110℃的温度下烘干。擦净试筒,称其质量 $m_2$。

(8)按上述(3)～(7)项进行其余含水率下稳定土的击实和测定。凡已用过的试样,一律不再重复使用。

7. 结果整理

(1)按式(2-11-3)计算每次击实后稳定土的湿密度:

$$\rho_w = \frac{m_1 - m_2}{V} \tag{2-11-3}$$

式中:$\rho_w$——稳定土的湿密度(g/cm³);

$m_1$——试筒与湿试筒的合质量(g);

$m_2$——试筒质量(g);

$V$——试筒容积(cm³)。

(2)按式(2-11-4)计算每次击实后稳定土的干密度:

$$\rho_d = \frac{\rho_w}{1 + 0.01w} \tag{2-11-4}$$

式中:$\rho_d$——试样干密度(g/cm³);

$w$——试样含水率(%)。

(3)以干密度为纵坐标,以含水率为横坐标,绘制干密度与含水率的关系曲线。曲线必须为凸形的,如试验点不足以连成完整的凸形曲线,则应进行补充试验。

(4)将试验各点采用二次曲线方法拟合曲线,曲线的峰值点对应的含水率及干密度即为最佳含水率和最大干密度。

(5)超尺寸颗粒的校正

当试样中大于最大粒径的超尺寸颗粒的含量为 5%～30%时,按式(2-11-5)和(2-11-6)对试验所得最大干密度和最佳含水率进行校正(超尺寸颗粒的含量小于 5%,可以不进行校正)。

最大干密度按式(2-11-5)校正:

$$\rho'_{dm} = \rho_{dm}(1 - 0.01p) + 0.9 \times 0.01pG'_a \tag{2-11-5}$$

式中：$\rho'_{dm}$——校正后的最大干密度($g/cm^3$)；

$\rho_{dm}$——试验所得的最大干密度($g/cm^3$)；

$p$——试样中超尺寸颗粒的百分率(%)；

$G'_a$——超尺寸颗粒的毛体积相对密度。

计算精确至 $0.01g/cm^3$。

最佳含水率按式(2-11-6)校正：

$$w'_0 = w_0(1-0.01p)+0.01p\omega_\alpha \tag{2-11-6}$$

式中：$w'_0$——校正后的最佳含水率(%)；

$w_0$——试验所得的最佳含水率(%)；

$p$——试样中超尺寸颗粒的百分率(%)；

$w_\alpha$——超尺寸颗粒的吸水率(%)。

(6)精密度或允许误差

应做两次平行试验，取两次试验的平均值作为最大干密度和最佳含水率。两次试验最大干密度的差不应超过 $0.05g/cm^3$(稳定细粒土)和 $0.08g/cm^3$(稳定中、粗粒土)，最佳含水率的差不应超过 0.5%(最佳含水率小于 10%)和1.0%(最佳含水率大于 10%)。混合料密度计算应保留小数点后 3 位有效数字，含水率应保留小数点后 1 位有效数字。

## 四、无机结合料稳定材料试件制作方法(圆柱形)

### 1.主要仪器设备

主要仪器设备有：方孔筛(53mm、37.5mm、31.5mm、26.5mm、4.75mm 和 2.36mm 各一个)；电子天平(量程 15kg，感量 0.1g；量程 4000g，感量 0.01g)；电动脱模器；液压式压力机(量程 2000kN)；其他(游标卡尺、钢板尺及圆形试模等)。

### 2.试样准备

(1)将具有代表性的风干试料，用木锤捣碎或用木碾碾碎，但应避免破坏粒料的原粒径。按公称最大粒径的大一级筛，将土过筛并进行分类。

(2)在预定做试验的前一天，取有代表性的试料测定风干含水率。对于细粒土，试样应不少于 100g；对于中粒土，试样应不少于 1000g；对于粗粒土，试样应不少于 2000g。

(3)按照无机结合料稳定材料的击实试验方法确定最大干密度和最佳含水率。

(4)根据击实结果，称取一定质量的风干土，其质量随试件大小而变。对 $\phi$50mm×50mm 的试件，1 个试件约需干土 180～210g；对 $\phi$100mm×100mm 的试件，1 个试件约需干土 1700～1900g；对 $\phi$150mm×150mm 的试件，1 个试件约需干土 5700～6000g。

对于细粒土，一次可称取 6 个试件的土；对于中、粗粒土，一次宜称取一个试件的土。

(5)将准备好的试料分别装入塑料袋中备用。

3. 试验步骤

(1)调试成型所需要的各种设备，检查是否运行正常；将成型用的模具擦拭干净，并涂抹机油。成型中、粗粒土时，试模筒的数量应与每组试件的个数相配套。上下垫块应与试模筒相配套，上下垫块能够刚好放入试模内上下自由移动且上下垫块放入试筒后，试筒内未被上下垫块占用的空间体积能满足径高比为 1:1的设计要求。

(2)对于无机结合料稳定细粒土，至少应该制备 6 个试件；对于无机结合料稳定中粒土至少应制备 9 个试件；对于无机结合料稳定粗粒土至少应制备 13 个试件。

(3)根据击实结果和无机结合料的配合比按式(2-11-2)计算每份料的加水量、无机结合料的质量

(4)将称好的土放在长方盘内。向土中加入水拌料、闷料。石灰稳定材料、水泥和石灰综合稳定材料、石灰粉煤灰综合稳定材料、水泥粉煤灰综合稳定材料，可将石灰或粉煤灰和土一起拌和，将拌和均匀的试料放在密封容器或塑料袋内浸润备用。

对于细粒土(特别是黏性土)，浸润时的含水率应比最佳含水率小 3%；对于中、粗粒土，可按最佳含水率加水；对于水泥稳定类材料，加水量应比最佳含水率小 1%～2%。浸润时间同击实试验。

(5)在试件成型前 1h，加入预定数量的水泥并拌和均匀。在拌和过程中，应将预留的水(对于细粒土为 3%，对于水泥稳定类材料为 1%～2%)加入土中，使混合料达到最佳含水率。拌和均匀的加有水泥的混合料应在 1h 内制成试件，超过 1h 混合料应作废。

(6)将试模配套的下垫块放入试模的下部，但外露 2cm 左右。将称量的规定数量 $m_2$ 的稳定材料混合料分 2～3 次灌入试模中，每次灌入后用夯棒轻轻均匀插实。如制取 $\phi$50mm×50mm 小试件，则可以将混合料一次倒入试模中，然后将与试模配套的上垫块放入试模内，也应使其外露 2cm 左右。

(7)将整个试模(连同上、下垫块)放到压力机上，以 1mm/min 的加载速率加压，直到上下压柱都压入试模为止。维持压力 2min。

(8)解除压力后，取下试模，并放到脱模器上将试件顶出。用水泥稳定有黏结性的材料(如黏质土)时，制件后可以立即脱模；用水泥稳定无黏结性细粒土时，最好过 2～4h 再脱模；对于中、粗粒土的无机结合料稳定材料，也最好过 2～

6h 脱模。

(9)在脱模器上取试件时,应用双手抱住试件侧面的中下部,然后沿水平方向轻轻旋转,待感觉到试件移动后,再将试件轻轻捧起,放置到试验台上。切勿直接将试件向上捧起。

(10)称试件的质量 $m_2$,中、小试件精确至 0.01g,大试件精确到 0.1g。然后用游标卡尺量试件高度 $h$,准确到 0.1mm。检查试件的高度和质量,不满足成型标准的试件作为废件。

(11)试件称最后应立即放在塑料袋中封闭,并用潮湿的毛巾覆盖,移放至养生室。

4.计算

单个试件的标准质量按式(2-11-7)计算。

$$m_0 = V \times \rho_{max} \times (1 + w_{opt}) \times \gamma \tag{2-11-7}$$

考虑到试件成型过程中的质量损耗,实际操作过程中每个试件的质量可增加 0~2%,即:

$$m'_0 = m_0 \times (1 + \delta) \tag{2-11-8}$$

每个试件的干料总质量

$$m_1 = \frac{m'_0}{1 + w_{opt}} \tag{2-11-9}$$

每个试件中的无机结合料质量:外掺法按式(2-11-10)计算,内掺法按式(2-11-11)计算。

$$m_2 = m_1 \times \frac{\alpha}{1 + \alpha} \tag{2-11-10}$$

$$m_2 = m_1 \times \alpha \tag{2-11-11}$$

每个试件中的干土质量:

$$m_3 = m_1 - m_2 \tag{2-11-12}$$

每个试件中的加水量:

$$m_w = (m_2 + m_3) \times w_{opt} \tag{2-11-13}$$

验算:

$$m'_0 = m_2 + m_3 + m_w \tag{2-11-14}$$

式中:$V$——试件体积($cm^3$);

$w_{opt}$——混合料最佳含水率(%);

$\rho_{max}$——混合料最大干密度($g/cm^3$);

$\gamma$——混合料压实度标准(%);

$m'_0$、$m_0$——混合料质量(g);

$m_1$——干混合料质量(g)；

$m_2$——水泥质量(g)；

$m_3$——干土质量(g)；

$\delta$——计算混合料质量的冗余量(%)；

$\alpha$——水泥的掺量(%)；

$m_w$——加水质量(g)。

5. 结果整理

小试件的高度误差范围为－1～1mm，质量损失应不超过 5g；中试件的高度误差范围为－1～1.5mm，质量损失应不超过 25g；大试件的高度误差范围为－1～2mm，质量损失应不超过 50g。

## 五、无机结合料稳定材料养生试验方法(标准养生法)

1. 仪器设备

标准养护室：温度(20±2)℃，相对湿度在 95%以上。

2. 试验步骤

(1)试件从试模内脱出并量高称质量后，中试件和大试件应装入塑料袋内。试件装入塑料袋后，将袋内的空气排除干净，扎紧袋口，将包好的试件放入养护室。

(2)试件宜放在铁架或木架上，间距至少 10～20mm。试件表面应保持一层水膜，并避免用水直接冲淋。

(3)对无侧限抗压强度试验，标准养生龄期是 7d，最后一天浸水。对弯拉强度、间接抗拉强度，水泥稳定材料类的标准养生龄期是 90d，石灰稳定材料类的标准养生龄期是 180d。

(4)在养生期的最后一天，将试件取出，观察试件的边角有无磨损和缺块，并量高称质量，然后将试件浸泡于(20±2)℃水中，应使水面在试件顶上约 2.5cm。

3. 结果整理

(1)如养生期间有明显的边角缺损，试件应作废。

(2)对养生 7d 的试件，在养生期间，试件质量损失应符合下列规定：小试件不超过 1g；中试件不超过 4g；大试件不超过 10g。质量损失超标试件，应予作废。

(3)对养生 90d 和 180d 的试件，在养生期间，试件质量损失应符合下列规定：小试件不超过 1g；中试件不超过 10g；大试件不超过 20g。质量损失超标试件，应予作废。

## 六、无机结合料稳定材料无侧限抗压强度试验方法

1.仪器设备

标准养护室；水槽（深度应大于试件高度 50mm）；试验机：测量精度为±1%，满足加载吨位要求，连续加载速率控制在 1mm/min；电子天平（量程 15kg，感量 0.1g）；量程 4000g，感量 0.01g；游标卡尺等。

2.试验准备

(1)在养生期的最后一天（第 7 天），将试件取出，观察试件的边角有无磨损和缺块，并量高称质量（如养生期间试件有明显边角缺损、试件质量损失超标，试件应该作废），然后将试件浸泡于（20±2）℃水槽中，应使水面在试件顶上约 2.5mm。

(2)将试件两顶面用刮刀刮平，必要时可用快凝水泥砂浆抹平试件顶面。

3.试验步骤

(1)根据试验材料的类型和一般的工程经验，选择合适量程的测力计和压力机，试件破坏荷载应大于测力量程的 20%且小于测力量程的 80%。球形支座和上下顶板涂上机油，使球形支座能够灵活转运。

(2)将已浸水一昼夜的试件从水中取出，用软布吸去试件表面的水分，并称试件的质量 $m_4$。

(3)用游标卡尺测量试件的高度 $h$，精确至 0.1mm。

(4)将试件放在路面材料强度试验仪或压机上，并在升降台上先放一扁球座，进行抗压试验。试验过程中，应保持加载速率为 1mm/min。记录试件破坏时最大压力 $P$(N)。

(5)从试件内部取有代表性的样品（经过打破），测定其含水率 $w$。

4.计算

试件的无侧限抗压强度按式(2-11-15)计算。

$$R_c = \frac{P}{A} \tag{2-11-15}$$

式中：$R_c$——试件的无侧限抗压强度(MPa)；

$P$——试件破坏时的最大压力(N)；

$A$——试件的截面积($mm^2$)，$A=\frac{1}{4}\pi D^2$，其中 D 为试件的直径(mm)。

5.结果整理

(1)抗压强度保留 1 位小数。

(2)同一组试件试验中，采用3倍均方差方法剔除异常值，小试件允许有1个异常值，中试件允许有1～2个异常值，大试件允许有2～3个异常值，异常值数量超过上述规定的试验重做。

(3)同一组试验的变异系数$C_v$(%)符合下列规定，方为有效试验：小试件$C_v \leqslant 6\%$；中试件$C_v \leqslant 10\%$；大试件$C_v \leqslant 15\%$。如不能保证试验结果的变异系数小于规定的值，则应按允许误差10%和90%概率重新计算所需的试件数量，增加试件数量并另做新试验。新试验结果与老试验结果一并重新进行统计评定，直到变异系数满足上述规定。

## 七、混合料配合比组成设计方法

### 1.原材料质量检验内容

选取料场代表性的样品按图2-11-17要求进行试验。

**无机结合料稳定材料原材料检验内容** 表2-11-17

| 原材料＼类型 | 水泥稳定材料 | 石灰稳定材料 | 石灰粉煤灰稳定材料 |
|---|---|---|---|
| 土样（含集料） | 颗粒分析、液限和塑性指数、集料压碎值、有机质和硫酸盐含量（必要时做） | 颗粒分析、液限和塑性指数、有机质含量（必要时做） | 颗粒分析、液限和塑性指数、集料压碎值、有机质含量（必要时做） |
| 结合料 | 水泥的标号与终凝时间 | 石灰有效钙和氧化镁含量 | 石灰有效钙和氧化镁含量<br>粉煤灰化学成分、细度和烧失量试验 |

### 2.土颗粒级配组成设计

无机结合料稳定中、粗粒土，当单一粒级土料不能满足级配要求，需进行几种粒级的颗粒材料进行组成掺配，使其按一定比例掺配后具有良好的级配。组成设计的常用方法为“试算法”。

(1)基本假设

设有1号、2号、3号、4号四种集料，欲配制达到级配要求的混合料，求四种集料在混合料中的比例，即为配合比。

①设1号、2号、3号、4号料的用量比例分别为$W$、$X$、$Y$、$Z$，则

$$W + X + Y + Z = 100 \qquad (2\text{-}11\text{-}16)$$

②又设混合料中某一级粒径要求的含量为$a_i$，1号、2号、3号、4号料在该粒径的含量为$a_{wi}$、$a_{xi}$、$a_{yi}$、$a_{zi}$。则：

$$a_{wi} \cdot W + a_{xi} \cdot X + a_{yi} \cdot Y + a_{zi} \cdot Z = a_i \qquad (2\text{-}11\text{-}17)$$

(2)计算步骤

①计算1号在混合料中的用量,在计算1号料在混合料中的用量时,按1号在优势含量的某一粒径计算,而忽略其他集料在此粒径的含量。

设按粒径尺寸为$i$(mm)的粒径来计算,则其他料在该粒径含量均为0,由式(2-11-17)可得:$a_{wi} \cdot W = a_i$

即1号料在混合料中用量:

$$W = \frac{a_i}{a_{wi}} \times 100 \tag{2-11-18}$$

②计算2号在混合料中的用量,在计算2号料在混合料中的用量时,按
2号在优势含量的某一粒径计算,而忽略其他集料在此粒径的含量。

设按粒径尺寸为$j$(mm)的粒径来计算,则其他料在该粒径含量均为0,由式(2-11-17)可得:$a_{xi} \cdot X = a_i$。

即1号料在混合料中用量:

$$X = \frac{a_j}{a_{xj}} \times 100 \tag{2-11-19}$$

③计算3号在混合料中的用量,在计算3号料在混合料中的用量时,按
3号在优势含量的某一粒径计算,而忽略其他集料在此粒径的含量。

设按粒径尺寸为$k$(mm)的粒径来计算,则其他料在该粒径含量均为0,由式(2-11-17)可得:$a_{yk} \cdot Y = a_k$。

即3号料在混合料中用量:

$$Y = \frac{a_k}{a_{yk}} \times 100 \tag{2-11-20}$$

④计算4号料在混合料中的用量

$$Z = 100 - (W + X + Y) \tag{2-11-21}$$

⑤校核调整。按以上计算配合比,经校核如不在要求的级配范围内,应调整配合比重新计算和复核,经几次调整,逐步渐进,直到符合要求为止。如经计算不能满足级配要求时,可掺加某些单粒级集料,或调换其他原始集料。

3. 配合比试验步骤

(1)按表2-11-18提供参考剂量分别配制4～5组混合料。

(2)通过击实试验,确定各种混合料的最佳含水率和最大干密度,应至少做三个不同结合料剂量,即最小剂量、中间剂量和最大剂量。其他两个剂量混合料的最大干密度和最佳含水率用内插法确定。

(3)按工地预定达到的压实度,分别计算不同剂量的试件应有的干密度;按最佳含水率和计算得的干密度制备无侧限抗压强度试件。对于无机结合料稳定

细粒土，至少应该制备6个试件；对于无机结合料稳定中粒土至少应制备9个试件；对于无机结合料稳定粗粒土至少应制备13个试件。

**无机结合料剂量参照表** 表2-11-18

| 结构层次＼类型 | 水泥稳定土水泥剂量(%) | 石灰稳定土石灰剂量(%) | 石灰粉煤灰稳定土 |
|---|---|---|---|
| 基层 | 中、粗粒土：3，4，5，6，7<br>$I_p$＜12细粒土：5，7，8，9，11<br>其他细粒土：8，10，12，14，16 | 砂砾、碎石土：3，4，5，6，7<br>$I_p$＜12黏性土：10，12，13，14，16<br>$I_p$＞12黏性土：5，7，9，11，13 | 直接采用二灰：石灰：粉煤灰＝1∶2～1∶9；二灰土：石灰：粉煤灰＝1∶2～1∶4，二灰：细粒土＝30∶70～90∶10；二灰集料：石灰：粉煤灰＝1∶2～1∶4，二灰：集料＝20∶80～15∶85 |
| 底基层 | 中、粗粒土：3，4，5，6，7<br>$I_p$＜12细粒土：5，7，8，9，11<br>其他细粒土：8，10，12，14，16 | $I_p$＜12黏性土：8，10，11，12，14<br>$I_p$＞12黏性土：5，7，8，9，11 | |

(4)试件在规定温度(20±2)℃，湿度大于95%，养生6d、浸水1d后进行无侧限抗压强度试验。

(5)计算试验结果的平均值和偏差系数。同一组试验的变异系数$C_v$(%)符合下列规定，方为有效试验：小试件$C_v$≤6%；中试件$C_v$≤10%；大试件$C_v$≤15%。

(6)选定合适的结合料剂量，其剂量试件室内试验结果平均抗压强度$R_p$应符合(2-11-21)要求：

$$R_p \geqslant \frac{R_s}{1-Z_a C_v} \tag{2-11-22}$$

式中：$R_s$——抗压强度标准值(图2-11-2)，设计另有要求按设计取值；

$C_v$——试验结果的偏差系数(以小数计)；

$Z_a$——标准正态分布表中随保证率(或置信度$\alpha$)而变的系数，高速公路取保证率为95%，即$Z_a$＝1.645；其他公路取保证率为90%，即$Z_a$＝1.282。

(7)工地实际采用的石灰、水泥剂量应比室内试验确定的剂量多0.5%～1.0%。采用集中厂拌法施工时，可只增加0.5%；采用路拌法施工时，宜增加1%。

(8)水泥稳定土中水泥的剂量应符合图2-11-19的规定。

**水泥最小剂量** 表2-11-19

| 土类＼拌和方法 | 路拌法 | 厂拌法 |
|---|---|---|
| 中、粗粒土 | 4% | 3% |
| 细粒土 | 5% | 4% |

## 八、常用参数试验记录表(表 2-11-20～表 2-11-21)

______公路水泥(石灰)剂量测定试验记录表(EDTA 法)

承包单位：　　　　　　　　　　　　合同号：

监理单位：　　　　　　　　　　　　编　号：　　　　　　　　表 2-11-20

<table>
<tr><td colspan="2">样品名称</td><td colspan="2"></td><td>试验日期</td><td colspan="3"></td></tr>
<tr><td colspan="2">样品来源</td><td colspan="2"></td><td>试验用途</td><td colspan="3"></td></tr>
<tr><td colspan="2">混合料名称</td><td colspan="2"></td><td>结合料名称</td><td colspan="3"></td></tr>
<tr><td colspan="2">结构层名称</td><td colspan="2"></td><td>混合料配合比(%)</td><td colspan="3"></td></tr>
<tr><td>取样桩号：</td><td>滴定次数</td><td>EDTA<br>初读数</td><td>EDTA<br>终读数</td><td>消耗量<br>(mL)</td><td>平均值<br>(mL)</td><td>水泥(石灰)<br>剂量(%)</td><td>备注</td></tr>
<tr><td rowspan="3"></td><td>1</td><td colspan="3" rowspan="3"></td><td rowspan="3"></td><td rowspan="3"></td><td rowspan="3"></td></tr>
<tr><td>2</td></tr>
<tr><td>3</td></tr>
<tr><td rowspan="3"></td><td>1</td><td colspan="3" rowspan="3"></td><td rowspan="3"></td><td rowspan="3"></td><td rowspan="3"></td></tr>
<tr><td>2</td></tr>
<tr><td>3</td></tr>
<tr><td rowspan="3"></td><td>1</td><td colspan="3" rowspan="3"></td><td rowspan="3"></td><td rowspan="3"></td><td rowspan="3"></td></tr>
<tr><td>2</td></tr>
<tr><td>3</td></tr>
<tr><td colspan="8">EDTA耗量(mL)<br><br>水泥剂量(%)</td></tr>
<tr><td colspan="8">监理意见：<br><br><br>试验监理工程师：　　　　　　年　月　日</td></tr>
</table>

试验人员：　　　　　　　　　　　　校核：

## ________公路无侧限抗压强度试验记录表

承包单位：　　　　　　　　　　　　　　合同号：

监理单位：　　　　　　　　　　　　　　编　号：　　　　　　　　　　　　表 2-11-21

| 试件名称 | | | | | 试验日期 | | | | 桩号及部位 | | |
|---|---|---|---|---|---|---|---|---|---|---|---|
| 试验用途 | | | | | 配合比情况 | | | | 试件压实度 | | |
| 施工段落 | | | | | 击实最大干密度($g/cm^3$) | | | | 养生龄期 | | |
| 试件编号 | 养生前 | | 浸水前试件质量 | 养生期间的质量损失 | 浸水后 | | 吸水率 | 试验后的最大压力 | 无侧限抗压强度 | 平均抗压强度 | 数理统计分析： |
| | 试件质量 (g) | 试件高度 (m) | (g) | (g) | 试件质量 (g) | 试件高度 (m) | (g) | (N) | (MPa) | (MPa) | |
| | | | | | | | | | | | 标准值　$S=$　　　MPa |
| | | | | | | | | | | | 偏差系数　$C_v=$　　　% |
| | | | | | | | | | | | |
| | | | | | | | | | | | |
| | | | | | | | | | | | $\overline{R}_c-1.645S=$　　　MPa |
| | | | | | | | | | | | |
| | | | | | | | | | | | |
| | | | | | | | | | | | |
| | | | | | | | | | | | |
| | | | | | | | | | | | |
| | | | | | | | | | | | |
| | | | | | | | | | | | |
| 监理意见：<br>试验监理工程师：　　　　年　月　日 | | | | | | | | | | | |

试验人员：　　　　　　　　　　　　　　校核：

# 第十二章　沥青混合料

## 第一节　沥青混合料的分类及技术标准

### 一、分类

沥青混合料有不同的分类型式，各不同类型下的分类如图 2-12-1 所示。

沥青混合料的分类　　表 2-12-1

| 分类型式 | 分　　类 | 定义及主要特征 |
|---|---|---|
| 按结合料分类 | 石油沥青混合料 | 以石油沥青为结合料的沥青混合料(包括黏稠石油沥青、乳化石油沥青及液体石油沥青) |
| | 煤沥青混合料 | 以煤沥青为结合料的沥青混合料 |
| 按施工温度分类 | 热拌热铺沥青混合料 | 简称热拌沥青混合料。沥青与矿料在热态拌和、热态铺筑的混合料 |
| | 常温沥青混合料 | 以乳化沥青或稀释沥青与矿料在常温状态下拌制、铺筑的混合料 |
| 按矿质集料级配类型分类 | 连续级配沥青混合料 | 沥青混合料中矿料是按级配原则，从大到小各级粒径都有，按比例相互搭配组成的混合料，称为连续级配混合料 |
| | 间断级配沥青混合料 | 连续级配沥青混合料中缺少一个或数个档次粒径的沥青混合料称为间断级配沥青混合料 |
| 按混合料密实程度分类 | 密级配沥青混合料 | 按密实级配原理设计组成的各种粒级的矿料与沥青结合料拌和而成，设计空隙率较小 3%～6%的密实式沥青混合料(AC)、密实式沥青稳定碎石混合料(ATB)以及沥青玛蹄脂碎石(SMA) |
| | 开级配沥青混合料 | 矿料级配主要由集料嵌挤组成，细集料及填料较少，设计空隙率为 18%及以上的混合料为开级配混合料。<br>设计空隙率介于密级配与开级配之间(6～12)%混合料为半开级配混合料 |
| 按集料公称粒径分类 | 特粗式沥青混合料 | 公称最大粒径 37.5mm，最大粒径 53.0mm |
| | 粗粒式沥青混合料 | 公称最大粒径 31.5mm 或 26.5mm，最大粒径 37.5mm 或 31.5mm |
| | 中粒式沥青混合料 | 公称最大粒径 19.0mm 或 16.0mm，最大粒径 16.0mm 或 13.2mm |
| | 细粒式沥青混合料 | 公称最大粒径 13.2mm 或 9.5mm，最大粒径 31.5mm 或 26.5mm |
| | 砂粒式沥青混合料 | 公称最大粒径 4.75mm，最大粒径 9.5mm |

## 二、质量标准

### 1. 热拌沥青混合料技术标准

(1)采用马歇尔试验配合比设计方法,沥青混合料技术要求应符合表 2-12-2～表 2-12-5 的规定,并有良好的施工性能。

**密级配沥青混凝土混合料马歇尔试验技术标准**(JTG F40—2004)　　表 2-12-2

| 试验指标 | | 单位 | 高速公路、一级公路 | | | |
|---|---|---|---|---|---|---|
| | | | 夏炎热区(1-1、1-2、1-3、1-4 区) | | 夏热区及夏凉区(2-1、2-2、2-3、2-4、3-2 区) | |
| | | | 中轻交通 | 重载交通 | 中轻交通 | 重载交通 |
| 击实次数(双面) | | 次 | 75 | | | |
| 试件尺寸 | | mm | $\phi$101.6mm×63.5mm | | | |
| 空隙率 VV | 深约 90mm 以内 | % | 3～5 | 4～6 | 2～4 | 3～5 |
| | 深约 90mm 以下 | % | 3～6 | | 2～4 | 3～6 |
| 稳定度 MS 不小于 | | kN | 8 | | | |
| 流值 FL | | mm | 2～4 | 1.5～4 | 2～4.5 | 2～4 |
| 矿料间隙率 VAM(%) 不小于 | 设计空隙率(%) | 相应于以下公称粒径(mm)的最小 VAM 及 VFA 技术要求(%) | | | | |
| | | 26.5 | 19 | 16 | 13.2 | |
| | 2 | 10 | 11 | 11.5 | 12 | |
| | 3 | 11 | 12 | 12.5 | 13 | |
| | 4 | 12 | 13 | 13.5 | 14 | |
| | 5 | 13 | 14 | 14.5 | 15 | |
| | 6 | 14 | 15 | 15.5 | 16 | |
| 沥青饱和度 VFA(%) | | 55～70 | 65～75 | | | |

注:1. 对空隙率大于 5%的夏炎热区重载交通路段,施工时应至少提高压实度 1 个百分点。

2. 当设计的空隙率不是整数时,由内插确定要求的 VAM 最小值。

3. 对改性沥青混合料,马歇尔试验的流值可适当放宽。

**沥青稳定碎石混合料马歇尔试验技术要求**(JTG F40　2004)　　表 2 12 3

| 试验指标 | 单位 | 密级配基层(ATB) | | 半开级配面层(AM) | 排水式开级配磨耗层(OGFC) | 排水式开级配基层(ATPB) |
|---|---|---|---|---|---|---|
| 公称最大粒径 | mm | 26.5 | ≥31.5 | ≤26.5 | ≤26.5 | 所有尺寸 |
| 马歇尔试件尺寸 | mm | $\phi$101.6mm×63.5mm | $\phi$152.4mm×95.3mm | $\phi$101.6mm×63.5mm | $\phi$101.6mm×63.5mm | $\phi$152.4mm×95.3mm |

续上表

| 试验指标 | 单位 | 密级配基层(ATB) | | 半开级配面层(AM) | 排水式开级配磨耗层(OGFC) | 排水式开级配基层(ATPB) |
|---|---|---|---|---|---|---|
| 击实次数(双面) | 次 | 75 | 112 | 50 | 50 | 75 |
| 空隙率 VV | % | 3～6 | | 6～10 | 不小于 18 | 不小于 18 |
| 稳定度,≥ | kN | 7.5 | 15 | 3.5 | 3.5 | — |
| 流值 | mm | 1.5～4 | 实测 | — | — | — |
| 沥青饱和度 VFA | % | 55～70 | | 40～70 | — | — |
| 密级配基层 ATB 的矿料间隙率 VMA,≥(%) | | 设计空隙率(%) | | ATB-40 | ATB-30 | ATB-25 |
| | | 4 | | 11 | 11.5 | 12 |
| | | 5 | | 12 | 12.5 | 13 |
| | | 6 | | 13 | 13.5 | 14 |

注:在干旱地区,可将密级配沥青稳定碎石基层的空隙率适当放宽到 8%。

**SMA 混合料马歇尔试验技术要求**(JTG F40—2004)　　表 2-12-4

| 试验项目 | 单位 | 技术要求 | |
|---|---|---|---|
| | | 不使用改性沥青 | 使用改性沥青 |
| 马歇尔试件尺寸 | mm | ϕ101.6mm×63.5mm | |
| 马歇尔试件击实次数 | — | 两面击实 50 次 | |
| 空隙率 VV | % | 3～4 | |
| 矿料间隙率 VMA,不小于 | % | 17.0 | |
| 粗集料骨架间隙率 $VCA_{mix}$,不大于 | — | $VCA_{DBC}$ | |
| 沥青饱和度 VFA | % | 75～85 | |
| 稳定度,不小于 | kN | 5.5 | 6.0 |
| 流值 | mm | 2～5 | — |
| 谢伦堡沥青析漏试验的结合料损失 | % | 不大于 0.2 | 不大于 0.1 |
| 肯塔堡飞散试验的混合料损失或浸水飞散试验 | % | 不大于 20 | 不大于 15 |

注:1. 对集料坚硬不易击碎,通行重载交通的路段,也可将击实次数增加为双面 75 次。

2. 对高温稳定性要求较高的重交通路段或炎热地区,设计空隙率允许放宽到 4.5%,VMA 允许放宽到 16.5%(SMA-16)或(SMA-19),VFA 允许放宽到 70%。

3. 试验粗集料骨架间隙率 VCA 的关键性筛孔,对 SMA-19、SMA-16 是指 4.75mm,对 SMA-13、SMA-10 是指 2.36mm。

4. 稳定度难以达到时,容许放宽到 5.0kN(非改性)或 5.5kN(改性),但动稳定度检验必须合格。

**OGFC 混合料技术要求**　　表 2-12-5

| 试验项目 | 单位 | 技术要求 |
|---|---|---|
| 马歇尔试件尺寸 | mm | $\phi$101.6mm×63.5mm |
| 马歇尔试件击实次数 | — | 两面击实 50 次 |
| 空隙率 | % | 18～25 |
| 马歇尔稳定度，不小于 | kN | 3.5 |
| 析漏损失 | % | <0.3 |
| 肯特堡飞散损失 | % | <20 |

(2)对于高速公路和一级公路的公称最大粒径等于或小于 19mm 的密级配沥青混合料(AC)，及 SMA、OGFC 混合料，需在配合比设计的基础上进行表 2-12-6～表 2-12-9 指标检验。

**沥青混合料车辙试验动稳定度技术要求**(JTG F40—2004)　　表 2-12-6

<table>
<tr><td colspan="2">气候条件与技术指标</td><td colspan="9">相应于下列气候分区所要求的动稳定度(次/mm)</td></tr>
<tr><td colspan="2" rowspan="3">七月平均最高气温(℃)及气候分区</td><td colspan="4">>30</td><td colspan="4">20～30</td><td><20</td></tr>
<tr><td colspan="4">1. 夏炎热区</td><td colspan="4">2. 夏热区</td><td>3. 夏凉区</td></tr>
<tr><td>1－1</td><td>1－2</td><td>1－3</td><td>1－4</td><td>2－1</td><td>2－1</td><td>2－3</td><td>2－4</td><td>3－2</td></tr>
<tr><td colspan="2">普通沥青混合料，≥</td><td colspan="2">800</td><td colspan="2">1000</td><td>600</td><td colspan="3">800</td><td>600</td></tr>
<tr><td colspan="2">改性沥青混合料，≥</td><td colspan="2">2400</td><td colspan="2">2800</td><td>2000</td><td colspan="3">2400</td><td>1800</td></tr>
<tr><td rowspan="2">SMA 混合料</td><td>非改性，≥</td><td colspan="9">1500</td></tr>
<tr><td>改性，≥</td><td colspan="9">3000</td></tr>
<tr><td colspan="2">OGFC 混合料</td><td colspan="9">1500(一般交通路段)、3000(重交通路段)</td></tr>
</table>

注：1. 如果其他月份的平均最高气温高于七月，可使用该月平均最高气温。

2. 在特殊情况下，如钢桥面铺装、重载车特别多或纵坡较大的长距离上坡路段、厂矿专用道路，可酌情提高动稳定度的要求。

3. 对因气候寒冷确需使用针入度很大的沥青，动稳定度难以达到要求，或因采用石灰岩等不很坚硬的石料，改性沥青混合料的动稳定度难以达到要求等特殊情况，可酌情降低要求。

4. 为满足炎热地区及重载车要求，在配合比设计时采取减少最佳沥青用量的技术措施时，可适当提高试验温度或增加试验荷载进行试验，同时增加试件的碾压成型密度和施工压实度要求。

5. 车辙试验不得采用二次加热的混合料，试验必须检验其密度是否试验规程要求。

6. 如需要对公称最大粒径等于和大于 26.5mm 的混合料进行车辙试验，可适当增加试件的厚度，但不宜作为合格与否的依据。

**沥青混合料水稳定性检验技术要求**(JTG F40—2004)　　表 2-12-7

| 气候条件与技术指标 | 相应于下列气候分区的技术要求(%) | | | |
|---|---|---|---|---|
| 年降雨量(mm)及气候分区 | >1000 | 500～1000 | 250～500 | <250 |
| | 1. 潮湿区 | 2. 湿润区 | 3. 半干区 | 4. 干旱区 |

续上表

| 气候条件与技术指标 | | 相应于下列气候分区的技术要求(%) | |
|---|---|---|---|
| 浸水马歇尔试验残留稳定度(%),不小于 | | | |
| 普通沥青混合料 | | 80 | 75 |
| 改性沥青混合料 | | 85 | 80 |
| SMA 混合料 | 普通沥青 | 75 | |
| | 改性沥青 | 80 | |
| 冻融劈裂试验的残留强度比(%),不小于 | | | |
| 普通沥青混合料 | | 75 | 70 |
| 改性沥青混合料 | | 80 | 75 |
| SMA 混合料 | 普通沥青 | 75 | |
| | 改性沥青 | 80 | |

注:调整沥青用量后,马歇尔试件成型可能达不到要求的空隙率条件。当需要添加消石灰、水泥、抗剥落剂时,需重新确定最佳沥青用量后试验。

**沥青混合料低温弯曲试验破坏应变(με)技术要求**(JTG F40—2004)　　表 2-12-8

| 气候条件与技术指标 | 相应于下列气候分区所要求的破坏应变(με) | | | | | | | | |
|---|---|---|---|---|---|---|---|---|---|
| 年极端最低气温(℃)及气候分区 | <−37.0 | | −21.5～−37.0 | | | −9.0～−21.5 | | >−0.9 | |
| | 1.冬严寒区 | | 2.冬寒区 | | | 3.冬冷区 | | 4.冬温区 | |
| | 1−1 | 2−1 | 1−2 | 2−2 | 3−2 | 1−3 | 2−3 | 1−4 | 2−4 |
| 普通沥青混合料,≥ | 2600 | | 2300 | | | 2000 | | | |
| 改性沥青混合料,≥ | 3000 | | 2800 | | | 2500 | | | |

**沥青混合料试件渗水系数(mL/min)技术要求**(JTG F40—2004)　　表 2-12-9

| 级 配 类 型 | 渗水系数要求(mL/min) |
|---|---|
| 密级配沥青混凝土,不小于 | 120 |
| SMA 混合料,不大于 | 80 |
| OGFC 混合料,不小于 | 实测 |

2.其他沥青混合料技术要求

(1)冷拌沥青混合料

①矿料质量应符合热拌沥青混合料相同的质量要求。

②混合料有良好的低温操作和易性。用于冬季寒冷季节补坑的混合料,应在松散状态下经−10℃的冰箱保持 24h 无明显凝结现象,且能用铁锹方便拌和操作。

③有良好的耐水性,混合料按水煮法或水浸法检验的抗水剥落性能不得小

于 95%。

④冷补沥青混合料应有足够的黏聚性，马歇尔试验稳定度宜小于 3kN。

(2)稀浆封层和微表处混合料

①矿料应选择坚硬、粗糙、耐磨、洁净的集料。各项性能应符合表 2-2-6 和表 2-3-4 的要求。其中微表处用通过 4.75mm 筛的合成矿料的砂当量不得低于 65%，稀浆封层通过 4.75mm 筛的合成矿料的砂当量不得低于 50%。当用于抗滑表层时，还应符合表 2-2-6 中磨光值的要求。细集料宜采用碱性石料生产的机制砂或洁净的石屑。

②混合料质量应符合表 2-12-10 要求。

**稀浆封层和微表处混合料技术要求**　　表 2-12-10

| 项　目 | 单位 | 微　表　处 | 稀　浆　封　层 |
|---|---|---|---|
| 可拌时间 | s | >120 | |
| 稠度 | cm | — | 2～3 |
| 凝聚力试验 | | | |
| 30min(初凝时间) | N·m | ≥1.2 | ≥1.2 |
| 60min(开放交通时间) | ≥2.0 | ≥2.0 | |
| 负荷轮碾压试验(LWT) | | | |
| 黏附砂量 | g/m$^2$ | <450 | <450 |
| 轮迹宽度变化率 | % | <5 | — |
| 湿轮磨耗试验的磨耗值(WTAT) | | | |
| 浸水 1h | g/m$^2$ | <540 | <800 |
| 浸水 6d | g/m$^2$ | <800 | — |

注：负荷轮碾压试验(LWT)的宽度变化率适用于需要修补车辙的情况。

# 第二节　试验项目和参数

## 一、沥青混合料检测项目依据

检测项目依据包括《公路沥青路面设计规范》(JTG D50—2006)和《公路沥青路面施工技术规范》(JTG F40—2004)。

## 二、检测参数

1. 压实沥青混合料密度试验

(1)表干法；

(2)水中重法；

(3)蜡封法；

(4)体积法。

2.沥青混合料理论最大相对密度试验

(1)真空法；

(2)溶剂法。

3.沥青混合料马歇尔稳定度试验

4.沥青路面芯样马歇尔试验

5.沥青混合料车辙试验

6.沥青混合料弯曲试验

7.沥青混合料饱水率试验

8.沥青混合料中沥青含量试验

(1)射线法；

(2)离心分离法；

(3)回流式抽提仪法；

(4)脂肪抽提器法。

9.沥青混合料矿料级配试验

10.沥青混合料回收沥青试验

(1)阿布森法；

(2)旋转蒸发器法；

11.沥青混合料劈裂试验

12.沥青混合料的冻融劈裂试验

13.沥青混合料的渗水试验

14.沥青混合料谢伦堡沥青析漏试验

15.沥青混合料肯塔堡飞散试验

16.乳化沥青稀浆封层混合料稠度试验

17.乳化沥青稀浆封层混合料湿轮磨耗试验

18.乳化沥青稀浆封层混合料初凝时间试验

19.乳化沥青稀浆封层混合料固化时间试验

20.乳化沥青稀浆封层混合料碾压试验

21.沥青混合料配合比设计

以上参数1～20项按《公路工程沥青及沥青混合料试验规程》(JTJ 052—2000)进行检测。第21项按《公路沥青路面施工技术规范》(JTG F40—2004)要求进行。

# 第三节　常用参数的试验细则

## 一、热拌沥青混合料取样方法

1.取样数量

(1)试验数量根据试验项目决定,宜不少于试验用量的两倍。在现场取样(直接装入试模或盛样盒成型)时,也可等量取样。

(2)根据沥青混合料集料最大粒径,取样应不少于下列数量:

①细粒式沥青混合料不少于4kg;

②中粒式沥青混合料不少于8kg;

③粗粒式沥青混合料不少于12kg;

④特粗型沥青混合料不少于16kg。

(3)取样材料用于仲裁试验时,取样数量除应满足上述取样方法规定外,应保留一份代表样,直到仲裁结束。

2.取样方法

(1)沥青混合料取样应是随机的,并具有充分的代表性。

(2)在沥青混合料拌和场取样:在拌和机上取样时,宜用专用的容器(一次可装5～8kg)装在拌和机卸料斗下方,每放一次料取一次样,顺次装入试样容器中,每次倒在清扫干净的平板上,连续3次取样。混合均匀,按四分法取样至足够数量。在运料车上取样时,应在汽车装料一半后开出去,于汽车车厢内,分别用铁锹从3个不同方向的不同高度处取样,然后混在一起用手铲适当拌和均匀,取出规定数量。在施工现场取样时,宜在3辆不同车上取样混合使用。

(3)在道路施工现场取样:在道路施工现场取样时,应在摊铺后未碾压前于摊铺宽度两侧1/2～1/3位置处取样,用铁锹将摊铺层的全厚铲出,但不应将摊铺层下其他层料铲入。每摊铺一车料取一次样,连续3车取样后,混合均匀按四分法取样至足够数量。在现场制件时,也可在摊铺机经螺旋拔料杆拌匀的一端取样。

(4)对热拌沥青混合料每次取样时,都必须用温度计测量温度,准确至1℃。

3.试样的保存与处理

(1)热沥青混合料试样需要存放时,可在温度徐徐下降至低于60℃后装入塑料编织袋内,扎紧袋口,并应低温保存,应防止潮湿、淋雨等,且时间不要太长。

(2)在进行沥青混合料质量检验或进行物理力学性质试验时,由于采集的热拌混合料试样温度下降或稀释沥青溶剂挥发结成硬块已不符合试验要求时,宜用微波炉或烘箱适当加热重塑，且只允许加热一次，不得重复加热。不得用电炉或燃气炉明火局部加热。用微波炉加热沥青混合料时不得使用金属容器和带有金属的物件，对沥青混合料加热的温度以达到符合压实温度为度，控制最短的加热时间，通常用烘箱加热时不宜超过 4h，用工业微波炉加热约 5～10min。

## 二、沥青混合料马歇尔试件成型方法（击实法）

### 1.基本要求

沥青混合料试件制作时的矿料规格及试件数量应符合如下基本要求：

(1)沥青混合料配合比设计及在试验室人工配置沥青混合料制作试件时，试件尺寸应符合试件直径不小于集料最大粒径的 4 倍，厚度不小于集料最大粒径的 1～1.5 倍的规定，对直径 101.6mm 的试件，集料最大粒径应不大于 26.5mm。对粒径大于 26.5mm 的粗粒式沥青混合料，其大于 26.5mm 的部分应用等量的 13.2～26.5mm 集料代替，也可采用大型圆柱体试件，大试件的集料是最大粒径不大于 37.5mm。试验室成型的一组试件的数量不得少于 4 个，必要时宜增加至 5～6 个。

(2)用拌和厂及施工现场采集的拌和沥青混合料成品试样制作直径 101.6mm试件时，按下列规定选有不同的方法及试件数量。

①当集料最大粒径小于或等于 26.5mm 时，可直接取样（直接法），一组试件的数量通常为 4 个。

②当集料最大粒径大于 26.5mm，但不大于 31.5mm，宜将大于 26.5mm 的集料筛出后使用（过筛法），一组试件数量仍为 4 个，如采用直接法，一组试件的数量应增加至 6 个。

③当集料最大粒径大于 31.5mm 时，必须采用过筛法试验。过筛的筛孔为 26.5mm，一组试件仍为 4 个。

### 2.仪器设备

(1)击实仪：由击实锤、压实头及导向棒组成，分为标准击实仪和重型击实仪两类。

①标准击实仪：标准击实仪由击实锤、直径 98.5mm 的平圆形压实头及带手柄的导向棒组成。用人工或机械将压实锤举起，从(457.2±1.5)mm 的高度沿导向棒自由落下击实，标准击实锤的质量(4536±9)g。

②大型击实仪：大型击实仪由击实锤、直径 149.5mm 的平圆形压实头及带手柄的导向棒组成。用人工或机械将压实锤举起，从(457.2±1.5)mm 的高度沿导向棒自由落下击实，标准击实锤的质量(10210±10)g。

将标准击实锤和标准击实台安装成一体，采用电力驱动击实锤连续击实，试件，能够自动记录击实次数，击实速度为(60±5)次/min。

(2)试模：由高碳钢或工具钢制成，每组包括内径(101.6±0.2)mm，高87mm的圆柱形金属筒、底座(直径约120.6mm)和套筒(内径101.6mm、高70mm)各1个。大型圆柱体试件的试模与套筒尺寸分别为：套筒外径165.1mm，内径165.1mm，内径(155.6±0.3)mm，总高83mm。试模内径(152.4±0.2)mm，总高115mm，底座板厚12.7mm，直径172mm。

(3)脱模器：电动或手动，可无破损地推出圆柱体试件，备有标准圆柱体试件及大型圆柱体试件尺寸的推出环。

(4)烘箱：大、中型各一台，装有温度调节器。

(5)天平或电子称：用于称量矿料的，感量不大于0.5g；用于称量沥青的，感量不大于0.1g。

(6)温度计：分度为1℃。宜采用有金属插杆的热电偶沥青温度计，金属插杆的长度不小于300mm。量程0～300℃，数据显示或读盘指针的分度0.1℃，且留置读数功能。

(7)沥青运动黏度测定设备：毛细管黏度计、赛波特重油黏度计或布洛克菲尔德黏度计。

(8)其他：电炉或煤气炉、沥青融化锅、拌和铲、标准筛、滤纸(或普通纸)、胶布、卡尺、秒表、粉笔、棉纱等。

3.确定制作沥青混合料试件的拌和温度与压实温度

试件的拌和与压实温度可按表2-12-11选用，并根据沥青品种和标号作适当调整。针入度小、稠度大的沥青取高限，针入度大、稠度小的沥青取低限，一般取中值。对改性沥青，应根据改性剂的品种和用量，适当提高混合料的拌和和压实温度。对大部分聚合物改性沥青，需要在基质沥青的基础上提高15～30℃，掺加纤维时，尚需要提高10℃左右。

**沥青混合料拌和及压实温度参数表** 表2-12-11

| 沥青混合料种类 | 拌和温度(℃) | 压实温度(℃) |
| --- | --- | --- |
| 石油沥青 | 130～160 | 120～150 |
| 煤沥青 | 90～120 | 80～110 |
| 改性沥青 | 160～175 | 140～170 |

4.成型准备工作

(1)将各种规格的矿料置(105±5)℃的烘箱中烘干至恒重(一般不少于4～6h)。根据需要，粗集料可先用水先冲洗干净后烘干。也可将粗细集料过筛后，用水冲洗再烘干备用。

(2)按规定试验方法分别测定不同粒径规格的粗、细集料及填料(矿粉)和沥青的各种密度。

(3)将烘干分级的粗细集料,按每个试件设计级配要求称其质量,在一金属盘中混合均匀,矿粉单独加热,置烘箱中预热至沥青拌和温度以上约 15℃(采用石油沥青时通常为 163℃;采用改性沥青时通常需 180℃)备用。一般按一组试件(每组 4~6 个)备料,但进行配合比设计时宜对每个试件分别备料。

(4)按规定的试验方法采集沥青试样,用恒温烘箱或油浴、电热套熔化加热至规定的沥青混合料拌和温度备用,但不得超过 175℃。当不得已采用燃气炉或电炉直接加热进行脱水时,必须使用石棉垫隔开。

(5)用沾有少许黄油的面纱擦拭试模、套筒及击实座等置 100℃左右烘箱中加热 1h 备用。

5. 混合料拌制

(1)将沥青混合料拌和机预热至拌和温度以上 10℃左右备用。

(2)将每个试件预热的粗细集料置于拌和机中,用小铲子适当混合,然后再加入需要数量的已加热至拌和温度的沥青,开动拌和机一边搅拌一边将拌和叶片插入混合料中拌和 1~1.5min,然后暂停拌和,加热单独加热的矿粉,继续拌和至均匀为止,并使沥青混合料保持在要求的温度范围内。标准的总拌和时间为 3min。

6. 成型方法

(1)将拌好的沥青混合料,均匀称取一个试件所需的用量(标准马歇尔试件约 1200g,大马歇尔试件约 4050g)。当已知沥青混合料的密度时,可根据试件的标准尺寸计算并乘以 1.03 得到要求的混合料数量。当一次拌和几个试件时,宜将其倒入经预热的金属盘中,用小铲适当拌和均匀分成几份,分别取用。在试件制作过程中,为防止混合料温度下降,应连盘放在烘箱中保温。

(2)从烘箱中取出预热的试模及套筒,用沾有少许黄油的棉纱擦拭套筒、底座及击实锤底面,将试模装在底座上,垫一张圆形的吸油性小的纸,按四分法从四个方向用小铲将混合料铲入试模中,用插刀或大螺丝刀沿周边插捣 15 次,中间 10 次。插捣后将沥青混合料表面整平成凸圆弧面。对大马歇尔试件,混合料分两次加入,每次插捣次数同上。

(3)插入温度计,至混合料中心附近,检查混合料温度。

(4)待混合料温度符合要求的压实温度后,将试模连同底座一起放在击实台上固定,在装好的混合料上面垫一张吸油性小的圆纸,再将装有击实锤及导向棒的压头插入试模中,然后开启电动机将击实锤从 457mm 的高度自由落下击实规定的次数(75、50 或 35 次)。对大马歇尔试件,击实次数为 75 次(相应于标准击实 50 次的情况)或 112 次(相应于标准击实 75 次的情况)。

(5)试件击实一面后，取下套筒，将试模掉头，装上套筒，然后以同样的方法和次数击实另一面。

(6)试件击实结束后，立即用镊子取掉上、下两面的纸，用卡尺量取试件离试模上口的高度并由此计算试件的高度，如高度不符合要求时，试件应作废，并按下式调整试件混合料质量，以保证高度符合(63.5±1.3)mm 或(95.3±2.5)mm 的要求。

调整后混合料质量=(要求试件高度×原用混合料质量)/所得试件的高度

(7)卸去套筒和底座，将装有试件的试模横向放置冷却至室温后(不少于12h)，置脱模机上脱出试件。

(8)将试件仔细置于干燥洁净的平面上，供试验用。

## 三、压实沥青混合料密度试验(水中重法)

### 1.主要仪器

主要仪器有：浸水天平；电热鼓风干燥箱。

### 2.操作步骤

(1)选择适宜的浸水天平，最大称量应不小于试件质量的 1.25 倍，且不大于试件质量的 5 倍。

(2)用毛刷除去试件表面的浮粒，称取干燥试件的空中质量 $m_a$。

(3)挂上网篮，浸入溢留水箱中，将网篮在溢留水箱中上下移动，以排除气泡，调节水位，将天平调平及复零，把试件置于网篮中(注意不要晃动水)浸水中 3～5min，称取水中质量 $m_w$。若天平读数持续变化，不能很快达到稳定，说明试件吸水较严重，不适用于此法测定，应改用蜡封法测定。

(4)从水中取出试件，用洁净柔软的拧干湿毛巾轻轻擦去试件的表面水(不得吸走空隙内的水)，称取试件的表干质量 $m_f$。

(5)对从现场钻取的非干燥试件，可称取水中质量 $m_w$，表干质量 $m_f$，然后用电风扇将试件吹干至恒重[一般不少于 12h，当不需要进行其他试验时，也可用(60±5)℃烘箱烘干至恒重]，再称取空中质量 $m_a$。

### 3.数据处理和结果评定

(1)计算试件的吸水率，取 1 位小数。

试件的吸水率即试件吸水体积占沥青混合料毛体积的百分率，按(2-12-1)式计算：

$$S_a = \frac{m_f - m_a}{m_f - m_w} \times 100 \tag{2-12-1}$$

式中：$S_a$——试件的吸水率(%)；

$m_a$——干燥试件的空气中质量(g)；

$m_w$——试件的水中质量(g)；

$m_f$——试件的表干质量(g)。

(2)计算试件的毛体积相对密度和毛体积密度，取 3 位小数。当吸水率 $S_a<2\%$要求时，试件的毛体积相对密度和毛体积密度分别按式(2-12-2)、式(2-12-3)计算，当吸水率 $S_a>2\%$要求时，应改用蜡封法测定。

$$\gamma_f=\frac{m_a}{m_f-m_w} \tag{2-12-2}$$

$$\rho_f=\frac{m_a}{m_f-m_w}\times\rho_w \tag{2-12-3}$$

式中：$\gamma_f$——用表干法测定的试件毛体积相对密度，无量纲；

$\rho_f$——用表干法测定的试件毛体积密度($g/cm^3$)；

$\rho_w$——常温水的密度，$\rho_w\approx 1g/cm^3$。

(3)试件的空隙按式(2-12-4)计算，取 1 位小数：

$$VV=\left(1-\frac{\gamma_f}{\gamma_t}\right)\times 100 \tag{2-12-4}$$

式中：VV——试件的空隙率(%)；

$\gamma_t$——沥青混合料最大相对密度，当实测理论最大相对密度有困难时，也可以采用计算的理论最大相对密度。

(4)计算试件的理论最大相对密度或理论最大密度，取 3 位小数。

(5)当已知试件的油石比时，试件的理论最大相对密度按式(2-12-5)计算：

$$\gamma_t=\frac{100+P_a}{\frac{p_1}{\gamma_1}+\frac{p_2}{\gamma_2}+\cdots\cdots+\frac{p_n}{\gamma_n}+\frac{p_a}{\gamma_a}} \tag{2-12-5}$$

式中：$p_a$——油石比(%)；

$\gamma_a$——沥青的相对密度(25℃/25℃)；

$p_1,\cdots,p_a$——各种矿料占矿料总质量的百分率(%)；

$\gamma_1,\cdots,\gamma_a$——各种矿料对水的相对密度。

(6)当已知试件的沥青含量时，试件理论最大相对密度按式(2-12-6)计算：

$$\gamma_t=\frac{100}{\frac{p'_1}{\gamma_1}+\frac{p'_2}{\gamma_2}+\cdots+\frac{p'_n}{\gamma_n}+\frac{p_b}{\gamma_a}} \tag{2-12-6}$$

式中：$p'_1,\cdots,p'_n$——各种矿料占沥青混合料总质量的百分率(%)；

$p_b$——沥青含量(%)。

(7)试件的理论密度按(2-12-7)式计算：

$$\rho_t = r_t \rho_w \tag{2-12-7}$$

式中：$\rho_t$——理论最大密度($g/cm^3$)。

(8)旧路面钻取芯样试样的混合料缺乏材料密度及配合比时，沥青混合料理论最大相对密度应采用实测求得。

(9)试件中沥青的体积百分率可按式(2-12-8)、(2-12-9)计算，取1位小数：

$$VA = p_b \times \frac{\gamma_f}{\gamma_a} \tag{2-12-8}$$

$$VA = \frac{100P_a}{100 + P_a} \times \frac{\gamma_f}{\gamma_a} \tag{2-12-9}$$

式中：VA——沥青混合料试件的沥青体积百分率(%)。

(10)试件中的矿料间隙率，可按式(2-12-10)、(2-12-11)计算，其中式(2-12-10)适用于空隙率按计算的理论最大相对密度计算，式(2-12-11)适用于空隙率按实测的理论最大相对密度计算

$$VMA = VA + VV \tag{2-12-10}$$

$$VMA = \left(1 - \gamma_f \times \frac{p_s}{\gamma_{sb}}\right) \times 100 \tag{2-12-11}$$

式中：VMA——沥青混合料试件的矿料间隙率(%)；

$p_s$——沥青混合料中各种矿料占沥青混合料总质量的百分率之和，即$\sum p_i'$(%)；

$\gamma_{sb}$——全部矿料对水的平均相对密度，按(2-12-12)式计算：

$$\gamma_{sb} = \frac{100}{\frac{p_1}{\gamma_1} + \frac{p_2}{\gamma_2} + \cdots + \frac{p_n}{\gamma_n}} \tag{2-12-12}$$

(11)试件的沥青饱和度按式(2-12-13)计算，取1位小数：

$$VFA = \frac{VA}{VA + VV} \times 100 \tag{2-12-13}$$

式中：VFA——沥青混合料试件的沥青饱和度(%)。

(12)试件中的粗集料骨架间隙率可按式(2-12-14)计算，取1位小数：

$$VCA_{mix} = \left(1 - \frac{\gamma_f \times p_{ca}}{\gamma_{ca}}\right) \times 100 \tag{2-12-14}$$

式中：$VCA_{mix}$——沥青混合料中集料骨架之外的体积(通常指小于4.75mm的粗细集料、矿粉、沥青及空隙)占总体积的比例(%)；

$p_{ca}$——沥青混合料中粗集料的比例(%)；

$\gamma_{ca}$——矿料中所有粗集料颗粒部分对水的合成毛体积相对密度，按式(2-12-15)计算：

$$\gamma_{ca}=\frac{p_{1c}+p_{2c}+\cdots+p_{nc}}{\frac{p_{1c}}{\gamma_{1c}}+\frac{p_{2c}}{r_{2c}}+\cdots+\frac{p_{nc}}{\gamma_{nc}}} \tag{2-12-15}$$

式中：$p_{1c},\cdots,p_{nc}$——各种粗集料在矿料配合比中的比例（%）；

$\gamma_{1c},\cdots,\gamma_{nc}$——相应的各种粗集料对水的毛体积相对密度。

## 四、沥青混合料马歇尔稳定度试验

1.主要仪器设备

（1）马歇尔稳定度试验仪：用计算机或X-Y记录仪记录荷载—位移曲线，并具有自动测定荷载与试件垂直变形的传感器、位移计，能自动显示或打印试验结果。

（2）恒温水槽：控温准确度为1℃，深度不小于150mm。

（3）真空饱水容器：包括真空泵及真空干燥器。

（4）天平：感量不大于0.1g。

（5）其他：卡尺、温度计等。

2.试件准备

（1）试件按击实法成型，标准马歇尔尺寸应符合直径（101.6±0.2）mm、高（63.5±1.3）mm的要求。对大马歇尔试件，尺寸应符合（152.4±0.2）mm、高（95.3±2.5）mm的要求。一组试件的数量最少不得少于4个。

（2）测量试件的直径及高度：用卡尺测量试件中部的直径，在十字对称4个方向测量离试件边缘10mm处的高度，准确至0.1mm，并以其平均值作为试件的高度。如试件高度不符合（63.5±1.3）mm或（95.3±2.5）mm的要求，或两侧高差大于2mm时，此试件应作废。

（3）测定试件的密度、空隙率、沥青体积百分率、沥青饱和度等物理指标。

（4）将恒温水槽调节至要求的试验温度，对黏稠石油沥青或烘箱养生过的乳化沥青混合料为（60±1）℃，对煤沥青混合料为（33.8±1）℃，对空气养生的乳化沥青或液体沥青混合料为（25±1）℃。

3.操作步骤

（1）标准马歇尔试验

①将试件置于规定温度的恒温水槽中保温，保温时间对标准马歇尔试件需30～40min，对大型马歇尔试件需45～60min。试件之间应有间隔。

②将马歇尔试验仪的上下压头放入水槽或烘箱中达到同样温度。将上下压头从水槽或烘箱中取出擦拭干净内面，涂上隔离剂，将已达到保温时间的试件取出，用湿毛巾擦干表面水分后置于下压头上，盖上上压头，然后装在加载设备上，

插好流值传感器，按“试验”键，试验开始，当加载至试件破坏时，仪器自动停止加载，自动记录下此试件的最大压力(稳定度 MS，以 kN 计，准确至 0.01kN)及其对应的流值(FL，以 mm 计，准确至 0.1mm)。

③从恒温水槽中取出试件至测出最大荷载值的时间，不得超过 30s。

(2)浸水马歇尔试验方法

浸水马歇尔试验方法与标准马歇尔试验方法的不同之处在于，试件在已达到规定温度恒温水槽中的保温时间为 48h，其余均与标准马歇尔试验方法相同。

(3)真空饱水马歇尔试验方法

试件真空放入已盛水的负压容器中(试件应全部浸入水中)，开动真空泵，使干燥器的真空度达到 98.3kPa(730mmHg)以上，维持 30min 后恢复常压，取出试件再放入已达到规定温度的恒温水槽中保温 48h，其余均与标准马歇尔试验方法相同。

4. 数据处理和结果评定

数据计算如下：

$$T = \frac{\mathrm{MS}}{\mathrm{FL}} \tag{2-12-16}$$

$$\mathrm{MS_0} = \frac{\mathrm{MS_1}}{\mathrm{MS}} \times 100 \tag{2-12-17}$$

$$\mathrm{MS'_0} = \frac{\mathrm{MS_2}}{\mathrm{MS}} \times 100 \tag{2-12-18}$$

式中：$T$——试件的马歇尔模数(kN/mm)；

MS——试件的稳定度(kN)；

$\mathrm{MS_0}$——试件的浸水残留稳定度(%)；

FL——试件的流值(mm)；

$\mathrm{MS_1}$——试件的浸水 48h 后的稳定度(kN)；

$\mathrm{MS'_0}$——试件的真空饱水残留稳定度(%)；

$\mathrm{MS_2}$——试件真空饱水后浸水 48h 后的稳定度(kN)。

## 五、沥青混合料中沥青含量试验(离心分离法)

1. 仪具与材料

离心抽提仪；圆环形滤纸；回收瓶(容量 1700mL 以上)；压力过滤装置；天平(0.01g 和 0.001g 各一台)；烘箱；化学溶剂等。

2. 操作前的准备

(1)按沥青混合料取样方法，在拌和厂从运料卡车采取沥青混合料试样，放在金属盘中适当拌和，待温度稍下降至100℃以下时，用搪瓷盘称取混合料试样质量 $m_1$ 约1000～1500g，准确至0.1g。

(2)如果试样是路上用钻机法或切割法取得的，应用电风扇吹风使其完全干燥，至烘箱中适当加热后成松散状态取样，但不得用锤击以防集料破碎。

(3)检查仪器内的三氯乙烯数量，保证试验正常进行。打开冷却水源。

(4)保持工作环境通风。

3.操作步骤

(1)沿离心杯内壁顺时针方向放入滤纸，并称量滤纸和离心杯的总质量($m_2$)。将称量好的离心杯压入离心筒内，盖上离心盖，摆正振动器支架，将导流套管插入离心盖的中心孔内，旋紧固定振动器支架的手柄。

(2)取下筛网按孔径大小摞好，将称量过的沥青混合试样装入最上层筛中。

(3)将整套筛网放在振动器支架的漏斗上，盖上喷淋盖，旋紧两边螺丝。

(4)抽提时间预置：热料预置20～23min，冷却预置25～28min(上述时间均不包括8min的高速离心分离)。

(5)溶剂泵工作时间预置1～2s，间歇时间预置5～6s。

(6)振幅调节：顺时针旋转调节振动器旋钮至刻度80V处。

(7)按启动键，抽提试验开始，抽提仪进入自动工作状态(自动清洗及回收沥青)，待完成预置抽提时间，将套筛稍稍倾斜于振动器支架上。离心机自动进入8min高速运转，振动器及溶剂泵自动停止工作。

(8)离心机高速运转结束后，离心筒停止转动，取下套筛放通风处风干，用毛刷刷净筛网上矿料至搪瓷盘中，置105℃烘箱内加热2h，称量离心杯与滤纸总质量 $m_3$。

(9)将溶剂箱上加热指示灯熄灭，关上水源。

4.数据处理

(1)沥青混合料中矿料的总质量按式(2-12-19)计算：

$$m_a = m_0 + (m_3 - m_2) \tag{2-12-19}$$

式中：$m_a$——沥青混合料中矿料部分的总质量(g)；

$m_0$——矿料质量(g)；

$m_3$——筒与滤纸在试验前的重量(g)；

$m_2$——筒与滤纸在试验后的重量(g)。

(2)沥青混合料中沥青含量及油石比按式(2-12-20)、(2-12-21)计算：

$$P_b = \frac{m_1 - m_a}{m_1} \tag{2-12-20}$$

$$P_a = \frac{m_1 - m_a}{m_a} \tag{2-12-21}$$

式中：$m_1$——沥青混合料的总质量(g)；

$P_b$——沥青混合料的沥青含量(%)；

$P_a$——沥青混合料的油石比(%)。

5. 结果评定

同一沥青混合料试样至少平行试验两次，取平均值作为试验结果。两次试验结果的差值应小于 0.3%，当大于 0.3%但小于 0.5%时，应补充平行试验一次，以 3 次试验的平均值作为试验结果，3 次试验值的最大值与最小值不得大于 0.5%。

## 六、沥青混合料车辙试验

1. 仪器设备

(1)试验台：可牢固地安装两种宽度(300mm 及 150mm)的规定尺寸试件的试模。

(2)试验轮：橡胶制的实心轮胎，外径 $\phi$200mm，轮宽 50mm，橡胶层厚 15mm。橡胶硬度(国际标准硬度)20℃时为 84±4，60℃时为 78±2。试验轮行走距离为(230±10)mm，往返碾压速度为(42±1)次/min(21 次往返次/min)。

(3)加载装置：使试验轮与试件的接触压强在 60℃时为(0.7±0.05)MPa，施加的总荷重为 78kg 左右。

(4)试模：钢板制成，由底板及侧板组成，试模内侧尺寸长为 300mm，宽为 300mm，厚为 50mm(试验室制作)，亦可固定 150mm 宽的现场切割试件。

(5)变形测量装置：自动检测车辙变形并记录曲线的位置，通常用 LVDT、电测百分表或非接触位移计。

(6)温度检测装置：自动检测并记录试件表面及恒温室内温度的温度传感器、温度计，精度 0.5℃。

(7)恒温室：车辙试验机安装在恒温室内，装有加热器、气流循环装置及装有自动温度控制设备，能保持恒温室温度(60±1)℃[试件内部温度(60±0.5)℃]，根据需要亦可为其他需要的温度。用于保温试件进行试验。温度应能自动连续记录。

(8)台称：称量 15kg，感量不大于 5g。

2. 准备工作

(1)试验轮接地压强测定：测定在 60℃时进行，在试验台上放置一块 50mm 厚的钢板，其上铺一张毫米方格纸，上铺一张新的复写纸，以规定的 700N 荷载后试验轮静压复写纸，即可在方格纸上得出轮压面积，并由此求得接地压强。当压强不符合(0.7±0.05)MPa，荷载应予适当调整。

(2)用轮碾成型法制作车辙试验试块。在试验室或工地制备成型的车辙试件，其标准尺寸为 300mm×300mm×50mm。也可从路面切割得到 300mm×150mm×50mm 的试件。

当直接在拌和厂取拌和好的沥青混合料样品，制作试件检验生产配合比设计或混合料生产质量时，必须将混合料装入保温桶中，在温度下降至成型温度之前迅速送达试验室制作试件，如果温度稍有不足，可放在烘箱中稍事加热(时间不超过 30min)后使用。也可直接在现场用手动碾压或压路机碾压成型试件，但不得将混合料放冷后二次加热重塑制作试件。重塑制件的试验结果仅供参考，不得用于评定配合比设计检验是否合格使用。

(3)试件成型后，连同试模一起在常温条件下放置的时间不得少于 12h。对聚合物改性沥青充分固化后方可进行车辙试验，但室温放置时间也不得长于一周。需要注意的是，为使试件与试模紧密接触应记住四边的方向位置不变。

3. 试验步骤

(1)将试件连同试模一起，置于已达到试模温度(60±1)℃的恒温室中，保温不少于 5h，也不得多于 24h。在试件的试验轮不行走的部位上，粘贴一个热电偶温度计(也可在试件制作时预先将热电偶导线埋入试件一角)，控制试件温度稳定在(60±0.5)℃。

(2)将试件连同试模移至轮辙试验机的试验台上，试验轮在试件的中央部位，其行走方向须与试件碾压或行车方向一致。开动车辙变形自动记录仪，然后启动试验机，使试验轮往返行走，时间约 1h，或最大变形达到 25mm 时为止。试验时，记录仪自动记录变形曲线及试件温度。

4. 计算

(1)从变形曲线上读取 45min($t_1$)及 60min($t_2$)时的车辙变形 $d_1$ 及 $d_2$，准确至 0.01mm。当变形过大，在未到 60min 变形已达 25mm 时，则以达到 25mm($d_2$)时的时间为 $t_2$，将其前 15min 为 $t_1$，此时的变形量为 $d_1$。

(2)沥青混合料试件的动稳定度按式(2-12-22)计算。

$$DS = \frac{t_2 - t_1}{d_2 - d_1} \times N \times C_1 \times C_2 \qquad (2\text{-}12\text{-}22)$$

式中：DS——沥青混合料的动稳定度(次/mm)；

$d_1$——对应于时间 $t_1$ 的变形量(mm)；

$d_2$——对应于时间 $t_1$ 的变形量(mm)；

$C_1$——试验机类型修正系数，曲柄连杆驱动试件的变速行走方式为 1.0，链驱动试验轮的等速方式为 1.5；

$C_2$——试验系数，试验室制备的宽 300mm 的试件为 1.0，从路面切割的宽

150mm 的试件为 0.8；

$N$——试验轮往返碾压速度，通常为 42 次/min。

(3)同一沥青混合料或同一路段的路面，至少平行试验 3 个试件，当 3 个试件动稳定度变异系数小于 20%时，取平均值作为试验结果。变异系数大于 20%时应分析原因，并追加试验。如计算动稳定度值大于 6000 次/mm 时，记作“>6000 次/mm”。重复性试验动稳定度变异系数的允许差为 20%。

## 七、沥青混合料理论最大相对密度(真空法)试验

1. 主要仪具

主要仪具包括：沥青混合料最大相对密度仪；电子天平；烘箱；温度计(100℃)。

2. 操作前的准备

(1)按沥青混合料取样方法或从沥青路面上采取(或钻取)沥青混合料试样。试样数量不少于表 2-12-12 规定的数量。

**沥青混合料理论最大相对密度试验试样数量** 表 2-12-12

| 沥青混合料中集料最大粒径(mm) | 最少试样数量(g) | 沥青混合料中集料最大粒径(mm) | 最少试样数量(g) |
|---|---|---|---|
| 37.5 | 4000 | 13.2,16.0 | 1500 |
| 26.5 | 2500 | 9.5 | 1000 |
| 19.0 | 2000 | 4.75 | 500 |

(2)将沥青混合料团块仔细分散，粗集料不破碎，细集料团块分散到小于 6.4mm。若混合料坚硬时可用烘箱适当加热后分散，一般加热温度不超过 60℃，分散试样应用手掰开。当试样是从路上采取的非干燥混合料时，应用电风扇吹干后再操作。

(3)将负压容器全部浸入(25±0.5)℃的恒温水槽中，称取容器的水中质量($m_1$)。

(4)将负压容器干燥，编号并称取其质量。

3. 操作步骤

(1)将沥青混合料试样装入干燥的负压容器中，称取容器及混合料总质量，得到试样的净质量 $m_a$，试样质量应不小于上述规定的最小数量。

(2)在负压容器中注入 25℃的水，将混合料全部浸没。开动真空泵，使真空度达到 97.3kPa(730mmHg)。

(3)然后强烈震荡负压容器，充分搅动混合料，除去剩余的气泡。每隔2min晃动若干次，直至不见气泡出现为止。

(4)将负压容器浸入保温至(25±0.5)℃的恒温水槽，约10min后，称取负压容器与沥青混合料的水中质量($m_2$)。

4.数据处理和结果评定

(1)采用A类容器时，沥青混合料的理论最大相对密度按式(2-12-23)计算：

$$\gamma_t = \frac{m_a}{m_a - (m_2 - m_1)} \tag{2-12-23}$$

式中：$\gamma_t$——沥青混合料的理论最大相对密度；

$m_a$——干燥沥青混合料试样的空气中质量(g)；

$m_1$——负压容器在25℃水中的质量(g)；

$m_2$——负压容器与沥青混合料一起在25℃水中的质量(g)。

(2)采用B、C类容器作负压容器时，沥青混合料的最大相对密度按式(2-12-24)计算：

$$\gamma_t = \frac{m_a}{m_a + m_b - m_c} \tag{2-12-24}$$

式中：$m_b$——装满25℃水的负压容器质量(g)；

$m_c$——25℃时试样、水与负压容器的总质量(g)。

(3)沥青混合料25℃时的理论最大密度按式(2-12-25)计算：

$$\rho_t = \gamma_t \rho_w \tag{2-12-25}$$

式中：$\rho_t$——沥青混合料的理论最大密度(g/cm$^3$)；

$\rho_w$——25℃时水的密度0.9971g/cm$^3$。

## 八、沥青混合料矿料级配试验

1.主要仪具

主要仪具包括：标准筛(根据沥青混合料级配选用相应的选筛号)；电子天平；震摆摇筛机；电热恒温鼓风干燥箱；其他(样品盘、毛刷)。

2.操作前准备

(1)将沥青混合料试样按沥青混合料中沥青含量的试验方法抽提沥青后，将全部矿质混合料放入样品盘中置温度(105±5)℃烘干，并冷却至室温。

(2)按沥青混合料矿料级配设计要求，选用全部或部分需要筛孔的标准筛，作施工质量检验时，至少应包括0.075mm、2.36mm、4.75mm及集料公称最大粒径等5个筛孔，按大小顺序排列成套筛。

3.操作步骤

(1)将抽提后的全部矿料试样称量,准确至0.1g。

(2)将标准筛带筛底置摇筛机上,并将矿质混合料置于筛内,盖妥筛盖后,压紧摇筛机,开动摇筛机筛10min。取下套筛后,按筛孔大小顺序,在一清洁的浅盘上,再逐个进行手筛,手筛时可用手轻轻拍击筛框并经常地转动筛子,直至每分钟筛出量不超过筛上质量的0.1%时为止,但不允许用手将颗粒塞过筛孔。筛下的颗粒并入下一号筛,并和下一号筛中试样一起过筛。矿料的筛分方法,尤其是对最下面的0.075mm筛,根据需要也可以参照《公路工程集料试验规程》(JTG E42—2005)的筛分方法,采用水筛法或对同一种混合料,适当进行几次干筛与湿筛的对比试验后,对0.075mm通过率进行适当的换算或修正。

(3)称量各筛上筛余颗粒的质量,准确至0.1g。并将沾在滤纸上的矿粉计入矿料中通过0.075mm的矿粉含量中。所有各筛的分计筛余量和底筛中剩余质量的总和与筛分前试样总质量相比,相差不得超过总质量的1%。

4.数据处理

(1)试样的分计筛余量按式(2-12-26)计算:

$$P_i = \frac{m_i}{m} \times 100 \tag{2-12-26}$$

式中:$P_i$——第$i$级试样的分计筛余量(%);

$m_i$——第$i$级试样的分计筛余量(g);

$m$——试样的质量(g)。

(2)累计筛分百分率:该号筛上的分计筛余百分率与大于该号筛上的分计筛余百分率之和,准确至0.1%。

(3)通过百分率:用100减去该号筛上的累计筛余百分率,准确至0.1%。

(4)以筛孔尺寸为横坐标,绘制矿料组成曲线,评定该试样的颗粒组成。

5.结果评定

同一混合料至少取两个试样平行筛分试验两次,取平均值作为每号筛上的筛余量的试验结果,报告矿料级配能过百分率及组配曲线。

## 九、沥青混合料配合比设计试验

1.主要仪具

主要仪具包括:混合料拌和机;马歇尔电动击实仪;马歇尔试模;震摆筛选机;标准筛等。

2.操作步骤

(1)沥青路面工程的混合料设计级配范围由工程设计文件或招标文件规定,

确定沥青混合料的类型进行配合比设计。

(2)密级配沥青混合料的设计级配宜在规定的级配范围内,根据公路等级、工程性质、气候条件、材料品种等因素,通过对条件大体相当的工程使用情况进行调查后调整确定,必要时允许超出规定的级配范围。密级配沥青稳定碎石混合料可按规范规定的级配范围作工程设计级配范围使用。经确定的工程设计级配范围是配合比设计的依据,不得随意变更。

(3)配合比设计的各种矿料必须执行《公路工程集料试验规程》(JTG E42—2005)规定的方法,从工程实际使用的材料中取代表性样品。进行生产配合比设计时,取样至少应在干拌 5 次以后进行。

(4)配合比设计所用的各种材料必须符合气候和交通条件的要求。集料的各项指标检验方法可依据《公路工程集料试验规程》(JTG E42—2005)规定的方法。其质量应符合《公路沥青路面施工技术规范》(JTG F40—2004)规定的技术要求。当单一规格的集料某项指标不合格,但不同粒径规格的材料按级配组成的集料混合料指标符合规范要求时,允许使用。

(5)沥青路面矿料配合比设计宜借助电子计算机的电子表格用试配法进行。矿料级配曲线按《公路工程沥青及沥青混合料试验规程》(JTJ 52—2000)中沥青混合料的矿料级配检验方法绘制曲线。

(6)对高速公路和一级公路,宜在工程设计范围内计算 1～3 组粗细不同的配合比,绘制设计级配曲线,分别位于设计级配范围的上方、中值及下方。设计合成级配不得有太多的锯齿形交错,且在(0.3～0.6)mm 范围内不出现驼峰。当反复调整不能满意时,宜更换材料设计。

(7)沥青混合料的制作温度按《公路沥青路面施工技术规范》(JTG F40—2004)规定的方法确定,并与施工实际温度相一致,普通沥青混合料如缺乏黏温曲线时也可以参照《公路沥青路面施工技术规范》(JTG F40—2004)规定的《公路沥青路面施工技术规范》(JTG F40—2004),改性沥青混合料的成型温度在此基础上再提高 10～20℃。

(8)对选择的设计级配,初选 5 组沥青用量,按《公路工程沥青及沥青混合料试验规程》(JTJ 52—2000)中沥青混合料试件制作方法。供试验用,以确定压实沥青混合料试件的毛体积相对密度、吸水率等各项指标。在成型马歇尔试件的同时,可用真空法实测各组沥青混合料的最大理论密度。

(9)计算沥青混合料试件的空隙率、矿料间隙率、有效沥青的饱和度等指标,进行体积组成分析。

(10)进行马歇尔试验,测定马歇尔稳定度及流值。

(11)以油石比或沥青用量为横坐标,以马歇尔试验的各项指标为纵坐标,将试验结果点入图中，连成圆滑的曲线（图 2-12-1）。确定均符合本规范规定的沥青混合料技术标准的沥青用量范围 $OAC_{min} \sim OAC_{max}$。选择的沥青用量范围必须涵盖空隙率、饱和度、稳定度、密度、流值、矿料间隙率。

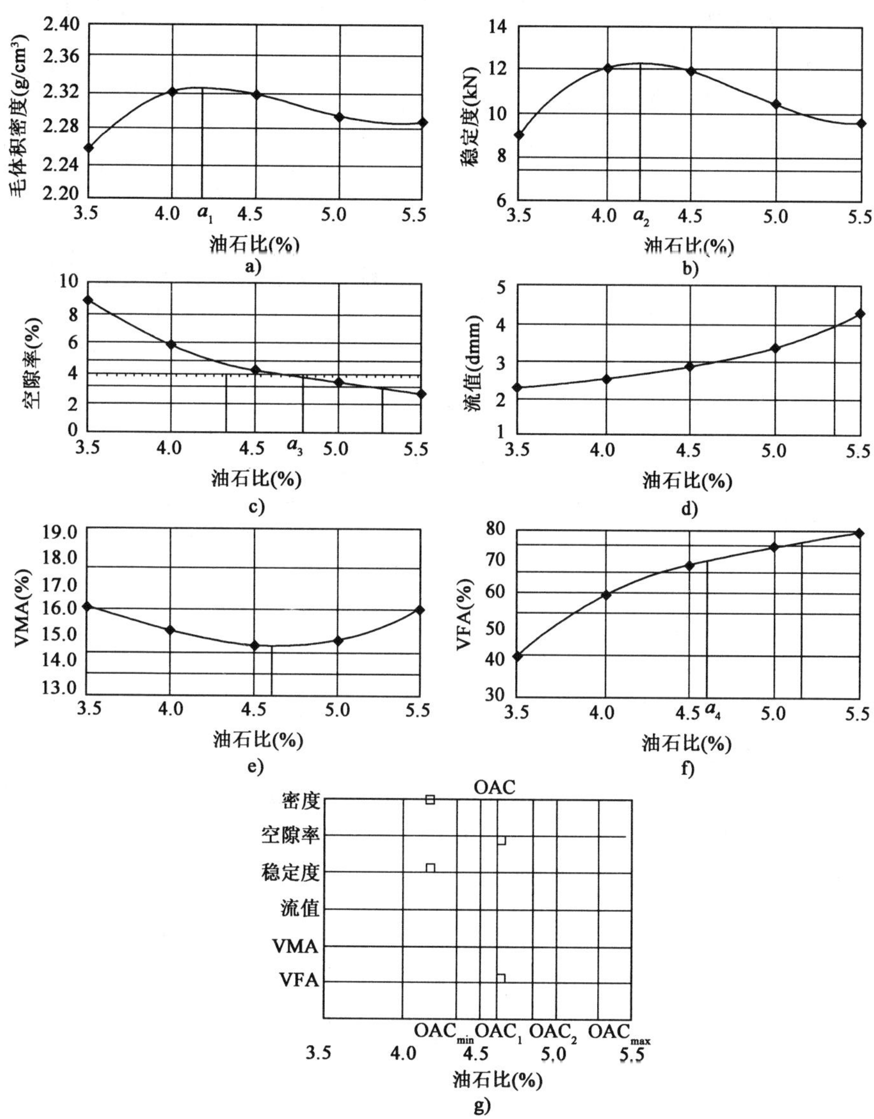


图 2-12-1　马歇尔试验结果示例

注：图中 $a_1 = 4.2\%$，$a_2 - 4.25\%$，$a_3 = 4.8\%$，$a_4 = 4.7\%$，$OAC_1 = 4.49\%$（由 4 个平均值确定），$OAC_{min} = 4.3\%$，$OAC_{max} = 5.3\%$，$OAC_2 = 4.8\%$，$OAC = 4.64\%$。此例中相对于空隙率 4% 的油石比为 4.6%。

3.配合比设计检验

(1)对用于高速公路和一级公路的密级配沥青混合料,需在配合比设计的基础上按《公路沥青路面施工技术规范》(JTG F40—2004)的要求进行各种使用性能的检验,不符合要求的沥青混合料,必须更换材料或重新进行配合比设计。其他等级公路的沥青混合料可参照执行。

(2)配合比设计检验按计算确定的设计最佳沥青用量在标准下进行。检验的项目方法按《公路工程沥青及沥青混合料试验规程》(JTJ 52—2000)进行。

4.数据处理

(1)根据试验曲线的走势,按下列方法确定沥青混合料的最佳沥青用量 $OAC_1$。在曲线上求取相应于密度最大值、稳定度最大值、目标空隙率(或中值)、沥青饱和度范围的中值的沥青用量 $a_1$,$a_2$,$a_3$,$a_4$。按式(2-12-27)取平均值作为 $OAC_1$:

$$OAC_1 = \frac{a_1 + a_2 + a_3 + a_4}{4} \tag{2-12-27}$$

式中:$a_1$——毛体积密度($g/cm^3$);

$a_2$——稳定度(kN);

$a_3$——空隙率(%);

$a_4$——饱和度(%)。

(2)如果在所选的沥青用量范围未能涵盖沥青饱和度的要求范围,按式(2-12-28)求取三者的平均值作为 $OAC_1$。若对所选试验的沥青用量范围,密度或稳定度没有出现峰值(最大值经常在曲线的两端)时,可直接以目标空隙率所对应的沥青用量 $a_3$ 作为 $OAC_1$,但 $OAC_1$ 必须介于 $OAC_{min} \sim OAC_{max}$ 的范围内,否则应重新进行配合比设计。

$$OAC_1 = \frac{a_1 + a_2 + a_3}{3} \tag{2-12-28}$$

(3)以各项指标均符合技术标准(不含矿料间隙率)的沥青用量范围 $OAC_{min} \sim OAC_{max}$ 中值作为 $OAC_2$:

$$OAC_2 = \frac{OAC_{min} + OAC_{max}}{2} \tag{2-12-29}$$

(4)通常情况下取 $OAC_1$ 及 $OAC_2$ 的中值作为计算的最佳沥青用量 OAC:

$$OAC = \frac{OAC_1 + OAC_2}{2} \tag{2-12-30}$$

对炎热地区公路以及高速公路、一级公路的重载交通路段，山区公路的大长坡度路段，预计有可能产生较大车辙时，宜在空隙率符合要求的范围内将计算的最佳沥青用量减小 0.1%～0.5%作为设计沥青用量。对寒冷公路、旅游公路、交通量很小的公路，最佳沥青用量可以在 OAC 基础上增加 0.1%～0.3%，以适当减少设计空隙率，但不得降低压实度要求。

(5)按式(2-12-31)～式(2-12-34)计算沥青结合料被集料吸收的比例及有效沥青含量：

$$\gamma_{sb} = \frac{100}{\frac{P_1}{\gamma_1} + \frac{P_2}{\gamma_2} + \cdots\cdots + \cdots \frac{P_n}{\gamma_n}} \tag{2-12-31}$$

$$\gamma_{se} = \frac{100 - P_b}{\frac{100}{\gamma_t} - \frac{P_b}{\gamma_b}} \tag{2-12-32}$$

$$P_{ba} = \frac{\gamma_{se} - \gamma_b}{\gamma_{se} \times \gamma_{sb}} \times \gamma_b \times 100 \tag{2-12-33}$$

$$P_{be} = P_b - \frac{P_{ba}}{100} \times P_s \tag{2-12-34}$$

式中：$P_{ba}$——沥青混合料中被集料吸收的沥青结合料比例(%)；

$P_{be}$——沥青混合料中的有效沥青用量(%)；

$\gamma_{se}$——矿料的有效相对密度，无量纲；

$\gamma_{sb}$——材料的合成毛体积相对密度，无量纲；

$\gamma_b$——沥青的相对密度(25℃/25℃)，无量纲；

$P_b$——试验沥青含量(%)；

$P_s$——各种矿料占沥青混合料总质量的百分率之和，即 $P_s = 100 - P_b$ (%)。

如果需要，可按式(2-12-35)和式(2-12-36)计算有效沥青的体积百分率 $V_{be}$ 及矿料的体积百分率 $V_g$：

$$V_{be} - \gamma_f \times \frac{P_{be}}{\gamma_b} \tag{2-12-35}$$

$$V_g = 100 - (V_{be} + VV) \tag{2-12-36}$$

## 十、常用参数试验记录表格

常用参数试验记录表格如表 2-12-13～表 2-12-16 所示。

## ______公路沥青混合料马歇尔稳定度试验记录表

承包单位：　　　　监理单位：　　　　合同号：　　　　编　号：　　　　表 2-12-13

| 样品名称 | | 取样日期 | | 试验日期 | |
|---|---|---|---|---|---|
| 混合料级配类型： | | 沥青种类： | | 击实温度：　℃ | |
| 混合料理论最大相对密度： | | 沥青相对密度： | | 击实次数：两面各　次 | |
| 矿料配合比： | | | | 试验方法： | |

| 试件编号 | 油石比（%） | 试件高度（mm） | | | | | 空中质量（g） | 水中质量（g） | 表干质量（g） | 试件毛体积相对密度 | 试件空隙率（%） | 矿料间隙率（%） | 有效沥青饱和度（%） | 粗集料骨架间隙率（%） | 稳定度（kN） | 流值（mm） | 马歇尔模数（kN/mm） |
|---|---|---|---|---|---|---|---|---|---|---|---|---|---|---|---|---|---|
| | 1 | 2 | | | | 平均 | 3 | 4 | 5 | 6 | 7 | 8 | 9 | 10 | 11 | 12 | 13 |
| | | | | | | | | | | | | | | | | | |
| | | | | | | | | | | | | | | | | | |
| | | | | | | | | | | | | | | | | | |
| | | | | | | | | | | | | | | | | | |
| | | | | | | | | | | | | | | | | | |
| | | | | | | | | | | | | | | | | | |
| 平均 | | | | | | | | | | | | | | | | | |
| 标准差 | | | | | | | | | | | | | | | | | |

| 结论：<br><br>试验工程师：　　　年　月　日 | 监理意见：<br><br>监理人员：　　　年　月　日 |
|---|---|

试验人员：　　　　校核：

## ______公路沥青混合料中沥青含量试验记录表（离心法）

承包单位：　　　　　　　　　　　　　　合同号：

监理单位：　　　　　　　　　　　　　　编　号：　　　　　　　表 2-12-14

<table>
<tr><td colspan="2">样品名称</td><td></td><td>取样日期</td><td colspan="3"></td></tr>
<tr><td colspan="2">样品来源</td><td></td><td>试验日期</td><td colspan="3"></td></tr>
<tr><td colspan="2">试验用途</td><td></td><td>设计油石比(%)</td><td colspan="3"></td></tr>
<tr><td colspan="4">试 验 次 数</td><td>1</td><td>2</td><td>3</td></tr>
<tr><td colspan="4">沥青混合料总质量 $m$　(g)</td><td></td><td></td><td></td></tr>
<tr><td rowspan="10">混合料中矿料部分的总质量(g)</td><td colspan="3">容器中留下的集料干燥质量 $m_1$　(g)</td><td></td><td></td><td></td></tr>
<tr><td rowspan="3">圆环形滤纸上的矿粉质量</td><td colspan="2">圆环形滤纸在试验前的烘干质量　(g)</td><td></td><td></td><td></td></tr>
<tr><td colspan="2">圆环形滤纸在试验后的烘干质量　(g)</td><td></td><td></td><td></td></tr>
<tr><td colspan="2">圆环形滤纸在试验前后的增重 $m_2$　(g)</td><td></td><td></td><td></td></tr>
<tr><td rowspan="5">泄漏入抽提液中的矿粉质量(g)</td><td>过滤法</td><td>泄漏入抽提液中矿粉质量　(g)</td><td></td><td></td><td></td></tr>
<tr><td rowspan="4">燃烧法</td><td>抽提液的总量 $V_a$　(mL)</td><td></td><td></td><td></td></tr>
<tr><td>取出燃烧干燥的抽提液数量 $V_b$　(mL)</td><td></td><td></td><td></td></tr>
<tr><td>坩埚中燃烧干燥的残渣质量 $m_4$　(g)</td><td></td><td></td><td></td></tr>
<tr><td>泄漏入抽提液中矿粉质量 $m_3$　(g)</td><td></td><td></td><td></td></tr>
<tr><td colspan="3">沥青混合料中矿料部分总质量 $m_a$　(g)</td><td></td><td></td><td></td></tr>
<tr><td rowspan="2">沥青含量(%)</td><td colspan="3">沥青混合料中沥青含量 $P_b=(m-m_a)/m\times100$　(%)</td><td></td><td></td><td></td></tr>
<tr><td colspan="3">沥青混合料中沥青含量平均值 $P_b$　(%)</td><td colspan="3"></td></tr>
<tr><td rowspan="2">油石比(%)</td><td colspan="3">沥青混合料油石比 $P_a=\frac{(m-m_a)}{m_a}\times100$　(%)</td><td></td><td></td><td></td></tr>
<tr><td colspan="3">沥青混合料油石比平均值 $P_a$　(%)</td><td colspan="3"></td></tr>
<tr><td colspan="3">结论：<br><br><br>试验工程师：　　　　年　　月　　日</td><td colspan="4">监理意见：<br><br><br>监理人员：　　　　年　　月　　日</td></tr>
</table>

试验人员：　　　　　　　　　　　　　　　　　　　　　　校核：

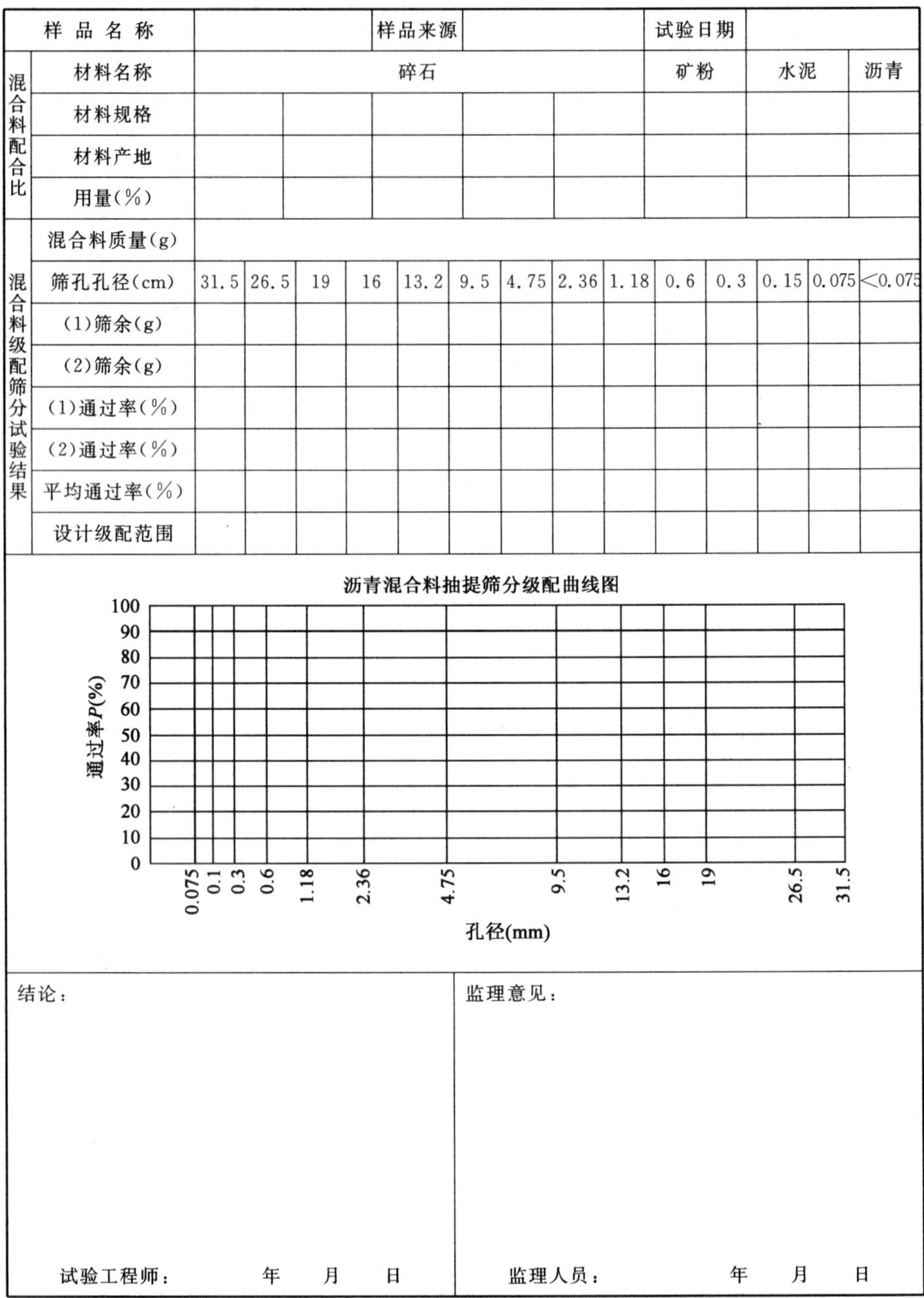

## ______公路沥青混合料矿料级配试验记录表

承包单位：　　　　　　　　　　　　合同号：

监理单位：　　　　　　　　　　　　编　号：　　　　　　表 2-12-15

| 样 品 名 称 | | 样品来源 | | 试验日期 | |
|---|---|---|---|---|---|

| | 材料名称 | 碎石 | | | | | 矿粉 | 水泥 | 沥青 |
|---|---|---|---|---|---|---|---|---|---|
| 混合料配合比 | 材料规格 | | | | | | | | |
| | 材料产地 | | | | | | | | |
| | 用量(%) | | | | | | | | |

| | 混合料质量(g) | | | | | | | | | | | | | | |
|---|---|---|---|---|---|---|---|---|---|---|---|---|---|---|---|
| 混合料级配筛分试验结果 | 筛孔孔径(cm) | 31.5 | 26.5 | 19 | 16 | 13.2 | 9.5 | 4.75 | 2.36 | 1.18 | 0.6 | 0.3 | 0.15 | 0.075 | <0.075 |
| | (1)筛余(g) | | | | | | | | | | | | | | |
| | (2)筛余(g) | | | | | | | | | | | | | | |
| | (1)通过率(%) | | | | | | | | | | | | | | |
| | (2)通过率(%) | | | | | | | | | | | | | | |
| | 平均通过率(%) | | | | | | | | | | | | | | |
| | 设计级配范围 | | | | | | | | | | | | | | |

沥青混合料抽提筛分级配曲线图



| 结论：<br><br><br><br>试验工程师：　　　　年　　月　　日 | 监理意见：<br><br><br><br>监理人员：　　　　年　　月　　日 |
|---|---|

试验人员：　　　　　　　　　　　　校核：

## ______公路沥青混合料理论最大相对密度试验记录表(真空法)

承包单位： 合同号：

监理单位： 编　号： 表 2-12-16

| 样品来源 | | 试验日期 | | |
|---|---|---|---|---|
| 级配类型 | | 水温(℃) | | |
| 油石比(%) | | 用途 | | |
| 试验内容 | | 试样编号 | | |
| | | 1 | 2 | 3 |
| 干燥沥青混合料试样的空气中质量 $m_a$ (g) | | | | |
| A类 | 容器在水中的质量 $m_1$ (g) | | | |
| | 容器与试样在水中的总质量 $m_2$ (g) | | | |
| B类 | 容器与水的总质量 $m_b$ (g) | | | |
| | 容器、水与试样的总质量 $m_c$ (g) | | | |
| 理论最大相对密度 $\gamma_t$ | | | | |
| 理论最大相对密度 $\gamma_t$ 平均值 | | | | |
| 水在试验温度下的密度 $\rho_w$ (g/cm$^3$) | | | | |
| 理论最大密度 $\rho_t=\gamma_t\times\rho_w$ (g/cm$^3$) | | | | |
| 结论：<br><br>试验工程师：　　年　月　日 | | 监理意见：<br><br>监理人员：　　年　月　日 | | |

试验人员： 校核：

# 第三篇　施工质量检测

# 第一章　路基路面

## 第一节　技术要求及质量标准

### 一、土质路基

1.基本要求

(1)在路基用地和取土范围内,应清除地表植被、杂物、积水、淤泥和表土,处理坑塘,并按规范和设计要求对基底进行压实。

(2)路基填料应符合规范和设计的规定,经认真调查、试验后合理选用。

(3)填方路基须分层压实,每一层表面平整,路拱合适,排水良好。

(4)施工临时排水系统应与设计排水系统结合,避免冲刷边坡、勿使路基附近积水。

(5)在设定取土区内合理取土,不得滥开滥挖。完工后应按要求对取土坑和弃土场进行休整,保证合理的几何外形。

2.施工过程中关键质量指标控制

施工过程中,每一压实层均应检验压实度,检验频率为每 1000$m^2$ 至少检验 2 点,不足 1000$m^2$ 时检验 2 点,必要时可根据需要增加检验点。压实度标准见表 3-1-1。

3.外观要求

(1)路基表面平整,边坡直顺,曲线圆滑。

(2)路基边坡坡面平顺,稳定,不得亏坡,曲线圆滑。

(3)取土坑、弃土堆、护坡道、碎落台的位置适当,外观整齐、美观,防止水土流失。

4.质量标准

路基填筑至设计标高并修整完成后,其质量应符合表 3-1-1 的规定。

土方路基质量技术标准(JTG F80/1—2004)　　表 3-1-1

| 项次 | 检查项目 | | | 规定值或允许偏差 | | | 检测方法和频率 |
|---|---|---|---|---|---|---|---|
| | | | | 高速公路、一级公路 | 二级公路 | 三、四级公路 | |
| 1 | 压实度(%) | 零填及挖方(m) | 0～0.30 | — | — | 94 | 灌砂法、水袋法、环刀法、核子仪。每一压实层均检验,2 点/1000m$^2$ |
| | | | 0～0.80 | ≥96 | ≥95 | — | |
| | | 填方(m) | 0～0.80 | ≥96 | ≥95 | ≥94 | |
| | | | 0.80～1.50 | ≥94 | ≥94 | ≥93 | |
| | | | >1.50 | ≥93 | ≥92 | ≥90 | |
| 2 | 弯沉(0.01mm) | | | 不大于设计值 | | | 贝克曼梁法,双车道(≤1km)80～100 个点,多车道按车道比增加测点 |
| 3 | 纵断高程(mm) | | | +10,-15 | | +10,-20 | 4 个断面/200m |
| 4 | 中线偏位(mm) | | | 50 | | 100 | 4 断面/200m、弯道加测 HY 点、YH 点 |
| 5 | 宽度(mm) | | | 符合设计要求 | | | 4 个断面/200m |
| 6 | 平整度(mm) | | | 15 | | 20 | 3m 直尺:2 处×10 尺/200m |
| 7 | 横坡(%) | | | ±0.3 | | ±0.5 | 4 个断面/200m |
| 8 | 边坡 | | | 符合设计要求 | | | 4 处/200m |

## 二、石方路基

1. 基本要求

(1)石方路堑的开挖宜采用光面爆破法。爆破后应及时清理险石、松石,确保边坡安全、稳定。

(2)修筑填石路堤时,应进行地表清理,逐层水平填筑石块,摆放平稳,码砌边部。填筑层厚度及石块尺寸应符合设计和施工规范规定,填石空隙用石渣、石屑嵌压稳定。上、下路床填料和石料最大尺寸应符合规范规定。采用振动压路机分层碾压,压至填筑层顶面石块稳定;或采用 20t 以上压路机振压两边无明显标高差异为止。

(3)路基表面应整修平整。

2. 施工过程中关键质量指标控制

施工过程中的每一压实层,均可用试验路段确定的工艺流程和工艺参数控制其压实过程;用试验路段确定的沉降差指标检测压实质量。沉降差用水准仪检测,每 40m 检测 1 个断面,每个断面检测 5～9 点,且应满足实测沉降差不大于试验路段确定的沉降差。

3. 质量标准

路基填筑至设计标高并修整完成后,其质量应符合表 3-1-2 的要求。

**石方路基质量技术标准**(JTG F80/1—2004)　　表 3-1-2

<table>
<tr><th rowspan="2">项次</th><th rowspan="2" colspan="2">检查项目</th><th colspan="2">规定值或允许偏差</th><th rowspan="2">检测方法和频率</th></tr>
<tr><th>高速公路、一级公路</th><th>其他公路</th></tr>
<tr><td rowspan="2">1</td><td rowspan="2" colspan="2">压实度(%)</td><td colspan="2">符合试验路确定的施工工艺</td><td>施工记录</td></tr>
<tr><td colspan="2">实测沉降差≤试验路确定的沉降差</td><td>水准仪:1 断面/40m,5～9/断面</td></tr>
<tr><td>2</td><td colspan="2">弯沉(0.01mm)</td><td colspan="2">不大于设计值</td><td>贝克曼梁法,双车道(≤1km)测 80～100 个点,多车道按与双车道比增加测点</td></tr>
<tr><td>3</td><td colspan="2">纵断高程(mm)</td><td>+10,−20</td><td>+10,−30</td><td>4 个断面/200m</td></tr>
<tr><td>4</td><td colspan="2">中线偏位(mm)</td><td colspan="2">50</td><td>4 断面/200m、弯道加测 HY 点、YH 点</td></tr>
<tr><td>5</td><td colspan="2">宽度(mm)</td><td colspan="2">符合设计要求</td><td>4 个断面/200m</td></tr>
<tr><td>6</td><td colspan="2">平整度(mm)</td><td>20</td><td>30</td><td>3m 直尺:2 处×10 尺/200m</td></tr>
<tr><td>7</td><td colspan="2">横坡(%)</td><td>±0.3</td><td>±0.5</td><td>4 个断面/200m</td></tr>
<tr><td rowspan="2">8</td><td rowspan="2">边坡</td><td>坡度</td><td colspan="2">符合设计要求</td><td rowspan="2">4 处/200m</td></tr>
<tr><td>平顺度</td><td colspan="2">符合设计要求</td></tr>
</table>

注:土石混填路基压实度或空隙率可根据实际进行检验,其他检验项目与石方路基相同。

4. 外观质量

(1)路堤表面无明显孔洞;大粒径石料不松动,铁锹挖动困难;边坡码砌紧贴、密实,无明显孔洞、松动,砌块间承接面向内倾斜,坡面平顺。

(2)上边坡不得有松石;路基边线直顺,曲线圆滑。

## 三、水泥混凝土面层

1. 基本要求

(1)基层质量必须符合规定要求,并应进行弯沉测定,验算的基层整体模量应满足设计要求。

(2)水泥强度、物理性能和化学成分应符合国家标准及有关规范的规定。

(3)粗细集料、水、外掺剂及接缝填料应符合设计和施工规范要求。

(4)施工配合比应根据现场测定水泥的实际强度进行计算，并经试验，选择最佳配合比。

(5)接缝的位置、规格、尺寸及传力杆、拉力杆的位置应符合设计要求。

(6)路面拉毛或压槽等抗滑措施，其构造深度均应符合施工规范要求。

(7)面层与其他构造物相接应平顺，检查井井盖顶面高程应高于周边1～3mm。雨水口标高按设计要求应比路面低5～8mm，路面边缘无积水现象。

(8)混凝土路面铺筑后按施工规范要求养生。

2. 施工过程中关键质量指标控制

水泥混凝土面层浇筑过程关键指标控制见表3-1-3。

**水泥混凝土面层浇筑过程关键指标控制标准**(JTG F30—2003)　表3-1-3

<table>
<tr><th rowspan="2">项次</th><th rowspan="2">检查项目</th><th rowspan="2" colspan="2">规定值或允许偏差</th><th colspan="2">检测方法和频率</th></tr>
<tr><th>高速公路、一级公路</th><th>其他公路</th></tr>
<tr><td>1</td><td>弯拉强度(MPa)</td><td rowspan="2" colspan="2">在合格标准之内</td><td>每班留2～4组试件，日进度<500m时，取2组；1000m>日进度时，≥500m时，取3组；日进度≥1000m时，取4组，测$f_{cs}$、$f_{min}$、$C_v$</td><td>每班留1～3组试件，日进度<500m时，取1组；1000m>日进度≥500m时，取2组；日进度≥1000m时，取3组，测$f_{cs}$、$f_{min}$、$C_v$</td></tr>
<tr><td>2</td><td>钻芯劈裂强度(MPa)①</td><td colspan="2">每车道每3km钻取1个芯样，硬路肩为1个车道，测平均$f_{cs}$、$f_{min}$、$C_v$、板厚$h$</td></tr>
<tr><td rowspan="2">3</td><td rowspan="2">板厚度(mm)</td><td>代表值</td><td>−5</td><td rowspan="2">路面摊铺宽度内每100m左、右各2处，连接摊铺每100m单边1处，参考芯样</td><td rowspan="2">路面摊铺宽度内每100m左、右各1处，连接摊铺每100m单边1处，参考芯样</td></tr>
<tr><td>合格值</td><td>−10</td></tr>
<tr><td rowspan="3">4</td><td rowspan="3">平整度②</td><td>σ(mm)</td><td>1.2</td><td rowspan="2" colspan="2">平整度仪：全线每车道连续检测，每100m计算σ、IRI</td></tr>
<tr><td>IRI(m/km)</td><td>2.0</td></tr>
<tr><td>3m直尺(mm)</td><td>≤3(合格率≥90%)</td><td colspan="2">每半幅车道100m、2处10尺</td></tr>
</table>

注：①路面钻芯劈裂强度应换算为实际面板弯拉强度进行质量评定。

②表中σ为平整度仪测定的标准差；IRI为国际平整度指数。

3. 质量标准

水泥混凝土面层质量技术标准见表3-1-4。

**水泥混凝土面层质量技术标准(JTG F80/1—2004)** 表 3-1-4

<table>
<tr><th rowspan="2">项次</th><th rowspan="2" colspan="2">检 查 项 目</th><th colspan="2">规定值或允许偏差</th><th rowspan="2">检测方法和频率</th></tr>
<tr><th>高速公路、一级公路</th><th>其他公路</th></tr>
<tr><td>1</td><td colspan="2">弯拉强度(MPa)</td><td colspan="2">在合格标准之内</td><td>按表 3-1-3 方法检查</td></tr>
<tr><td rowspan="2">2</td><td rowspan="2">板厚度(mm)</td><td>代表值</td><td colspan="2">−5</td><td rowspan="2">按表 3-1-3 方法检查，参考芯样 2 处/200m 每车道</td></tr>
<tr><td>合格值</td><td colspan="2">−10</td></tr>
<tr><td rowspan="2">3</td><td rowspan="2">平整度</td><td>σ(mm)</td><td>1.2</td><td>2.0</td><td rowspan="2">平整度仪：全线每车道连续检测，每 100m 计算 σ、IRI</td></tr>
<tr><td>IRI(m/km)</td><td>2.0</td><td>3.2</td></tr>
<tr><td>4</td><td colspan="2">抗滑构造深度(mm)</td><td>一般路段为 0.7～1.1；特殊路段为 0.8～1.2</td><td>一般路段为 0.5～1.0；特殊路段为 0.6～1.1</td><td>铺砂法：1 处/200m</td></tr>
<tr><td>5</td><td colspan="2">相邻板高差(mm)</td><td>2</td><td>3</td><td>抽量：每条胀缝 2 点；每 200m 抽纵、横缝各 2 条，每条 2 点</td></tr>
<tr><td>6</td><td colspan="2">纵、横缝顺直度(mm)</td><td colspan="2">10</td><td>纵缝 20m 拉线，每 200m4 处；横缝沿板宽拉线，每 200m4 条</td></tr>
<tr><td>7</td><td colspan="2">中线偏位(mm)</td><td colspan="2">20</td><td>经纬仪：4 点/200m</td></tr>
<tr><td>8</td><td colspan="2">路面宽度(mm)</td><td colspan="2">±20</td><td>抽量：4 处/200m</td></tr>
<tr><td>9</td><td colspan="2">纵断高程(mm)</td><td>±10</td><td>±15</td><td>水准仪：4 个断面/200m</td></tr>
<tr><td>10</td><td colspan="2">横坡(%)</td><td>±0.15</td><td>±0.25</td><td>水准仪：4 个断面/200m</td></tr>
</table>

注：表中 σ 为平整度仪测定的标准差；IRI 为国际平整度指数。

4. 外观质量

(1)混凝土板断裂块数不得超过评定路段混凝土板总块数的 0.2%。

(2)混凝土板表面的脱皮、印痕、裂纹和缺边掉角等病害，缺陷的表面积不得超过受检面积的 0.2%。

(3)路缘石直顺、曲线圆滑；接缝填筑饱满密实，不污染路面。

## 四、沥青混凝土面层

1. 基本要求

(1)沥青混合料的矿料质量及矿料级配应符合设计和施工规范的规定。

(2)严格控制各种矿料和沥青用量及各种材料和沥青混合料的加热温度，沥青材料及混合料的各项指标应符合设计和施工规范要求。沥青混合料的生产，每日应做抽提试验、马歇尔稳定度试验。矿料级配、沥青含量、马歇尔稳定度等结果的合格率不应小于90%。

(3)拌和后的沥青混合料应均匀一致，无花白，无粗细料分离和结团成块现象。

(4)基层必须碾压密实，表面干燥、清洁、无浮土，其平整度和路拱应符合要求。

(5)摊铺时应严格控制摊铺厚度和平整度，避免离析，注意控制摊铺和碾压时的温度，碾压至要求的密实度。

2.施工过程中关键指标控制

热拌沥青混合料生产过程和施工过程关键指标控制标准见表3-1-5和表3-1-6。

**热拌沥青混合料生产过程关键指标控制标准**(JTG F40—2004)　表3-1-5

| 项次 | 检查项目 | | 规定值或允许偏差 | | 检测方法和频率 |
|---|---|---|---|---|---|
| | | | 高速公路、一级公路 | 其他等级公路 | |
| 1 | 矿料级配(筛孔) | 0.075mm | ±2%(2%) | ±2% | 抽提筛分与标准级配比较：每台拌和机每天1～2次，以2个试样的平均值评定 |
| | | ≤2.36mm | ±5%(3%) | ±6% | |
| | | ≥4.75mm | ±6%(4%) | ±7% | |
| 2 | 沥青含量(油石比) | | ±0.3% | ±0.4% | 抽提出的沥青与设计值比较：每台拌和机每天1～2次，以2个试样的平均值评定 |
| 3 | 空隙率、稳定度、流值 | | 符合设计规定 | | 马歇尔试验：每台拌和机每天1～2次，以4～6个试件的平均值评定 |

注：括号中的数值是对SMA路面的要求。

3.外观质量

(1)表面应平整密实，不应有泛油、松散、裂缝和明显离析等现象。缺陷面积不得超过受检面积的0.03%。

(2)搭接处应紧密、平顺，烫缝不应枯焦。

(3)面层与路缘石及其他构筑物应密贴接顺，不得有积水或漏水现象。

4.质量标准

沥青混凝土面层质量技术标准见表3-1-7。

**热拌沥青混合料路面施工过程关键指标控制标准**(JTG F40—2004)　　表 3-1-6

| 项次 | 检查项目 | | | 规定值或允许偏差 | | 检测方法和频率 |
|---|---|---|---|---|---|---|
| | | | | 高速公路、一级公路 | 其他等级公路 | |
| 1 | 厚度 | 每一层次 | ≤50mm | 设计值的−5% | 设计值的−8% | 施工时插入法量测:随时检测 |
| | | | ≥50mm | 设计值的−8% | 设计值的−10% | |
| | | 总厚度 | | 设计值的−5% | 设计值的−8% | 钻芯法:每 $2000m^2$ 抽 1 点评定 |
| | | 上面层厚度 | | 设计值的−10% | 设计值的−10% | 钻芯法:每 $2000m^2$ 抽 1 点评定 |
| 2 | 压实度(%) | | | 试验室标准密度的 96%(98%)<br>最大理论密度的 92%(94%)<br>试验段密度的 98%(99%) | | 钻芯取样法,每 $2000m^2$ 检查 1 组,逐个试件评定并计算平均值 |
| 3 | 平整度(最大间隙)(mm) | 上面层 | | 3 | 5 | 3m 直尺:随时检查 |
| | | 中、下面层 | | 5 | 7 | |
| | 平整度(标准差)(mm) | 上面层 | | 1.2 | 2.5 | 连续平整度仪:连续测定 |
| | | 中面层 | | 1.5 | 2.8 | |
| | | 下面层 | | 1.8 | 3.0 | |
| | | 基层 | | 2.4 | 3.5 | |
| 4 | 渗水系数 | | | 300mL/min(普通沥青混合料)<br>200mL/min(SMA 混合料) | | 渗水试验:每 1km 不少于 5 点,每点 3 处取平均值 |

注:括号中数值是对 SMA 路面的要求。

**沥青混凝土面层质量技术标准**(JTG F80/1—2004)　　表 3-1-7

| 项次 | 检查项目 | | 规定值或允许偏差 | | 检测方法和频率 |
|---|---|---|---|---|---|
| | | | 高速公路、一级公路 | 其他公路 | |
| 1 | 压实度(%) | | 试验室标准密度的 96%(98%)<br>最大理论密度的 92%(94%)<br>试验段密度的 98%(99%) | | 钻芯取样法,每 200m 测 1 处 |
| 2 | 平整度 | σ(mm) | 1.2 | 2.5 | 平整度仪:全线每车道连续检测,每 100m 计算 σ、IRI |
| | | IRI(m/km) | 2.0 | 4.2 | |
| | | 最大间隙(mm) | — | 5 | 3m 直尺:2 处×10 尺/200m |
| 3 | 弯沉(0.01mm) | | 不大于设计值 | | 贝克曼梁法或自动弯沉仪,双车道(≤1km)80～100 个点,多车道按与双车道比增加测点 |

续上表

| 项次 | 检查项目 | | 规定值或允许偏差 | | 检测方法和频率 |
|---|---|---|---|---|---|
| | | | 高速公路、一级公路 | 其他公路 | |
| 4 | 渗水系数 | | SMA 路面 200mL/min；其他沥青混凝土路面 300mL/min | | 渗水试验仪：每 200m 测 1 处 |
| 5 | 抗滑 | 摩擦系数 | 符合设计要求 | — | 摆式仪：1 处/200m；<br>横向力系数测定车：全线连续 |
| | | 构造深度 | | | 铺砂法：每 200m 测 1 处 |
| 6 | 厚度(mm) | 代表值 | 总厚度：$-5\%H$<br>上面层：$-10\%H$ | $-8\%H$ | 挖坑或钻芯：双车道每 200m 测 1 处 |
| | | 合格值 | 总厚度：$-10\%H$<br>上面层：$-20\%H$ | $-15\%H$ | |
| 7 | 纵断高程(mm) | | ±15 | ±20 | 水准仪：4 个断面/200m |
| 8 | 中线偏位(mm) | | 20 | 30 | 经纬仪：4 个断面/200m |
| 9 | 宽度(mm) | 有侧石 | ±20 | ±30 | 4 个断面/200m |
| | | 无侧石 | 符合设计要求 | | |
| 10 | 横坡(%) | | ±0.3 | ±0.5 | 4 处/200m |

注：1. 表内压实度可选用其中的 1 个或 2 个标准评定，选用 2 个标准时，以合格率低的作为评定结果。括号中的数值是对 SMA 路面的要求值。

2. 表中厚度仅规定负允许偏差，$H$ 为沥青层设计总厚度(mm)。

## 五、水泥稳定粒料基层和底基层

1. 基本要求

(1)粒料应符合设计和施工规范要求，并应根据当地料源选择质坚干净的粒料，矿渣应分解稳定，未分解渣块应予以剔除。

(2)水泥用量和矿料级配按设计控制。

(3)路拌深度要达到层底。

(4)摊铺时要注意消除离析现象。

(5)混合料处于最佳含水率状况下，用重型压路机碾压至要求的压实度。从加水拌和到碾压终了的时间在 3～4h 之间，并应小于水泥的终凝时间。

(6)碾压检查合格后立即覆盖或洒水养生，养生期要符合规范要求。

2. 施工过程关键质量指标控制

水泥稳定粒料基层与底基层施工过程质量指标控制见表 3-1-8。

**水泥稳定粒料基层和底基层施工过程质量控制标准**(JTJ 034—2000)　表 3-1-8

| 项次 | 检查项目 | | 规定值或允许偏差 | 检测方法和频率 |
|---|---|---|---|---|
| 1 | 粒料级配 | | 符合规范或设计要求 | 取样筛分:每 2000m² 测 1 次 |
| 2 | 水泥剂量 | | 不小于设计值的−1.0% | 滴定法或直读测钙仪每 2000m² 测 1 次,至少 6 个样品 |
| 3 | 厚度(mm) | 均值 | −8(基层)、−10(底基层) | 施工时插入法量测 |
| | | 单个值 | −10(基层)、−25(底基层) | 每 1500～2000m² 测 6 个点 |
| 4 | 压实度(%) | | 98(基层)、96(底基层) | 灌砂法:每一作业段或 2000m² 测 6 点 |
| 5 | 无侧限抗压强度 | | 符合规范或设计规定的要求 | 取样制件试压:每一作业段或 2000m² 测 6 个或 9 个试件 |

3.质量标准

水泥稳定粒料基层和底基层质量实测项目见表 3-1-9。

**水泥稳定粒料基层和底基层质量实测项目**(JTG F80/1—2004)　表 3-1-9

| 项次 | 检查项目 | | 规定值或允许偏差 | | | | 检测方法和频率 |
|---|---|---|---|---|---|---|---|
| | | | 基层 | | 底基层 | | |
| | | | 高速公路、一级公路 | 其他公路 | 高速公路、一级公路 | 其他公路 | |
| 1 | 压实度(%) | 代表值 | 98 | 97 | 96 | 95 | 灌砂法检查,每车道每 200m2 处 |
| | | 极值 | 94 | 93 | 92 | 91 | |
| 2 | 平整度(mm) | | 8 | 12 | 12 | 15 | 3m 直尺,2 处×10 尺/200m |
| 3 | 纵断高程(mm) | | +5,−10 | +5,−15 | +5,−15 | +5,−20 | 水准仪,4 个断面/200m |
| 4 | 宽度(mm) | | 符合设计要求 | | | | 4 个断面/200m |
| 5 | 厚度(mm) | 代表值 | −8 | −10 | −10 | −12 | 按有关方法检查,每车道每 200m1 点 |
| | | 合格值 | −15 | −20 | −25 | −30 | |
| 6 | 横坡(%) | | ±0.3 | ±0.5 | ±0.3 | ±0.5 | 水准仪,4 个断面/200m |
| 7 | 强度(MPa) | | 符合设计要求 | | | | 每 1 作业段或 2000m² 测 6 个试件 |

4.外观质量

(1)表面平整密实,无坑洼、无明显离析现象。

(2)施工接茬平整、稳定。

## 第二节　检测项目和参数

### 一、检测项目依据

(1)《公路路基施工技术规范》(JTG F10—2006)。

(2)《公路路基设计规范》(JTG D30—2004)。

(3)《公路水泥混凝土路面设计规范》(JTG D40—2002)。

(4)《公路沥青路面设计规范》(JTJ 014—2006)。

(5)《公路水泥混凝土路面施工技术规范》(JTG F30—2003)。

(6)《公路沥青路面施工技术规范》(JTG F40—2004)。

(7)《公路路面基层施工技术规范》(JTJ 034—2000)。

(8)《公路工程质量检验评定标准》(JTG F80/1—2004)。

### 二、检测参数

(1)路基路面几何尺寸。

(2)路面厚度。

(3)压实度:①挖坑灌砂法;②核子仪法;③环刀法;④钻心法。

(4)平整度:①3m 直尺法;②连续平整度仪法;③车载式颠簸累积仪法。

(5)强度和模量:①土基现场 CBR 值法;②落球仪法;③承载力法;④贝克曼梁法。

(6)承载能力:①贝克曼梁弯沉试验法;②自动弯沉仪法;③落锤式弯沉仪法。

(7)水泥混凝土强度:①回弹仪法;②超声回弹法;③射钉法。

(8)抗滑性能:①手工铺砂法;②电动铺砂法;③激光构造深度仪法;④摆式仪法;⑤摩擦系数法。

(9)沥青路面渗水试验。

以上参数均按《公路路基路面现场测试规程》(JTG E60—2008)进行测试。

## 第三节　常用参数的检测细则

### 一、几何尺寸检测细则

1.检测项目和准备工作

(1)检测项目

路基路面的几何尺寸，即宽度、纵断面高程、横坡及中线偏位等是施工质量检查及竣工验收的规定项目。

(2)仪具与材料

钢卷尺、全站仪、水准仪、水准塔尺、标桩和灰线等。

(3)现场准备

①恢复中桩，在测定断面作上标记。通常将宽度、横坡、高程及中线平面选在同一断面位置，且在整数桩号上测定。

②根据设计要求，确定设计宽度边界位置、设计高程的断面位置、在与中线垂直的横断面上确定成型后路面的实际中心线位置；根据道路设计的路拱形状，确定曲线与直线部分的交界位置及路面与路肩的交界位置，作为横坡检验基准；当有路缘石或中央分隔带时，以两侧路缘石边缘为横坡测定的基准点，用粉笔作上记号。

2. 宽度测试

用钢尺沿中心线垂直方向水平量取路基各部分的宽度，以米表示，对高速公路及一级公路，精确至0.005m；对其他等级公路，精确至0.01m。测量时钢尺应保持水平，不得将尺紧贴地面量取，也不得使用皮尺。

3. 纵断面高程测试

(1)将水准仪架设在路面平顺处调平，将塔尺竖立在中央的测定位置上，以路线附近的水准点高程作为基准。测记测定点的高程读数，以米表示，精确至0.001m。

(2)连续测定全部测点，并与水准点闭合。

4. 横坡测试

(1)设有中央分隔带的路面：将水准仪架设在路面平顺处调平，将塔尺分别竖立在路面与中央分隔带分界的路缘带边缘 $d_1$ 处及路面与路肩交界位置(或外侧路缘石边缘) $d_2$ 处，$d_1$ 与 $d_2$ 两点必须在同一横断面上，测量 $d_1$ 和 $d_2$ 处高程，记录高程读数，以米表示，精确至0.001m。

(2)无中央分隔带的路面：将水准仪架设在线路平顺处调平，将塔尺分别竖立在路拱曲线与直线部分的交界位置 $d_1$ 及路肩部分的交界位置 $d_2$ 处，$d_1$ 与 $d_2$ 两点必须在同一横断面上，测量 $d_1$ 和 $d_2$ 处高程，记录高程读数，以米表示，精确至0.001m。

(3)用钢尺测量两点间的水平距离，以米表示，对高速公路及一级公路，精确至0.005m；对其他等级公路，精确至0.01m。

5. 中线偏位测试

(1)有中线坐标的道路：首先从设计资料中查出待测点 $P$ 的设计坐标，用全站仪对该点设计坐标进行放样，并在放样点 $P'$ 做好标记，量取 $PP'$ 的长度，即为中线平面偏位 $\Delta_{CL}$，以毫米表示，对高速公路及一级公路，精确至 5mm；对其他等级公路，精确至 10mm。

(2)无中线坐标的低等级道路：首先应恢复交点或转点，实测偏角和距离，然后采用链距法、切线支距法或偏角法等传统方法敷设道路中线的位置，量取设计位置与施工位置之间的距离，即为中线偏位 $\Delta_{CL}$，以毫米表示，精确至 10mm。

6. 计算

(1)按式(3-1-1)计算出各个断面的实测宽度 $B_{1i}$ 与设计宽度 $B_{0i}$ 之差。总宽度为路基路面各部分宽度之和。

$$\Delta_{Bi} = B_{1i} - B_{0i} \tag{3-1-1}$$

式中：$B_{1i}$——各断面的实测宽度(m)；

$B_{0i}$——各断面的设计宽度(m)；

$\Delta_{Bi}$——各断面的实测宽度和设计宽度的差值(m)。

(2)按式(3-1-2)计算出各个断面的实测高程 $H_{1i}$ 与设计高程 $H_{0i}$ 之差。

$$\Delta_{Hi} = H_{1i} - H_{0i} \tag{3-1-2}$$

式中：$H_{1i}$——各断面的纵断面实测高程(m)；

$H_{0i}$——各断面的纵断面设计高程(m)；

$\Delta_{Hi}$——各断面的纵断面实测高程和设计高程的差值(m)。

(3)各测定断面的路面横坡按式(3-1-3)计算，精确至一位小数。按式(3-1-4)计算实测横坡 $i_{1i}$ 与设计横坡 $i_{0i}$ 之差。

$$i_{1i} = \frac{d_{1i} - d_{2i}}{B_{1i}} \times 100 \tag{3-1-3}$$

$$\Delta i_i = i_{1i} - i_{0i} \tag{3-1-4}$$

式中：$i_{1i}$——各测定断面的横坡(%)；

$d_{1i}$ 及 $d_{2i}$——各断面测点各断面测点 $d_1$ 及 $d_2$ 处的高程读数(m)；

$B_{1i}$——各断面测点 $d_1$ 及 $d_2$ 处的水平距离(m)；

$i_{0i}$——各断面的设计横坡(%)；

$\Delta i_i$——各测定断面的横坡和设计横坡的差值(%)。

7. 数据处理

(1)以评定路段为单元列出桩号、宽度、高程、横坡以及中线偏位测定的记录表，记录平均值、标准差、变异系数。注明不符合规范要求的断面。

(2)纵断面高程测试中应计算实测高程和设计高程差值，低于设计高程为负，高于设计高程为正。

(3)路面横坡测试应计算实测横坡与设计横坡的差值。实测横坡小于设计横坡差值为负;实测横坡大于设计横坡差值为正。

## 二、路面厚度检测(挖坑及钻芯法)

### 1.仪具与材料

(1)挖坑用镐、铲、凿子、锤子、小铲、毛刷。

(2)路面取芯样钻机及钻头、冷却水。钻头标准直径为100mm,如芯样仅供测量厚度,不做其他试验时,对沥青面层与混凝土面层也可用直径50mm的钻头,对基层材料也可用直径150mm钻头,但钻孔深度均必须达到层厚。

(3)量尺:钢板尺、钢卷尺、卡尺。

(4)补坑材料:与检查层位的材料相同。

(5)补坑用具:夯、热夯、水等。

(6)其他:搪瓷盘、棉纱等。

### 2.方法的选用

基层厚度可用挖坑法测定,沥青面层及混凝土面层的厚度应用钻芯法测定。

### 3.挖坑法测试步骤

(1)选择合适的试验地点,选一块约40cm×40cm的平坦表面,用毛刷将其清扫干净。

(2)根据材料坚硬程度,选择镐、铲、凿子等合适的工具,开挖这一层材料,直至层位底面。在便于开挖的前提下,开挖面积应尽量缩小,坑洞大体呈圆形,边开挖边将材料铲出,置于搪瓷盘中。

(3)用毛刷将坑底清扫,并确认为下一层的顶面。

(4)将钢板尺平放横跨于坑的两边,用另一把钢尺或卡尺等量具在坑的中部位置垂直伸至坑底,测量坑底至钢板尺的距离,即为检查层的厚度,以毫米计,精确至1mm。

### 4.钻芯法测试步骤

(1)选好测试点,安放钻芯机,打开冷却水开关,钻孔深度必须达到层厚。

(2)仔细取出芯样,清除地面灰土,找出与下层的分界面。

(3)用钢板尺或卡尺沿圆周四处对称的十字方向量取上下层界面的高度,取其平均值,即为该层的厚度,精确至1mm。

### 5.正在施工的沥青路面厚度测试

当沥青混合料尚未冷却时,可根据需要随机选择测点,用大螺丝刀插入至沥青层面底面后用尺读数,量取沥青层的厚度,以毫米计,精确至1mm。

### 6.修补挖坑或钻孔

(1)适当清理坑中残留物,钻孔时留下的积水应用棉纱吸干。

(2)对无机结合料稳定层及水泥混凝土面板，应按相同配合比用新拌的材料分层填补，并用小锤压实。

(3)对正在施工的沥青路面，用相同级配的热拌沥青混合料分层填补并用加热的铁锤或热夯压实。

(4)所有补坑结束时，面层宜比原面层略鼓出少许，并用重锤或压路机压实平整。

7. 计算

按式(3-1-5)计算路面实测厚度与设计厚度之差。

$$\Delta T_i = T_{1i} - T_{0i} \tag{3-1-5}$$

式中：$T_{1i}$——路面的实测厚度(mm)；

$T_{0i}$——路面的设计厚度(mm)；

$\Delta T_i$——路面的实测厚度与设计厚度的差值(mm)。

计算一个评定路段检测厚度的平均值、标准差、变异系数，并计算代表厚度。

8. 路面结构层厚度评定

(1)评定路段内路面结构层厚度，按代表值和单个合格值的允许偏差进行评定。

(2)厚度代表值为厚度的算术平均值的下置信界限值，即：

$$X_L = X - \frac{t_\alpha S}{\sqrt{n}} \tag{3-1-6}$$

式中：$X_L$——厚度代表值(算术平均值的下置信界限)；

$X$——厚度平均值；

$S$——标准差；

$n$——检测点数；

$t_\alpha$——$t$ 分布表中随测点数和保证率(或置信度 $\alpha$)的变化而变的系数，可查相关表。高速公路采用保证率：基层、底基层为 99%；面层为 95%。

(3)当代表值大于或等于设计厚度减去代表值允许偏差时，则按单个检查值的偏差不超过单点为合格；当代表值小于设计厚度减去代表值允许偏差时，相应的分项工程评为不合格。

(4)沥青面层一般按铺筑层厚进行评定，当高速公路分 2～3 层铺筑时，还应进行上面层厚度检查和评定。

## 三、压实度测试

1. 挖坑灌砂法测试压实度细则

(1)仪器设备

①灌砂筒：有大、小两种，根据需要采用。形式和主要尺寸见表3-1-10。

②金属标定罐：用薄铁板制作的金属罐，上端周围有一罐缘。

③基板：用薄铁板制作的金属方盘，盘的中心有一圆孔。

④玻璃板：边长为500～600mm的方形板。

⑤打洞及从洞中取料的合适工具，如凿子、铁锤、长把勺、长把小簸箕、毛刷等。

⑥饭盒（存放挖出的试样）若干、烘箱等。

⑦天平或台秤：称量10～15kg，感量不大于1g。测定细粒土、中粒土、粗粒土含水率的天平精度宜分别为0.01g、0.1g、1.0g。

⑧量砂：粒径0.25～0.5mm、清洁干燥的均匀砂为20～40kg。砂应先烘干，并放置足够的时间，使其与空气的湿度达到平衡。

**灌砂筒的主要尺寸** 表3-1-10

| 结构 | | | 小型灌砂筒 | 大型灌砂筒 |
|---|---|---|---|---|
| 储砂筒 | 直径 | mm | 100 | 150 |
| | 容积 | $mm^3$ | 2120 | 4600 |
| 流沙孔 | 直径 | mm | 10 | 15 |
| 金属标定罐 | 内径 | mm | 100 | 150 |
| | 外径 | mm | 150 | 200 |
| 基板 | 边长 | mm | 350 | 400 |
| | 深 | mm | 40 | 50 |
| | 中孔直径 | mm | 100 | 150 |

注：1. 当集料的最大粒径小于13.2mm，测定层的厚度不超过150mm时，宜采用小型灌砂筒。

2. 当集料的最大粒径大于或等于13.2mm，但不大于31.5mm，测定层的厚度不超过200mm时，宜采用大型灌砂筒。

3. 如集料的最大粒径超过31.5mm，则应相应地增大灌砂筒和标定罐的尺寸；如集料的最大粒径超过53mm，灌砂筒和现场试洞的直径应为200mm。

(2)仪器标定

①确定灌砂筒下部圆锥体内砂的质量。

a. 在储砂筒内装满砂，筒内砂的高度与筒顶的距离不超过15mm，称筒内砂的质量为$m_1$，精确至1g。每次标定及而后的试验都维持该质量不变。

b. 将开关打开，让砂流出，并使流出砂的体积与工地所挖试洞的体积相等（或等于标定罐的容积）；然后关上开关，并称量筒内砂的质量$m_5$，精确至1g。

c. 将灌砂筒放在玻璃板上，打开开关，让砂流出，直到筒内砂不再下流时，关上开关，并小心地取走灌砂筒。

d. 收集并称量留在玻璃板上的砂或称量筒内的砂，精确至1g。玻璃板上的砂就是填满灌砂筒下部圆锥体的砂(质量为 $m_2$)。

e. 重复上述测量,至少三次;最后取平均值。

②确定量砂的松方密度。

a. 将空罐放在台秤上,使空罐的上口处于水平位置,读记空罐质量 $m_7$,精确至 1g。

b. 向标定罐中灌水,注意不要将水弄到台秤或罐的外壁;将一直尺放在罐顶,当罐中水面快要接近直尺时,用滴管往罐中加水,直到水面接触直尺为止;移去直尺,读记罐和水的总质量 $m_8$。

c. 重复测量时,仅需用吸管从罐中取出少量水,并用滴管重新将水加满到接触直尺为止。

d. 标定罐的体积 $V$ 按式(3-1-7)计算,计算精确至 0.01cm³。

$$V = \frac{m_8 - m_7}{\rho_w} \tag{3-1-7}$$

式中:$\rho_w$——水的密度(g/cm³)。

e. 在储砂筒中装入质量为 $m_1$ 的砂,并将灌砂筒放在标定罐上,打开开关,让砂流出,直到储砂筒内的砂不再流下时,关闭开关;取下灌砂筒,称筒内剩余砂的质量,精确至 1g。

f. 重复上述测量,至少三次,最后取其平均值 $m_3$,精确至 1g。

g. 按公式(3-1-8)计算填满标定罐所需砂的质量。

$$m_a = m_1 - m_2 - m_3 \tag{3-1-8}$$

h. 按公式(3-1-9)计算砂的密度,精确至 0.01g/cm³。

$$\rho_s = \frac{m_a}{V} \tag{3-1-9}$$

(3)试验步骤

①在试验地点,选一块约 40cm×40cm 的平坦表面,并将其清扫干净;将基板放在此平坦表面上,如此表面的粗糙度较大,则将盛有量砂 $m_5$ 的灌砂筒放在基板中间的圆孔上;打开灌砂筒开关,让砂流入基板的中孔内,直到储砂筒内的砂不再流下时,关闭开关;取下灌砂筒,并称筒内砂质量 $m_6$,精确至 1g。

②取走基板,将留在试验地点的量砂收回,重新将表面清扫干净;将基板放在清扫干净的表面上,沿基板中孔凿洞,洞的直径与灌砂筒直径相等。在凿洞的过程中,应注意不要使凿出的试样丢失,并随时将凿松的材料取出,放在已知质量的塑料袋内,密封。试洞的深度应等于测定层厚度。凿洞完毕后,称此塑料袋中全部试样质量,精确至 1g。减去已知塑料袋质量后,即为试样的总

质量 $m_t$。

③从挖出的全部试样中取出有代表性的样品，放入铝盒中，测定其含水率 $w$。样品数量如下：用小型灌砂筒时，对于细粒土，不少于 100g；对于其他各种中粒土，不少于 500g。用大型灌砂筒时，对于细粒土，不少于 200g；对于其他各种中粒土，不少于 1000g。对于粗粒土或水泥、石灰等稳定材料，宜将取出材料全部烘干，且不少于 2000g。

④将基板安放在试洞上，将灌砂筒安放在基板中间（储砂筒内放满砂至恒定质量 $m_1$），使灌砂筒的下口对准基板的中孔及试洞。打开灌砂筒开关，让砂流入试洞内。关闭开关。小心取走灌砂筒，称量筒内剩余质量 $m_4$，精确至 1g。

⑤如清扫干净的平坦的表面上，粗糙度不大，则不需放基板，将灌砂筒直接放在已挖好的试筒上。打开筒的开关，让砂流入试洞内。在此期间，应注意勿碰动灌砂筒，直到储砂筒内的砂不再下流时，关闭开关。缓慢取走灌砂筒，称量筒内剩余砂的质量 $m_4$，精确至 1g。

⑥取出灌砂筒内量砂，以备下次试验时再用。若量砂的湿度已发生变化或量砂中混有杂质，则应重新烘干，过筛，并放置一段时间，使其与空气的湿度达到平衡后再用。

⑦如试洞中有较大孔隙时，量砂可能进入孔隙时，则应按试洞外形，松弛地放入一层柔软的纱布。然后再进行灌砂工作。

(4)数据处理

①按式(3-1-10a)或(3-1-10b)计算填满试洞所用的砂的质量 $m_b$(g)。

灌砂时，试洞上放有基板：

$$m_b = m_1 - m_4 - (m_5 - m_6) \tag{3-1-10a}$$

灌砂时，试洞不放有基板：

$$m_b = m_1 - m_4 - m_2 \tag{3-1-10b}$$

②按公式(3-1-11)计算试验地点土的湿密度，精确至 0.01g/cm³。

$$\rho = \frac{m_t}{m_b} \times \rho_s \tag{3-1-11}$$

式中：$\rho$——土的湿密度(g/cm³)；

$m_t$——试洞中取出的全部土样的质量(g)；

$m_b$——填满试洞所需砂的质量(g)；

$\rho_s$——量砂的密度(g/cm³)。

③按公式(3-1-12)计算土的干密度，精确至 0.01g/cm³。

$$\rho_d = \frac{\rho}{1 + 0.01w} \tag{3-1-12}$$

④按公式(3-1-13)计算施工压实度。

$$K=\frac{\rho_d}{\rho_c}\times 100 \tag{3-1-13}$$

式中：$\rho_c$——最大干密度($g/cm^3$)。

当试洞材料与击实试验的材料有较大差异时，可以将试洞的材料做标准击实，求取实际的最大干密度。

2. 钻芯法测定沥青面层压实度试验细则

(1)仪具与材料

①路面钻芯机。

②天平：感量不大于0.1g。

③水槽。

④吊篮。

⑤石蜡。

⑥其他：卡尺、毛刷、小勺、取样袋(容器)、电风扇。

(2)钻取芯样

钻取路面芯样，芯样直径不宜小于100mm。当一次钻孔取得的芯样包含不同层位的沥青混合料时，应根据结构组合情况用切割机将芯样沿各层结合面锯开进行分层测定。普通沥青路面通常在第二天取样，改性沥青及SMA路面宜在第三天以后取样。

(3)测试试件密度

①将钻取的试件在水中用毛刷轻轻刷净黏附的粉尘。如试件边角有浮松颗粒，应仔细清除。

②将试件晾干或用电风扇吹干不少于24h，直至恒重。

③测定试件密度$\rho_s$。通常情况下采用表干法测定试件的毛体积密度；对吸水率大于2%的试件，宜采用蜡封法测定试件的毛体积相对密度；对于吸水率小于0.5%特别致密的沥青混合料，在施工质量检验时，允许采用水中重法测定表观相对密度。

(4)计算

①当压实度的标准密度采用每天试验室实测的马歇尔击实试件密度或试验路段钻孔取样密度时，沥青面层的压实度按式(3-1-14)计算。

$$K=\frac{\rho_s}{\rho_0}\times 100 \tag{3-1-14}$$

式中：$K$——沥青面层某一测定部位的压实度(%)；

$\rho_s$——沥青混合料芯样试件的实际密度($g/cm^3$)；

$\rho_0$——沥青混合料的标准密度(g/cm$^3$)。

②计算压实度的标准密度采用最大理论密度时，沥青面层的压实度按式(3-1-15)计算。

$$K = \frac{\rho_s}{\rho_t} \times 100 \tag{3-1-15}$$

式中：$\rho_s$——沥青混合料芯样试件的实际密度(g/cm$^3$)；

$\rho_t$——沥青混合料最大理论密度(g/cm$^3$)。

3. 压实度检测结果评定

(1)评定单元划分

路基、路面压实度以 1～3km 长的路段为检测评定单元，按规定的检测频率和方法进行现场压实度抽样检查，求算每一测点的压实度 $K_i$。

(2)压实度评定要点

①控制平均压实度的置信下限，保证总体水平。

②规定单点极值不得超过规定值，防止局部隐患。

③规定扣分界限以区分质量优劣。

(3)统计特征值计算

检测评定段的压实度代表值 $K$，按式(3-1-16)计算和评定。

$$K = k - t_\alpha S/n^{1/2} \geqslant K_0 \tag{3-1-16}$$

式中：$k$——评定段内各测点压实度平均值；

$t_\alpha$——保证率系数：高速公路 95%，其他公路 90%；

$S$——检测值均方差；

$n$——检测点数；

$K_0$——压实度标准值。

(4)评定方法

①路基、基层和底基层压实度评分方法如下：

a. 当 $K \geqslant K_0$ 且单点压实度 $K_i$ 全部大于或等于规定值减去 2 个百分点时，评定路段的压实度合格率为 100%；当 $K \geqslant K_0$ 且单点压实度全部大于或等于规定极值时，按测定值不低于规定值 2 个百分点的测点数计算合格率。

b. 当 $K \leqslant K_0$ 或某一单点压实度 $K_i$ 小于规定极值时，该评定路段压实度为不合格，评为零分。

c. 路堤施工段落短时，分层压实度每点都要符合要求，且实际样本数不小于 6 个。

②沥青面层压实度评分方法如下：

a. 当 $K \geqslant K_0$ 且全部测点大于等于规定值减去1个百分点时，评定路段的压实度合格率为100%；当 $K \geqslant K_0$ 时，按测定值不低于规定值减1个百分点的测点数计算合格率。

b. 当 $K < K_0$ 时，评定路段压实度为不合格，相应分项工程评为不合格。

## 四、平整度检测

### 1. 3m直尺测定方法细则

(1)仪具与材料

①3m直尺：测量基准长度为3m，基准面应平直，铝合金钢等材料制成。

②最大间隙测量器具：

a. 塞尺：金属制的三角形塞尺，有手柄。塞尺的长度与高度之比不小于10，宽度不大于15mm，边部有高度标记，刻度读数分辨率小于或等于0.2mm。

b. 深度尺：金属制的深度测量尺，有手柄。深度尺测量杆端头直径不小于10mm，刻度读数分辨率小于或等于0.2mm。

(2)方法与步骤

①按有关规范规定选择测试路段。

②施工过程中检测时，按根据需要确定的方向，将3m直尺摆在测试地点的路面上。

③目测3m直尺底面与路面之间的间隙情况，确定最大间隙的位置。

④用有高度标线的塞尺塞进间隙处，量测其最大间隙的高度(mm)；或者用深度尺在最大间隙位置量测直尺上顶面距地面的深度，该深度减去尺高即为测试点的最大间隙的高度，精确至0.2mm。

(3)计算

单杆检测路面的平整度计算，以3m直尺与路面的最大间隙为测定结果。连续测定10尺时，判断每个测定值是否合格，根据要求，计算合格百分率，并计算10个最大间隙的平均值。单杆检测的结果应随时记录测试位置及检测结果。连续测定10尺时，应报告平均值、不合格尺数、合格率。

### 2. 连续式平整度仪测定平整度方法细则

(1)仪具与材料

①连续式平整度仪：

a. 整体结构：连续式平整度仪的标准长度为3m，其质量应符合仪器标准的要求；中间为一个3m长的机架，机架可缩短或折叠，前后各4个行走轮，前后两组轮的轴之间的距离为3m。

b. 标准差测量传感器：安装在机架中间，可以是能起落的测定轮或非接触式位移传感器，如激光或超声位移测量传感器。

c. 其他辅助机构：蓄电池电源，距离传感器，与数据采集、处理、存储、输出部分配套的采集控制箱及计算机、打印机等。

d. 测定间距为10cm，每一计算区间的长度为100m并输出一次结果。

e. 可记录测试长度(m)、曲线振幅大于某一定值(如3mm、5mm、8mm、10mm等)的次数、曲线振幅的单向(凸起或凹下)累计值及以3m机架为基准的中点路面偏差曲线图，并可计算打印。

f. 机架装有一牵引钩及手拉柄，可用人力或汽车牵引。

②牵引车：小轻型客车或其他小型牵引汽车。

③皮尺或测绳。

(2)准备工作

①当为施工过程中质量检测需要时，测试地点应根据需要决定；当为路面工程质量检查验收需要时，通常以行车道一侧车轮轮迹带作为连续测定的标准位置。

②清扫路面测定位置处的脏物。

③检查仪器，检测箱各部分应完好、灵敏，并将各链接线接妥，安装记录设备。

(3)测试步骤

①将连续式平整度仪置于测试路面起点上。

②在牵引汽车的后部，将连续式平整度仪与牵引汽车连接好，按仪器使用手册依次完成各项操作。

③启动牵引车，沿道路纵向行驶，横向位置保持稳定。

④确认连续式平整度仪工作正常。牵引连续式平整度仪的速度应保持均匀，速度宜为5km/h，最大不得超过12km/h。

(4)计算

①连续式平整度仪测定后，可根据每10cm间距采集的位移值自动计算得到每100m计算区间的平整度标准差(mm)，还可以记录测试长度(m)。

②每一计算区间的路面平整度以该区间测定结果的标准差表示，按式(3-1-17)计算。

$$\sigma_i = \sqrt{\frac{\sum d_i^2 - \frac{(\sum d)^2}{N}}{N-1}} \tag{3-1-17}$$

式中：$\sigma_i$——各计算区间的平整度计算值(mm)；

$d_i$——以100m为一个计算区间，每隔一定距离(自动采集间距为10cm，人工采集间距为1.5m)采集的路面凸凹偏差位移值(mm)；

$N$——计算区间用于计算标准差的测试数据个数。

③计算一个路段内各区间的平整度标准差的平均值、标准差、变异系数。

④试验应列表报告每一个评定路段内各测定路段内平整度标准差，各评定路段平整度的平均值、标准差、变异系数以及不合格区间数。

## 五、承载能力检测

### 1.路基地基承载力动力触探试验细则

(1)技术标准及应用说明

①动力触探试验分为荷兰式轻型动力触探和标准轻型动力触探。荷兰式轻型动力触探一般作为不适宜土的判别及其范围和深度的调查，标准轻型动力触探仪一般作为不适宜土清除后的地基承载力验算。

②填筑路堤地基承载力标准确定，各省市一般根据本地区的土质及地质构造特性，制订地方性的技术标准。以《湖南省公路工程路基地基承载力触探试验暂行规定(2007 年试行)》为例，相关要求见表 3-1-11，其他地区缺乏地方标准时，可参照使用。

**公路填筑路堤地基承载力要求** 表 3-1-11

| 路堤高度(m) | 0～2 | 2～6 | 6～8 | 8～12 | 12～16 | ≥16 |
|---|---|---|---|---|---|---|
| 地基承载力要求(kPa) | ≥130 | ≥125 | ≥130 | ≥145 | ≥155 | ≥170 |
| 标准轻型动力触探击数 $N_{30}$(击) | ≥18 | ≥17 | ≥18 | ≥20 | ≥21 | ≥23 |
| 荷兰式轻型动力触探击数 $N_{20}$(击) | ≥10 | ≥9 | ≥10 | ≥11 | ≥12 | ≥14 |

注：荷兰式轻型动力触探击数在只有 1 根导杆的情况下必须满足上表的最小锤击数要求，当有 2 根导杆时最小锤击数应在上表的锤击数基础上再加上 1 击数，当有 3 根导杆时最小锤击数应在上表的锤击数基础上再加上 2 击数。

③路堤填土高度为原地面以上的填土高度。

④表 3-1-11 所列荷兰式轻型动力触探锤击数为各高度路堤对地基土满足承载力要求的下限锤击数。当实测锤击数小于该下限值时应作清除处理。

⑤动力触探点的数量对不适宜土段宜采用断面控制方式，断面间距一般控制在 10～20m 之间，小范围不适宜土段可加密，每个断面宜布置 3～5 个测试点，按路基范围左、中、右布置，点距 15m 左右。

(2)仪器规格

①荷兰式轻型动力触探仪规格

各参数见表 3-1-12。

**荷兰式轻型动力触探仪参数** 表 3-1-12

| 触探类型 | 落锤质量(kg) | 落锤距离(cm) | 探头规格 | 触探指标 | 触探杆外径(mm) |
|---|---|---|---|---|---|
| 轻型 | 10.35±0.2 | 50±2 | 圆锥头,锥角 90°,探头截面积为 $5cm^2$,锥底直径为 25.2mm | 贯入 20cm 的锤击数 $N_{20}$(击数/20cm) | 20 |

②标准轻型动力触探仪规格

各参数见表 3-1-13。

**标准轻型动力触探仪参数** 表 3-1-13

| 触探类型 | 落锤质量(kg) | 落锤距离(cm) | 探头规格 | 触探指标 | 触探杆外径(mm) |
|---|---|---|---|---|---|
| 轻型 | 10±0.2 | 50±2 | 圆锥头,锥角 60°,锥底直径 4.0cm,锥底面积 $12.6cm^2$ | 贯入 30cm 的锤击数 $N_{10}$ | 25 |

(3)清淤触探试验

①不适宜土的判别方法

a.不适宜土的判别统一采用荷兰式轻型动力触探仪以贯入 20cm 的锤击数小于表 3-1-12 所要求的锤击数进行确定。

b.当采用此法有争议时,应取样进行含水率和孔隙比试验,当试验结果同时符合天然含水率大于或等于液限和天然孔隙比大于或等于 1.0 时,则判别为不适宜土。

②不适宜土深度的确定

荷兰式轻型动力触探试验成果表示方法为:贯入深度为 $h$ 所对应的锤击数 $N_{20}$(击次/20cm)大于或等于表 3-1-12 所要求的不适宜土锤击次数标准时,则此时的贯入深度 $h$ 即为不适宜土深度。

③荷兰式轻型动力触探仪操作的基本要求

a.承包人在不适宜土地基施工前必须进行开沟排水,红线范围内按横向间距小于 10m、沟底宽 0.3m、深 0.6m 的标准开挖网格排水沟,红线两边的纵向排水沟应加深。水田地段触探试验须在开沟排水后至少连续 3 个晴天后进行。

b.将落锤提升到规定的高度让其自由下落,锤击时应连续进行,锤击速度一般为 15~30 击/min。锤击过程中应防止锤击偏心、探杆歪斜和探杆侧向摆动,每贯入 1m 应将探杆转动 1.5 圈,使探杆能保持垂直贯入,并减少探杆的侧阻力,探杆每击入 20cm 分别记录其锤击次数 $N_{20}$。

c.不适宜土的清除按荷兰式轻型动力触探试验所确定的不适宜土深度进

行，清除前后应用水准仪测量触探点原地面与清除后基底标高，不适宜土清除高度为两者之差，承包人必须按此进行测量和试验，监理进行全过程旁站，并对试验和测量数据当场签字确定。

d. 在按荷兰式轻型动力触探仪的锤击次数清除不适宜土之后，还必须采用标准轻型动力触探仪按承载力的标准进行验算，只有同时满足上表中两个轻型动力触探标准的要求时(即进行双控)，才允许进行下道工序。

2. 路基路面回弹弯沉检测细则

(1)主要设备

①弯沉仪：采用贝克曼梁测定路基路面的回弹弯沉仪，为避免支点变形带来的麻烦，一般采用长 5.4m 梁进行检测。梁的挠度、顺直度符合要求，百分表计量标定合格。

②标准车符合下列要求：

a. 应采用双轴、后轴双侧 4 轮的载质量车。

b. 后轴标准轴载为(100±1)kN。

c. 一侧双轮荷载为(50±0.5)kN。

d. 轮胎充气压力为(0.70±0.05)MPa。

e. 单轮传压面当量圆直径为(21.30±0.5)cm。

f. 轮隙宽度应满足能自由插入弯沉仪测头的测试要求。

弯沉车使用前应进行上述参数的测定，符合要求后才能使用。

(2)准备工作

①检查并保持测定用标准车的车况及制动性能良好，轮胎胎压符合规定充气压力。

②向汽车车槽中装载集料，并用地磅称量后轴总质量及单侧轮荷载，均应符合要求的轴重规定，汽车行驶及测定过程中，轴重不得变化。

③测定轮胎接地面积：在平整光滑的硬质路面上用千斤顶将汽车后轴顶起，在轮胎下方铺一张方格纸，轻轻落下千斤顶，即在方格纸上印上轮胎印迹，通过数方格的方法测算轮胎接地面积，精确至 0.1$cm^2$。

④检查弯沉仪百分表量测灵敏度情况。

⑤在沥青路面上测定时，用路表温度计测定试验时气温及路表温度(一天中气温不断变化，应随时测定)，并通过气象台了解前 5d 的平均气温(日最高气温与最低气温的平均值)。

⑥记录沥青路面修建材料、结构、厚度、施工等情况。

(3)测试步骤

①在测试路段布置测点，其距离随测试需要而定。测点应在行车道的轮迹带上，并用白灰做好标记。

②将试验车后轮轮隙对准测点后 3～5cm 位置上。

③将弯沉仪插入汽车后轮之间的缝隙处，与汽车方向一致，梁臂不得碰到轮胎，弯沉仪测头置于测点上，并安装百分表于弯沉仪的测定杆上，百分表调零，用手指轻轻叩打弯沉仪，检查百分表应稳定回零。

④测定者发令指挥车辆缓缓前进，百分表随路面变形的增加而持续向前转动。当表针转动到最大值时，迅速读取初读数 $L_1$。汽车仍在继续前进，表针反向回转，待汽车驶出弯沉影响半径后(约大于 3m)，汽车停止。待表针回转稳定后，再次读取终读数 $L_2$。汽车前进的速度宜为 5km/h 左右。

(4)结果计算及温度修正

①回弹弯沉按式(3-1-18)计算。

$$L_t = (L_1 - L_2) \times 2 \tag{3-1-18}$$

式中：$L_t$——在路面温度 $t$ 时的回弹弯沉值，精确至 0.01mm；

$L_1$——车轮中心临近弯沉仪测头时百分表的最大读数，精确至 0.01mm；

$L_2$——汽车驶出弯沉影响半径后百分表的最终读数，精确至 0.01mm。

②沥青面层厚度大于 5cm 的沥青路面，回弹弯沉值应进行温度修正。温度修正及回弹弯沉的计算按下列步骤进行。

a.测定时的沥青层平均温度按式(3-1-19)计算。

$$t = (t_{25} + t_m + t_e)/3 \tag{3-1-19}$$

式中：$t$——测定时沥青层平均温度(℃)；

$t_{25}$——根据 $t_0$ 通过经验图表推算路表下 25mm 处温度(℃)；

$t_m$——根据 $t_0$ 通过经验图表推算沥青层中间深度处温度(℃)；

$t_e$——根据 $t_0$ 通过经验图表推算沥青层底面处温度(℃)；

$t_0$——路表温度＋前 5d 日平均气温的平均值(℃)。

b.沥青路面回弹弯沉按式(3-1-20)计算。

$$L_{20} = L_t \times K \tag{3-1-20}$$

式中：$K$——根据沥青层平均温度 $t$ 及厚度，通过检验图表推算温度修正系数；

$L_{20}$——换算为 20℃的沥青路面回弹弯沉值，精确至 0.01mm；

$L_t$——测定时沥青面层的平均温度为 $t$ 时的回弹弯沉值，精确至 0.01mm。

(5)回弹弯沉评定

①按式(3-1-21)计算每一评定路段的代表弯沉。

$$L_r = L + Z_\alpha S \tag{3-1-21}$$

式中：$L_r$——一个评定路段的代表弯沉，精确至 0.01mm；

$L$——一个评定路段内经各项修正后各测点弯沉的平均值，精确至 0.01mm；

$Z_\alpha$——保证率系数：高速公路 2.0，其他公路 1.645；

$S$——一个评定路段内经各项修正后各测点弯沉的标准差，精确至0.01mm。

②计算平均值和标准差时，应将超出 $L\pm(2\sim3)S$ 的弯沉特异值舍去。对舍去的弯沉值过大的点，应找出周围的界限，进行局部处理。

③弯沉代表值不大于设计要求的弯沉值时得满分；大于时得零分。

## 六、混合料强度抽样检测及评定

### 1. 半刚性基层和底基层材料强度

(1)半刚性基层和底基层材料强度，以标准养生6d、浸水1d后的7d无侧限抗压强度为准。

(2)按现场规定频率取样，按工地预定达到的压实度制备试件。每 $2000m^2$ 或每工作班制备1组试件；不论稳定细粒土、中粒土或粗粒土，当多次偏差系数 $C_v\leqslant10\%$ 时，可为6个试件；当 $C_v=10\%\sim15\%$ 时，可为9个试件；当 $C_v>15\%$ 时，则需13个试件。

(3)试件的平均强度 $R_p$ 应满足式(3-1-22)要求。

$$R_p\geqslant\frac{R_d}{1-Z_\alpha C_v} \tag{3-1-22}$$

式中：$R_d$——设计抗压强度(MPa)；

$C_v$——试验结果的偏差系数，以小数计；

$Z_\alpha$——标准正态分布表中随保证率的变化而变的系数，高速公路为1.645。

(4)路段内半刚性材料强度评为不合格时，相应分项工程为不合格。

### 2. 水泥混凝土弯拉强度检测评定

(1)混凝土弯拉强度试验方法应使用标准小梁法或钻芯法，试件使用标准方法制作，标准养生时间28d。高速公路每工作班制作2～4组：日进度大于等于1000m取4组，大于等于500m取3组，小于500m取2组。每组3个试件的平均值作为一个统计数据。

(2)试件组数大于10组，平均弯拉强度合格判别为式(3-1-23)：

$$f_{cs}\geqslant f_r+K\sigma \tag{3-1-23}$$

式中：$f_{cs}$——混凝土合格判定平均弯拉强度(MPa)；

$f_r$——设计弯拉强度标准值(MPa)；

$K$——合格判定系数(表3-1-14)；

$\sigma$——强度标准差。

合格判定系数　表3-1-14

| 试件组数 $n$ | 11～14 | 15～19 | ≥20 |
|---|---|---|---|
| 合格判定系数 $K$ | 0.75 | 0.70 | 0.65 |

允许有一组最小弯拉强度小于 0.85$f_r$，但不得小于 0.80$f_r$。

(3)试件组数小于或等于 10 组时，试件平均强度不得小于 1.10$f_r$，任一组强度均不得小于 0.85$f_r$。

(4)当标准小梁合格判定平均弯拉强度和最小弯拉强度中有一个不符合上述要求时，应在不合格路段每公里每车道钻取 3 个以上 $\phi$150mm 的芯样，实测劈裂强度，通过各自工程的经验统计公式换算弯拉强度，其合格判定平均弯拉强度和最小值必须合格，否则，应返工重铺。

## 七、常用参数检测记录表格

常用参数检测记录表见表 3-1-15～表 3-1-26。

**CS101** ______公路路基、路面宽度偏位测量记录表 表 3-1-15

第 页 共 页

承包单位： 合同号：

监理单位： 编 号：

| 工程名称 | | | 起止桩号 | | | | |
|---|---|---|---|---|---|---|---|
| 仪器名称、规格、编号： | | | | | | | |
| 左宽度(m) | | | 中 桩 | | 右宽度(m) | | |
| 设 计 | 实 测 | 偏 差 | 桩 号 | 偏位 | 设 计 | 实 测 | 偏 差 |
| | | | | | | | |
| | | | | | | | |
| | | | | | | | |
| | | | | | | | |
| | | | | | | | |
| | | | | | | | |
| | | | | | | | |
| | | | | | | | |
| | | | | | | | |
| | | | | | | | |
| | | | | | | | |
| | | | | | | | |
| 宽度允许偏差： | | 合格率： | | 偏位允许偏差： | | 合格率： | |

测量： 记录计算： 校核： 监理： 年 月

CS218　______公路路堤、路床顶面及路面高程、横坡测量整理计算表　表 3-1-16

第　　页共　　页

承包单位：　　监理单位：　　合同号：　编　号：

<table>
<tr><td>工程名称</td><td colspan="2"></td><td>路段</td><td></td><td colspan="11">仪器名称、规格、编号：</td></tr>
<tr><td rowspan="2">桩　号</td><td rowspan="2">位置</td><td colspan="12">纵断面高程(m)</td><td colspan="3">横坡度(%)</td></tr>
<tr><td>设计</td><td>实测</td><td>差值</td><td>设计</td><td>实测</td><td>差值</td><td>设计</td><td>实测</td><td>差值</td><td>设计</td><td>实测</td><td>差值</td><td>设计</td><td>实测</td><td>差值</td></tr>
<tr><td></td><td>左</td><td></td><td></td><td></td><td></td><td></td><td></td><td></td><td></td><td></td><td></td><td></td><td></td><td></td><td></td><td></td></tr>
<tr><td></td><td>右</td><td></td><td></td><td></td><td></td><td></td><td></td><td></td><td></td><td></td><td></td><td></td><td></td><td></td><td></td><td></td></tr>
<tr><td></td><td>左</td><td></td><td></td><td></td><td></td><td></td><td></td><td></td><td></td><td></td><td></td><td></td><td></td><td></td><td></td><td></td></tr>
<tr><td></td><td>右</td><td></td><td></td><td></td><td></td><td></td><td></td><td></td><td></td><td></td><td></td><td></td><td></td><td></td><td></td><td></td></tr>
<tr><td></td><td>左</td><td></td><td></td><td></td><td></td><td></td><td></td><td></td><td></td><td></td><td></td><td></td><td></td><td></td><td></td><td></td></tr>
<tr><td></td><td>右</td><td></td><td></td><td></td><td></td><td></td><td></td><td></td><td></td><td></td><td></td><td></td><td></td><td></td><td></td><td></td></tr>
<tr><td></td><td>左</td><td></td><td></td><td></td><td></td><td></td><td></td><td></td><td></td><td></td><td></td><td></td><td></td><td></td><td></td><td></td></tr>
<tr><td></td><td>右</td><td></td><td></td><td></td><td></td><td></td><td></td><td></td><td></td><td></td><td></td><td></td><td></td><td></td><td></td><td></td></tr>
<tr><td></td><td>左</td><td></td><td></td><td></td><td></td><td></td><td></td><td></td><td></td><td></td><td></td><td></td><td></td><td></td><td></td><td></td></tr>
<tr><td></td><td>右</td><td></td><td></td><td></td><td></td><td></td><td></td><td></td><td></td><td></td><td></td><td></td><td></td><td></td><td></td><td></td></tr>
<tr><td></td><td>左</td><td></td><td></td><td></td><td></td><td></td><td></td><td></td><td></td><td></td><td></td><td></td><td></td><td></td><td></td><td></td></tr>
<tr><td></td><td>右</td><td></td><td></td><td></td><td></td><td></td><td></td><td></td><td></td><td></td><td></td><td></td><td></td><td></td><td></td><td></td></tr>
<tr><td></td><td>左</td><td></td><td></td><td></td><td></td><td></td><td></td><td></td><td></td><td></td><td></td><td></td><td></td><td></td><td></td><td></td></tr>
<tr><td></td><td>右</td><td></td><td></td><td></td><td></td><td></td><td></td><td></td><td></td><td></td><td></td><td></td><td></td><td></td><td></td><td></td></tr>
<tr><td></td><td>左</td><td></td><td></td><td></td><td></td><td></td><td></td><td></td><td></td><td></td><td></td><td></td><td></td><td></td><td></td><td></td></tr>
<tr><td></td><td>右</td><td></td><td></td><td></td><td></td><td></td><td></td><td></td><td></td><td></td><td></td><td></td><td></td><td></td><td></td><td></td></tr>
<tr><td colspan="2">小　　计</td><td colspan="3">测点：<br>合格点：</td><td colspan="3">测点：<br>合格点：</td><td colspan="3">测点：<br>合格点：</td><td colspan="3">测点：<br>合格点：</td><td colspan="3">测点：<br>合格点：</td></tr>
<tr><td colspan="8">纵断面高程允许偏差：　　合格率：</td><td colspan="9">横坡允许偏差：　　合格率：</td></tr>
</table>

测量：　　计算：　　校核：　　监理：　　年　月　日

CS105

## ______公路平整度测量记录表

表 3-1-17

第　　页 共　　页

承包单位：　　　　　　　　　　　　合同号：

监理单位：　　　　　　　　　　　　编　号：

| 工程名称 | | | | | | | | | | | | | |
|---|---|---|---|---|---|---|---|---|---|---|---|---|---|
| 起止桩号 | | | | | | | | | | | | | |
| 仪器名称、规格、编号： | | | | | | | | | | | | | |
| 测点桩号及部位 | 检 验 数 据 | | | | | | | | | | | | |
| | 1 | 2 | 3 | 4 | 5 | 6 | 7 | 8 | 9 | 10 | 不合格尺数 | 最大间隙（mm） | 合格率（%） |
| | | | | | | | | | | | | | |
| | | | | | | | | | | | | | |
| | | | | | | | | | | | | | |
| | | | | | | | | | | | | | |
| | | | | | | | | | | | | | |
| | | | | | | | | | | | | | |
| | | | | | | | | | | | | | |
| | | | | | | | | | | | | | |
| | | | | | | | | | | | | | |
| | | | | | | | | | | | | | |
| | | | | | | | | | | | | | |
| | | | | | | | | | | | | | |
| | | | | | | | | | | | | | |
| | | | | | | | | | | | | | |
| | | | | | | | | | | | | | |
| | | | | | | | | | | | | | |
| | | | | | | | | | | | | | |
| | | | | | | | | | | | | | |
| 允许偏差： | | | | | | | 总合格率： | | | | | | |

测量：　　　　记录计算：　　　　校核：　　　　监理：　　　　年　月　日

CS108

## ______公路路面厚度测试记录表

表 3-1-18

第　　页 共　　页

承包单位：　　　　合同号：

监理单位：　　　　编　号：

| 工程名称 | | | 起止桩号 | | |
|---|---|---|---|---|---|
| 测试方式及仪器名称： | | | | | |
| 桩号 | 距中桩距离（m） | 厚度（mm） | 桩号 | 距中桩距离（m） | 厚度（mm） |
| | | | | | |
| | | | | | |
| | | | | | |
| | | | | | |
| | | | | | |
| | | | | | |
| | | | | | |
| | | | | | |
| | | | | | |
| | | | | | |
| | | | | | |
| | | | | | |
| | | | | | |
| | | | | | |
| | | | | | |
| | | | | | |
| 设计厚度： | | | 代表值允许偏差： | | 极值允许偏差： |
| $X_L = X - S \times (t_\alpha / \sqrt{n}) =$ | | | | | |
| $n$：检测点数；$X$：厚度平均值；$S$：标准差；$t_\alpha$：$t$ 分布系数；$X_L$：厚度代表值 | | | | | |

测量：　　　　记录计算：　　　　校核：　　　　监理：　　　　年　月　日

CS109 ______公路高程偏差测量通用整理记录表 表 3-1-19

第 页 共 页

承包单位： 合同号：

监理单位： 编 号：

| 工程名称 | | | | 起止桩号 | | | |
|---|---|---|---|---|---|---|---|
| 仪器名称、型号、编号： | | | | | | | |
| 桩号或部位 | 设计值（m） | 实测值（m） | 偏差（m） | 桩号或部位 | 设计值（m） | 实测值（m） | 偏差（m） |
| | | | | | | | |
| | | | | | | | |
| | | | | | | | |
| | | | | | | | |
| | | | | | | | |
| | | | | | | | |
| | | | | | | | |
| | | | | | | | |
| | | | | | | | |
| | | | | | | | |
| | | | | | | | |
| | | | | | | | |
| | | | | | | | |
| | | | | | | | |
| | | | | | | | |
| | | | | | | | |
| | | | | | | | |
| 允许偏差： | | | | | 合格率： | | |

测量： 记录计算： 校核： 监理： 年 月 日

CS110　　______公路偏位测量通用整理记录表　　表 3-1-20

第　　页 共　　页

承包单位：　　合同号：

监理单位：　　编　号：

| 工程名称 | | 起止桩号 | | |
|---|---|---|---|---|
| 仪器名称、型号、编号： | | | | |
| 桩号或部位(编号) | 左偏(mm) | 右偏(mm) | 纵向前偏(mm) | 纵向后偏(mm) |
| | | | | |
| | | | | |
| | | | | |
| | | | | |
| | | | | |
| | | | | |
| | | | | |
| | | | | |
| | | | | |
| | | | | |
| | | | | |
| | | | | |
| | | | | |
| | | | | |
| | | | | |
| | | | | |
| | | | | |
| 允许偏差： | | | 合格率： | |

测量：　　记录计算：　　校核：　　监理：　　年　月　日

CS116

# ______公路水准测量记录表

表 3-1-21

第　　页 共　　页

承包单位：　　　　　　　　　　　　　　　　合同号：

监理单位：　　　　　　　　　　　　　　　　编　号：

| 测量范围 | | | 仪器名称及型号 | | |
|---|---|---|---|---|---|
| 允许误差 | | | 闭合差 | | |
| 测点或桩号 | 水准尺读数 | | 仪器高 | 标高 | 备注 |
| | 后视 | 前视 | | | |
| | | | | | |
| | | | | | |
| | | | | | |
| | | | | | |
| | | | | | |
| | | | | | |
| | | | | | |
| | | | | | |
| | | | | | |
| | | | | | |
| | | | | | |
| | | | | | |
| | | | | | |
| 结论： | | | | | |
| 监理意见： | | | | | |

测量：　　　　　　计算：　　　　　　校核：　　　　　　测量时间：

## ______公路量砂密度、锥砂重标定试验记录表　　表 3-1-22

承包单位：　　　　　　　　　　　　合同号：

监理单位：　　　　　　　　　　　　编　号：

<table>
<tr><td>试验用途</td><td colspan="2"></td><td>试验日期</td><td colspan="2"></td></tr>
<tr><td>使用单位</td><td colspan="2"></td><td>灌砂筒编号</td><td colspan="2"></td></tr>
<tr><td>量砂来源</td><td colspan="2"></td><td>标定罐编号</td><td colspan="2"></td></tr>
<tr><td colspan="3">试验次数</td><td>1</td><td>2</td><td>3</td></tr>
<tr><td rowspan="5">圆锥体砂质量</td><td colspan="2">筒＋砂质量(g)</td><td></td><td></td><td></td></tr>
<tr><td colspan="2">灌满标定罐后筒＋砂质量(g)</td><td></td><td></td><td></td></tr>
<tr><td colspan="2">灌满锥体后剩余砂＋筒质量(g)</td><td></td><td></td><td></td></tr>
<tr><td rowspan="2">圆锥体内砂质量(g)</td><td>单值</td><td></td><td></td><td></td></tr>
<tr><td>平均</td><td colspan="3"></td></tr>
<tr><td rowspan="4">标定罐体积</td><td colspan="2">标定罐＋玻璃板质量(g)</td><td></td><td></td><td></td></tr>
<tr><td colspan="2">标定罐＋玻璃板质量＋水质量(g)</td><td></td><td></td><td></td></tr>
<tr><td rowspan="2">标定罐体积(mL)</td><td>单值</td><td></td><td></td><td></td></tr>
<tr><td>平均</td><td colspan="3"></td></tr>
<tr><td rowspan="6">量砂密度</td><td colspan="2">筒＋砂质量(g)</td><td></td><td></td><td></td></tr>
<tr><td colspan="2">砂面距筒顶距离(cm)</td><td></td><td></td><td></td></tr>
<tr><td colspan="2">剩余筒＋砂质量(g)</td><td></td><td></td><td></td></tr>
<tr><td colspan="2">标定罐内砂质量(g)</td><td></td><td></td><td></td></tr>
<tr><td rowspan="2">量砂密度(g/cm³)</td><td>单值</td><td></td><td></td><td></td></tr>
<tr><td>平均</td><td colspan="3"></td></tr>
<tr><td colspan="6">结论：<br><br>试验工程师：　　　　年　月　日</td></tr>
<tr><td colspan="6">监理意见：<br><br>试验监理工程师：　　　　年　月　日</td></tr>
</table>

试验人员：　　　　　　　　　　　　校核：

## ______公路压实度试验记录表(灌砂法)

表 3-1-23

承包单位：　　　　　　　　　　　　　　　　合同号：

监理单位：　　　　　　　　　　　　　　　　编　号：

| 起止桩号 | | 试验日期 | |
|---|---|---|---|
| 试验用途 | | 击实编号 | |
| 填土层次 | | 总层次 | |

| 测点桩号 | | | | |
|---|---|---|---|---|
| 测点距中桩距离左(+)右(−)(m) | | | | |
| 灌砂筒质量+砂质量(g) | | | | |
| 灌砂筒质量+剩余砂质量(g) | | | | |
| 基板与灌砂筒三角锥砂的质量(g) | | | | |
| 试坑耗砂量(g) | | | | |
| 量砂密度(g/cm³) | | | | |
| 试坑体积(cm³) | | | | |
| 试坑内湿土质量(g) | | | | |
| 湿密度(g/cm³) | | | | |

| | | | | | | | | | |
|---|---|---|---|---|---|---|---|---|---|
| 含水率 | 盒号 | | | | | | | | |
| | 盒+湿土质量(g) | | | | | | | | |
| | 盒+干土质量(g) | | | | | | | | |
| | 盒质量(g) | | | | | | | | |
| | 水分质量(g) | | | | | | | | |
| | 干土质量(g) | | | | | | | | |
| | 含水率(%) | | | | | | | | |
| | 平均含水率(%) | | | | | | | | |

| | | | | | |
|---|---|---|---|---|---|
| 压实度 | 干密度(g/cm³) | | | | |
| | 最大干密度(g/cm³) | | | | |
| | 压实度(%) | | | | |
| | 压实度标准(%) | | | | |

| 结论： | 监理意见： |
|---|---|

试验人员：　　　　　　　　　　　　　　　　校核：

______公路回弹弯沉试验记录表　　表 3-1-24

承包单位：　　合同号：

监理单位：　　编　号：

| 路面层次 | | 测试时间 | | 试验车型 | |
|---|---|---|---|---|---|
| 容许弯沉值(0.01mm) | | 天气温度 | | 后轴重 | |
| 仪器型号 | | 检验车道 | | 后胎气压 | |
| 检验路段 | | | | 检测方向 | |

| 测点桩号 | 读数值(0.01mm) | | 回弹弯沉值(0.01mm) | | 测点弯沉描述 |
|---|---|---|---|---|---|
| | 左轮 | 右轮 | 左轮 | 右轮 | |
| | | | | | |
| | | | | | |
| | | | | | |
| | | | | | |
| | | | | | |
| | | | | | |
| | | | | | |
| | | | | | |
| | | | | | |
| | | | | | |
| | | | | | |
| | | | | | |
| | | | | | |

| 总测点数 $n=$　　(点) | 平均值 $L=$　　(0.01mm) |
|---|---|
| 标准差 $S=$ | 代表弯沉 $L_r=$　　(0.01mm) |
| 结论： | |
| 监理意见： | |

试验人员：　　校核：

表 3-1-25

## ______公路动力触探试验记录表

承包单位：　　　　　　　　　　　　　　　　合同号：

监理单位：　　　　　　　　　　　　　　　　编　号：

| 仪器名称 | | | | 试验日期 | | | | | |
|---|---|---|---|---|---|---|---|---|---|
| 锤重(kg) | | | | 锥头截面积($cm^2$) | | | | | |
| 用途 | | | | | | | | | |
| 地点和桩号 | 测点顶面标高（mm） | 贯入深度（cm） | 锤数（次） | 总贯入深度（cm） | 限位器以下杆数（根） | 每击贯入量（cm） | | 清淤深度（cm） | 承载力（kPa） |
| | | | | | | 标准 | 实际 | | |
| | | | | | | | | | |
| | | | | | | | | | |
| | | | | | | | | | |
| | | | | | | | | | |
| | | | | | | | | | |
| | | | | | | | | | |
| | | | | | | | | | |
| | | | | | | | | | |
| | | | | | | | | | |
| | | | | | | | | | |
| | | | | | | | | | |
| | | | | | | | | | |
| | | | | | | | | | |
| | | | | | | | | | |
| | | | | | | | | | |
| | | | | | | | | | |
| | | | | | | | | | |
| 测点平面布置图： | | | | | | | | | |
| 说明：触探清淤深度时，用荷兰式轻型动力触探仪，触探结构物基坑承载力时，用国内标准轻型触探仪 | | | | | | | | | |
| 结论： | | | | | 监理意见： | | | | |

试验人员：　　　　　　　　　　　　　　　　校核：

______公路路面平整度(平整度仪)测试记录　　表 3-1-26

承包单位：　　　　　　　　　　　　　　　　合同号：

监理单位：　　　　　　　　　　　　　　　　编　号：

| 工程名称 | | | 试验日期 | | |
|---|---|---|---|---|---|
| 起止桩号 | | | | | |
| 仪器名称、型号、编号： | | | | | |
| 每 100m 的起止桩号及车道 | 输出结果 | | 每 100m 的起止桩号及车道 | 输出结果 | |
| | σ(mm) | IRI(m/km) | | σ(mm) | IRI(m/km) |
| | | | | | |
| | | | | | |
| | | | | | |
| | | | | | |
| | | | | | |
| | | | | | |
| | | | | | |
| | | | | | |
| | | | | | |
| | | | | | |
| | | | | | |
| | | | | | |
| | | | | | |
| | | | | | |
| | | | | | |
| | | | | | |
| | | | | | |
| σ 的允许偏差：　　　(mm)；IRI 的允许偏差：　　　(m/km) | | | | | |
| 100m 段落数 $n=$　　；　合格段落数 $m=$　　；　合格率： | | | | | |
| 说明：合格率<70%时，得零分；仪器自动输出数据可贴在 A4 纸上，作为附件 | | | | | |
| 结论： | | | 监理意见： | | |

试验人员：　　　　　　　　　　　　　　　　校核：

# 第二章　桥涵工程基础

## 第一节　技术要求及质量标准

### 一、混凝土扩大基础

1. 基本要求

(1)所用的水泥、砂、石、水、外加剂及混合材料的质量和规格必须符合有关规范的要求，按规定的配合比施工。

(2)不得出现露筋和空洞现象。

(3)基础的地基承载力必须满足设计要求。

(4)严禁超挖回填虚土。

2. 施工过程中关键质量指标控制

(1)浅平地基开挖到设计标高后应进行地基承载力复测，方法和要求如下。

①小桥涵采用触探方法。

②大、中桥和地基土质复杂、结构对地基有特殊要求的地基检验，一般采用触探和钻探取样做土工试验或按设计的特殊要求进行荷载试验。

③特大桥按设计要求进行。

(2)混凝土浇筑过程中按每一工作班不少于2组抽检混凝土标准试件的强度。

3. 质量标准

混凝土扩大基础质量评定指标要求见表3-2-1。

混凝土扩大基础质量评定指标要求(JTG F80/1—2004)　　表3-2-1

| 项次 | 检查项目 | | 规定值或允许偏差 | 检测方法和频率 |
|---|---|---|---|---|
| 1 | 混凝土强度(MPa) | | 在合格标准内 | 根据混凝土方量大小抽取试件 |
| 2 | 平面尺寸(mm) | | ±50 | 尺量：长、宽各检查3点 |
| 3 | 基础底面高程(mm) | 土质 | ±50 | 水准仪：测量5～8点 |
| | | 石质 | +50，−200 | |

续上表

| 项次 | 检 查 项 目 | 规定值或允许偏差 | 检测方法和频率 |
|---|---|---|---|
| 4 | 基础顶面高程(mm) | ±30 | 水准仪:测量 5～8 点 |
| 5 | 轴线偏位(mm) | 25 | 经纬仪或全站仪:纵横各检测 2 点 |

## 二、钻、挖孔混凝土灌注桩

### 1.基本要求

(1)桩身混凝土所用的水泥、砂、石、水、外加剂及混合材料的质量和规格必须符合有关规范要求,按规定的配合比施工。

(2)成孔后必须清孔,测量孔径、孔深、孔位和沉淀层厚度,确认满足设计或施工技术规范要求后,方可灌注水下混凝土。

(3)水下混凝土应连续灌注,严禁有夹层和断桩。

(4)嵌入承台的锚固钢筋长度不得低于设计规范规定的最小锚固长度要求。

(5)应选择有代表性的桩用无破损法进行检测,重要工程或重要部位的桩宜逐根进行检测。设计有规定或对桩的质量有怀疑时,应采取钻取芯样法对桩进行检测。

(6)凿除桩头预留混凝土后,桩顶应无残余的松散混凝土。

### 2.施工过程中质量控制内容

(1)钻、挖孔在终孔和清孔后,应进行孔位、孔深检验,成孔质量要求和检验方法见表 3-2-2。

(2)在灌注混凝土过程中,应制取混凝土试件检验其在标准养护条件下 28d 龄期的抗压强度。每根桩至少制取 2 组;桩长 20m 以上者不少于 3 组;桩径大、浇筑时间很长时,不少于 4 组。如需要换工作班时,每一工作班应制取 2 组。

(3)桩内混凝土强度达到一定强度后,应用动测法检测桩身完整性。设计有规定或对桩的质量有怀疑时,应采取钻取芯样法对桩进行进一步确认检测。

(4)施工阶段承载力试验包括静压试验、静拔试验以及静推试验。其中静压试验按施工合同规定的数量进行试桩,在相同地质情况下,按桩总数的 1%计,并不得少于 2 根,位于深水处的试桩,根据具体情况,经技术权威部门研究确定。静拔、静推试验根据设计及合同要求进行办理。

### 3.质量标准

钻、挖孔灌注桩质量评定指标见表 3-2-3。

**钻、挖孔成孔质量标准**(JTG/T F50—2011)　　表 3-2-2

| 项次 | 检 查 项 目 | | 规定值或允许偏差 | 检查方法和频率 |
|---|---|---|---|---|
| 1 | 孔位(mm) | 群桩 | 100 | 全站仪:每孔检查 |
| | | 排架桩 | 50 | |
| 2 | 孔深(mm) | 摩擦桩 | 不小于设计 | 测绳量:每孔测量 |
| | | 支撑桩 | 比设计超深不小于 50mm | |
| 3 | 孔径(mm) | | 不小于设计 | 探孔器:每孔测量 |
| 4 | 倾斜度 | 钻孔 | 小于 1% | 用测斜仪或钢筋检孔器:每孔测量 |
| | | 挖孔 | 小于 0.5% | |
| 5 | 沉淀厚度(mm) | 摩擦桩 | 直径≤1.5m 的桩,≤300mm;大直径或 40m 以上的长桩,≤500mm | 沉淀盒或标准测锤:每孔检查 |
| | | 支撑桩 | 不大于设计规定 | |
| 6 | 清孔后泥浆指标 | | 相对密度:1.03～1.10;黏度:17～20Pa·s;含砂率:<2%;胶体率:>98% | 分别采用密度计、黏度计、砂率计、沉淀法:每孔检查 |

**钻、挖孔灌注桩质量评定指标要求**(JTG F80/1—2004)　　表 3-2-3

| 项次 | 检 查 项 目 | | | 规定值或允许偏差 | 检查方法和频率 |
|---|---|---|---|---|---|
| 1 | 混凝土强度(MPa) | | | 在合格标准内 | 根据桩长抽取试件组数 |
| 2 | 桩位(mm) | 群桩 | | 100 | 全站仪或经纬仪:每桩检查 |
| | | 排架桩 | 允许 | 50 | |
| | | | 极值 | 100 | |
| 3 | 桩深(mm) | | | 不小于设计 | 测绳量:每桩测量 |
| 4 | 桩径(mm) | | | 不小于设计 | 探孔器:每桩测量 |
| 5 | 倾斜度(mm) | | | 1%桩长,且不大于 500 | 用测斜仪或钻杆垂线法:每桩测量 |
| 6 | 沉淀厚度(mm) | 摩擦桩 | | 符合设计规定,设计未规定时按施工规范要求 | 沉淀盒或标准测锤:每桩检查 |
| | | 支撑桩 | | 不大于设计规定 | |
| 7 | 钢筋骨架底面高程(mm) | | | ±50 | 水准仪:测每桩骨架顶面高程反算 |

## 第二节　检测项目和参数

### 一、检测项目依据

(1)《公路工程地质勘察规范》(JTJ 064—1998)。

(2)《公路桥涵地基与基础设计规范》(JTG D63—2007)。

(3)《公路桥涵施工技术规范》(JTG/T F50—2011)。

(4)《公路工程基桩动测技术规程》(JTG/T F81—01—2004)。

(5)《公路工程质量检验评定标准》(JTG F80/1—2004)。

### 二、检测参数

1.岩土原位测试、地基承载力

(1)荷载板试验。

(2)静力触探试验。

(3)动力触探试验。

(4)标准贯入试验。

(5)十字板剪切试验。

(6)旁压试验。

(7)岩体原位应力测试。

以上参数均按《公路工程地质勘察规范》(JTJ 064—1998)进行检测。

2.桩基完整性检测

(1)低应变法。

(2)高应变法。

(3)声波透射法。

(4)钻芯法。

以上(1)～(3)参数按照《公路工程基桩动测技术规程》(JTG/T F81—01—2004)进行检测,(4)参数按照《建筑基桩检测技术规范》(JGJ 106—2003)进行检测。

3.单桩承载力试验

(1)静压试验。

(2)静拔试验。

(3)静推试验。

以上参数均按《公路桥涵施工技术规范》(JTG/T F50—2011)进行检测。

# 第三节　常用参数的检测细则

## 一、浅平基坑轻型动力触探试验

1. 适宜范围

承载力轻型动力触探仪适用于所有结构物基坑承载力的检验，其中包括挡土墙、通道、涵洞和桥梁，任何结构物基坑验收必须具有承载力轻型动力触探的试验资料，以判别结构物基坑承载力是否符合设计要求。当采用此法有争议时，应采用其他方法来测试基坑承载力。

2. 承载力轻型动力触探仪使用规定

(1)要求承载力轻型动力触探仪必须定型化和标准化，采用如表 3-2-4 所示的类型及规格。

**承载力轻型动力触探仪参数**　　表 3-2-4

| 触探类型 | 落锤质量(kg) | 落锤距离(cm) | 探头规格 | 触探指标 | 触探杆外径(mm) |
|---|---|---|---|---|---|
| 轻型 | 10±0.2 | 50±2 | 圆锥头，锥角 60°，锥底直径 4.0cm，锥底面积 12.6cm² | 贯入 30cm 的锤击数 $N_{10}$ | 25 |

(2)所采用的轻型动力触探仪，必须经过偏差校正，必须保证仪器精度，监理处试验室应对承包人轻型动力触探仪进行检验、认可。

(3)仪器操作方法。承载力轻型动力触探仪采用对结构物基坑土层进行连续触探的方式，控制穿心锤的落距 50cm 后，让其自由落下将触探杆竖直打入土层中，记录每打入土层 30cm 的锤击数 $N_{10}$(击次/30cm)。最大贯入总深度不超过 4m。

3. 成果表示

承载力轻型动力触探试验成果表示方法采用查表法，对相应土层的动力触探试验结果 $N_{10}$(击次/30cm)通过查表法得出对应的承载力。

4. 动力触探锤数与承载力的相关关系

(1)对于黏性土(包括黄土)、人工填土等，动力触探锤数与容许承载力的关系见式(3-2-1)：

$$Y = 8X - 20 \tag{3-2-1}$$

式中：$Y$——容许承载力(kPa)；

$X$——锤击数(每打入土层 30cm 的锤击数)。

(2)锤数与容许承载力对照见表 3-2-5。

**锤数与容许承载力对照** 表 3-2-5

| 轻型触探锤击数(击次/30cm) | 15 | 20 | 25 | 30 | 35 | 40 | 45 | 50 | 55 | 60 |
|---|---|---|---|---|---|---|---|---|---|---|
| 容许承载力(kPa) | 100 | 140 | 180 | 220 | 260 | 300 | 340 | 380 | 420 | 460 |

5. 结构物基坑承载力验收标准

结构物基坑承载力验收标准必须严格依据设计图纸和有关规范要求。

6. 结构物基坑验收方法

基坑开挖后,应进行基坑土层轻型动力触探试验,根据触探击数,查表得出基坑实际容许承载力,将实际容许承载力与设计图纸上规定的承载力相比较来判断基坑承载力是否满足设计或规范要求。

## 二、荷载板试验

1. 试验设备

图 3-2-1 是常用的荷载板试验加载方式之一。

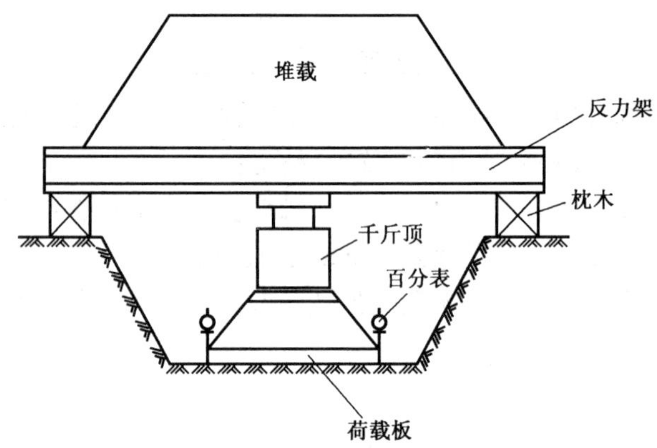


图 3-2-1 现场荷载板试验示意图

(1)荷载板:一般为刚性的方形板或圆形板,其面积应为 $2500m^2$ 或 $5000m^2$,目前工程上常用的是 50cm×50cm 或 70.7cm×70.7cm 的方板。

(2)油压千斤顶系统:加压油泵、油管、油表、千斤顶等,能随时调节千斤顶油缸压力以保证一定的恒压。

(3)位移百分表:能随时测定荷载板下沉的位移量。

(4)反力架和堆载装置:包括反力梁、堆载平台、压重和枕木等。

2. 试验步骤

试验加荷方法应采用分级维持荷载沉降相对稳定法(慢速发)或沉降非稳定法(快速法)。试验加荷标准如下:试验的第一级荷载(包括设备质量)应接近卸去土的自重。每一级荷载增量(加荷等级)一般取被试地基土层预估极限承载力的1/8~1/10。施加的总荷载应尽量接近试验土层的极限荷载。荷载的量测精度应达到最大荷载的1%,沉降值的量测精度应达到0.01mm。

各级荷载下沉降相对稳定标准一般为:连续2h内每小时沉降量不超过0.1mm或连续1h内每30min的沉降量不超过0.05mm。

试验点附近应有取土孔提供土工试验指标或其他原位测试资料,试验后,应在承压板中心向下开挖取土试验,并描述2倍承压板直径(或宽度)范围内土层的结构变化。

静载荷试验过程中出现下列现象之一时,即可认为土体已达到极限状态,应终止试验:

(1)承压板周围的土体有明显的侧向挤出或发生裂纹现象产生。

(2)在24h内,沉降随时间趋于等速增加。

(3)荷载 $P$ 增加很小,但沉降量却急剧增大,$P$-$S$ 曲线出现陡降阶段,或相对沉降已等于或大于0.06。

3. 试验数据的处理

(1)地基土的承载力。当 $P$-$S$ 关系曲线有较明显的直线段时,一般用这直线段的拐点所对应的压力 $P_r$ 值,作为地基土的承载力。

在饱和软土地基中,$P$-$S$ 关系曲线拐点往往不明显,此时可绘制 $\lg P$-$\lg S$ 曲线,利用 $\lg P$-$\lg S$ 曲线良好的线性关系很容易确定拐点;也可以应用相对沉降法确定地基土的承载力。

(2)地基土的变形模量 $E_0$。一般根据 $P$-$S$ 关系曲线的直线段,用式(3-2-2)计算 $E_0$:

$$E_0 = \frac{1}{4}(1-\mu^2)\pi B \times \frac{\Delta P}{\Delta S} \tag{3-2-2}$$

式中:$B$——承压板直径(m);当为方形板时,$B = 2\sqrt{\frac{A}{\pi}}$,$A$ 为方形板面积($m^2$);

$\frac{\Delta P}{\Delta S}$——$P$-$S$ 关系曲线直线段斜率(kPa/m);

$\mu$——地基土的泊松比,对于沙土和粉土,$\mu=0.33$,可塑—硬塑黏性土,$\mu=0.38$,对于软塑—流塑黏性土和淤泥质黏性土,$\mu=0.41$。

当 $P$-$S$ 曲线的直线段不明显时,可用前面讲述确定地基土承载力的方法所确定地基承载力的基本值与相应的沉降量代入式(3-2-2)计算 $E_0$,但此时,应与其他原位测试资料比较，综合考虑确定 $E_0$ 值。

4. 注意问题

(1)荷载板试验的受荷面积较小，加荷后受影响的深度不会超过 2 倍承压板边长或直径，而且加荷时间也比较短，因此不能通过荷载板试验提供建筑物的长期沉降资料。

(2)在沿海软黏土分布地区，地表往往有一层“硬壳层”，当用小尺寸的承压板时，常常受压范围还在地表“硬壳层”内，其下软弱土层还未受到承压板的影响，而对于实际建筑物的大尺寸基础，其下部软弱层对建筑物沉降起着主要的影响。因此静力荷载试验资料的应用是有条件的，在进行荷载试验时，要充分考虑到试验范围的局限性，注意分析试验成果与实际建筑地基之间可能存在的差异。

(3)当地基压缩层范围内土层单一而且均匀时，可以直接在基础埋置标高处进行荷载板试验；如果地基压缩层范围内土层是成层变化的，或者是不均匀的，则要进行不同尺寸承压板或不同深度的荷载板试验。遇到这种情况时，可采用其他原位测试和室内土工试验来确定不受荷载试验影响的土层的工程力学性质。

(4)如果地基土层起伏变化很大时，还应在不同地点做荷载板试验。

## 三、基桩静压试验

1. 试验目的

通常用来确定单桩承载力和荷载、位移的关系，以及校核动力公式的准确程度。

2. 试验方法

采用慢速维持荷载法，若设计无特殊要求，可用单循环加载试验。

3. 试验时间

静压试验应在冲击试验后立即进行。对于钻(挖)孔灌注桩，须待混凝土强度达到设计承载力后，才能进行试验。

4. 试验加载装置

试验加载装置一般采用油压千斤顶。千斤顶的反力装置可根据现场的实际条件选用下列三种形式之一：

(1)锚桩承载梁反力装置：锚桩承载反力装置提供的反力，应不小于预估最大试验荷载的 1.5 倍。

锚桩一般采用 4 根，如入土较浅或土质松软时可增至 6 根。锚桩与试桩的中心间距：当试桩直径(或边长)小于或等于 800mm 时，可为试桩直径(或边长)

的 5 倍；当试桩直径大于 800mm 时，不得小于 4m。

(2)压重平台反力装置：利用平台上压重作为对桩静压试验的反力装置。压重不得小于预估最大试验荷载的 1.2 倍，压重应在试验开始前一次加上。

试桩中心至压重平台支撑边缘的距离与上述试桩中心至锚桩中心的距离相同。

(3)锚桩压重联合反力装置：当试桩最大加载量超过锚桩的抗拔能力时，可在承载梁上放置或悬挂一定质量的重物，由锚桩和重物共同承受千斤顶反力。

5. 测量位移装置

测量仪表必须使用 1/20mm 光学仪器或力学仪表，如水平仪、挠度仪、位移计等。支撑仪表的基准架应有足够的刚度和稳定性。基准梁的一端在其支撑上可以自由移动移动，不受温度影响引起上拱或下挠。基准桩应埋入地表面以下一定深度，不受气候条件等影响。基准桩中心与试桩、锚桩中心（或压重平台支撑边缘）之间的距离应符合表 3-2-6 的规定。

**基准桩中心至试桩、锚桩中心的距离**　　表 3-2-6

| 反力系统 | 基准桩与试桩 | 基准桩与锚桩（或压重平台支撑边） |
|---|---|---|
| 锚桩承载梁反力装置 | $\geqslant 4d$ | $\geqslant 4d$ |
| 压重平台反力装置 | ≥2.0m | ≥2.0m |

注：表中数据为试桩的直径或边长 $d \leqslant 800$mm 的情况；若试桩直径 $d > 800$mm 时，基准桩中心至试桩中心（或压重平台支撑边）的距离不宜小于 4.0mm。

6. 加载方法

(1)加载重心应与试桩轴线相一致。加载时应分级进行，使荷载传递均匀，无冲击。加载过程中，荷载不能超过每一级的规定值。

(2)加载分级：每级加载量为预估最大荷载的 1/10～1/15。当桩的下端埋入巨粒土、粗粒土以及坚硬的黏质土时，第一级可按 2 倍的分级荷载加载。

(3)预估最大荷载：对施工检验性试验，一般可采用设计荷载的 2.0 倍。

7. 沉降观测

(1)下沉未达到稳定状态不得进行下一级加载。

(2)每一级加载的观测时间规定为：每级加载完毕后，每隔 15min 观测一次；累计 1h 后每隔 30min 观测一次。

8. 稳定标准

每级加载下沉量，在下列时间内如不大于 0.1mm 即可认为稳定。

(1)桩端下为巨粒土、砂类土、坚硬黏质土时，最后 30min。

(2)桩端下为半坚硬和细粒土时，最后 1h。

9. 加载终止及极限荷载取值

(1)总位移量大于或等于40mm,本级荷载的下沉量大于或等于前一级荷载下沉量的5倍时,加载即可终止。取比此终止时荷载小一级的荷载为极限荷载。

(2)总位移量大于或等于40mm,本级荷载加载24h后未达稳定,加载即可终止。取比此终止时荷载小一级的荷载为极限荷载。

(3)巨粒土、密实砂类土以及坚硬的黏质土中,总下沉量小于40mm,但荷载已大于或等于设计荷载设计规定的安全系数,加载即可终止。取此时的荷载为极限荷载。

(4)施工过程中的检验性试验,一般加载应继续到桩设计荷载的2倍为止。如果桩的总沉降量不超过40mm,且最后一级加载引起的沉降不超过前一级加载引起的沉降的5倍,则该桩可以停止试验。

(5)极限荷载的确定有时比较困难,应绘制荷载—沉降曲线($P$-$S$曲线)、沉降—时间曲线($S$-$t$曲线),必要时还应绘制$S$-lg$P$曲线、$S$-lg$t$曲线、$S$-[$1-P/P_{\max}$]曲线等进行综合比较,确定比较合理的极限荷载值。

10. 桩的卸载和回弹量观测

(1)卸载应分级进行,每级卸载量为两个加载级的荷载值之和。每级荷载卸载后,应观测桩顶的回弹量,观测办法与沉降相同。直到回弹稳定后,再卸下一级荷载。回弹稳定标准与下沉稳定标准相同。

(2)卸载到零后,至少在2h内每30min观测一次,如果桩尖下为砂类土,则在开始的30min内,每15min观测一次;如果桩尖下为黏质土,第1h内,每15min观测一次。

11. 试验记录

所有试验数据按表3-2-7及时填写,绘制静压试验曲线,并编写试验报告。

**静压试验记录表** 表3-2-7

<table>
<tr><td colspan="14">________线________桥________号试桩　　地质情况________<br>沉桩方法及设备编号________　　桩的类型、截面尺寸及长度________<br>桩的入土深度________(m)　　设计荷载______(kN)　　最终贯入度________(mm/击)<br>加载方法________　　加载顺序________</td></tr>
<tr><td rowspan="2">荷载编号</td><td colspan="3">起止时间</td><td rowspan="2">间歇时间(mm)</td><td rowspan="2">每级荷载(kN)</td><td colspan="2">各表读数(mm)</td><td rowspan="2">平均读数(mm)</td><td colspan="3">位移(mm)</td><td rowspan="2">气温(℃)</td><td rowspan="2">备注</td></tr>
<tr><td>日</td><td>时</td><td>分</td><td></td><td></td><td>下沉</td><td>上拔</td><td>水平</td></tr>
<tr><td></td><td></td><td></td><td></td><td></td><td></td><td></td><td></td><td></td><td></td><td></td><td></td><td></td><td></td></tr>
<tr><td></td><td></td><td></td><td></td><td></td><td></td><td></td><td></td><td></td><td></td><td></td><td></td><td></td><td></td></tr>
<tr><td colspan="14">其他记录:</td></tr>
</table>

## 四、基桩完整性检测(低应变反射波法)

1.检测仪器与设备

(1)信号采集及处理仪

数据采集装置的模—数转换器不得低于 12bit,采样间隔宜为 10～500μs,可调。单通道采样点不少于 1024 点,放大器增益宜大于 60dB,可调,线性度良好,其频响范围应在(0.005～5)kHz 之间。

(2)传感器

传感器宜选用压电式加速度传感器或磁电式速度传感器,频响曲线的有效范围应覆盖整个测试信号的频带范围。加速度传感器的电压灵敏度应大十 100mV/g。电荷灵敏度应大于 20PC/g,上限频率不应小于 5kHz,安装谐振频率不应小于 6kHz,量程应大于 100g。速度传感器的固有谐振频率不应大于 30Hz,其灵敏度应大于 200mV/(cm・s),上限频率不应小于 1.5kHz,安装谐振频率不应小于 1.5kHz。根据桩型和检测目的,宜选择不同材质和质量的力锤或力棒,以获得所需的激振频率和能量。

2.检测前准备工作

(1)搜集工程地质资料、基桩设计图纸和施工记录、监理日志等,了解施工工艺及施工过程中出现的异常情况。

(2)根据现场实际情况选择合适的激振设备、传感器及检测仪,检查测试系统各部分之间连接是否良好,确认整个测试系统处于正常工作状态。

(3)桩顶应凿至新鲜混凝土面,并用打磨机将测点和激振点磨平。

(4)应测量并记录桩顶截面尺寸。

(5)混凝土灌注桩的检测宜在成桩 14d 以后进行。

(6)打入或静压式预制桩的检测应在相邻桩打完后进行。

3.传感器安装

(1)传感器的安装可采用石膏、黄油、橡皮泥等耦合剂,黏结应牢固,并与桩顶面垂直。

(2)混凝土灌注桩的传感器宜安装在距桩中心(1/2～2/3)半径处,且距离桩的主筋不宜小于 50mm。当桩径不大于 1000mm 时,不宜少于 2 个测点;当桩径大于 1000mm 时,不宜少于 4 个测点。

(3)对混凝土预制桩,当边长不小于 600mm 时,不宜少于 2 个测点;当边长大于 600mm 时,不宜少于 3 个测点。

(4)对预应力混凝土管桩不应少于 2 个测点。

4.激振

(1)混凝土灌注桩、混凝土预制桩的激振点宜在桩顶中心部位;预应力混凝土管桩的激振和传感器安装点与桩中心连线的夹角不应小于45°。

(2)激振锤和激振参数宜通过现场对比试验选定。短桩或浅部缺陷桩的检测宜采用轻锤短脉冲激振;长桩、大直径桩或深部缺陷桩的检测宜采用重锤宽脉冲激振,也可采用不同的锤垫来调整激振脉冲宽度。

(3)采用力棒激振时,应自由下落;采用力锤敲击时,应使其作用力方向与桩顶面垂直。

5.检测回波信号

(1)采样频率和最小的采样长度应根据桩长和波形分析确定。

(2)各测点的重复检测次数不应少于3次,且检测波形具有良好的一致性。

(3)当干扰较大时,可采用信号增强技术进行重复激振,提高信噪比;当信号一致性差时,应分析原因,排除人为和检测仪器等干扰因素,重新检测。

(4)对存在缺陷的桩应改变检测条件重复检测,相互验证。

6.检测数据分析与判定

(1)桩身完整性分析宜以时域曲线为主,辅以频域分析,并结合施工情况、岩土工程勘察资料和波形特征等因素进行综合分析判定。

(2)桩身波速平均值的确定。

①当桩长已知、桩端反射信号明显时,选择相同条件下不少于5根Ⅰ类桩的桩身波速按式(3-2-3)计算其平均值。

$$C_{\mathrm{m}} = \frac{1}{n}\sum_{i=1}^{n}C_i \qquad (3\text{-}2\text{-}3)$$

$$C_i = \frac{2L \times 1000}{\Delta T} = 2L \cdot \Delta f \qquad (3\text{-}2\text{-}4)$$

式中:$C_{\mathrm{m}}$——桩身波速平均值(m/s);

$C_i$——第 $i$ 根桩的桩身波速计算值(m/s);

$L$——完整桩桩长(m);

$\Delta f$——幅频曲线桩端相邻谐振峰间的频差(Hz),计算时不宜取第一个振峰与第二个振峰;

$n$——基桩数量($n \geqslant 5$)。

②当桩身波速平均值无法按上述确定时,可根据本地区相同桩型及施工工艺的其他桩基工程的测试结果,并结合桩身混凝土强度等级与实践经验综合确定。

(3)桩身缺陷位置应按式(3-2-5)公式计算。

$$x = \frac{1}{2000} \cdot \Delta t_x \cdot C = \frac{1}{2} \cdot \frac{C}{\Delta f_x} \quad (3\text{-}2\text{-}5)$$

式中：$x$——测点至桩身缺陷之间的距离(m)；

$\Delta t_x$——时域信号第一峰与缺陷反射波峰间的时间差(ms)；

$\Delta f_x$——幅频曲线所对应缺陷的相邻谐振峰间的频差(Hz)；

$C$——桩身波速(m/s)，无法确定时用 $C_m$ 值替代。

(4)混凝土灌注桩采用时域信号分析时，应结合有关施工和岩土工程勘察资料，正确区分由扩径处产生的二次同相反射与因桩身截面渐扩后急速恢复至原桩径处的一次同相反射，以避免对桩身完整性的误判。

(5)对于嵌岩桩，当桩端反射信号为单一反射波且与锤击脉冲信号同相时，应结合岩土工程勘察和设计等有关资料以及桩端同相反射波幅的相对高低来推断嵌岩质量，必要时采取其他合适方法进行核验。

(6)当出现下列情况之一时，桩身完整性的分析宜结合其他检测方法。

①超过有效检测长度范围的超长桩，其测试信号不能明确反映桩身下部和桩端情况。

②桩身截面渐变或多变，且变化幅度较大的混凝土灌注桩。

③当桩长的推算值与实际桩长明显不符，且又缺乏相关资料加以解释或验证。

④实测信号复杂、无规律、无法对其桩身完整性进行准确的分析和评价。

⑤对于预制桩，时域曲线在接头处有明显反射，但又难以判定是断裂错位还是接桩不良。

(7)桩身完整性类别应按下列原则判定：

①I 类桩：桩端反射较明显，无缺陷反射波，振幅谱线分布正常，混凝土波速处于正常范围。

②II 类桩：桩端反射较明显，且有局部缺陷所产生的反射信号，混凝土波速处于正常范围。

③III 类桩：桩端反射不明显，可见因缺陷引起的二次反射波信号，或有桩端反射但波速明显偏低。

④IV 类桩：无桩端反射信号，可见因缺陷引起的多次强反射波信号，或按平均波速计算的桩长明显短于设计桩长。

## 五、基桩完整性检测(超声波法)

1. 检测仪器与设备

(1)检测仪系统包括信号放大器、数据采集及处理存储器、径向振动换能器等。应具有一发双收功能。

(2)声波发射应采用高压阶跃脉冲，其电压最大值不应小于1000V，且分档可调。

(3)接收放大器的频带宽度为5～200kHz，增益不应小于100dB，放大器的噪声有效值不大于2μV；波幅测量范围不小于80dB，测量误差小于1dB。

计时显示范围应大于2000μs，精度优于0.5μs，计时误差不应大于2%。采集器模—数转换精度不应低于8bit，采样频率不应小于10MHz，最大采样长度不应小于32kB。

(4)径向振动换能器径向水平面无指向性，谐振频率宜大于25kHz，在1MPa水压下能正常工作。收、发换能器的导线均应有长度标注，其标注允许偏差不应大于10mm。

(5)接收换能器宜带有前置放大器，频带宽度宜为5～60kHz。

(6)单孔检测采用发双收为一体的换能器，其发射换能器至接收换能器的最小距离不应小于30cm，两接收换能器的间距宜为20cm。

2.埋设声测管

(1)当桩径不大于1500mm时，应埋设3根管；当桩径大于1500mm时，应埋设4根管。

(2)声测管宜采用金属管，其内径应比换能器外径大15mm，管的连接宜采用螺纹连接，且不漏水。

(3)声测管应牢固焊或绑扎在钢筋笼的内侧，且互相平行、定位准确，并埋设至桩底，管口宜高出桩顶面300mm以上。

(4)声管管底应封闭，管口应加盖。

(5)声测管的布置以路线前进方向的顶点为起始点，按顺时针旋转方向进行编号和分组，每两个编号为1组。

3.检测前的准备

(1)被检桩的混凝土龄期应大于14d。

(2)声测管内应灌满清水，且保证畅通。

(3)标定超声波检测仪发射至接收的系数延迟时间$t_0$。

(4)准确量测声测管的内、外径和两相邻声测管外壁间距离，量测精度为±1mm。

(5)取芯孔的垂直度误差不应大于0.5%，检测前应进行孔内清洗。

4.检测方法

(1)测点间距不宜大于250mm。发射与接收换能器应以相同标高同升降，其累计相对高差不应大于20mm，并随时校正。

(2)在对同一根桩的检测过程中，声波发射电压应保持不变。

(3)对于声时值和波幅值出现异常的部位,应采用水平加密、等差同步或扇形扫测等方法进行细测,结合波形分析确定桩身混凝土的缺陷位置及其严重程度。

5.检测数据分析与判定

(1)声时修正值可按式(3-2-6)计算。

$$t' = \frac{D-d}{v_t} + \frac{d-d'}{v_w} \quad (3\text{-}2\text{-}6)$$

式中:$t'$——声时修正值(μs);

$D$——声测管外径(mm);

$d$——声测管内径(mm);

$d'$——换能器外径(mm);

$v_t$——声测管壁厚度方向声速值(km/s);

$v_w$——水的声速值(km/s)。

(2)声时、声速和声速平均值应按式(3-2-7)、(3-2-8)和(3-2-9)计算,并绘制声速—深度曲线、波幅—深度曲线。

$$t = t_i - t_0 - t' \quad (3\text{-}2\text{-}7)$$

$$v_i = \frac{l}{t_i} \quad (3\text{-}2\text{-}8)$$

$$v_m = \sum_{i=1}^{n} \frac{v_i}{n} \quad (3\text{-}2\text{-}9)$$

式中:$t$——声时值(μs);

$t_i$——超声波第 $i$ 测点声时值(μs);

$t_0$——声波检测系统延迟时间(μs);

$t'$——声时修正值(μs);

$v_i$——第 $i$ 个测点声速值(km/s);

$l$——两根检测管外壁间的距离(mm);

$v_m$——水的声速值(km/s);

$n$——测点数。

(3)单孔折射法的声时、声速值应按式(3-2-10)和(3-2-11)计算:

$$\Delta t = t_2 - t_1 \quad (3\text{-}2\text{-}10)$$

$$v_i = h/\Delta t \quad (3\text{-}2\text{-}11)$$

式中:$\Delta t$——两个接收换能器间的声时差(μs);

$t_1$——近道接收换能器声时(μs);

$t_2$——远道接收换能器声时(μs);

$v_i$——第 $i$ 测点的声速值(km/s);

$h$——两个接收换能器间的距离(mm)。

(4)桩身混凝土缺陷应根据下列方法综合判定:

①声速判据。当实测混凝土声速值低于声速临界时,如式(3-2-12)所示,应将其作为可疑缺陷区。

$$v_i < v_D \tag{3-2-12}$$

式中:$v_i$——第 $i$ 个测点声速值(km/s);

$v_D$——声速临界值(km/s)。

声速临界值采用正常混凝土声速平均值与 2 倍声速标准差之差时,即式(3-2-13):

$$v_D = \bar{v} - 2\sigma_v \tag{3-2-13}$$

$$\bar{v} = \sum_{i=1}^{n} \frac{v_i}{n} \tag{3-2-14}$$

$$\sigma_v = \sqrt{\frac{\sum_{i=1}^{n}(v_i - \bar{v})^2}{n-1}} \tag{3-2-15}$$

式中:$\bar{v}$——正常混凝土声速平均值(km/s);

$\sigma_v$——正常混凝土声速标准差;

$v_i$——第 $i$ 个测点声速值(km/s);

$n$——测点数。

当检测剖面 $n$ 个测点的声速值低于声速低限值时,可直接判定为异常。

$$v_i < v_L \tag{3-2-16}$$

式中:$v_i$——第 $i$ 个测点声速值(km/s);

$v_L$——声速低限值(km/s)。

声速低限值应由预留同条件混凝土试件的抗压强度与声速对比试验结果,结合本地区实际经验确定。

②波幅判据。用波幅平均值减 6dB 作为波幅临界值,见式(3-2-17),当波幅低于波幅临界值时,应将其作为可疑缺陷区。

$$A_D = A_m - 6 \tag{3-2-17}$$

$$A_m = \sum_{i=1}^{n} A_i \tag{3-2-18}$$

式中:$A_D$——波幅临界值(dB);

$A_m$——波幅平均值(dB);

$A_i$——第 $i$ 个测点相对波幅值(dB);

$n$——测点数。

③PSD 判据。采用斜率法作为辅助异常判据,当 PSD 值在某测点附近变化明显时,应将其作为可疑缺陷区。

$$\mathrm{PSD}=\frac{(t_i-t_{i-1})^2}{z_i-z_{i-1}} \tag{3-2-19}$$

式中：$t_i$——第 $i$ 个测点声时值($\mu$s)；

$t_{i-1}$——第 $i-1$ 个测点声时值($\mu$s)；

$z_i$——第 $i$ 个测点深度(m)；

$z_{i-1}$——第 $i-1$ 个测点深度(m)。

6.桩身完整性类别判定：

(1)I 类桩：各声测剖面每个测点的声速、波幅均大于临界值，波形正常。

(2)II 类桩：某一声测剖面个别测点的声速、波幅略小于临界值，但波形基本正常。

(3)III 类桩：某一声测剖面连续多个个别测点或某一深度桩截面处的声速、波幅值小于临界值，PSD 值变大，波形畸变。

(4)IV 类桩：某一声测剖面连续多个个别测点或某一深度桩截面处的声速、波幅值明显小于临界值，PSD 值突变，波形严重畸变。

# 第三章　结构混凝土

## 第一节　技术要求及质量标准

### 一、混凝土施工技术要求

1. 浇筑混凝土前的检验

(1)检验混凝土所用的水泥、砂、石、水、外掺剂的质量和规格，必须符合有关技术规范规定的要求。

(2)检验混凝土组成材料的施工配合比，测定砂石材料的含水率，试拌并调整施工配合比。

(3)检验混凝土特殊性能要求，如凝结时间、含气量等。

(4)检查钢筋、预埋件等隐蔽工程及支架、模板的稳固性和安装位置。

(5)检查搅拌、振捣等施工设备的安全性，养护方法的正确性及设施的安全性等。

2. 拌制和浇筑混凝土时的检验

(1)混凝土组成材料的外观及配料、拌制，每工作班至少检验 2 次，必要时随时抽样试验。

(2)混凝土的和易性(坍落度等)每工作班至少检验 2 次。

(3)砂石材料的含水率，每日开工前检验 1 次，气候有较大变化时随时检测；当含水率变化较大、配料偏差超过规定时，应及时调整。

(4)钢筋、模板、支架等的稳固性和安装位置的检验。

(5)混凝土的运输、浇筑方法和质量的检验。

(6)外加剂的使用效果的检验。

(7)制取混凝土试件的检验。

3. 浇筑后的检验

(1)针对不同性质的混凝土和气候条件，确定混凝土的拆模时间，必要时需通过强度试验。

(2)检查混凝土的外露面质量，以及养护情况。

## 二、混凝土施工质量标准

1. 混凝土强度

结构混凝土强度以标准条件下养护28d龄期试件的抗压强度进行评定，其合格条件如下：

(1)应以强度等级相同、龄期相同以及生产工艺条件和配合比相同的混凝土组成同一验收批，同一验收批的混凝土强度应以同批内所有标准尺寸试件强度测定值(当为非标准尺寸试件时应进行强度换算)为代表值。

(2)大桥等重要工程及中小桥、隧道衬砌、涵洞工程的试件大于或等于10组时，应以数理统计方法按下述条件评定。

$$m_{f_{cu}} - \lambda_1 \cdot S_{f_{cu}} \geqslant f_{cu,k} \tag{3-3-1}$$

$$f_{cu,min} \geqslant \lambda_2 \cdot f_{cu,k} \tag{3-3-2}$$

式中：$m_{f_{cu}}$——同批 $n$ 组试件强度平均值(MPa)；

$f_{cu,k}$——混凝土强度等级；

$S_{f_{cu}}$——同批 $n$ 组试件强度的标准差(MPa)，精确至0.01；当计算值小于2.5MPa时，应取2.5MPa；

$f_{cu,min}$——同批各组试件中强度最低的一组值(MPa)；

$\lambda_1$、$\lambda_2$——合格判定系数，见表3-3-1。

**混凝土强度合格判定系数** 表3-3-1

| 试件组数 | 10～14 | 15～24 | ≥25 |
|---|---|---|---|
| $\lambda_1$ | 1.15 | 1.05 | 0.95 |
| $\lambda_2$ | 0.90 | 0.85 | 0.85 |

(3)中小桥及涵洞等工程，同批混凝土试件少于10组时，可用非统计方法按下述条件进行评定。

$$m_{f_{cu}} \geqslant \lambda_3 \cdot f_{cu,k} \tag{3-3-3}$$

$$f_{cu,min} \geqslant \lambda_4 \cdot f_{cu,k} \tag{3-3-4}$$

式中：$\lambda_3$、$\lambda_4$——合格判定系数，见表3-3-2。

**混凝土强度非统计方法合格判定系数** 表3-3-2

| 试件组数 | <C60 | ≥C60 |
|---|---|---|
| $\lambda_3$ | 1.15 | 1.10 |
| $\lambda_4$ | 0.95 | |

(4)隧道喷射混凝土抗压强度采用喷大板切割法制件，在混凝土达到一定强度后，加工成10cm×10cm×10cm的立方体试块，试压强度换算成标准尺寸强

度后应符合下列要求：

①同批（指同一配合比）试块的抗压强度平均值，不低于设计强度和C20。

②任意一组试块抗压强度平均值不得低于设计强度的80%。

③同批试块为3～5组时，低于设计强度的试块组数不得多于1组；同批试块为6～16组时，低于设计强度的试块组数不得多于2组；同批试块为17组以上，低于设计强度的试块组数不得多于总组数的15%。

当混凝土强度按试件强度进行评定达不到合格条件时，可采用钻取芯样或以无损检测查明实际结构混凝土的抗压强度和浇筑质量，如仍有不合格，应由有关单位共同研究处理。

2. 混凝土外观质量

(1)表面密实、平整，施工缝平顺，棱角线平直，外露面色泽一致。

(2)蜂窝、麻面面积不得超过该面面积的0.5%。深度超过10mm者必须处理。

(3)表面裂缝宽度超过设计规定或设计未规定但超过0.15mm时，必须处理。

(4)小型构件无翘曲现象。预制桩桩顶、桩尖等重要部位无掉边或蜂窝、麻面。预应力部位不得有蜂窝、露筋等现象。

3. 结构实体的内在品质

交工验收、竣工复测以及质量监督检查常采用便捷、快速以及先进检测手段对结构实体进行质量检测和评价，实测项目和评价标准参见表3-3-3。

**混凝土构件实体质量评定指标要求** 表3-3-3

| 项次 | 检查项目 | 检测方法 | 标准和评价方法 |
|---|---|---|---|
| 1 | 混凝土强度(MPa) | 回弹法 | 强度推定值大于设计强度且小于设计强度的1.5倍时，该构件强度为合格，计算合格率 |
| 2 | 混凝土强度均匀性 | 回弹法 | 对于单个构件，当测区强度平均值＜25MPa时，标准差＞4.5MPa；当25MPa≤强度≤50MPa时，标准差＞5.5MPa；当强度＞50MPa时，标准差＞6.5MPa，评价该构件强度均匀性为不合格，计算合格率 |
| 3 | 钢筋保护层厚度 | 电磁法 | 按统计方法评定，特征值与设计值的比值应为0.9～1.3，在此范围内为合格，计算合格率 |

## 三、预应力混凝土

1. 预应力张拉工艺关键指标控制

(1)有效预应力控制。对 $f_{pk}$＝1860MPa、公称直径为15.2mm的单根钢绞线，张拉锚固后锚下有效预应力大小应满足表 3-3-4 的要求。

**有效预应力大小的控制要求** 表 3-3-4

| 设计张拉控制应力(MPa) | 有效预应力(kN) | 允许偏差(%) |
|---|---|---|
| $0.7f_{pk}$ | 168 | ±5 |
| $0.75f_{pk}$ | 178 | ±5 |

(2)有效预应力不均匀度的控制应满足表 3-3-5 的要求。

**有效预应力不均匀度的控制要求** 表 3-3-5

| 项 目 | 允许偏差(%) | 项 目 | 允许偏差(%) |
|---|---|---|---|
| 有效预应力同束不均匀度① | ±5 | 各束有效预应力同断面不均匀度② | ±2 |

注：①同束中各根钢绞线锚下有效预应力最大值和最小值的偏差程度。
②同断面上各束预应力筋平均有效预应力最大值和最小值的偏差程度。

(3)有效预应力检测控制频率，张拉过程控制频率应满足表 3-3-6 的要求。

**张拉过程控制频率** 表 3-3-6

| 类 别 | 控制频率 | 类 别 | 控制频率 |
|---|---|---|---|
| 一般桥梁预应力筋 | ≥10% | 桥梁合龙段预应力筋 | ≥20% |
| 连续梁桥、连续刚构桥预应力筋 | ≥20% | 斜拉索、吊索、系杆索 | ≥30% |

2. 预应力张拉施工质量标准

钢丝、钢绞线先张法质量技术、后张法质量技术应分别满足表 3-3-7、表 3-3-8 的要求。

**钢丝、钢绞线先张法质量技术标准**(JTG F80/1—2004) 表 3-3-7

| 项次 | 检查项目 | | 规定值或允许偏差 | 检查方法和频率 |
|---|---|---|---|---|
| 1 | 镦头钢丝同束长度相对差(mm) | $L>20$m | $L/5000$ 及 5 | 尺量：每批抽查 2 束 |
| | | 6m$\leq L \leq$20m | $L/3000$ | |
| | | $L<6$m | 2 | |
| 2 | 张拉应力值 | | 符合设计要求 | 查油压表读数：每束 |
| 3 | 张拉伸长率 | | 符合设计规定，设计未规定时±6% | 尺量：每束 |
| 4 | 同一构件内断丝根数不超过钢丝总数的百分数 | | 1% | 目测：每根(束)检查 |

注：$L$ 为钢束长度。

**后张法质量技术标准**(JTG F80/1—2004) 表 3-3-8

| 项次 | 检查项目 | | 规定值或允许偏差 | 检查方法和频率 |
|---|---|---|---|---|
| 1 | 管道坐标(mm) | 梁长方向 | ±30 | 尺量：抽查 30%，每根查 10 个点 |
| | | 梁高方向 | ±10 | |

续上表

| 项次 | 检 查 项 目 | | 规定值或允许偏差 | 检查方法和频率 |
|---|---|---|---|---|
| 2 | 管道间距（mm） | 同排 | 10 | 尺量：抽查 30%，每根查 5 个点 |
| | | 上下层 | 10 | |
| 3 | 张拉应力值 | | 符合设计要求 | 查油压表读数：全部 |
| 4 | 张拉伸长率 | | 符合设计规定，设计未规定时为±6% | 尺量：全部 |
| 5 | 断丝滑丝数 | 钢束 | 每束 1 根，且每断面不超过钢丝总数的 1% | 目测：每根（束） |
| | | 钢筋 | 不允许 | |

# 第二节　检测项目和参数

## 一、检测项目依据

(1)《公路钢筋混凝土及预应力混凝土桥涵设计规范》(JTG D62—2004)。

(2)《公路桥涵施工技术规范》(JTG/T F50—2011)。

(3)《公路隧道施工技术规范》(JTG F60—2009)。

(4)《公路工程质量检验评定标准》(JTG F80/1—2004)。

(5)《公路桥梁加固设计规范》(JTG/T J22—2008)。

(6)《公路桥梁加固施工技术规范》(JTG/T J23—2008)。

## 二、检测参数

1. 混凝土强度

(1)回弹法

按《回弹法检测混凝土抗压强度技术规程》(JGJ/T 23—2011)进行检测。

(2)钻芯法

按《钻心法检测混凝土强度技术规程》(CECS03:2007)进行检测。

(3)超声回弹法

按《超声回弹法检测混凝土强度技术规程》(CECS02:2005)进行检测。

2. 混凝土缺陷

按《超声法检测混凝土缺陷技术规程》(CECS21:2000)进行检测。

3. 混凝土实体钢筋保护层

按 2003 年 4 月《公路桥梁承载能力检测评定规程》征求意见稿附录九进行

检测。

4. 有效预应力

按《桥梁预应力及索力张拉施工质量验收规程》(CQJTG/T F81—2009)进行检测。

## 第三节　常用参数的检测细则

### 一、回弹法检测混凝土强度

1. 目的与适用范围

(1)当对标准试块抗压强度结果有怀疑或因材料、施工、养护不良发生混凝土质量问题时,用回弹法检测对实体强度进行进一步验证。

(2)所试验的混凝土厚度不得小于 100mm,温度不应低于 10℃。

(3)回弹结果可作为试块强度的参考,不得代替混凝土强度的评定,不作为仲裁试验或验收的最终依据。

2. 测区和测点的布置

(1)每一构件测区数不应少于 10 个,对某一方向尺寸小于 4.5m 且另一方向小于 0.3m 的构件,其测区数量可适当减少,但不应少于 5 个。

(2)相邻两测区的间距应控制在 2m 以内,测区离构件端部或施工缝边缘的距离不宜大于 0.5m,且不宜小于 0.2m。

(3)测区应选在使用回弹仪处于水平方向检测混凝土浇筑侧面上。当不能满足这一要求时,可使回弹仪处于非水平方向检测混凝土构件的浇筑侧面、表面或底面上。

(4)测区宜选在构件的两个对称可测面上,也可选在一个可测面上,且应均匀分布。在构件的重要部位及薄弱部位必须布置测区,并应避开预埋件。

(5)测区面积不宜大于 $0.04m^2$,每一测区测定 16 点,相邻两测点的净距不宜小于 20mm,测点不应在气孔或外露石子上,同一测点只应弹击一次。

(6)检测面应为原状混凝土表面,并应清洁、平整,不应有疏松层、浮浆、油垢、涂层以及蜂窝、麻面,必要时可用砂轮清除疏松层和杂物,且不应有残留的粉末或碎屑。

(7)对龄期超过 3 个月的硬化混凝土,应测定混凝土表面层的碳化深度并进行回弹值修正,也可用砂轮将碳化层打磨掉以后进行测定,但打磨的与不打磨的回弹值不得混在一起。

3. 回弹值测定

(1)将回弹仪的弹击杆垂直顶住混凝土表面，轻压仪器，使按钮松开，弹击杆徐徐伸出，并在挂钩处挂上弹击锤。

(2)手持回弹仪对混凝土表面缓慢均匀施压，待弹击锤脱钩、冲击弹击弹击杆后，弹击锤即带动指针向后移动达到一定位置，指针刻度线在刻度尺上的示值即为该点的回弹值，精确至1个单位。

(3)使用完毕后应将弹击杆压入仪器内，经弹击后按下按钮锁锁住机芯，待下一次使用。

4. 碳化深度测定

(1)对龄期超过3个月的混凝土，回弹值测量完毕后，可在每个测区上选择一处来测量混凝土碳化深度值。当相邻测区的混凝土生产工艺条件相同、龄期基本相同时，则该测区测得的碳化深度也可代表相邻测区的碳化深度值。

(2)测量碳化深度值时，可用合适的工具在测区表面形成直径约为15mm的孔洞，然后用吸耳球吹去孔洞中的粉末和碎屑，并立即用浓度为1%酚酞酒精溶液洒在孔洞内壁的边缘处，当已碳化与未碳化界限清楚时(未碳化部分变成紫红色)，用游标卡尺测量已碳化与未碳化界面至混凝土表面的垂直距离1～2次，该距离即为混凝土的碳化深度值，每次测读精确至0.5mm。

5. 回弹值计算

(1)计算测区平均回弹值，应从该测区的16个回弹值中剔除3个最大值和3个最小值，再计算余下的10个回弹值的算术平均值$R_m$，精确至0.1。

(2)非水平方向检测混凝土浇筑侧面时，按式(3-3-5)计算。

$$R_m = R_{ma} + R_{a\alpha} \tag{3-3-5}$$

式中：$R_{ma}$——非水平状态检测时的平均回弹值，精确至0.1；

$R_{a\alpha}$——非水平状态检测时的平均回弹修正值，修正值按JGJ/T 23—2011附录C采用。

(3)水平方向检测混凝土浇筑顶面或底面时，按式(3-3-6)和式(3-3-7)修正。

$$R_m = R_m^t + R_a^t \tag{3-3-6}$$

$$R_m = R_m^b + R_a^b \tag{3-3-7}$$

式中：$R_m^t$、$R_m^b$——水平方向检测混凝土浇筑表面、底面时，测区的平均回弹值，精确至0.1；

$R_a^t$、$R_a^b$——混凝土浇筑表面、底面时，测区的平均回弹修正值，修正值按JGJ/T 23—2011附录D采用。

(4)当检测时回弹仪为非水平方向且测试面为非混凝土的浇筑侧面时，应先对回弹值进行角度修正，再对修正后的值进行浇筑面修正。

(5)每一测区的回弹平均值及碳化深度值，应查阅全国统一测强曲线(JGJ/T 23—2011 附录 A)。对于泵送混凝土还应对每一测区强度换算值进行修正，修正值按 JGJ/T 23—2011 附录 D 采用。

6. 混凝土强度的推算

(1)当构件测区数少于 10 个时，取测区内最小的混凝土强度作为推算值。

(2)当构件的测区出现强度值小于 10.0MPa 时，取 10.0MPa 作为推算值。

(3)当构件测区数不少于 10 个时，按式(3-3-8)计算推算值。

$$f_{cu,e} = m_{fcuc} - 1.645S_{fcuc} \tag{3-3-8}$$

式中：$f_{cu,e}$——混凝土强度推算值，精确至 0.1MPa；

$m_{fcuc}$——混凝土强度换算值的平均值，精确至 0.1MPa；

$S_{fcuc}$——混凝土强度换算值的标准差，精确至 0.01MPa。

7. 注意事项

(1)回弹法测强度的误差比较大，因此对比较重要的构件或结构物强度检测必须慎重使用。

(2)符合下列条件的混凝土才能采用全国统一的测强曲线进行测区混凝土强度换算。

①混凝土采用的材料、拌和水符合国家现行的有关标准。

②不掺外加剂或仅掺非引气型外加剂。

③采用普通成型工艺。

④采用符合国家现行标准《混凝土结构工程施工质量验收规范(2011 年版)》(GB 50204—2002)规定的钢模、木模及其他材料制作的模板。

⑤自然养护或蒸气养护出池后经自然养护 7d 以上，且混凝土表层为干燥状态。

⑥龄期为 14～1000d。

⑦抗压强度为 10～60MPa。

(3)当有下列情况之一时，测区混凝土强度值不得按全国统一测强曲线进行测区混凝土强度换算，但可制定专用测强曲线或通过试验进行修正，专用测强曲线的制定方法见《回弹法检测混凝土抗压强度技术规程》(JGJ/T 23—2011)。

①粗集料最大粒径大于 60mm。

②特种成型工艺制作的混凝土。

③检测部位曲率半径小于 250mm。

④潮湿或浸水混凝土。

(4)当构件混凝土抗压强度大于 60MPa 时，可采用标准能量大于 2.207J 的混凝土回弹仪，并应另行制订检测方法及专用曲线进行检测。

(5)批量检测的条件是：在相同的生产工艺条件下，混凝土强度等级相同，原材料、配合比、成型工艺、养护条件基本一致且龄期相近的同类结构或构件。按批检测的构件，抽样数量不得少于同批构件总数的30%且构件数量不得少于10件。抽检构件时，应随机抽取。

## 二、钻芯法检测混凝土强度

1. 主要仪器设备

(1)钻芯机：具有足够的刚度、操作灵活、固定和移动方便等特点，并应有冷却系统。

(2)人造金刚石薄壁钻头。

(3)芯样锯切机。

(4)芯样研磨机。

(5)钢筋位置探测仪等。

2. 芯样钻取

(1)在钻取芯样前应考虑由于钻芯可能产生对结构的不利影响，应尽可能避免在主要受力筋附近、混凝土构件的接缝以及边缘钻取，且芯样基本上不应带有钢筋(仅允许有两根不大于$\phi$10mm并与芯样轴线垂直的小钢筋)。

(2)芯样的直径一般为100mm，特殊情况下，允许钻取小直径芯样，但最小应不小于70mm，且不得小于集料最大粒径的2倍。芯样的高径比在0.95～1.05之间。

(3)钻取后的每个芯样应立即清楚地标上记号，并记录芯样在混凝土结构中钻取的位置。按单个构件检验时，每个构件钻取的芯样数不少于3个，对较小构件应至少取2个；对构件局部区域检验时，应由要求检验的单位确定取芯位置及数量。

3. 芯样的加工与检查

(1)每个芯样应详细描述有关裂缝、分层、麻面或离析等，并估计集料的最大粒径、形状种类及粗集料的比例与级配，检查并记录存在气孔的位置、尺寸与分布情况，必要时进行拍照。

(2)在芯样的中间及距两端1/4处按两个垂直方向测量三对数值确定芯样的平均直径$d$，精确至1.0mm。

(3)取芯样直径两端侧面测定钻取后芯样的长度及端面加工后的长度，其尺寸误差应在0.25mm，取平均值作为试件的长度，精确至1.0mm。

(4)加工后的芯样端面必须平整，必要时应磨平或用抹顶等办法处理，芯样两端平面应与轴线垂直，误差不应大于1°。

4. 抗压强度值计算

芯样抗压强度按式(3-3-9)计算。

$$f_{cu}^{c}=\frac{P}{A}=\frac{4P}{\pi d^{2}} \tag{3-3-9}$$

式中：$f_{cu}^{c}$——混凝土芯样抗压强度(MPa)，计算结果精确至0.1MPa；

$P$——极限荷载(N)；

$A$——受压面积(mm)；

$d$——芯样截面的平均直径(mm)。

5. 确定强度推定值

单个构件的混凝土强度推定值按有效芯样试件抗压强度值中的最小值确定。

## 三、钢筋位置及保护层检测

1. 主要仪器设备

钢筋位置及保护层检测采用电磁感应法钢筋探测仪。

2. 测区布置及测点要求

(1)混凝土结构钢筋分布状况检测的范围，应为主要承重构件或承重构件的主要受力部位及其他检测需要确定的部位。

(2)测区布置原则如下：

①按单个构件检测时，应根据尺寸大小，在构件上均匀布置测区，每个构件上的测区不应小于3个。

②对于最大尺寸大于5m的构件，应适当增加测区数量。

③测区应均匀分布，相邻两测区的间距不宜小于2m。

④测区表面应清洁、平整、避开接缝、蜂窝、麻面、预埋件等部位。

⑤测区应注明编号，并记录测区位置和外观情况。

⑥测点数量及要求：

a. 对构件上每一测区的检测不应少于10个测点。

b. 测点间距应小于保护层测试仪传感器长度。

⑦对某一类构件的检测，可采用抽样的方法，抽样数不少于同类构件数的30%，且不少于3件，每个构件测区布置按单个构件要求进行。

⑧对结构整体的检测，可先按构件类型分类，再按不同类型进行检测。

3. 检测步骤

(1)测试前应了解有关图纸资料，以确定钢筋的种类、分布和直径。

(2)进行保护层厚度测读前，应先在测区内确定钢筋的位置与走向，步骤如下：

①将保护层测试仪传感器在构件表面平行移动，当仪器显示值为最小时，传感器正下方即是所测钢筋的位置。

②找到钢筋位置后，将传感器在原处左右转动一定角度，仪器显示最小值时传感器长轴线方向即为钢筋的走向。

③在构件测区表面画出钢筋位置与走向。

(3)保护层厚度测读的步骤如下：

①将传感器置于钢筋所在位置的正上方，并左右稍稍移动，读取仪器显示的最小值即为该处保护层厚度。

②每一测点读取 2～3 次稳定读数，取平均值，准确至 1mm。

③应避免在钢筋较差位置进行测量。

(4)对于缺少资料，无法确定钢筋直径的构件，应首先测量钢筋直径，对钢筋直径测量采用 5～10 次测读，剔除异常数据，求其平均值。必要时，采用钻孔、剔凿等方法予以验证。

4. 检测数据处理和结果评定

(1)根据某一测量部位各测点混凝土厚度的实测值，按式(3-3-10)求出混凝土保护层厚度平均值 $\overline{D}_n$(精确至 0.1mm)。

$$\overline{D}_n = \frac{\sum_{i=1}^{n} D_{ni}}{n} \tag{3-3-10}$$

式中：$D_{ni}$——结构或构件测量部位测点混凝土保护层厚度，精确至 1mm；

$n$——测点数。

(2)按式(3-3-11)计算确定测量部位混凝土保护层厚度特征值 $D_{ne}$(精确至 0.1mm)。

$$D_{ne} = \overline{D}_n - KS_D \tag{3-3-11}$$

$$S_D = \sqrt{\frac{\sum_{i=1}^{n} (D_{ni})^2 - n(\overline{D}_{ni})^2}{n-1}}$$

式中：$S_D$——测量部位测点保护层厚度的标准差，精确至 0.1mm；

$K$——合格判定系数值，按表 3-3-9 取用。

混凝土保护层厚度合格判定系数值　　表 3-3-9

| $n$ | 10～15 | 16～24 | ≥25 |
| --- | --- | --- | --- |
| $K$ | 1.695 | 1.645 | 1.595 |

(3)根据实测部位保护层厚度特征值与其设计值的比值，若在 0.9～1.3 之间，为合格；否则为不合格。

(4)用图示方式注明检测部位及测区位置，将各个测区的钢筋分布、走向绘制成图，并在图上标注间距、保护层厚度及钢筋直径等数据。

## 四、常用检测记录表格

常用检测记录表格见表 3-3-10 和表 3-3-11。

**____公路回弹法测定混凝土强度记录表** 表 3-3-10

承包单位： 合同号：

监理单位： 编 号：

| 工程名称 | | | | | 桩号及部位 | | | | | |
|---|---|---|---|---|---|---|---|---|---|---|
| 混凝土强度等级 | | | | | 混凝土浇筑时间 | | | | | |
| 回弹仪型号 | | | | | 测定日期 | | | | | |
| 混凝土配合比 | | | | | | | | | | |
| 测区 | 1 | 2 | 3 | 4 | 5 | 6 | 7 | 8 | 9 | 10 |
| 回弹值 1 | | | | | | | | | | |
| 回弹值 2 | | | | | | | | | | |
| 回弹值 3 | | | | | | | | | | |
| 回弹值 4 | | | | | | | | | | |
| 回弹值 5 | | | | | | | | | | |
| 回弹值 6 | | | | | | | | | | |
| 回弹值 7 | | | | | | | | | | |
| 回弹值 8 | | | | | | | | | | |
| 回弹值 9 | | | | | | | | | | |
| 回弹值 10 | | | | | | | | | | |
| 回弹值 11 | | | | | | | | | | |
| 回弹值 12 | | | | | | | | | | |
| 回弹值 13 | | | | | | | | | | |
| 回弹值 14 | | | | | | | | | | |
| 回弹值 15 | | | | | | | | | | |
| 回弹值 16 | | | | | | | | | | |
| 回弹值 $R_{ma}$ | | | | | | | | | | |
| 回弹值 $R_{a\alpha}$ | | | | | | | | | | |
| 回弹值 $R_m$ | | | | | | | | | | |
| 碳化深度 $L$(mm) | | | | | | | | | | |
| 泵送工艺修正 $K$ | | | | | | | | | | |
| 强度换算值 $f^c_{cu,i}$ | | | | | | | | | | |
| 强度推定值 $f_{cu,e}$ | | | | | | | | | | |
| 结论：<br>试验工程师： 年 月 日 | | | | | 监理意见：<br>监理人员： 年 月 日 | | | | | |

测量： 记录： 计算： 校核：

## ____公路工后钢筋保护层检测记录表

表 3-3-11

承包单位：　　　　　　　　　　　　　　　　　　　　　　　合同号：

监理单位：　　　　　　　　　　　　　　　　　　　　　　　编　号：

| 工程名称 | | | 桩号及部位 | | |
|---|---|---|---|---|---|
| 钢筋设计直径 | | 钢筋设计间距 | | 保护层设计厚度 | |
| 探测仪型号 | | | 测定日期 | | |

| 测区 | | 1 | | 2 | | 3 | |
|---|---|---|---|---|---|---|---|
| | | 钢筋保护层（mm） | 钢筋间距（mm） | 钢筋保护层（mm） | 钢筋间距（mm） | 钢筋保护层（mm） | 钢筋间距（mm） |
| 测点编号 | | | | | | | |
| | | | | | | | |
| | | | | | | | |
| | | | | | | | |
| | | | | | | | |
| | | | | | | | |
| | | | | | | | |
| | | | | | | | |
| | | | | | | | |
| | | | | | | | |
| | | | | | | | |
| | | | | | | | |
| | | | | | | | |
| | | | | | | | |
| | | | | | | | |
| | | | | | | | |
| | | | | | | | |
| | | | | | | | |
| | | | | | | | |
| | | | | | | | |
| | | | | | | | |
| | | | | | | | |
| | | | | | | | |

| 保护层厚度计算 | 测点数（个） | | 平均值（mm） | | 特征值（mm） | |
|---|---|---|---|---|---|---|
| 钢筋间距计算 | 允许偏差值（mm） | | 合格点数（点） | | 合格率（%） | |

| 结论：<br>试验工程师：　　　年　　月　　日 | 监理意见：<br>监理人员：　　　年　　月　　日 |
|---|---|

测量：　　　　记录：　　　　计算：　　　　校核：

# 第四章　桥梁结构荷载试验

## 第一节　荷载试验目的和内容

### 一、荷载试验的目的

桥梁荷载试验分为静载试验和动载试验。桥梁荷载试验是对桥梁结构工作状态进行直接测试的一种检定手段。一般桥梁结构荷载试验的目的有：

1.检验桥梁设计与施工的质量

对于一些新建的大、中型桥梁或者具有特殊设计的桥梁，在设计施工过程中必然会遇到许多新问题，为保证桥梁建设质量，施工过程中往往要求做施工监控。在竣工后一般还要求进行荷载试验，以检验桥梁整体受力性能和承载能力是否达到设计文件和规范规定的要求，并将试验结果作为评定工程质量优劣的主要技术资料和依据。

2.判断桥梁结构的实际承载能力

新建桥梁的构件由于施工原因存在质量缺陷的问题，旧桥运营中发生意外损伤或产生明显病害以及设计荷载等级偏低时，有必要通过荷载试验判定构件的质量缺陷、损伤程度及承载力、受力性能的下降幅度，确定其实际荷载等级。同时，也可作为加固设计、改建的重要依据。

3.验证桥梁结构设计理论和设计方法

对于桥梁工程中的新结构、新材料和新工艺，应通过荷载试验验证桥梁计算图式是否正确，材料性能是否与理论相符，施工工艺是否达到预期目的。相关理论问题的深入研究，往往也需要大量荷载试验的实测数据。

### 二、荷载试验的主要工作内容

桥梁的荷载试验是一项复杂而细致的工作，应根据试验的目的进行认真的调查，必要时进行相关的理论分析，在此基础上周密地制订试验方案，对于所有可能出现的问题都要认真考虑并作处理预案，制订切实可行的试验方案。荷载试验的主要内容为：

(1)明确荷载试验的目的。

(2)试验准备工作。

(3)加载方案设计。

(4)测点设置与测试。

(5)加载控制与安全措施。

(6)试验结果分析与承载能力评定。

(7)试验报告编写。

一般，以上荷载试验的内容主要包含在三个阶段：桥梁结构的考察和试验准备、加载试验与观测、测试结果的分析与评定。

## 第二节　荷载试验项目依据和检测参数

### 一、单梁荷载试验

1. 检测项目依据

(1)《公路桥涵设计通用规范》(JTG D60—2004)。

(2)《公路钢筋混凝土及预应力混凝土桥涵设计规范》(JTG D62—2004)。

(3)《公路工程质量检验评定标准》(JTG F80/1—2004)。

(4)《公路桥涵养护规范》(JTG H11—2004)。

2. 检测参数

桥梁单梁静载试验检测参数和仪器设备见表 3-4-1。

**单梁静载检测参数及仪器一览表**　　表 3-4-1

| 编号 | 检测项目及参数 | 测试仪器 | 检测标准及依据 |
|---|---|---|---|
| 1 | 跨中应变 | 电阻应变片、应变仪 | 《公路桥涵设计通用规范》(JTG D60—2004)、《公路桥梁承载力检测评定规程》(报批稿)、1982 年柏林第五次专家会通过的《大跨径混凝土桥梁试验方法》、《公路钢筋混凝土及预应力混凝土桥涵设计规范》(JTG D62—2004)、《公路工程质量检验评定标准》(JTG F80/1—2004)、《公路桥涵养护规范》(JTG H11—2004) |
| 2 | 跨中挠度 | 水准仪、电测位移计、电阻应变仪 | |
| 3 | 裂缝观测 | 裂缝观测仪 | |

## 二、成桥静荷载试验

1.检测项目依据

(1)《公路桥涵设计通用规范》(JTG D60—2004)。

(2)《公路钢筋混凝土及预应力混凝土桥涵设计规范》(JTG D62—2004)。

(3)《公路工程质量检验评定标准》(JTG F80/1—2004)。

(4)1982年柏林第五次专家会通过的《大跨径混凝土桥梁试验方法》。

(5)交通部(2008年3月更名为“交通运输部”)公路科研所2003年4月《公路桥梁承载能力检测评定规程》征求意见稿。

2.检测参数

(1)结构的最大挠度和扭转变位,包括桥梁上、下游两侧的挠度差及水平位移等。

(2)结构控制截面最大应力(或应变),包括混凝土表面应力和最外缘钢筋应力等。

(3)支点沉降、墩台位移与转角,活动支座的变位等。

(4)桥梁的荷载横向分布系数,以及纵向内力影响线等。

(5)桁架结构支点附近杆件及其他细长杆件的稳定性。

(6)裂缝的出现和扩展,包括初始裂缝的出现,裂缝的宽度、长度、间距、位置、方向和形状,以及卸载后的闭合状况。

(7)温度变化对结构控制截面测点应力和变位的影响。

## 三、成桥动荷载试验

1.检测项目依据

(1)《公路桥涵设计通用规范》(JTG D60—2004)。

(2)《公路钢筋混凝土及预应力混凝土桥涵设计规范》(JTG D62—2004)。

(3)《公路工程质量检验评定标准》(JTG F80/1—2004)。

(4)《公路桥涵养护规范》(JTG H11—2004)。

(5)1988年公路技字11号《公路旧桥承载能力鉴定方法》。

(6)1982年柏林第五次专家会通过的《大跨径混凝土桥梁试验方法》。

(7)交通部(2008年3月更名为“交通运输部”)公路科研所2003年4月《公路桥梁承载能力检测评定规程》征求意见稿。

2.检测参数

桥梁结构动力荷载试验的参数包括:

(1)检验桥梁结构在动力荷载作用下的受迫振动响应，如桥梁结构动位移、动应力等动力响应，测试桥梁结构的位移冲击系数、应力冲击系数。

(2)测定桥梁结构的自振特性，如结构的自振频率、振型和阻尼等的脉动试验或跳车激振试验。

(3)测定动荷载本身的动力特性，如动力荷载的大小、自振频率等。

## 第三节　静载试验细则

### 一、单梁荷载试验

1. 加载方案

试验加载一般分四级(50%、80%、90%、100%)、卸载分二级(50%、0%)进行，试验前先进行80%加载量的预压，每级加载，观测应变值读数稳定(一般持续5～15min)后，记录应变、挠度值，同步对试验梁进行裂缝观测。

根据试验现场条件，加载方式可采用以下方式之一：

(1)在试验梁跨中顶面放置枕木，再在枕木上放置千斤顶及荷载传感器、加载横梁(由工字钢、钢轨或贝雷架等组成)，并用钢丝绳拴住配载梁端吊钩(无吊钩可兜梁底)，两片梁质量不够时可补堆其他重物，形成扁担式加载装置。本方法可在预制场进行，亦可在已架好一孔以上的桥梁进行，加载装置见图3-4-1。

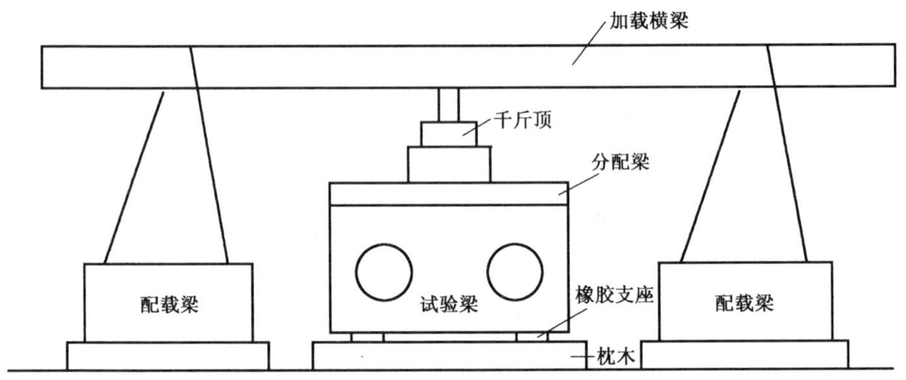


图3-4-1　用预制梁配载加载装置示意图

注：1. 试验梁底板距地面约50cm；试验梁两端支座垫放置位置与设计要求相同。

2. 配载梁与试验梁间的距离为50～60cm之间。

3. 两配载梁吊环的中点与试验梁中点确保在一条直线上，且连线与试验梁垂直。

(2)对预制场采用龙门吊吊梁的桥，可用龙门吊吊配载梁加载，一片梁自重不够时可用两片。梁加载示意图如图3-4-2所示。

需准备的辅助材料：短钢轨两根，2m 长枕木 6 根，橡胶支座 4 块，支撑刚性主梁的垫块若干。

(3)现场有足够质量且较准确、容易估计质量的堆载物(如水泥、钢绞线、预制盖板、边沟板等)的桥，可采用堆载法加载，加载装置示意图如图 3-4-3 所示。

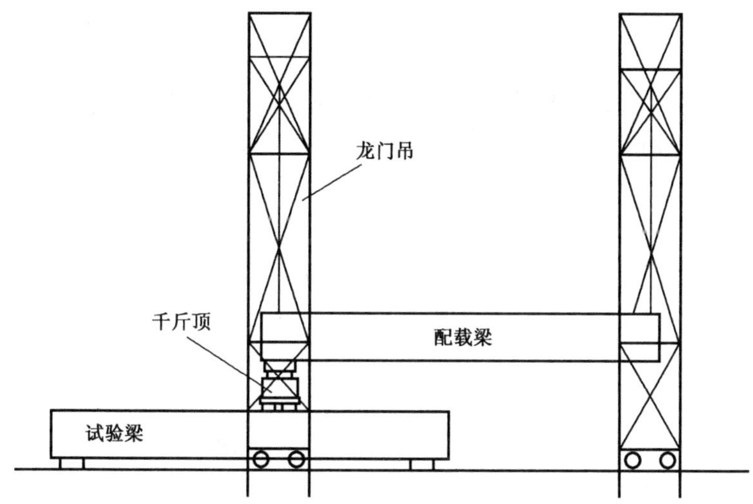


图 3-4-2 用龙门吊吊配载梁加载装置示意图

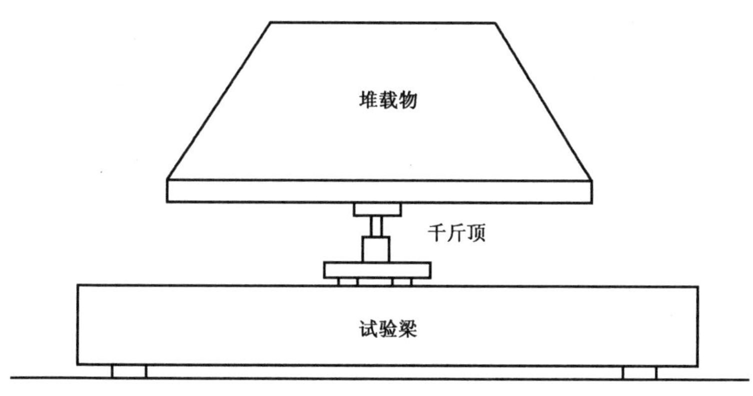


图 3-4-3 堆载法加载装置示意图

注：1. 试验梁底板距地面约 50cm；试验梁两端支座垫放置位置与设计要求相同。

2. 加载主梁中点位于试验梁中点正上方，且与试验梁平行；次梁放在主梁上方，且与主梁垂直；堆载完成后主梁距试验梁顶的距离，应满足放置千斤顶的高度。

需准备的辅助材料：2m 长枕木 8 根，6m 长刚性主梁 4 根(50 或 60 型的钢轨或 25 号以上的工字钢)，2m 长次梁 30 根(脚手架钢管)，堆载重物(如预制混凝土块、水泥、砂、定型钢筋等，质量约为试验最大荷载的 1.2 倍)，橡胶支座

4块。

2.测点布置

(1)测试控制截面混凝土应变:测试控制截面应变能较好地反映单梁的受力性能,同时也能间接反映设计和施工质量情况,预应力梁以混凝土应变为主,在梁跨中和一侧四分点梁底、顶板各布置2个应变测点,跨中腹板沿梁高布置3个应变测点。

(2)测试控制截面挠度:目的是检测和判别单梁能否满足结构正常使用的刚度要求,即控制截面挠度应小于设计计算值及规范规定的允许值,梁跨中、四分点各布置2个挠度测点。

(3)测试支座变形(沉陷):测定支座沉陷量是消除其对跨中挠度的影响,两端支座处分别布置2个测点检测支座变形(沉陷)。

预制梁板测点布置如图3-4-4所示。

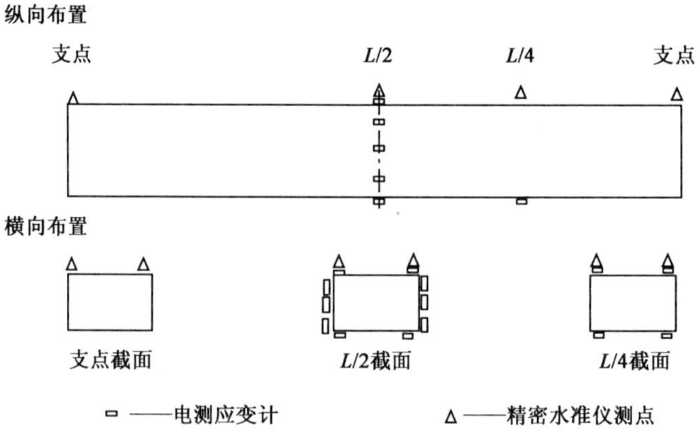


图3-4-4 测点布置示意图

3.检测试验步骤

(1)收集单梁的设计资料,了解施工现场情况。

(2)根据设计资料和相关技术要求,计算试验单梁的试验荷载以及在试验荷载作用下的理论挠度和应力值。

(3)试验准备工作包括试验所需要的千斤顶、木材、钢轨、原始记录表格等。

(4)试验前检测仪器设备的检查和校核。

(5)现场测试工作。

(6)试验资料的整理,报告的提交。

4.原始记录表格

原始记录表格见表3-4-2~表3-4-4。

## 应变(挠度)测试记录表格

表 3-4-2

工程名称：__________ 构件名称：__________ 检测地点：__________

仪器编号：__________ 环境条件：__________ 检测时间：__________ 单位：__________

| 测点位置编号 | | | | | | | |
|---|---|---|---|---|---|---|---|
| 通道编号 | | | | | | | |
| 观测时间 | 测试顺序 | 读数 | 应变 | 总应变 | 读数 | 应变 | 总应变 |
| | | | | | | | |
| | | | | | | | |
| | | | | | | | |

测试：　　　　记录：　　　　计算：　　　　复核：

## 预制梁板试验梁号确认单

表 3-4-3

| 项目名称 | | | | | |
|---|---|---|---|---|---|
| 承包人 | | | | | |
| 预制场位置 | | 工程名称 | | 桥宽 | |
| 标准跨径 | | 预应力梁 | | 钢筋混凝土梁 | |
| 预制梁总数 | | 抽检梁号 | | 交角度数 | |
| 按频率需抽检片数 | | 剩余抽检片数 | | | |
| 抽检原因概述：(方框内打“√”)<br>1. 按规定频率抽检：□<br>2. 试块混凝土强度异常：□<br>3. 预应力张拉异常：□<br>4. 其他原因：□ | | | | | |
| 监理单位 | | | | | |
| 现场监理工程师 | | 日期 | | | |
| 设计代表工程师 | | 日期 | | | |
| 备注 | | | | | |

**裂 缝 观 测 表** 表 3-4-4

桥名:__________试验单梁编号:__________日期:__________仪器型号:__________

| 编号 | 裂缝位置 | 裂缝间距 | 裂缝宽度 | | 裂缝长度 | | | 备注 |
|---|---|---|---|---|---|---|---|---|
| | | | 试验前 | 试验后 | 试验前 | 控制荷载下 | 试验后 | |
| | | | | | | | | |
| | | | | | | | | |
| | | | | | | | | |

记录: 复核:

5.试验结果评定

(1)结构状况评定

①校验系数。校验系数 $\eta$ 是评定结构工作状态、确定桥梁承载力的一个重要指标,不同结构形式的桥梁其 $\eta$ 值通常是不同的。

$$\eta=\frac{S_e}{S_{stat}} \tag{3-4-1}$$

式中:$S_e$——为实测的弹性变形或应力值;

$S_{stat}$——试验荷载作用下对应的 $S_e$ 理论计算值。

桥梁校验系数常值见表 3-4-5。

**桥梁校验系数常值表** 表 3-4-5

| 桥梁类型 | 应变(或应力)校验系数 | 挠度校验系数 | 桥梁类型 | 应变(或应力)校验系数 | 挠度校验系数 |
|---|---|---|---|---|---|
| 钢筋混凝土板桥 | 0.30~0.70 | 0.40~0.80 | 预应力混凝土桥 | 0.50~0.90 | 0.60~1.00 |
| 钢筋混凝土梁桥 | 0.40~0.80 | 0.50~0.90 | 圬工拱桥 | 0.60~1.00 | 0.70~1.00 |

②静力试验荷载效率。静力试验荷载效率表示为:

$$\eta_q=\frac{S_{stat}}{S\delta} \tag{3-4-2}$$

式中:$S_{stat}$——试验荷载作用下,检测部位变位或力的计算值;

$S$——设计标准活荷载作用下,检测部位变位或力的计算值(不计动力系数);

$\delta$——设计取用的动力系数。

基本荷载试验:$1.05\geqslant\eta_q>0.8$;重荷载试验:$\eta_q>1.0$;轻荷载试验:$0.80\geqslant\eta_q>0.5$。

③相对残余变位(或应变)。主要控制点的相对残余变位(或应变)$S_p/S_t$ 越

小，说明结构接近弹性工作状况，一般要求 $S_p/S_t$ 不大于 20%（钢筋混凝土不大于 25%）。当 $S_p/S_t$ 大于 20%（钢筋混凝土大于 25%）时，应查明原因；如因桥梁的强度或刚度不足，应酌情降低桥梁的允许承载力（$S_p$ 为残余变位，$S_t$ 为总变位）。

（2）裂缝及其扩展情况的评定

①在试验荷载作用下，绝大部分裂缝的宽度不应超过设计计算值，裂缝间距接近或大于设计计算值，裂缝的扩展很快趋于稳定，不允许出现典型受力临界裂缝。

②在试验荷载作用下，裂缝扩展宽度不应超过设计标准的许可值，并且卸载后扩展宽度应闭合到设计标准许可值的 1/3。

③在试验荷载作用下绝大部分裂缝的宽度不应大于表 3-4-6 规定的允许值，试验荷载卸载后，所有裂缝的宽度不应大于表 3-4-6 规定的允许值。

**裂缝限制表** 表 3-4-6

<table>
<tr><th>结构类型</th><th colspan="3">裂缝部位</th><th>允许最大缝宽（mm）</th><th>其他要求</th></tr>
<tr><td rowspan="5">钢筋混凝土梁</td><td colspan="3">主钢筋附近竖向裂缝</td><td>0.25</td><td></td></tr>
<tr><td colspan="3">腹板斜向裂缝</td><td>0.30</td><td></td></tr>
<tr><td colspan="3">组合梁结合面</td><td>0.50</td><td>不允许贯通结合面</td></tr>
<tr><td colspan="3">横隔板与梁体端部</td><td>0.30</td><td></td></tr>
<tr><td colspan="3">支座垫石</td><td>0.50</td><td></td></tr>
<tr><td rowspan="2">预应力混凝土梁</td><td colspan="3">梁体竖向裂缝</td><td>不允许</td><td></td></tr>
<tr><td colspan="3">梁体纵向裂缝</td><td>0.20</td><td></td></tr>
<tr><td rowspan="3">砖、石混凝土拱</td><td colspan="3">拱圈横向</td><td>0.30</td><td>裂缝高小于截面一半</td></tr>
<tr><td colspan="3">拱圈纵向</td><td>0.50</td><td>裂缝高小于跨径 1/8</td></tr>
<tr><td colspan="3">拱波与拱肋结合处</td><td>0.20</td><td></td></tr>
<tr><td rowspan="7">墩台</td><td colspan="3">墩台帽</td><td>0.30</td><td rowspan="7">不允许贯通墩台身截面的一半</td></tr>
<tr><td rowspan="6">墩台身</td><td rowspan="2">经常受浸湿性环境水影响</td><td>有筋</td><td>0.20</td></tr>
<tr><td>无筋</td><td>0.30</td></tr>
<tr><td rowspan="2">常年有水，但无浸湿性影响</td><td>有筋</td><td>0.25</td></tr>
<tr><td>无筋</td><td>0.35</td></tr>
<tr><td colspan="2">干沟或季节性有水流</td><td>0.40</td></tr>
<tr><td colspan="2">有冻结作用部分</td><td>0.20</td></tr>
<tr><td>备注</td><td colspan="5">表中所列除特殊要求外适用于一般条件。对于在潮湿和空气中含有较多腐蚀性气体等条件下的裂缝宽应要求严格一些</td></tr>
</table>

## 二、全桥静荷载试验

1. 试验准备

(1)试验孔(或墩)的选择。

(2)搭设脚手架和测试支架。

(3)静载试验加载位置的放样和卸载位置的安排。

(4)试验人员组织及分工。

(5)其他准备工作。

2. 测试仪器

(1)应变(应力)测试仪器。应变测试采用由应变片、应变计等静态电阻应变仪和微机组成的采集系统,测定混凝土、钢筋的静应变值。

(2)挠度(变形)测试仪器。采用精密水准仪及百分表、电测位移计等测试试验桥跨挠度和支座沉降。静载试验常用仪表及适用范围见表 3-4-7。

**静载试验常用仪表及适用范围**　　表 3-4-7

| 测量内容 | 仪表名称 | 最小分度值 | 适应测量范围 | 备　注 |
|---|---|---|---|---|
| 应变 | 千分表 | $2\times10^{-6}$mm | $50\times10^{-6}\sim2000\times10^{-6}$mm | 需配附件 |
| | 手持电阻应变仪 | $5\times10^{-6}$mm | $100\times10^{-6}\sim200000\times10^{-6}$mm | 需配表脚 |
| | 电阻应变仪 | $1\times10^{-6}$mm | $50\times10^{-6}\sim5000\times10^{-6}$mm | 需贴电阻片 |
| 位移或挠度 | 千分表 | 0.001mm | 0.1～0.8mm | 需配表座及吊架 |
| | 百分表 | 0.01mm | 0.1～8mm | 需配表座及吊架 |
| | 百分表(长标距) | 0.01mm | 0.1～25mm | 需配表座及吊架 |
| | 挠度仪 | 0.1mm | >1mm | 需配表座及钢丝 |
| | 精密水平仪 | 0.1mm | >2mm | 需配特制水准尺 |
| | 电阻应变计 | 0.01mm | 0.3～25mm | 需配表座 |
| | 经纬仪 | 0.5mm | >2mm | 需配短尺 |
| 倾角 | 水准式倾角仪 | 2.5″ | 20″～1° | 需固定支架 |
| 裂缝 | 刻度放大镜 | 0.05mm | 0.05～5mm | |

3. 检测试验步骤和程序

(1)试验荷载工况的确定

为了满足桥梁承载力的要求,荷载工况应选择在桥梁设计中的最不利受力状态下,简单结构可选择 1～3 个工况,但不宜过多。进行各荷载工况布置时可参照截面内力(或变形)影响线进行,常见桥型荷载工况如下:

①简支梁桥:跨中最大正弯矩工况、$L/4$ 最大正弯矩工况、支点最大剪力工

况、桥墩最大竖向反力工况。

②连续梁桥：主跨跨中最大正弯矩工况、主跨支点负弯矩工况、主跨墩最大竖向反力工况、主跨支点最大剪力工况、边跨最大弯矩工况。

③悬臂梁桥(T形刚构桥)：支点(墩顶)最大负弯矩工况、锚固孔跨中最大弯矩工况、支点(墩顶)最大剪力工况、挂孔跨中最大弯矩工况。

④无铰拱桥：跨中最大正弯矩工况、拱脚最大负弯矩工况、拱脚最大推力工况、正负挠度绝对值之和最大工况。

(2)静载加载分级与控制

①分级控制的原则如下：

a.当加载分级较方便时，可按最大控制截面内力荷载工况均分为4～5级。

b.当使用载重车加载，车辆称重有困难时也可分为3级。

c.当桥梁的调查和验算工作不充分，或桥况比较差时，应尽量增多加载分级。

d.在安排加载分级时，应注意加载过程中，其他截面内力也应逐渐增加，且最大内力不应超过控制荷载作用下的最不利内力。

②加载分级的方法如下：

a.逐渐增加加载车辆数。

b.先上轻车后上重车。

c.加载车位于内力影响线的不同部位。

d.加载车分次装载重物。

③加载时间的选择。为了减少温度变化对试验造成的影响，加载时间以晚22:00至次日早晨6:00为宜。

④加载设备的选择。静载试验加载设备可根据加载要求及具体条件选用，通常采用两种加载方式：装载重物可行式车辆加载和重物直接加载。

⑤加载重物的称量。加载重物的称量有三种方法：称量法、体积法、综合计算法。

(3)静载试验观测方案与实施

①主要测点布置。测点的布置不宜过多，但要保证质量。主要测点布设应能控制结构最大应力(应变)和最大挠度(位移)。几种常用桥梁体系的主要测点如下：

a.简支梁桥：跨中截面最大正弯矩和挠度、支点沉降、支点截面最大剪力。

b.连续梁桥：跨中挠度、跨中和支点截面应力(或应变)、支点截面转角和支点沉降。

c.悬臂梁桥：悬臂端部挠度、固端根部或支点截面的应力或转角、墩顶的变位(水平与垂直位移、转角)、T形刚构墩身控制截面的应力。

d. 拱桥：跨中、跨径 $L/4$ 和 $3L/8$ 处截面的挠度和应力、拱脚截面的应力、墩台顶的变位和转角。

挠度观测测点布置：对于整体式梁桥，一般对称于桥轴线布置，截面设单点时，布置在桥轴线上；对于多梁式桥，可在每梁底布置一个或两个测点。

截面抗弯应变测点布置：应设置在截面横桥向应力分布较大的部位，沿截面上、下缘布设，横桥上测点布置一般不少于三处，以控制最大应力的分布。

当采用测定混凝土表面应变的方法来确定钢筋混凝土结构中钢筋承受的拉力时，考虑到混凝土表面已经和可能产生的裂缝对观测的影响，测点的位置应合理进行选择。

②试验观测与记录。

a. 采用人工读表时，仪表的测读应准确、迅速，并记录在专门的表格上，便于资料的整理和计算。

b. 采用计算机自动采集系统读数记录时，应利用系统适时监测功能对控制点应变或位移进行监控，对测试结果异常现象，应及时查明原因并采取补救措施。

c. 仪器安装完毕后，一般对各测点的加载试验应在温度稳定后观测，加载中中间每隔 10min 读数一次，观测时间应尽可能选择在与加载试验相同的外界气候条件或加载试验前夕进行。

d. 在加载试验过程中，应对结构变化（应变）较大的测点进行稳定观测，并将最后一个 5min 的增量与第一个 5min 的增量进行比较，以判定结构是否稳定。稳定的标准：在同一级荷载内，结构最大变位测点在最后 5min 内的变位增量小于第一个 5min 变位增量的 15%，或小于测量仪器的最小分辨值时，则认为结构变位达到相对稳定，但在进行主要控制截面最大内力加载程序时，加卸载稳定时间不应小于 15min。

③终止加载控制条件。

a. 控制测点应力值已经达到或超过理论计算的控制应力值时。

b. 控制测点变位（挠度）超过规范规定的允许值时。

c. 由于加载使结构裂缝长度、缝宽急剧增加、新裂缝大量出现时；缝宽超过允许值的裂缝，对结构使用寿命造成较大影响时。

d. 拱桥加载时沿跨长方向的实测挠度曲线分布规律与计算相差过大或实测挠度超过计算值时。

e. 发生其他破坏，影响桥梁承载力或正常使用时。

4. 成果分析与评定

(1)试验资料的修正

通过静载试验得到的原始数据、文字和图像描述材料是荷载试验最重要的资料。虽然它们是可靠的，但这些原始资料数量庞大，不太直观，不能直接用于评定承载能力，故进行承载能力评定之前必须对试验资料进行修正和逐项分析，以满足承载力评定的需要。试验资料修正的方法有：测值修正，温度影响修正，支点沉降影响的修正。

(2)结构工作状况评定分析

①静载试验效率。根据静载试验实际加载位与加载量，利用式(3-4-2)可以求得静载试验效率。

②校验系数。结构工作状况校验系数是评定结构工作状况，确定桥梁承载能力的一个重要指标，一般要求校验系数值不大于1，不同结构形式的桥梁，其$\eta_q$值一般不同，校验系数值的常见值范围见表3-4-5。

③实测结构或构件的主要控制截面应变沿高度分布图符合平面假定，实测的控制点变位或应变与荷载的关系曲线接近于直线，说明桥梁结构或构件处于良好的弹性工作状况。

④实测的桥梁荷载横向分布系数和理论计算值接近或吻合，说明桥梁结构的整体工作性能较好。

⑤相对残余变位(或应变)。主要控制点的相对残余变位(或应变)$S_p/S_t$越小，说明结构越接近弹性工作状况，一般要求$S_p/S_t$不大于20%(钢筋混凝土不大于25%)。当$S_p/S_t$大于20%(钢筋混凝土大于25%)时，应查明原因；如因桥梁的强度或刚度不足，应酌情降低桥梁的允许承载力($S_p$为残余变位，$S_t$为总变位)。

⑥裂缝及其扩展情况的评定。在试验荷载作用下绝大部分裂缝的宽度不应大于表3-4-6规定的允许值，试验荷载卸载后，所有裂缝的宽度不应大于表3-4-6规定的允许值。

# 第五章　隧道工程

## 第一节　施工质量要求

### 一、洞口工程

1. 基本要求

(1)洞口开挖和进洞施工宜避开雨期、融雪期及严寒季节。

(2)洞口边、仰坡排水系统应在雨季之前完成。隧道排水系统应与洞口合理连接,不得侵蚀软化隧道和明洞基础,不得冲刷路基坡面及桥涵锥坡等设施。

(3)边坡和仰坡以上可能滑塌的表土、灌木及山坡危石等应清除或加固。在不良地质地段,应在进洞前按设计要求对地表及仰坡进行加固防护。

(4)洞口边坡及仰坡应自上而下开挖,不得掏底开挖或上下重叠开挖。洞口有邻近建(构)筑物时,应采取微振动控制爆破。当地质条件不良时,应采取稳定边坡和仰坡的措施。

(5)在不良地质地段,应在进洞前按设计要求对地表及仰坡进行加固防护;应对地表沉降和拱顶下沉进行监控量测,并适当增加量测频率;洞口永久性挡护工程应紧跟土石方开挖及早完成;地基承载力应满足设计要求。

2. 施工质量标准

洞口工程质量技术标准见表 3-5-1。

### 二、洞身开挖

1. 基本要求

(1)不良地质段开挖前应做好预加固、预支护。

(2)当前方地质出现变化迹象或接近围岩分界线时,必须用地质雷达、超前小导坑、超前探孔等方法,先探明隧道的工程地质和水文地质情况,方可进行开挖。

(3)应严格控制欠挖。当石质坚硬完整且岩石抗压强度大于 30MPa,并确认不影响衬砌结构稳定和强度时，允许岩石个别凸出部分（每 1m² 不大于 0.1m²）凸入衬砌断面，锚喷支护时凸入不大于 30mm，衬砌时不大于 50mm，拱脚、墙脚以上 1m 内严禁欠挖。

**洞口工程质量技术标准**（JTG F80/1—2004）　　表 3-5-1

| 项次 | 实 测 项 目 | | 规定值或允许偏差(mm) | 检测方法及频率 |
|---|---|---|---|---|
| 1 | 混凝土强度 | | 在合格标准内 | 每一工作班取 2 组强度试件 |
| 2 | 砂浆强度 | | 在合格标准内 | 每一工作班取 2 组强度试件 |
| 3 | 平面位置 | | 50 | 仪器测量：每边不少于 4 处 |
| 4 | 断面尺寸 | | 不小于设计 | |
| 5 | 顶面高程 | | ±20 | |
| 6 | 底面高程 | | ±50 | |
| 7 | 表面平整度 | 块石 | 20 | 2m 靠尺测量：拱部不少于 2 处，墙身不少于 4 处 |
| | | 料石 | 30 | |
| | | 混凝土预制块 | 10 | |
| | | 现浇混凝土 | 5 | |
| 8 | 竖直度或坡度(%) | | 0.5 | 吊垂线：每边不少于 4 处 |

(4)开挖轮廓要预留支撑沉降量及变形量，并利用量测反馈信息及时调整。

(5)隧道爆破开挖时应严格控制爆破振动。

(6)洞身开挖在清除浮石后应及时进行初喷支护。

2. 施工质量标准

洞身开挖质量技术标准见表 3-5-2。

**洞身开挖质量技术标准**（JTG F80/1—2004）　　表 3-5-2

| 项次 | 检 查 项 目 | | 规定值或允许偏差 | 检查方法和频率 |
|---|---|---|---|---|
| 1 | 拱部超挖(mm) | 破碎岩、软石等(I、II 类围岩) | 平均值为 100，最大值为 150 | 激光断面仪：每 20m 抽一个断面，测点间距≤1m |
| | | 中硬岩、软岩(III、IV、V 类围岩) | 平均值为 150，最大值为 250 | |
| | | 硬岩(VI 类围岩) | 平均值为 100，最大值为 200 | |
| 2 | 边墙超挖(mm) | 每侧 | +100,0 | |
| | | 全宽 | +200,0 | |
| 3 | 仰拱、隧底超挖(mm) | | 平均值为 100，最大值为 250 | 水准仪：每 20m 检查 3 处 |

## 三、喷射混凝土支护

1. 基本要求

(1)材料必须满足规范和设计要求。

(2)喷射前要检查开挖断面的质量,处理好超欠挖。

(3)喷射前,岩面必须清洁。

(4)喷射混凝土支护应与围岩紧密黏结,结合牢固,喷射厚度应符合要求,不能有空洞,喷层内不允许添加片石和木板等杂物,必要时应进行黏结力测试。喷射混凝土严禁挂模喷射,受喷面必须是原岩面。

(5)支护前应做好排水措施,对渗漏水孔洞、缝隙应采取引排、堵水措施,保证喷射混凝土质量。

(6)采用钢纤维喷射混凝土时,钢纤维抗拉强度不得低于 380MPa,且不得有油渍及明显的锈蚀现象。

2. 施工质量标准

喷射混凝土支护质量技术标准见表 3-5-3。

**喷射混凝土支护质量技术标准**(JTG F80/1—2004)　　表 3-5-3

| 项次 | 检查项目 | 规定值或允许偏差 | 检查方法和频率 |
|---|---|---|---|
| 1 | 喷射混凝土强度(MPa) | 在合格标准内 | 每 10m 在拱部和边墙至少取 1 组抗压试件 |
| 2 | 喷层厚度(mm) | 平均厚度≥设计厚度;检查点的 60%≥设计厚度;最小厚度≥0.5 倍设计厚度,且大于 50 | 凿孔或雷达检测仪:每 10m 检查一个断面,每个断面从拱顶中线起每 3m 检查 1 点 |
| 3 | 空洞检测 | 无空洞,无杂物 | 凿孔或雷达检测仪:每 10m 检查一个断面,每个断面从拱顶中线起每 3m 检查 1 点 |

## 四、锚杆支护

1. 基本要求

(1)锚杆的材质、类型、质量、规格、数量和性能必须符合设计和规范规定的要求。

(2)锚杆插入孔内长度不得短于设计长度的 95%。

(3)砂浆锚杆和注浆锚杆的灌浆强度不应小于设计和规范规定的要求,锚杆孔内灌浆密实饱满。

(4)锚杆垫板应满足设计要求，垫板应紧贴围岩，围岩不平时要用 M10 砂浆填平。

(5)锚杆应垂直于开挖轮廓线布设。对沉积岩，锚杆应尽量垂直于岩层面。

2. 施工质量标准

锚杆支护质量技术标准见表 3-5-4。

**锚杆支护质量技术标准**(JTG F80/1—2004)　　表 3-5-4

| 项次 | 检 查 项 目 | 规定值或允许偏差 | 检查方法和频率 |
|---|---|---|---|
| 1 | 锚杆数量(根) | 不少于设计值 | 按分项工程统计 |
| 2 | 锚杆拔力(kN) | 28d 拔力平均值≥设计值，最小拔力≥0.9 倍设计值 | 按锚杆数的 1%且不小于 3 根做拔力试验 |
| 3 | 孔位(mm) | ±15 | 尺量：检查锚杆数的 10% |
| 4 | 钻孔深度(mm) | ±50 | 尺量：检查锚杆数的 10% |
| 5 | 孔径(mm) | 砂浆锚杆：>(杆体直径+15)；其他锚杆：符合设计要求 | 尺量：检查锚杆数的 10% |
| 6 | 锚杆垫板 | 与岩面紧贴 | 尺量：检查锚杆数的 10% |

## 五、混凝土衬砌

1. 基本要求

(1)所用材料的质量和规格必须满足规范和设计要求。

(2)防水混凝土必须满足规范的要求。

(3)防水混凝土粗集料尺寸不应超过规定值。

(4)底基承载力应满足设计要求，对基底承载力有怀疑时应做承载力试验。

(5)拱墙背后的空隙必须回填密实。因严重超挖和塌方产生的空洞，要制定具体处理方案经批准后实施。

2. 施工质量标准

混凝土衬砌实测项目见表 3-5-5。

**混凝土衬砌实测项目**(JTG F80/1—2004)　　表 3-5-5

| 项次 | 检 查 项 目 | 规定值或允许值 | 检查方法和频率 |
|---|---|---|---|
| 1 | 混凝土强度(MPa) | 在合格标准内 | 每一工作班不少于 2 组 |
| 2 | 衬砌厚度(mm) | 不小于设计值 | 激光断面仪或地质雷达：每 40m 检查一个断面 |
| 3 | 墙面平整度(mm) | 20 | 2m 直尺：每 40m 每侧检查 5 处 |

## 六、防水层

1. 基本要求

(1)防水材料的质量、规格、性能等必须符合设计和规范要求。

(2)防水卷材铺设前要对喷射混凝土基面进行认真地检查,不得有钢筋、凸出的管件等尖锐突出物;割除部位用砂浆抹平顺。

(3)隧道断面变化处或转弯处的阴角应抹成半径不小于 50mm 的圆弧。

(4)防水层施工时,基面不得有明水,应采取措施封堵或引排。

2. 施工质量标准

防水层质量技术标准见表 3-5-6。

**防水层质量技术标准**(JTG F80/1—2004)　　表 3-5-6

| 项次 | 检查项目 | | 规定值或允许偏差 | 检查方法和频率 |
|---|---|---|---|---|
| 1 | 搭接宽度(mm) | | ≥100 | 尺量:全部搭接均要检查,每个搭接检查 3 处 |
| 2 | 缝宽(mm) | 焊接 | 两侧焊缝宽≥25 | 尺量:每个搭接检查 5 处 |
| | | 黏结 | 黏缝宽≥50 | |
| 3 | 固定点间距(m) | | 符合设计要求 | 尺量:检查总数的 10% |

3. 外观质量

(1)防水层表面平顺,无褶皱、无气泡、无破损等现象,与洞壁密贴,松紧适度,无紧绷现象。

(2)接缝、补眼粘贴密实饱满,不得有气泡、空隙。

# 第二节　检测项目和参数

## 一、检测项目依据

(1)《公路隧道设计规范》(JTG D70—2004)。

(2)《公路隧道施工技术规范(附条文说明)》(JTG F60—2009)。

(3)《公路工程质量检验评定标准》(JTG F80/1—2004)。

## 二、检测参数

隧道工程检测参数和仪器设备配备见表 3-5-7。

**隧道施工质量检测参数** 表 3-5-7

| 编号 | 检测参数 | | 检测仪器设备 |
|---|---|---|---|
| 1 | 开挖质量 | 超、欠挖量 | 全站仪、激光断面仪、直尺 |
| 2 | 钢支撑质量 | 钢支撑尺寸 | 直尺 |
| 3 | 锚杆施工质量 | 锚杆长度、注浆饱满度、间距 | 直尺、锚杆质量检测仪 |
| 4 | 混凝土质量检测 | 强度 | 回弹仪、声波测试仪 |
| | | 厚度 | 凿孔、激光断面仪 |
| | | 黏结情况 | 探地雷达 |
| 5 | 通风检测 | 粉尘浓度 | 滤膜检测仪(滤膜、采样器、抽气装置) |
| | | 一氧化碳 | 一氧化碳浓度检测仪 |
| 6 | 监控量测 | 周边位移 | 收敛计 |
| | | 拱顶下沉 | 精密水准仪 |
| | | 地表沉降 | 精密水准仪 |

# 第三节　常用参数的检测细则

## 一、激光断面仪法检测洞身超、欠挖量

1.测量原理

激光断面仪法的测量原理为极坐标法。以某一物理方向(水平方向)为起算方向,按一定间距(角度或距离)依次一一测定仪器旋转中心与实际开挖轮廓线的交点之间的矢径(距离)及该矢径与水平方向的夹角,将这些矢径端点依次相连即可获得实际开挖的轮廓线。通过洞内的施工控制导线可以获得断面仪的定点定向数据。在计算软件的帮助下,自动完成实际轮廓线与设计开挖轮廓线的空间三维匹配,最后输出图形,并可输出各测点与相应设计开挖轮廓线之间超挖欠值(距离、面积)。

2.测量仪器

激光断面仪是现代激光测距和计算机技术相结合开发出来的硬件、软件为一体化的隧道断面测量仪器。下面以北京光电技术研究所开发的 BJSD—4 型激光隧道多功能断面仪为例予以介绍。

(1)仪器组成及特点

BJSD—4 型仪器由检测主机、掌上电脑、三脚架、软件、外接电源盒等组成。

仪器特点:测量数据自动记录,存储空间大;无需交流供电,使用充电电池供电,携带方便;软件功能强大、适用,掌上电脑操作便捷,用户界面友好;检测精度

高、数据记录简洁,可现场显示被测断面图形。

(2)主要技术指标

①检测半径:1～45m。

②检测时间:一个断面(50个点)自动检测约3min。

③充电使用时间:外接电池组一次充电时间小于5h,并能使用6h。

④测距精度:优于±1mm。

⑤测角精度:优于0.06°。

⑥方位角范围:30°～330°,仪器测头垂直向下为零度。

⑦手动测头转动方位角范围:0°～350°。

⑧定位测量方式:具有垂直向下激光定心标志。

⑨可连续记录断面数:大于2000个断面(每个断面选50个点)。

3.检测步骤

(1)仪器安装

①选择好检测地点,即仔细找到标志点位置,尽量使得三脚架的中心对准正下方地面上的标志点。

②将三脚架支好,调整好高度,而且尽量使得三脚架顶部水平。

③将检测主机放在三脚架的顶上,旋紧固定螺钉。

④将外接大电池挂在另一侧的挂物钩上,再将电池连接到检测主机的连接电缆上。

⑤将测量电缆连接掌上电脑插座和电池上相应插座上。

(2)安平

调整仪器主机下三角基座上的三个微调手柄,观察仪器上的圆水泡,使之居中,然后反复精确调整几次长水泡使之居中。

(3)根据掌上电脑软件说明检测相关参数

①测量当前断面。把仪器架设在当前断面上,可根据输入的起始角度、终止角度和测量的点数,自动完成当前断面的测量。

②测量前方断面。测量当前断面后不移动仪器,点击测量前方断面按钮,直接进入前方断面测量。按用户界面指示选择直线或弯曲隧道测量,自动完成前方断面测量。

③自动整理和计算,输出测量结果图表。

## 二、锚杆抗拔试验

1.主要仪器设备

中空千斤顶、手动油压泵、油压表、位移计、反力装置。

2.试验准备

(1)根据试验目的,在隧道围岩指定部位钻锚杆孔,孔深在正常深度的基础上稍作调整,使锚杆外露长度大些,保证千斤顶的安装;或采用正常孔深,将待测锚杆加长,从而为千斤顶安装提供空间。

(2)按照正常的安装工艺安装待测锚杆。用砂浆将锚杆口部抹平,以便支撑承压压板。

(3)在锚杆尾部加上垫板,套上中空千斤顶,将锚杆外端与千斤顶内缸固定在一起,并装设位移量测设备与仪器。

3.加载

(1)试验采用分级加载,且不得少于8级。试验的最大加载量不应小于锚杆设计荷载的2倍。

(2)通过手动油压泵加压,从油压表读取油压,根据活塞面积换算锚杆承受的拉拔力。视需要从位移计(千分表)读取锚杆尾部的位移。

(3)每一级荷载施加完毕后,应立即测读位移量。以后每隔5min测读一次。连续4次测读出的锚杆拔升值均小于0.01mm时,则认为该荷载下的位移已达到稳定状态,可继续施加下一级上拔荷载。

(4)当出现下列情况之一时,即可终止锚杆上拔试验:

①锚杆拔升量持续增长,且在1h内未出现稳定的迹象。

②新增加的上拔力无法施加,或者施加后无法使上拔力保持稳定。

③锚杆的钢筋已被拔断,或者锚杆锚筋被拔出。

4.试验结果

(1)符合上述终止条件的前一级拔升荷载,即为该锚杆的极限抗拔力。

(2)每安装300根锚杆至少随机抽样一组(3根),设计变更或材料变更时另做一组拉拔力测试。

(3)同组锚杆锚固力或拉拔力的平均值,应大于或等于设计值。

(4)同组单根锚杆的锚固力或拉拔力,不得低于设计值的90%。

## 三、隧道现场监控量测

1.基本要求

(1)复合式衬砌和喷锚衬砌开工前,应制订施工全过程监控量测方案。

(2)监控量测工作应结合开挖、支护作业的进程,按要求布点和监测,并根据现场实际情况及时调整补充,量测数据应及时分析、处理和反馈。

2.量测的内容、方法和频率

(1)必须量测的项目见表3-5-8。

**隧道现场监控量测必测项目**　　表 3-5-8

| 序号 | 项目名称 | 方法及工具 | 布置 | 测试精度 | 量测间隔时间 | | | |
|---|---|---|---|---|---|---|---|---|
| | | | | | 1～15d | 16d 至 1 个月 | 1 至 3 个月 | 大于 3 个月 |
| 1 | 洞内外观察 | 现场观测、地质罗盘等 | 开挖及初期支护后进行 | — | — | | | |
| 2 | 周边位移 | 各种类型收敛计 | 每 5～50m 一个断面，每断面 2～3 对测点 | 0.1mm | 每天 1～2 次 | 每两天 1 次 | 每周 1～2 次 | 每月 1～3 次 |
| 3 | 拱顶下沉 | 水准测量的方法，水准仪、钢尺等 | 每 5～50m 一个断面 | 0.1mm | 每天 1～2 次 | 每两天 1 次 | 每周 1～2 次 | 每月 1～3 次 |
| 4 | 地表下沉 | 水准测量的方法，水准仪、钢尺等 | 洞口段、浅埋段 ($h_0 \leqslant 2b$) | 0.5mm | 开挖面距量测断面前后 $<2b$ 时，1～2 次/d；$2b \leqslant$ 开挖面距量测断面前后 $\leqslant 5b$ 时，1 次/(2～3)d；开挖面距量测断面前后 $>5b$ 时，1 次/(3～7)d | | | |

注：$b$——隧道开挖宽度；$h_0$——隧道埋深。

(2)应根据设计要求、隧道横断面形状和断面大小、埋深、围岩条件、周边环境条件、支护类型和参数、施工方法等综合选测项目。选测项目见表 3-5-9。

**隧道现场监控量测选测项目**　　表 3-5-9

| 序号 | 项目名称 | 方法及工具 | 布置 | 测试精确度 | 量测间隔时间 | | | |
|---|---|---|---|---|---|---|---|---|
| | | | | | 1～15d | 16d 至 1 个月 | 1 至 3 个月 | 大于 3 个月 |
| 1 | 钢架内力及外力 | 支柱压力计或其他测力计 | 每代表性地段 1～2 个断面，每断面钢支撑内力 3～7 个测点，或外力 1 对测点 | 0.1MPa | 每天 1～2 次 | 每两天 1 次 | 每周 1～2 次 | 每月 1～3 次 |
| 2 | 围岩体内位移（洞内设点） | 洞内钻孔中安设单点、多点杆式或钢丝式位移计 | 每代表性地段 1～2 个断面，每断面 3～7 个钻孔 | 0.1mm | 每天 1～2 次 | 每两天 1 次 | 每周 1～2 次 | 每月 1～3 次 |
| 3 | 围岩体内位移（地表设点） | 地面钻孔中安设各类位移计 | 每代表性地段 1～2 个断面，每断面 3～5 个钻孔 | 0.1mm | 开挖面距量测断面前后 $<2b$ 时，1～2 次/d；$2b \leqslant$ 开挖面距量测断面前后 $\leqslant 5b$ 时，1 次/(2～3)d；开挖面距量测断面前后 $>5b$ 时，1 次/(3～7)d | | | |

续上表

| 序号 | 项目名称 | 方法及工具 | 布置 | 测试精确度 | 量测间隔时间 | | | |
|---|---|---|---|---|---|---|---|---|
| | | | | | 1～15d | 16d～1个月 | 1～3个月 | 大于3个月 |
| 4 | 围岩压力 | 各种类型岩土压力盒 | 每代表性地段1～2个断面，每断面3～7个测点 | 0.1MPa | 每天1～2次 | 每两天1次 | 每周1～2次 | 每月1～3次 |
| 5 | 两层支护间压力 | 压力盒 | 每代表性地段1～2个断面，每断面3～7个测点 | 0.1MPa | 每天1～2次 | 每两天1次 | 每周1～2次 | 每月1～3次 |
| 6 | 锚杆轴力 | 钢筋计、锚杆测力计 | 每代表性地段1～2个断面，每断面3～7根锚杆(索)，每根锚杆2～4测点 | 0.1MPa | 每天1～2次 | 每两天1次 | 每周1～2次 | 每月1～3次 |
| 7 | 支护、衬砌内应力 | 各类混凝土内应变计及表面应力解除法 | 每代表性地段1～2个断面，每断面3～7个测点 | 0.1MPa | 每天1～2次 | 每两天1次 | 每周1～2次 | 每月1～3次 |
| 8 | 围岩弹性波速度 | 各种声波仪及配套探头 | 在有代表性地段设置 | — | | | | |
| 9 | 爆破振动 | 测振仪及配套传感器 | 临近建(构)筑物 | — | 随爆破进行 | | | |
| 10 | 渗水压力、水流量 | 压力计、流量计 | — | 0.1MPa | | | | |
| 11 | 地表下沉 | 水准测量的方法采用，水准仪、钢尺等工具 | 洞口段、浅埋段($h_0 \leqslant 2b$) | 0.5mm | 同"围岩体内位移(地表设点)" | | | |

注：$b$——隧道开挖宽度；$h_0$——隧道埋深。

(3)各项量测作业均应持续到变形基本稳定后15～20d才能结束。

(4)应按表3-5-10和表3-5-11检查净空位置和拱顶下沉的量测频率，并与量测频率比较取大值。施工状况发生变化时(开挖下台阶、仰拱或拆除临时支护等)，应增加监测频率。

**净空位移和拱顶下沉的量测频率(按位移速度)** 表 3-5-10

| 位移速度(mm/d) | 量测频率 |
|---|---|
| ≥5 | 2~3次/d |
| 1~5 | 1次/d |
| 0.5~1 | 1次/(2~3)d |
| 0.2~0.5 | 1次/3d |
| <0.2 | 1次/(3~7)d |

**净空位移和拱顶下沉的量测频率(按距开挖面距离)** 表 3-5-11

| 量测断面距开挖面距离(m) | 量测频率 |
|---|---|
| (0~1)$b$ | 2次/d |
| (1~2)$b$ | 1次/d |
| (2~5)$b$ | 1次/(2~3)d |
| >5$b$ | 1次/(3~7)d |

注:$b$——隧道开挖宽度。

3.量测数据处理与应用

(1)每次量测后应及时进行数据整理和数据分析,并绘制出量测数据时态曲线和距开挖面距离图;应绘制地表下沉值沿隧道纵向和横向变化量和变化率曲线。

(2)应根据量测数据处理结果,及时提出调整和优化施工方案和工艺;围岩变形和速率较大时,应及时采取安全措施,并建议变更设计。

(3)围岩稳定性、二次支护时间应根据所测得位移量或回归分析所得最终位移量、位移速度及其变化趋势、隧道埋深、开挖断面大小、围岩等级、支护所受的压力、应力、应变等进行综合分析判定。

# 第六章　交通安全设施

## 第一节　护栏施工质量检测

### 一、波形梁钢护栏

1.基本要求

(1)波形梁钢护栏产品应符合《高速公路波形梁钢护栏》(JT/T 281—2007)及《公路三波形梁钢护栏》(JT/T 457—2007)的规定。

(2)护栏立柱、波形梁、防阻块及托架的安装应符合设计和施工的要求。

(3)为保证护栏的整体强度，路肩和中央分隔带的土基压实度不应小于设计值。达不到压实度要求的路段不应进行护栏立柱打入施工。石方路段和挡土墙的护栏立柱的埋深及基础处理应符合设计要求。

(4)波形梁护栏的端头处理与桥梁护栏过渡段的处理应满足设计要求。

2.实测项目

波形梁护栏安装完毕后，一般取500m为验收单位，连续取10跨护栏进行验收，其实测项目主要有立柱竖直度、护栏安装高度、埋深深度、横断面位置的尺寸检测，其主要采用量具进行测试，以设计文件的要求为合格判定的依据，另外还需对护栏过渡段、伸缩缝、端头、拼接螺栓扭矩进行测试。具体要求见表3-6-1。

3.外观质量

(1)焊接钢管的焊缝应平整，无焊渣、突起；构件镀锌层表面应均匀完整、颜色一致，表面具有实用性光滑，不得流挂、滴瘤或多余结块；构件镀铝层表面应连续、不得有明显影响外观质量的熔渣、色泽暗淡及假浸、漏浸等缺陷；镀件表面应无漏镀、露铁、擦痕等缺陷；构件涂层应均匀光滑、连续，无肉眼可分辨的小孔、空间、孔隙、裂缝、脱皮及其他有害缺陷。

(2)直线段护栏不得有明显的凸凹、起伏现象，曲线段护栏应光滑顺畅，与线形协调一致，中央分隔带开口端头护栏的抛物线形应与设计相符。

(3)波形梁板搭接方向正确，搭接平顺，垫圈齐备，螺栓紧固。

**波形梁钢护栏实测项目**(JTG F80/1—2004)　　表 3-6-1

| 项次 | 检 查 项 目 | 规定值或允许偏差 | 检查方法和频率 |
|---|---|---|---|
| 1 | 波形梁板基底金属厚度(mm) | ±0.16 | 板厚千分尺:抽检 5% |
| 2 | 立柱厚度(mm) | 4.5±0.25 | 测厚仪、千分尺:抽检 5% |
| 3 | 镀(涂)层厚度(μm) | 符合设计 | 测厚仪:抽检 10% |
| 4 | 拼接螺栓(45 号)抗拉强度(MPa) | ≥600 | 抽样做拉力试验,每批 3 组 |
| 5 | 立柱埋入深度 | 符合设计规定 | 过程检查,尺量:抽检 10% |
| 6 | 立柱外缘距离路肩边线距离(mm) | ±20 | 尺量:抽检 10% |
| 7 | 立柱中距(mm) | ±50 | 钢卷尺:抽检 10% |
| 8 | 立柱竖直度(mm/m) | ±10 | 垂线、尺量:抽检 10% |
| 9 | 横梁中心高度(mm) | ±20 | 尺量:抽检 10% |
| 10 | 护栏顺直度(mm/m) | ±5 | 拉线、尺量:抽检 10% |

(4)防阻块、托架、端头的安装应与设计图相符,安装到位,不得有明显变形、扭转、倾斜现象。

(5)波形梁板和立柱不得现场焊割和钻孔。

(6)立柱及柱帽安装牢固,其顶部应无明显塌边、变形、开裂等缺陷。

4. 检测方法细则

(1)波形梁厚度检验

在去除两端各 500mm 范围后,在板每边任取 3 点,用板厚千分尺(量程 25mm,精确度为 0.01mm)量取,取平均值,扣除镀锌(镀铝)层厚度后,得到其厚度。

(2)立柱壁厚检验

用卡尺(分辨率 0.02mm)在立柱两端各量取 3 次,取平均值(共 6 个值)。如立柱已打入且柱帽不易取下时,应采用超声波测厚仪测量,在立柱的三个方向的不同高度各量取 3 次,取平均值,扣除镀锌(铝)层厚度后,得到其厚度。

(3)镀层厚度检验

①热浸镀锌层厚度检验:采用测厚仪(量程 1200μm,精确度为 1μm)测量锌层厚度,在波形梁板、立柱及其他构件表面(板的正反面)各测 4 个点。

②热浸镀铝层厚度检验:方法同热浸镀锌层厚度检验。

(4)拼接螺栓抗拉强度检验

抽样做拉力试验,每批 3 组,每组 3 个。

(5)立柱埋入深度检验

检查施工记录和现场勘察相结合。应注意检查立柱在现场被锯短、重新打孔的地方。对立柱埋深有疑问时，应开挖检查。

(6)立柱外边缘距路肩边线的距离检验

先确定边线的正确位置，用钢卷尺或直尺(精确度为0.5mm)测量。

(7)立柱中距检验

用钢卷尺(量程5000mm，精确度0.5mm)量立柱中距，抽检10%，每处测量2次，取平均值。

(8)立柱竖直度检验

用垂线和直尺(精确度0.5mm)测量立柱的竖直度。用垂线对照立柱的竖直度，固定垂线，量取立柱偏离垂线的距离及其对应的立柱长，每处测量3次，计算竖直度后取平均值。

(9)横梁中心高度检验

护栏横梁(波形梁)中心高度是指护栏板与立柱连接螺栓中心到路面的高度。在检验时应注意护栏线性与纵断线性协调一致，凡发现线性不一致的地方，有可能是护栏中心高度有问题的地方。首先确定地面高的基准点，然后用直尺(精确度为0.5mm)测量从路面到连接螺栓中心的距离。

(10)护栏顺直度检验

直线段护栏不允许有明显的凸凹现象，在200m的直线上，3点应成一线；曲线段护栏应与线性协调一致，护栏应圆滑顺畅；中央分隔带开口端头护栏的抛物线应与设计图相符。

## 二、混凝土护栏

### 1.基本要求

(1)混凝土所用的水泥、砂、石、水及外加剂的质量、规格必须符合有关规范要求，按规定的配合比施工。

(2)混凝土护栏预制块件在吊装、运输、安装过程中，不得断裂。

(3)各混凝土护栏块件之间、护栏与基础之间的连接应符合设计要求。

(4)各混凝土护栏块件标准段、混凝土护栏起终点及其他开口处的混凝土护栏块件的几何尺寸应符合设计要求。

(5)混凝土护栏的地基强度、埋入深度应符合设计要求。

(6)混凝土护栏块件的损边、掉角长度每处不得超过20mm，否则应予以及时修补。

### 2.实测项目

混凝土护栏一般取500m为一检验单位，任取20节护栏进行检验，其检测项目应符合表 3-6-2 所列的要求。

**混凝土护栏实测项目**(JTG F80/1—2004)　　表 3-6-2

| 项次 | 检 查 项 目 | | 规定值或允许偏差 | 检查方法和频率 |
|---|---|---|---|---|
| 1 | 护栏混凝土强度(MPa) | | 在合格标准内 | 每一工作班制作不少于 1 组试件，进行抗压强度试验 |
| 2 | 地基压实度(%) | | 符合设计要求 | 核子仪、灌砂法、环刀法 |
| 3 | 护栏断面尺寸(mm) | 高度 | ±10 | 尺量:抽检 10% |
| | | 顶宽 | ±5 | |
| | | 底宽 | ±5 | |
| 4 | 基础平整度(mm) | | 10 | 水平尺:检查 100% |
| 5 | 轴线横向偏位(mm) | | ±20 或符合设计要求 | 尺量:抽检 10% |
| 6 | 基础厚度(mm) | | ±10%$H$ | 过程检查,尺量:检查 100% |

3. 检测方法细则

(1)护栏混凝土强度检验

检查施工记录。

(2)地基压实度检验

检查施工记录和现场勘察相结合,如发现混凝土护栏有下沉迹象,应采取适当补救措施。

(3)护栏断面尺寸检验

混凝土护栏高度指其底部到护栏顶部的垂直距离,检查时用直尺、钢卷尺(精确度为 0.5mm)测量。在护栏顶部水平放置一直尺,量直尺底面至护栏底部的高度,每一节护栏在不同断面各量三次高度,取平均值。

(4)基础平整度检验

用水平尺在两个相互垂直的方向,对 3 个断面各量取 3 次,并取平均值。

(5)护栏轴线横向偏位检验

中央混凝土护栏的横向偏位检验,应先确定道路中心线的正确位置,然后测量护栏中心线偏离道路中心线的距离。

路侧混凝土护栏的横向偏位检验,应先确定道路边线的正确位置,然后测量护栏外边线与道路边线的偏离距离。

(6)基础厚度检验

检查施工记录。

## 三、缆索护栏

1. 基本要求

(1)缆索性能、缆索直径、单丝直径、构造(3 股 7 芯)、锚具及其镀层质量应符合设计与施工规范要求,缆索抗拉强度、镀层质量必须进行抽检,合格后方可使用。

(2)张拉前应标定拉力测定计。

(3)立柱埋深不得小于设计值;采用挖埋法施工,立柱埋入土中时,回填土应分层(每层厚度不超过 100mm)夯实;立柱埋入混凝土中时,基础混凝土的几何尺寸、强度等应符合设计要求。

(4)立柱壁厚、外径、长度不小于设计要求。

(5)采用打入法施工时,立柱顶部不应出现明显变形、倾斜、扭曲或卷边等现象。

2. 实测项目

缆索护栏线形顺适,镀层表面气泡、剥落面积不超过构件表面积的 1%。实测项目见表 3-6-3。

**缆索护栏实测项目**(JTG F80/1—2004)　　表 3-6-3

| 项次 | 检 查 项 目 | 规定值或允许偏差 | 检查方法和频率 |
|---|---|---|---|
| 1 | 缆索直径(mm) | 18±0.5 | 卡尺:抽检 10% |
| | 单丝直径(mm) | 2.86+0.10,−0.02 | |
| 2 | 初拉力(kN) | ±5% | 过程检查,张拉计:抽检 10% |
| 3 | 最下一根缆索的高度(mm) | ±20 | 尺量:抽检 10% |
| 4 | 立柱壁厚(mm) | ±0.10 | 千分尺:抽检 10% |
| 5 | 立柱埋入深度 | 符合设计要求 | 过程检查:抽检 10% |
| 6 | 立柱竖直度(mm/m) | ±10 | 垂线、尺量:抽检 10% |
| 7 | 立柱中距(mm) | ±50 | 尺量:抽检 10% |
| 8 | 镀锌(铝)层厚度(μm) | 立柱:≥85;<br>索端锚具:≥50;<br>紧固件:≥50;<br>镀锌(铝)钢丝:≥33 | 测厚仪:抽检 10% |
| 9 | 混凝土基础尺寸 | 符合设计要求 | 过程检查,尺量:检查 100% |
| 10 | 混凝土强度 | 在合格标准内 | 基础施工每工作班 1 组,检查试件强度 |

3. 外观质量

(1)金属构件表面不得有气泡、剥落、漏镀及划痕等表面缺陷。

(2)直线段护栏没有明显的凸凹现象,曲线段护栏圆滑顺畅。

(3)索端锚具、托架、索夹螺栓应安装到位、固定牢固;托架编号和组合应与缆索护栏的类别相适应;上下托架位置正确,中央分隔带缆索护栏的托架应两边对称。

4. 检测方法细则

(1)缆索直径及单丝直径检验

用游标卡尺(量程 150mm,分辨率 0.02mm)测量缆索直径及单丝直径,量 3 个断面,取平均值。

(2)初张力的检验

检查钢绳张拉记录及检查现场的张紧程度。如对缆索的张紧程度有怀疑时,可根据张力与挠度的关系进行检查。

(3)最下一根缆索安装高度的检验

最下一根缆索安装高度是指缆索护栏最下一根缆索的中心至路面的高度。用直尺(量程 0～500mm,分辨率 0.5mm)在跨中测量最下一根缆索的中心至路面的距离,量取 3 次,取平均值。

(4)立柱壁厚检测

用游标卡尺(量程 150mm,分辨率 0.02mm)在立柱两端各测量 3 个方向,取平均值,在扣除镀锌(铝)层厚度后,得到其厚度值。

(5)立柱埋入深度检查

端部立柱的埋深,应检查施工记录。中间立柱的埋深,除检查施工记录外,还应注意打入困难路段的立柱施工情况,注意是否有打不下去而用气焊割断立柱,重新烧孔装托架的情况。

(6)立柱竖直度检查

方法同护栏立柱的检验。

(7)立柱中距检验

用钢卷尺(量程 5000mm,精确度为 0.5mm)量立柱中距,每处量三跨,取平均值。

(8)缆索护栏锌(铝)层厚度检验

缆索护栏立柱、索端锚具的锌(铝)层厚度检验,采用测厚仪(量程 1200μm,精确度为 1μm)测量锌(铝)层厚度,在立柱的表面不同部位上测 4 个点,取平均值。

缆索护栏钢丝的锌(铝)层厚度检验,应当采用测钢丝的专用设备[涂层厚度测厚仪(量程 400$\mu$m,精确度为 1$\mu$m)]测量锌(铝)层厚度,在钢丝的不同部位上测 4 点,取平均值。

(9)混凝土基础尺寸检验

用钢卷尺(量程 5000mm,精确度为 0.5mm)抽检端部立柱基础尺寸,如缺乏基础施工原始记录时,可开挖检查混凝土基础深度,基础尺寸的允许值为 ±50mm。对施工记录有怀疑时,可采取措施实地测量。

(10)混凝土基础强度检验

检查施工记录,混凝土基础应在合格范围内。

## 第二节　交通标志施工质量检测

交通标志产品须经由具有一定资质的检测机构进行检测,取得合格证,并经工地检验确认满足设计要求后方可使用。交通标志底板、立柱、连接件、紧固件等钢质材料时,必须进行防腐处理。构件用螺栓组合时,材料的规格与质量应符合设计要求。

1.基本要求

(1)交通标志的制作应符合 GB 5768.1—2009、GB 5768.2—2009、GB 5768.3—2009 和《公路交通标志板技术条件》(JT/T 279—2004)的规定。

(2)交通标志在运输、安装过程中不应损坏标志面及金属构件的镀层。

(3)标志的位置、数量及安装角度应符合设计要求。

(4)大型标志的地基承载力应符合设计要求。大型标志柱、梁的焊接部分应符合钢结构焊接规范的质量要求,无裂缝、未熔合、夹渣等缺陷。

(5)标志板安装后应平整,夜间在灯照射下,标志板底色和字符应清晰明亮,颜色均匀,不应出现明暗不均的现象,不能影响标志的认读。

(6)交通标志施工完成后,标志板面无任何裂缝和划痕;金属构件镀锌面的损坏面积不超过构件表面的 1‰;地基承载力应满足设计要求。

2.外观质量

(1)标志反光膜采用拼接时,重叠部分不应小于 5mm;当采用平接时,其间隙不应小于 1mm;距标志板边缘 50mm 之内,不得有接缝。

(2)标志金属构件镀层应均匀、颜色一致,不允许有流挂、滴瘤或多余结块,镀件表面应无漏镀、露铁等缺陷。

3.实测项目

交通标志安装施工实测项目见表 3-6-4。

**交通标志安装实测项目**(JTG F80/1—2004)　　表 3-6-4

| 项次 | 检 查 项 目 | 规定值或允许偏差 | 检查方法和频率 |
|---|---|---|---|
| 1 | 标志板外形尺寸(mm)<br>标志底板厚度(mm) | ±5°<br>当边长尺寸大于 1.2m 时,允许偏差为边长的±0.5%;<br>三角形内角应为 60°±5°;<br>标志底板厚度不小于设计 | 钢卷尺、万能角尺、卡尺:检查 100% |
| 2 | 标志汉字、数字、拉丁字的字体及尺寸(mm) | 应符合规定字体,基本字高不小于设计 | 字体与标准字体对照,字高用钢卷尺:检查 10% |
| 3 | 标志面反光膜等级及逆反射系数($cd \cdot lx^{-1} \cdot m^{-2}$) | 反光膜等级符合设计,逆反射系数值不低于 JT/T 279—2004 规定 | 反光膜等级用目测初定;便携式测定仪:检查 100% |
| 4 | 标志板下缘至路面净空高度及标志板内侧距路肩边缘距离(mm) | +100,0 | 直尺、水平尺或经纬仪:检查 100% |
| 5 | 立柱竖直度(mm/m) | ±3 | 垂直、直尺:检查 100% |
| 6 | 标志金属构件镀层厚(μm) | 标志柱、横梁≥78;<br>紧固件≥50 | 测厚仪:检查 100% |
| 7 | 标志基础尺寸(mm) | −50,+100 | 钢尺、直尺:检查 100% |
| 8 | 基础混凝土强度(MPa) | 在合格标准内 | 基础施工同时做试件每处 1 组(3 件):检查 100% |

4.检测方法细则

(1)标志板外形尺寸检验

标志板外形尺寸检验,应在标志板运抵工地,但尚未安装前进行。根据标志板的形状尺寸及外观要求,用分辨率为 1mm 钢卷尺、万能角尺检查。矩形、三角形量取边长和角度,圆形标志量取直径。

(2)标志字体尺寸检验

目测检查标志汉字、数字、英文的字体,是否符合 GB 5768.1—2009、GB 5768.2—2009 和 GB 5768.3—2009 标准中有关规定的要求。全线标志字体应统一。

标志字符尺寸应用分辨率为 1mm 的钢尺量测,字高与字宽相等,其允许偏差为+5mm。

(3)标志面反光膜等级及逆反射系数检验

目测检查标志面反光膜等级。标志板所用的反光膜应与设计文件规定的等级相符。可对照 GB 5768.1—2009、GB 5768.2—2009 和 GB 5768.3—2009 中参考色样的反光膜等级进行核对，判定采用的反光膜等级与设计文件规定的等级是否相符。

反光膜的逆反射系数可用试样与标准试样板对比测量方法和仪器进行测试。其标准样板应定期到计量检定单位标定。

(4)标志板下缘至路面净空高度及标志板内缘距路边缘距离检验

标志板下缘至路面净空高度检验主要针对悬臂和门架标志。净空高度要考虑标志结构的挠度、路面加铺的余量等影响，因此，标志的净高应比公路建筑限界的净高还要高。净空高度以路面为基准点测量其与标志下缘的竖直距离。净空高度可用钢卷尺或直尺测量，也可用经纬仪配合测量。路侧标志用水平尺、直尺测量。

保证标志板内缘与路肩边缘的水平距离，是为了不使标志的任何部分侵入公路建筑净空，也是为了防止靠边行驶的车辆磕碰标志板。其值不应小于国标规定的侧向余宽。在 GB 5768.1—2009、GB 5768.2—2009 和 GB 5768.3—2009 中规定此距离 $S \geqslant 25\text{cm}$。因此可从路侧标志板内缘挂垂线，测量从垂线到道路边缘线的距离。

(5)标志柱竖直度检验

标志柱竖直度可用垂线和直尺测量，也可用经纬仪测量。

(6)标志金属构件防腐质量检验

标志金属结构构件包括：薄钢板、立柱、横梁、门架、法兰盘及紧固件等。防腐处理方法有镀锌、镀铝、镀锌(铝)后涂塑、涂塑等。若采用热浸镀锌，薄钢板、立柱、横梁、门架、法兰盘等镀锌量为 $600\text{g/m}^2$，相当于锌层厚度为 $85\mu\text{m}$，紧固件的镀锌量为 $350\text{g/m}^2$，相当于锌层厚度为 $50\mu\text{m}$。镀锌构件表面应具有均匀完整的镀层，颜色一致，表面具有适用性光泽。不允许有流挂、滴瘤或多余结块。镀件表面应无漏镀、露铁等缺陷。

用涂层厚度仪，在标志立柱、横梁、门架、法兰盘及紧固件等构件表面测量，每一构件的上、中、下断面表面测 4 点，取平均值。

(7)标志基础尺寸检验

检验标志基础尺寸可检查施工记录，用钢卷尺抽检基础平面尺寸，如对基础埋深有怀疑时，应开挖检查。基础尺寸的允许偏差为 ±50mm。基础混凝土表面平整，修饰光洁，不应有蜂窝麻面。

(8)混凝土强度检验

检查试验记录。评价标志基础混凝土抗压强度，以标准养护 28d 龄期，边长 15cm 的立方体试件为准，可用非统计方法进行评定。

## 第三节　交通标线施工质量检测

交通标线涂料须由具有一定资质的检测机构检测，取得合格证，并经工地检验确认满足设计要求后方可使用。

1.基本要求

（1）路面标线涂料应符合《路面标线涂料》（JT/T 280—2004）的规定。

（2）路面标线喷涂前应仔细清洁路面，表面干燥，无起灰现象。

（3）路面标线的颜色、形状和设置位置应符合 GB 5768.1—2009、GB 5768.2—2009 和 GB 5768.3—2009 规定和设计的要求。

2.标线外观质量

（1）标线施工污染路面应及时清理。每处污染面积不超过 $10cm^2$。

（2）标线线形应流畅，与道路线形相协调，不允许出现折线，曲线应圆滑。

（3）反光表面玻璃珠应撒布均匀，附着牢靠，反光均匀。

（4）标线表面不应出现网状裂纹、断裂裂缝、气泡现象。

3.实测项目

道路标线工程施工质量实测项目如表 3-6-5 所示。

4.检测方法细则

（1）标线线段长度检验

检查的标线包括纵向标线、横向标线等各种中心虚线、车道分界线。检查时应按线段长度分别进行。用钢卷尺（精确度为 0.5mm）测量各种线段，每处测量 3 次，取平均值。

（2）标线宽度检验

检查的标线包括纵向标线、横向标线及其他标线。检查时应按线段宽度分别进行。用量程为 500mm（精确度为 0.5mm）的钢直尺，选择标线清晰、边缘整齐的地方，取垂直方向量取宽度，每处测量 3 次，取平均值。

（3）标线涂膜厚度检验

湿膜厚度检验：在标线施工现场，用湿膜厚度计直接测定标线湿膜厚度。

干膜厚度检验：在标线施工现场，把马口铁板设置在将要画线的地方，画线车以正常行驶速度进行喷涂，待干燥后，从铁板上取下标线，用卡尺测量厚度。

（4）标线纵向间距检验

检查的标线包括：纵向标线、横向标线等各种中心虚线、车道分界线。检查时应按线段空挡长度分别进行。用钢卷尺（精确度为 0.5mm），测量各种线段空挡长度，随机选定路段后，每种标线抽取 3 段空挡长度测量，取平均值。

**路面标线实测项目**(JTG F80/1—2004)　　表 3-6-5

<table>
<tr><th>项次</th><th colspan="2">检 查 项 目</th><th>确定值或允许偏差</th><th>检查仪具和频率</th></tr>
<tr><td rowspan="4">1</td><td rowspan="4">标线线段长度(mm)</td><td>6000</td><td>±50</td><td rowspan="4">钢卷尺:抽检 10%</td></tr>
<tr><td>4000</td><td>±10</td></tr>
<tr><td>3000</td><td>±30</td></tr>
<tr><td>1000～2000</td><td>±20</td></tr>
<tr><td rowspan="3">2</td><td rowspan="3">标线宽度(mm)</td><td>400～450</td><td>+15,0</td><td rowspan="3">钢尺:抽检 10%</td></tr>
<tr><td>150～200</td><td>+8,0</td></tr>
<tr><td>100</td><td>+5,0</td></tr>
<tr><td rowspan="3">3</td><td rowspan="3">标线厚度(mm)</td><td>常温型(0.12～0.4)</td><td>−0.03～+0.10</td><td rowspan="3">湿膜用厚度计，干膜用水平尺、塞尺或卡尺：抽检 10%</td></tr>
<tr><td>加热型(0.20～0.4)</td><td>−0.05～+0.15</td></tr>
<tr><td>热熔型(1.0～4.50)</td><td>−0.10～+0.50</td></tr>
<tr><td rowspan="4">4</td><td rowspan="4">标线纵向间距(mm)</td><td>9000</td><td>±45</td><td rowspan="4">钢卷尺:抽检 10%</td></tr>
<tr><td>6000</td><td>±30</td></tr>
<tr><td>4000</td><td>±20</td></tr>
<tr><td>3000</td><td>±15</td></tr>
<tr><td>5</td><td colspan="2">标线纵向偏位(mm)</td><td>±30</td><td>钢卷尺:抽检 10%</td></tr>
<tr><td>6</td><td colspan="2">标线剥落面积</td><td>剥落面积占检查总面积 0%～3%</td><td>4 倍放大镜:目测检查</td></tr>
<tr><td>7</td><td colspan="2">反光标线逆反射系数($cd \cdot lx^{-1} \cdot m^{-2}$)</td><td>白色标线≥150;黄色标线≥100</td><td>反光标线逆反射系数测量仪:抽检 10%</td></tr>
</table>

(5)标线横向偏位检验

检查的标线主要是纵向标线，包括中心线、车道分界线、边缘线等。用钢卷尺(精确度为 0.5mm)，测量道路横断面上各标线的位置。确定参照点(道路中心或边缘线的位置)，随机选定路段后，测量各种标线在道路横断面上的正确位置。

(6)标线剥落面积检验

首先要对全路标线质量进行初查，认为标线质量存在一定问题的路段，可作为检验的重点路段。随机划定标线 30m 长路段，仔细检查标线剥落面积，计算占总检查面积的百分比。

(7)反光标线逆反射系数检验

在反光标线逆反射系数测定前，应对全路段标线进行夜间反光效果的初评，认为记录反光效果不佳、不均匀的路段，应作为白天逆反射系数测定的重点路段。夜间评判反光效果不好的路段，用反光标线逆反射系数测定仪现场测定。在被测路段标线上安放测定仪，仪器与行车方向平行。安排5个测量点，每点分别读取3次数值，取平均值。

## 第四节　视线诱导设施施工质量检测

视线诱导设施按功能分为轮廓标、分合流诱导标、指示和警告性线形诱导标、突起路标四类。轮廓标以指示道路线形轮廓为主要目的；分流合流诱导标以指示交通分流、合流为主要目的；线形诱导标以指示或警告改变行驶方向为主要目的；突起路标以辅助和加强标线作用，保证行车安全，提高道路服务质量为主要目标。

### 一、轮廓标

1.基本要求

(1)轮廓标的结构、技术性能应符合《轮廓标技术条件》(JT/T 388—1999)的规定。

(2)轮廓标的布设应按JTG/T D81—2006和JTG F71—2006的规定或设计图进行。

(3)柱式轮廓标的基础混凝土强度、基础尺寸应符合设计要求。

(4)柱式轮廓标安装牢固，逆反射材料表面与行车方向垂直，色度性能和光度性能与设计相符。

2.外观质量

轮廓标的外观鉴定应符合下列要求：

(1)轮廓标不应有明显划伤、裂纹、损边、掉角等缺陷。表面应平整光滑，无明显凹痕或变形。

(2)轮廓标安装牢固，线形顺畅，具有防盗防破坏功能。

(3)柱式轮廓标的竖直度不超过±8mm/m。

3.实测项目

轮廓标的实测项目如表3-6-6所示。

4.检测方法细则

(1)轮廓标柱体尺寸检验

柱体轮廓标断面尺寸，使用直尺(量程200mm，精确度为0.5mm)测量边长和高。在测量底边边长时，底边实际最大长度宜在(100±5)mm 之间，在测量高度时，应以底边到顶角圆弧最高点为实际高度，宜在(120±5)mm 之间。

**轮廓标实测项目**(JTG F80/1—2004)　　表 3-6-6

| 项次 | 检 测 项 目 | 规定值或允许值 | 检查仪具和频率 |
|---|---|---|---|
| 1 | 柱式轮廓标尺寸(mm) | 三角形断面：其底边的允许偏差为±5，高的允许偏差为±5；柱式轮廓标的总长允许偏差为±10 | 尺量：抽检 10% |
| 2 | 安装角度 | 轮廓标反射片应尽可能与道路中线保持垂直，允许偏差为 0°～5° | 花杆、十字架、卷尺、万能角尺：抽检 10% |
| 3 | 纵向间距(mm) | ±100 | 钢卷尺：抽检 10% |
| 4 | 发射器中心高度(mm) | ±20 | 尺量：抽检 10% |
| 5 | 反射器外形尺寸(mm) | ±5 | 卡尺、直尺：抽检 10% |
| 6 | 光度性能 | 在合格标准内 | 检查检测报告 |

(2)安装角度检验

①柱式轮廓标安装角度检验：在道路路肩内边线，用花杆、十字架确定行进的纵向线(交通流方向)，通过 $B$ 点作交通流的垂直线，用万能角尺测量 $\alpha$ 角，应在规定的范围内，如图 3-6-1 所示。

②护栏上轮廓标安装角度检验：在道路路肩内边线，用花杆、十字架确定行进的纵向线(交通流方向)，通过 $B$ 点作交通流的垂直线，用万能角尺测量 $\alpha$ 角，应在规定的范围内，如图 3-6-2 所示。

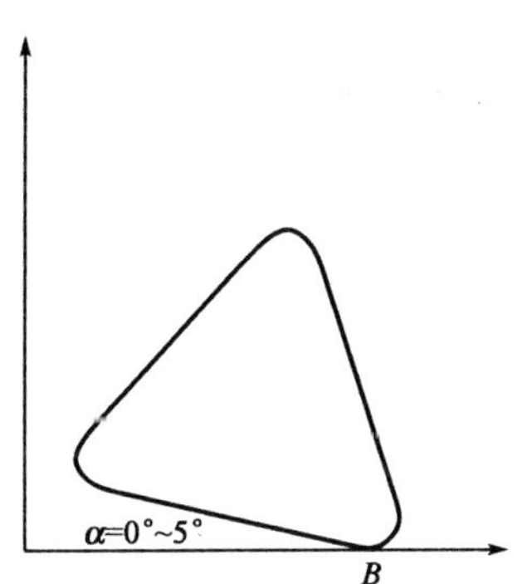


图 3-6-1　柱式轮廓标安装角度

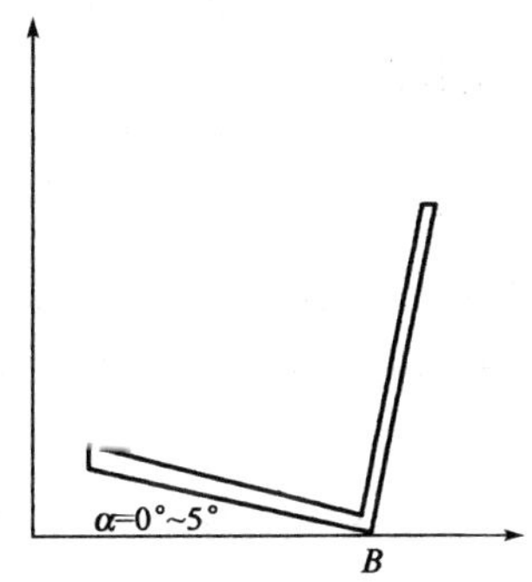


图 3-6-2　护栏轮廓标安装角度

(3)纵向间距检验

用钢卷尺(精确度为 1mm)测量轮廓标的纵向间距，应符合规范规定或满足设计要求。

(4)反射器中心高度检验

首先以地面为基准点，用钢尺(精确度为 1mm)量从基点到柱式轮廓标反射器顶面的高度，减去 90mm，即为反射器(柱式轮廓标)的中心高度。

护栏轮廓标的反射器为梯形，应先用钢卷尺(精确度为 1mm)量出护栏连接螺栓的中心位置，作为反射器中心，然后，用钢卷尺量取从地面基点至反射器中心的高度。

(5)反射器外形尺寸检验

用卡尺、直尺量取长方形、梯形或圆形反射器的外形尺寸。

(6)光度性能检测

检查检测报告。

## 二、突起路标

1. 基本要求

(1)突起路标的分类、品质应符合《突起路标》(GB/T 24725—2009)规定的要求。

(2)突起路标的布设及颜色应符合 GB 5768.1—2009、GB 5768.2—2009 和 GB 5768.3—2009 规定或设计的要求。

(3)突起路标与地面的黏结应牢固、耐久、能经受汽车轮胎的冲击而不会脱落。黏结剂的颜色应与路面一致。

(4)突起路标应在路面干燥、清洁、并经测量定位后施工。

2. 外观质量

突起路标的外观鉴定应符合下列要求：

(1)突起路标外观应美观，尺寸符合有关规定要求，表面光滑，不允许存在损坏轮胎的尖角、毛刺，表面无明显的划伤、裂纹。

(2)突起路标纵向应安装成直线，不允许出现折线。曲线段的突起路标与道路曲线相吻合，线形缓滑、顺畅。

(3)突起路标黏结剂不能对路面造成污染。

3. 实测项目

实起路标实测项目如表 3-6-7 所示。

4. 检测方法细则

(1)安装角度检验

突起路标的安装角度应以道路标线为基准，在正常情况下，突起路标带反光片的边线垂直于纵向标线，工程中可用万能角尺(量程 0°～320°，分辨率为 2′)测量突起路标的安装角度。

突起路标实测项目(JTG F80/1—2004)　　表 3-6-7

| 项次 | 检 查 项 目 | 规定值或允许偏差 | 检查仪器和频率 |
|---|---|---|---|
| 1 | 安装角度(°) | ±5 | 角尺:抽检 10% |
| 2 | 纵向间距(mm) | ±50 | 尺量:抽检 10% |
| 3 | 损坏及脱落数量占基数百分比 | <0.5% | 施工验收时检查损坏及脱落个数:抽检 10% |
| 4 | 横向偏位(mm) | ±50 | 尺量:抽检 10% |
| 5 | 承受压力(kN) | >160 | 检查试验记录 |
| 6 | 光度性能 | 在规定范围内 | 检查测试报告 |

(2)纵向间距检验

用钢卷尺(精确度为 1mm)测量突起路标的纵向间距,每处量 3 次,取平均值。

(3)损坏及脱落个数检验

目测检验突起路标的数量,以抽查路段范围内突起路标总数为基数,计算在该路段内突起路标损坏及脱落数量占基数的百分比。

(4)横向偏位检验

用钢卷尺(精确度为 0.5mm)测量道路横断面上突起路标的位置,确定参照点(道路中心线或边缘线的位置),与设计图比较。

(5)突起路标抗压强度检验

检查测试记录。

(6)光度性能检验

检查测试报告。

## 第五节　隔离设施施工质量检测

1. 基本要求

(1)隔离栅和防落网用的材料规格及防腐处理应符合《隔离栅技术条件》(JT/T 374—1998)及设计和施工规范规定的要求。

(2)用金属网制作的隔离栅和防落网,安装后要求网面平整,无明显翘曲现象,刺铁丝的中心竖直度小于 15mm/m。

(3)防落网应网孔均匀,结构牢固,围封严密。

(4)金属立柱弯曲超过 8mm/m,有明显变形、卷边、划痕等缺陷者,以及混凝土立柱折断者均不得使用。

(5)立柱埋深应符合设计要求；立柱与基础、立柱与网片之间的连接应稳固；混凝土基础强度不小于设计要求。

(6)隔离栅起点应符合端头围封的设计要求。

2.隔离设施外观质量

(1)电焊网不得脱焊、虚焊。

(2)镀锌层表面应具有均匀完整的锌层，颜色一致、光滑，不允许有流挂、滴瘤或多余的结块；镀铝构件表面应连接，不得有明显影响外观质量的熔渣、色泽暗淡及假浸、漏浸等缺陷；镀层表面应无漏镀、漏铁等缺陷；涂层均匀光滑连续，无肉眼可分辨的小孔、空间、孔隙、裂缝、脱皮及其他缺陷。

(3)混凝土立柱应密实平整，无裂缝、翘曲、蜂窝、麻面等缺陷。

(4)有框架的隔离网和防护网，网片应与网架焊牢，网片拉紧；整网铺设的隔离栅、端柱应与网连接牢靠，网面平整绷紧；刺铁丝间距符合设计要求，刺线平直、绷紧。

(5)隔离栅安装位置应符合设计规定；安装线形整体流畅并与地形相协调；封闭严实，安装牢靠。

3.实测项目

隔离设施施工质量实测项目如表3-6-8所示。

**隔离栅和防落网实测项目**(JTG F80/1—2004)　　表3-6-8

| 项次 | 检验项目 | 规定值或允许偏差 | 检查仪具和频率 |
|---|---|---|---|
| 1 | 隔离栅防落网高度(mm) | ±15 | 钢卷尺：每100根测2根 |
| 2 | 镀(涂)层厚度(μm) | 符合设计 | 测厚仪抽检5% |
| 3 | 立柱埋深 | 符合设计 | 检查施工记录 |
| 4 | 网面平整度(mm) | ±2 | 直尺、塞尺 |
| 5 | 立柱中距(mm) | ±30 | 钢卷尺：每100根测2根 |
| 6 | 混凝土强度(MPa) | 在合格标准范围内 | 检查施工记录 |
| 7 | 立柱竖直度(mm/m) | ±8 | 垂线、尺量：每100根测2根 |

4.检测方法细则

(1)隔离栅、防落网高度检验

隔离栅、防落网高度是指从路面到隔离栅、防落网顶的总高度。用钢卷尺(精确度为0.5mm)测量从路面到网顶的高度，每处量取3次，取平均值。

(2)镀(涂)层厚度检验

用镀层测厚仪(量程为1200μm，精确度为1μm)分别测量金属立柱、斜撑的镀(涂)层厚度，各构件每处在不同断面测量4次，取平均值。

用涂层测厚仪（量程为400$\mu$m，精确度为0.1$\mu$m）测量网丝的涂层厚度，在不同断面上测量4次，取平均值。

（3）混凝土柱埋深检验

立柱埋深施工记录，如有疑问，必要时可开挖检查，用皮尺量计，每处量取3次，计算平均值。

（4）网面平整度检验

用2m直尺紧靠在网面上，在网面上移动，检查网面凹陷处与直尺的最大间隙，用塞尺量取，取最大值。

（5）立柱中距检验

立柱间距用皮尺量计，每100根测2根，目测检查立柱纵向线形，不得出现参差不齐的现象，柱顶应平顺，不得出现高低不平的现象。

（6）混凝土强度检验

混凝土立柱和基础施工的同时应做试件，每工作班做一组（3件），检查试件强度，抽检10%。

（7）立柱竖直度

用垂线和直尺测量立柱的竖直度，每100根测2根。

## 第六节　防眩设施施工质量检验

1.基本要求

（1）防眩设施整体应与路线线形一致，美观大方，结构合理。

（2）防眩板的材质、镀锌量、几何尺寸应符合《公路防眩设施技术条件》（GB/T 24718—2009）及设计和施工规范要求。

（3）防眩设施的几何尺寸及遮光角应符合设计要求。

（4）平面弯曲度不得超过板长的0.3%。

（5）防眩设施安装牢固。

2.外观质量

（1）防眩板表面不得有气泡、裂纹、疤痕、端面分层等缺陷。

（2）防眩设施色泽均匀。

3.防眩设施的实测项目

防眩设施实测项目如表3-6-9所示。

4.检测方法细则

（1）防眩设施安装相对高度的检验

防眩设施安装相对高度是指从路面到防眩板顶的总高度。首先以地面高度作为基点，用钢卷尺（量程 3000mm，精确度为 0.5mm）量取从基点到防眩板顶的总高度。每处量 3 次，取平均值。

**防眩设施实测项目**（JTG F80/1—2004）　　表 3-6-9

| 项次 | 检 查 项 目 | 规定值或允许偏差 | 检查方法和频率 |
|---|---|---|---|
| 1 | 防眩设施安装相对高度（mm） | ±10 | 尺量：抽检 5% |
| 2 | 防眩设施镀（涂）层厚度 | 符合设计 | 涂层厚度仪：抽检 5% |
| 3 | 防眩板宽度（mm） | ±5 | 尺量：抽检 10% |
| 4 | 板条设置间距（mm） | ±10 | 尺量：抽检 10% |
| 5 | 竖直度（mm/m） | ±5 | 垂线、尺量：抽检 10% |
| 6 | 顺直度（mm/m） | ±8 | 拉线、尺量：抽检 10% |

（2）防眩设施镀（涂）层厚度检验

用涂层测厚仪（量程 1200μm，精确度为 1μm）测量防眩板金属构件各部分的镀（涂）层厚度，各构件每处在不同的断面测 3 次，取平均值。

（3）防眩板宽度检验

用直尺（量程 500mm，精确度为 0.5mm）在防眩板上、中、下部位，量取板宽，取平均值。

（4）防眩板设置间距检验

用钢卷尺（量程 5000mm，精确度为 0.5mm）测量防眩板中到中间距。每处测量 3 次，取平均值。

（5）防眩板竖直度检验

用垂线和直尺（精确度为 0.5mm）测量防眩板的竖直度。用垂线对照防眩板侧边，从防眩板顶面固定垂线，量取防眩板偏离垂线的距离。

（6）防眩板安装顺直度检验

在道路直线段，先确定道路中线的位置和防眩板中心线的位置，用 10m 拉线分别固定在防眩板两端中心线位置，用直尺（精确度为 0.5mm）量防眩板偏离中心线的距离；在道路曲线段，防眩板应与道路线形协调一致，防眩板线形应圆滑顺畅。

# 第七章　交(竣)工验收检测

## 第一节　概　　述

### 一、公路工程验收的划分

公路工程验收分为交工验收和竣工验收两个阶段。

1.交工验收阶段

其主要工作:检查施工合同的执行情况,评价工程质量,对各参建单位工作进行初步评价。

2.竣工验收阶段

其主要工作:对工程质量、参建单位和建设项目进行综合评价,并对工程建设项目作出整体性综合评价。

### 二、交(竣)工验收的依据

(1)批准的项目建议书、工程可行性研究报告。

(2)批准的工程初步设计、施工图设计及设计变更文件。

(3)施工许可。

(4)招标文件及合同文本。

(5)行政主管部门的有关批复、批示文件。

(6)公路工程技术标准、规范、规程及国家有关部门的相关规定。

## 第二节　交工验收检测

### 一、组织与实施

根据《公路工程竣(交)工验收办法》(2004 年第 3 号令)(以下简称"验收办法")、《公路工程竣(交)工验收办法实施细则》(交公路发〔2010〕65 号)及《公路工程质量检验评定标准》(JTG F80/1—2004)(以下简称"评定标准")的有关规定。公路工程项目路基、桥梁、路面、隧道、交通安全设施交工验收工作分五个方面、三个层次进行。第一个方面检测工作内容主要为路基上路堤(96区)顶面、排水、小桥、涵洞、支挡工程的验收检测;第二个方面检测工作内容主要为桥梁工程(除小桥)下部、上部及桥面系的验收检测;第三个方面检测工作内容主要为隧道工程衬砌、隧道宽度、净空及隧道路面的验收检测;第四个方面工作内容为路面面层的验收检测;第五个方面工作内容为交通安全设施的标志、标线及防护栏的验收检测。验收时间安排主要根据工程的进展情况而定。第一个层次由承包人对各分部工程按评定标准所列基本要求、实测项目和外观鉴定进行自检,对工程质量进行自我评价;第二个层次由监理处按规定频率对工程质量进行独立抽检,对承包人自检资料进行签字确认,对工程质量进行评定;第三个层次由政府质监机构按评定标准规定结合验收办法对工程质量进行检测评定。

## 二、验收检测内容、方法和抽检频率

交工验收检测分为工程实体检测、外观检查、内业资料审查三个部分。

1.路基工程

(1)工程实体检测

①抽检频率。

a.路基工程压实度、边坡的抽检每公里不少于1处,每个合同段路基压实度检查点数不少于10点。

b.路基弯沉检测,高速公路、一级公路以每半幅每公里为评定单元,其他等级公路以每公里为评定单元。

c.排水工程的断面尺寸每公里抽查2～3处,铺砌厚度按合同段抽查不少于3处。

d.小桥抽查不少于总数的20%且每种类型抽查不少于1座。

e.涵洞抽查不少于总数的10%且每种类型抽查不少于1道。

f.支挡工程抽查不少于总数的10%且每种类型抽查不少于1处。

②抽查项目。

路基工程抽查项目见表3-7-1。

**路基工程抽查项目表** 表3-7-1

| 单位工程 | 分部工程类别 | 抽查项目 | 权值 | 检测方法及频率 | 权值 |
|---|---|---|---|---|---|
| 路基工程 | 路基土石方 | 压实度 | 3 | 灌砂法:每处每车道不少于1点 | 3 |
| | | 弯沉 | 3 | 贝克曼梁法:双车道每公里不少于80点 | |
| | | 边坡 | 1 | 坡度尺:每处两侧各测两个坡面 | |

续上表

| 单位工程 | 分部工程类别 | 抽查项目 | 权值 | 检测方法及频率 | 权值 |
|---|---|---|---|---|---|
| 路基工程 | 排水工程 | 断面尺寸 | 1 | 尺量：每处抽两个断面 | 1 |
| | | 铺砌厚度 | 3 | 每合同段开窗检查5～10个断面 | |
| | 小桥 | 混凝土强度 | 3 | 用回弹仪或超声波测每座的上、下部结构，均不少于10个测区 | 2 |
| | | 主要结构尺寸 | 1 | 尺量：每座抽10～20个 | |
| | 涵洞 | 混凝土强度 | 3 | 每处用回弹仪或超声波测不少于10个测区 | 1 |
| | | 结构尺寸 | 2 | 尺量：每道5～10个 | |
| | 支挡工程 | 混凝土强度 | 3 | 每处用回弹仪或超声波测不少于10个测区 | 2 |
| | | 断面尺寸 | 1 | 尺量：每处开窗检查1个断面 | |

(2)外观检查

路基工程外观抽查项目见表3-7-2。

**路基工程外观抽查项目表** 表3-7-2

| 单位工程 | 分部工程类别 | 检查内容及扣分标准 | 备　注 |
|---|---|---|---|
| 路基工程 | 路基土石方 | 1.路基边坡坡面平顺、稳定，曲线圆滑，不得亏坡，不符合要求时，单向累计长度每50m扣1～2分。<br>2.路基沉陷、开裂，每处扣2～5分 | 按每公里累计扣分的平均值扣分 |
| | 排水工程 | 1.排水沟内侧及沟底应平顺，无阻水现象，外侧无脱空现象，不符合要求时，每处扣1～2分。<br>2.砌体坚实、勾缝牢固，不符合要求时，每5m扣1分 | 按每公里累计扣分的平均值扣分 |
| | 小桥 | 1.混凝土表面粗糙，模板接缝处不平顺，有漏浆现象，扣1～3分。<br>2.梁板及接缝渗、漏水，每处扣1分。<br>3.混凝土表面蜂窝麻面面积不得超过该部位面积的0.5%，不符合要求时，每超过0.5%扣3分。<br>4.桥梁的内外轮廓线条应顺滑清晰，栏杆、护栏应牢固、直顺、美观，不符合要求时，扣1～3分。<br>5.桥头路面平顺，无跳车现象，不符合要求时，扣2～4分。<br>6.桥下施工弃料应清理干净，不符合要求时，扣1～3分 | 按每座累计扣分的平均值扣分 |
| | 涵洞 | 1.涵洞进出口不顺适，洞身不直顺，帽石、八字墙、一字墙不平直，存在翘曲现象，洞内因杂物、淤泥产生阻水现象，每种病害扣1～3分。<br>2.台身、涵底铺砌、拱圈、盖板有裂缝时，每道裂缝扣1～3分。<br>3.涵洞处路面平顺，无跳车现象，不符合要求时，扣2～4分 | 按每道累计扣分的平均值扣分 |

续上表

| 单位工程 | 分部工程类别 | 检查内容及扣分标准 | 备　注 |
|---|---|---|---|
| 路基工程 | 支挡工程 | 1. 砌体表面平整,砌缝完好、无开裂现象,勾缝平顺、无脱落现象,不符合要求时扣1～3分。<br>2. 沉降缝垂直、整齐,上下贯通,不符合要求时,扣1～3分。<br>3. 泄水孔坡度向外,无阻塞现象,不符合要求时,扣1～3分。<br>4. 混凝土表面的蜂窝麻面面积不得超过该部位面积的0.5%,不符合要求时,每超过0.5%扣3分。<br>5. 墙身裂缝,局部破损,每处扣3分 | 按每处累计扣分值的平均值扣分 |

2. 桥梁工程

(1)工程实体检测

①抽检频率。

a. 特大桥、大桥逐座检查;中桥抽检不少于总数的30%且每种桥型抽查不少于1座。

b. 桥梁下部工程抽查不少于墩台总数的20%且不少于5个,墩台数量少于5个时全部检测。每种结构形式抽查不少于1个。

c. 桥梁上部工程抽查不少于总孔数的20%且不少于5个,孔数少于5个时全部检测。每种结构形式抽查不少于1个。

②抽查项目。桥梁工程抽查项目见表3-7-3。

**桥梁工程抽查项目表**　　表3-7-3

| 单位工程 | 分部工程类别 | 抽查项目 | 权值 | 检测方法及频率 | 权值 |
|---|---|---|---|---|---|
| 桥梁工程(不含小桥) | 下部结构 | 墩台混凝土强度 | 3 | 用回弹仪或超声波测每个墩台,均不少于2个测区 | 2 |
| | | 主要结构尺寸 | 1 | 尺量:每个墩台测2～4点 | |
| | | 钢筋保护层厚度 | 1 | 钢筋定位仪:每墩台测2～4处 | |
| | | 墩台竖直度 | 1 | 2m直尺:每个墩台测两个方向 | |
| | 上部结构 | 混凝土强度 | 3 | 抽查主要承重构件,用回弹仪或超声波测每孔,均不少于10个测区 | 3 |
| | | 主要结构尺寸 | 2 | 尺量:每座桥测10～20点 | |
| | | 钢筋保护层厚度 | 1 | 钢筋定位仪:每孔测2～4处 | |
| | 桥面系 | 伸缩缝与桥面高差 | 1 | 3m直尺:逐条缝检测 | 2 |

续上表

| 单位工程 | 分部工程类别 | 抽查项目 | 权值 | 检测方法及频率 | 权值 |
|---|---|---|---|---|---|
| 桥梁工程（不含小桥） | 桥面系 | 桥面铺装平整度 | 1 | 每联＞100m 时，用连续式平整度仪分车道检测；不足 100m 时，每联用 3m 直尺测 3 处，每处 3 尺。最大间隙：高速公路、一级公路允许偏差为 3mm，其他公路允许偏差为 5mm | 2 |
| | | 横坡 | 1 | 水准仪：每 100m 测不少于 3 个断面 | |
| | | 桥面抗滑 | 2 | 摆式仪及铺砂法：每 200m 测不少于 3 处 | |

(2)外观检查

桥梁工程外观抽查项目见表 3-7-4。

**桥梁工程外观抽查项目表** 表 3-7-4

| 单位工程 | 分部工程类别 | 检查内容及扣分标准 | 备注 |
|---|---|---|---|
| 桥梁工程（不含小桥） | 下部结构、上部结构及桥面系 | 基本要求：<br>1. 混凝土表面平滑，模板接缝处平顺，无漏浆现象，不符合要求时，扣 1～3 分。<br>2. 混凝土表面蜂窝麻面面积不得超过该部位面积的 0.5%，不符合要求时，每超过 0.5%，扣 3 分。<br>3. 混凝土表面出现非受力裂缝，减 1～3 分；结构出现受力裂缝宽度超过设计规定或设计未规定时，超过 0.15mm 的，每条扣 2～3 分，项目法人应对其是否影响结构承载力组织分析论证。<br>4. 混凝土结构有空洞或钢筋外露，每处扣 2～5 分，并应进行处理。<br>5. 施工临时预埋件、设施及建筑垃圾、杂物等未清除处理时，扣 1～2分。<br>下部结构要求：<br>1. 支座位置应准确，不得有偏歪、不均匀受力、脱空及非正常变形现象，不符合要求时，每个扣 1 分。<br>2. 锥、护坡按路基工程的支挡工程标准检查扣分，若沉陷，每处扣 1～3 分，并进行处理。<br>上部结构要求：<br>1. 预制构件安装应平整，不符合要求时，每处扣 1 分。<br>2. 悬臂浇筑的各梁段之间应接缝平顺，色泽一致，无明显错台，不符合要求时，每处扣 2～5 分。<br>3. 主体钢结构外露部分的涂装和钢缆的防护防蚀层必须保护完好，不符合要求时，扣 1～2 分，并应及时处理。<br>4. 拱桥主拱圈线形圆滑无局部凹凸，不符合要求时，扣 2～5 分，拱圈无裂缝，不符合要求时，扣 2～5 分，并对其是否影响结构承载力进行分析论证<br>5. 梁板及接缝渗、漏水，每处扣 1 分 | 基本要求同时适用于下部结构、上部结构和桥面系 |

续上表

| 单位工程 | 分部工程类别 | 检查内容及扣分标准 | 备注 |
| --- | --- | --- | --- |
| 桥梁工程(不含小桥) | 下部结构、上部结构及桥面系 | 桥面系要求：<br>1.桥梁的内外轮廓线应顺滑清晰，不符合要求时，扣1～3分。<br>2.栏杆、护栏应牢固、直顺、美观，不符合要求时，扣1～2分。<br>3.桥面铺装沥青混凝土表面应平整密实，不应有泛油、松散、裂缝、明显离析等现象，有上述缺陷的面积(凡属单条的裂缝，应按其实际长度乘以0.2m宽度，折算成面积)之和不得超过受检面积的0.03%，不符合要求时，每超过0.03%扣1分。<br>4.伸缩缝无阻塞、变形、开裂现象，不符合要求时，减1～3分；桥头有跳车现象，每处扣2～4分。<br>5.泄水管安装不阻水，桥面无低凹，排水良好，不符合要求时，扣3～5分 | |

3.隧道工程

(1)工程实体检测

①抽检频率。隧道逐座检查。

②抽查项目。隧道工程抽查项目见表3-7-5。

**隧道工程抽查项目表** 表3-7-5

| 单位工程 | 分部工程类别 | 抽查项目 | 权值 | 检测方法及频率 | 权值 |
| --- | --- | --- | --- | --- | --- |
| 隧道工程 | 衬砌 | 衬砌强度 | 3 | 用回弹仪或超声波测每座中、短隧道，均不少于10个测区；特长、长隧道均不少于20个测区 | 3 |
| | | 衬砌厚度 | 3 | 用高频地质雷达连续检测拱顶、拱腰三条线或钻孔检查 | |
| | | 大面平整度 | 1 | 衬砌平整度实测每座中、短隧道测5～10处，长隧道测10～20处，特长隧道测20处以上 | |
| | 总体 | 宽度 | 1 | 每座中、短隧道测5～10点，长隧道测10～20点，特长隧道测不少于20点 | 1 |
| | | 净空 | 2 | 每座中、短隧道测5～10点，长隧道测10～20点，特长隧道测不少于20点 | |
| | 隧道路面 | 面层 | | 按照路面要求 | 2 |

(2)外观检查

隧道工程外观抽查项目见表 3-7-6。

**隧道工程外观抽查项目表** 表 3-7-6

| 单位工程 | 分部工程类别 | 检查内容及扣分标准 | 备注 |
| --- | --- | --- | --- |
| 隧道工程 | 衬砌 | 1. 对混凝土衬砌表面密实度，每一延米的隧道面积中，蜂窝麻面和气泡面积不超过 0.5%，不符合要求时，每超过 0.5%，扣 0.5～1 分；蜂窝麻面深度超过 5mm 时，不论面积大小，每处扣 1 分。<br>2. 施工缝平顺无错台，不符合要求时，每处扣 1～2 分。<br>3. 隧道衬砌混凝土表面出现裂缝，每条裂缝扣 0.5～2 分；出现受力裂缝时，钢筋混凝土结构裂缝宽度大于 0.2mm 的或混凝土结构裂缝宽度大于 0.4mm 的，每条扣 2～5 分，项目法人应对其是否影响结构安全组织分析论证 | |
| | 总体 | 1. 洞内没有渗、漏水现象，不符合要求时，高速公路、一级公路扣 5～10 分，其他公路隧道扣 1～5 分。冻融地区存在渗漏现象时，扣分取上限值。<br>2. 洞内排水系统应畅通、无阻塞现象，不符合要求时，扣 2～5 分，并应查明原因进行处理。<br>3. 隧道洞门按支挡工程的要求检查并扣分 | |
| | 隧道路面 | 按路面工程的扣分标准检查并扣分 | |

4. 路面工程

(1)工程实体检测

①抽检频率。路面工程的弯沉、平整度检测，高速公路、一级公路以每半幅每公里为评定单元，其他等级公路以每公里为评定单元。其他抽查项目每公里不少于 1 处。

②抽查项目。路面工程抽查项目见表 3-7-7。

**路面工程抽查项目表** 表 3-7-7

| 单位工程 | 分部工程类别 | 抽查项目 | 权值 | 检测方法及频率 | 权值 |
| --- | --- | --- | --- | --- | --- |
| 路面工程 | 路面面层 | 沥青路面压实度 | 3 | 每处不少于 1 点 | 1 |
| | | 沥青路面弯沉 | 3 | 每评定单元检测不少于 40 点，各车道交替检测 | |
| | | 沥青路面车辙 | 1 | 允许偏差：≤10mm；每处每车道至少测 1 个断面 | |
| | | 沥青路面渗水系数 | 2 | 每处不少于 1 点 | |
| | | 混凝土路面强度 | 3 | 每处不少于 1 点 | |

续上表

| 单位工程 | 分部工程类别 | 抽查项目 | 权值 | 检测方法及频率 | 权值 |
|---|---|---|---|---|---|
| 路面工程 | 路面面层 | 混凝土路面相邻板高差 | 1 | 每处测膨胀缝位置相邻板高差不少于3点 | |
| | | 平整度 | 2 | 高速公路、一级公路连续检测 | |
| | | 抗滑 | 2 | 高速公路、一级公路检测摩擦因数、构造深度 | |
| | | 厚度 | 3 | 每处不少于1点 | |
| | | 横坡 | 1 | 每处1～2个断面 | |

(2)外观检查

路表工程外观抽查项目见表3-7-8。

**路面工程外观抽查项目表** 表3-7-8

| 单位工程 | 分部工程类别 | 检查内容及扣分标准 | 备注 |
|---|---|---|---|
| 路面工程 | 面层 | 水泥混凝土路面：<br>1.混凝土板的断裂块数，高速公路和一级公路不得超过0.2%；其他公路不得超过0.4%，每超过0.1%扣2分。<br>2.混凝土板表面的脱皮、印痕、裂纹、石子外露和缺边掉角等病害现象，高速公路和一级公路不得超过受检面积的0.2%；其他公路不得超过0.3%，不符合要求时，每超过0.1%扣2分。对于连续配筋的混凝土路面和钢筋混凝土路面，因干缩、温缩产生的裂缝，可不扣分。<br>3.路面侧石应直顺、曲线圆滑，越位20mm以上者，每处扣1～2分。<br>4.接缝填筑应饱满密实，不污染路面。不符合要求时，累计长度每100m扣2分。<br>5.胀缝有明显缺陷时，每条扣1～2分。<br>沥青混凝土面层、沥青碎石面层：<br>1.面层有修补现象，每处扣1～3分。<br>2.表面应平整密实，不应有泛油、松散、裂缝和明显离析等现象，对于高速公路和一级公路，有上述缺陷的面积(凡属单条裂缝，则按其实际长度乘以0.2m的宽度折算成面积)之和不得超过受检面积的0.03%，其他公路不得超过0.05%。不符合要求时，每超过0.03%或0.05%扣2分；半刚性基层的反射裂缝可不计作施工缺陷，但应及时进行灌缝处理。<br>3.搭接处应紧密、平顺，烫缝不应枯焦。不符合要求时，每累计10m长扣1分。<br>4.面层与路缘石及其他构筑物应密贴接顺，不得有积水或漏水现象，不符合要求时，每处扣1～2分。 | 按每公里累计扣分的平均值扣分 |

续上表

| 单位工程 | 分部工程类别 | 检查内容及扣分标准 | 备注 |
| --- | --- | --- | --- |
| 路面工程 | 面层 | 沥青表面处治：<br>1. 表面应平整密实，不应有松散、油包、波浪、泛油、封面料明显散失等现象，有上述缺陷的面积之和不得超过受检面积的 0.2%，不符合要求时，每超过 0.2%扣 2 分。<br>2. 无明显碾压轮迹。不符合要求时，每处扣 1 分。<br>3. 面层与路缘石及其他构筑物应密贴接顺，不得有积水现象。不符合要求时，每处扣 1～2 分 | 按每公里累计扣分的平均值扣分 |

5. 交通安全设施

(1)工程实体检测

①抽检频率。交通安全设施中防护栏、标线每公里抽查不少于 1 处；标志抽查不少于总数的 10%。

②抽查项目。交通安全设施抽查项目见表 3-7-9。

**交通安全设施抽查项目表** 表 3-7-9

| 单位工程 | 分部工程类别 | 抽查项目 | 权值 | 检测方法及频率 | 权值 |
| --- | --- | --- | --- | --- | --- |
| 交通安全设施 | 标志 | 立柱竖直度 | 1 | 2m 直尺：每柱测两个方向 | |
| | | 标志板净空 | 2 | 尺量：取不利点 | |
| | | 标志板厚度 | 1 | 螺旋测微仪：每块不少于 2 个测点 | |
| | | 标志面反光膜等级及逆射光系数 | 2 | 每块不少于 2 个测点 | |
| | 标线 | 反光标线逆反射系数 | 2 | 每处不少于 5 个测点 | |
| | | 标线厚度 | 2 | 每处不少于 5 个测点 | |
| | 防护栏 | 波形梁板基底金属厚度 | 2 | 每处不少于 5 个测点 | |
| | | 波形梁钢护栏立柱壁厚 | 2 | 螺旋测微仪，每处不少于 5 个测点 | |
| | | 波形梁钢护栏立柱埋入深度 | 2 | 尺量：每处不少于 1 根 | |
| | | 波形梁钢护栏横梁中心高度 | 1 | 尺量：每处不少于 5 个测点 | |
| | | 混凝土护栏强度 | 2 | 用回弹仪或超声波每处不少于 2 个测区，测区总数不少于 10 个 | |
| | | 混凝土护栏断面尺寸 | 2 | 尺量：每处不少于 5 个测点 | |

(2)外观检查

交通安全设施外观抽查项目见表 3-7-10。

交通安全设施外观抽查项目表 表 3-7-10

| 单位工程 | 分部工程类别 | 检查内容及扣分标准 | 备注 |
| --- | --- | --- | --- |
| 交通安全设施 | 标志 | 1.金属构件镀锌面不得有划痕、擦伤等损伤,不符合要求时,每一构件扣 2 分。<br>2.标志板面不得有划痕、较大气泡和颜色不均匀等表面缺陷,不符合要求时,每块板扣 2 分 | 标志按每块累计扣分的平均值扣分 |
| | 标线 | 1.标线施工污染路面应及时清理,每处污染面积不超过 $10cm^2$,不符合要求时,每处减 1 分。<br>2.标线线形应流畅,与道路线形相协调,曲线圆滑,不允许出现折线,不符合要求时,每处扣 2 分。<br>3.反光标线玻璃珠应撒布均匀,附着牢固,反光均匀,不符合要求时,每处扣 2 分。<br>4.标线表面不应出现网状裂缝、断裂裂缝、起泡现象,不符合要求时,每处扣 1 分 | 按每公里累计扣分的平均值扣分 |
| | 防护栏 | 1.波形梁线形顺适,色泽一致,不符合要求时,每处扣 1～2 分。<br>2.立柱顶部应无明显塌边、变形、开裂等现象,不符合要求时,每处扣 2 分。<br>3.混凝土护栏预制块不得有断裂现象,不符合要求时每处扣 1 分;掉边、掉角长度每处不得超过 2cm,否则每块混凝土构件扣 1 分;混凝土表面蜂窝、麻面、裂缝、脱皮等缺陷面积不超过该构件面积的 0.5%,不符合要求时,每超过 0.5%扣 2 分 | 按每公里累计扣分的平均值扣分 |

## 三、内业资料审查

1.质量保证资料

(1)所用原材料、半成品和成品质量检验结果。

(2)材料配比、拌和加工控制检验和试验数据。

(3)地基处理、隐蔽工程施工记录和大桥、隧道施工监控资料。

(4)各项质量控制指标的试验记录和质量检验汇总图表。

(5)施工过程中遇到的非正常情况记录及其对工程质量影响分析。

(6)施工过程中如发生质量事故,经处理补救后,达到设计要求的认可证明文件。

(7)中间交工验收资料。

(8)施工过程各方指出较大质量问题、交工验收遗留问题及试运营期出现的质量问题处理情况资料。

2.审查要求及扣分标准

(1)质量保证资料及最基本的数据齐全后方可组织鉴定。

(2)资料应真实、可靠,应有施工过程中的原始记录、原始资料(原件),不应有涂改现象,有欠缺时,扣 2~4 分。

(3)资料应齐全、完整,有欠缺时,扣 1~3 分。资料应系统、客观,反映出检查项目、频率、质量指标满足有关标准、规范要求,有欠缺时,扣 1~3 分。

(4)资料记录应字迹清晰、内容详细、计算准确,整理应分类编排、装订整齐,有欠缺时,扣 1~2 分。

(5)基本数据(原材料、标准试验、工艺试验等)、检验评定数据有严重不真实或伪造现象的,在合同段内,扣 5 分。

### 四、提交检测资料

质量监督机构的工程质量检测意见、项目检测报告、质量鉴定报告应在对检测结果分析的基础上提出。

(1)工程质量检测意见主要包括:检测工作是否完成,指出工程质量存在的缺陷,交工验收前需完善的问题,主要意见。

(2)项目检测报告主要包括:检测结果及工程质量的基本评价,工程质量存在的主要问题和缺陷,工程质量是否具备试运营条件。

(3)质量鉴定报告主要包括:鉴定工作依据,抽检项目检测数据、外观检查、内业资料审查及复测部分指标情况,交工验收提出的质量问题、质量监督机构指出的问题及试运营期间出现的质量缺陷等的处理情况,鉴定评分及质量等级。

## 第三节　竣工验收检测

### 一、竣工验收检测依据

根据《公路工程竣(交)工验收办法》(2004 年第 3 号令)(以下简称“验收办法”)、《公路工程竣(交)工验收办法实施细则》(交公路发〔2010〕65 号)有关规定验收检测。

### 二、竣工验收检测内容、方法和抽检频率

1.工程实体检测

(1)路面工程。路面工程指标全部采用自动化设备检测,其中弯沉、平整度检测以每半幅每公里为评定单元,其他抽查项目每公里不少于 1 处。

(2)桥梁工程。特大桥、大桥逐座检查;中桥抽查不少于总数的30%且每种桥型抽查不少于1座。

桥梁下部工程抽查不少于墩台总数的20%且不少于5个,墩台数量少于5个时全部检测。每种结构形式抽查不少于1个。

桥梁上部工程抽查不少于总孔数的20%且不少于5个,孔数少于5个时全部检测。每种结构形式抽查不少于1个。

工程实体检测项目、频率、方法见表3-7-11。

**工程实体检测项目表** 表3-7-11

<table>
<tr><th>单位工程</th><th>分部工程类别</th><th colspan="2">抽 查 项 目</th><th>权值</th><th>检测方法及频率</th><th>权值</th></tr>
<tr><td rowspan="6">路面工程</td><td rowspan="6">路面面层</td><td colspan="2">沥青路面弯沉</td><td>3</td><td>KUAB50型落锤式弯沉仪(FWD),逐车道检测,50m1点</td><td rowspan="6">3</td></tr>
<tr><td colspan="2">平整度</td><td>2</td><td>上海普勒斯路面质量综合测试车,四车道连续检测</td></tr>
<tr><td colspan="2">沥青路面车辙</td><td>1</td><td>上海普勒斯路面质量综合测试车,四车道连续检测</td></tr>
<tr><td rowspan="2">抗滑</td><td>构造深度</td><td rowspan="2">2</td><td>上海普勒斯路面质量综合测试车,四车道连续检测</td></tr>
<tr><td>摩擦系数</td><td>北京路兴SFC—2004II型路面摩擦系数测试车,四车道连续检测</td></tr>
<tr><td colspan="2">水泥路面相邻板高差</td><td>1</td><td>3m直尺量:每公里抽检1处,每处每幅测膨胀缝位置3点</td></tr>
<tr><td rowspan="5">桥梁工程(不含小桥)</td><td>结构下部</td><td colspan="2">钢筋保护层厚度</td><td>1</td><td>抽查不少于墩台总数的20%且不少于5个,墩台数少于5个时全部检测,每墩台测2~4处</td><td>2</td></tr>
<tr><td>结构上部</td><td colspan="2">钢筋保护层厚度</td><td>1</td><td>抽查不少于总孔数的20%且不少于5个,总孔数少于5个时全部检测,每孔测2~4处</td><td>3</td></tr>
<tr><td rowspan="3">桥面系</td><td colspan="2">桥面铺装平整度</td><td>1</td><td>上海普勒斯路面质量综合测试车,四车道连续检测</td><td rowspan="3"></td></tr>
<tr><td rowspan="2">桥面抗滑</td><td>构造深度</td><td rowspan="2">2</td><td>上海普勒斯路面质量综合测试车,四车道连续检测</td></tr>
<tr><td>摩擦系数</td><td>北京路兴SFC—2004II型路面摩擦系数测试车,四车道连续检测</td></tr>
<tr><td>交通安全设施</td><td>标志</td><td colspan="2">标志面反光膜等级及逆射光系数</td><td>2</td><td>抽查不少于总数的10%,每块不少于2个测点</td><td>1</td></tr>
</table>

2. 外观检查

外观检查由省质安局负责组织实施，结合交工验收时遗留的外观缺陷、各合同段交工质量检测意见以及项目管理单位在试运营期内的养护、外观检查资料，查看相应路段的工程质量，现场复核试运营期间出现问题的处理情况，并对交工验收遗留问题的处理情况进行重点检查。

桥梁检查针对全线所有桥梁逐个进行检查，对特大桥、大桥，以及交工验收检测中存在遗留问题的桥梁进行重点检查。桥梁检查采用桥梁检测车进行检查。

隧道检查是按规定对隧道结构的基本技术状况进行全面检查，系统掌握结构基本技术状况，评定结构物功能状态，为竣工验收质量评定提供依据。检查采用步行方式，配备必要的检查工具及设备，进行目测或量测检查。检查时，尽量靠近结构，依次检查各个结构部位，注意发现异常情况和有异常情况的发展变化。对于有异常情况的结构，在其适当位置作出标记。检查结果宜尽可能量化。

具体外观检查内容见表 3-7-12。

工程外观检查内容表　　表 3-7-12

| 单位工程 | 分部工程类别 | 检查内容 | 检查方式 |
|---|---|---|---|
| 路基工程 | 路基土石方 | 1. 路基边坡坡面应平顺、稳定，曲线圆滑，无亏坡现象。<br>2. 路基沉陷、开裂情况 | 目测、尺量 |
| | 排水工程 | 1. 排水沟内侧及沟底平顺，有无阻水现象，外侧有无脱空等情况。<br>2. 砌体坚实、勾缝牢固情况 | 目测 |
| | 小桥 | 1. 混凝土表面粗糙、平顺情况。<br>2. 梁板接缝渗、漏水情况。<br>3. 混凝土蜂窝麻面面积。<br>4. 桥梁的内外轮廓线条顺适情况；栏杆、护栏直顺度及牢固情况。<br>5. 桥头路面平顺、跳车情况。<br>6. 桥下施工弃料清理情况 | 目测、尺量 |
| | 通涵工程 | 1. 涵洞进出口顺适度、洞身直顺情况，帽石、八字墙、一字墙平直情况；洞内杂物及阻水情况等。<br>2. 涵身、盖板、拱涵拱圈裂缝情况。<br>3. 涵洞处跳车现象 | 目测、尺量、裂缝测宽仪检测 |
| | 支挡工程 | 1. 砌体牢固程度；勾缝平顺及脱落情况。<br>2. 沉降缝垂直、上下贯通情况。<br>3. 泄水孔坡度及阻塞现象。<br>4. 混凝土蜂窝麻面面积。<br>5. 墙身裂缝及局部破损情况 | 目测、尺量、裂缝测宽仪检测 |

续上表

| 单位工程 | 分部工程类别 | 检查内容 | 检查方式 |
|---|---|---|---|
| 路面工程 | 面层 | 水泥混凝土路面：<br>1.混凝土板的断裂块数。<br>2.混凝土板表面的脱皮、裂纹、石子外露和缺边掉角等病害现象。<br>3.路面侧石直顺度和越位情况。<br>4.接缝填筑密实度。<br>5.胀缝缺陷情况 | 目测 |
| | | 沥青混凝土面层：<br>1.面层有无修补及修补情况。<br>2.表面平整度，泛油、松散、裂缝、明显离析等缺陷情况；半刚性基层的反射裂缝情况等。<br>3.搭接处紧密、平顺、烫缝枯焦情况。<br>4.面层与路缘石及其他构筑物衔接平顺情况，积水现象等 | 目测 |
| 桥梁工程 | 上部结构、下部结构及桥面系 | 基本检查内容：<br>1.混凝土表面平顺、漏浆情况。<br>2.混凝土蜂窝麻面面积。<br>3.混凝土表面裂缝情况。<br>4.结构钢筋外露情况。<br>5.施工临时预埋件、设施及建筑垃圾、杂物等清除处理情况。 | 目测、尺量、裂缝测宽仪检测 |
| | | 下部结构要求：<br>1.支座位置应准确，不得有偏歪、不均匀受力、脱空及非正常变形现象。<br>2.锥、护坡按路基工程的支挡工程不得沉陷。 | 目测 |
| | | 上部结构检查内容：<br>1.预制构件安装平整度。<br>2.悬臂浇筑的接缝平顺情况。<br>3.主体钢结构外露部分的涂装和钢缆的防护防蚀层损坏情况。<br>4.拱桥主拱圈线形及裂缝情况。<br>5.湿接缝部位有无渗水现象。<br>桥面系检查内容：<br>1.桥梁的内外轮廓线顺适情况。<br>2.栏杆、护栏牢固、直顺情况。 | 目测、裂缝测宽仪检测 |
| | | 3.桥面沥青混凝土表面平整密实度，泛油、松散、裂缝、明显离析等现象的面积。<br>4.伸缩缝阻塞、变形、开裂现象。<br>5.泄水管阻水，桥面低凹，排水不畅等 | 目测、尺量、裂缝测宽仪检测 |
| 隧道工程 | 衬砌 | 1.混凝土衬砌表面任一延米隧道面积中蜂窝麻面面积。<br>2.施工缝平顺情况。<br>3.隧道衬砌有无出现裂缝及裂缝情况 | 目测、尺量、裂缝测宽仪检测 |
| | 总体 | 1.洞内渗水、漏水情况。<br>2.洞内排水系统有无阻塞。<br>3.隧道洞门按支挡工程要求检查 | 目测、尺量 |
| | 隧道路面 | 隧道路面按路面工程的扣分标准进行扣分 | 目测、尺量 |

续上表

| 单位工程 | 分部工程类别 | 检查内容 | 检查方式 |
|---|---|---|---|
| 交通安全设施 | 标志 | 1. 金属构件镀锌面有无划痕、擦伤等损伤。<br>2. 标志板面有无划痕、较大气泡和颜色不均匀等缺陷 | 目测 |
| | 标线 | 1. 标线施工污染路面应及时清理。<br>2. 标线线形应流畅，与道路线形相协调，曲线圆滑。<br>3. 反光标线玻璃珠应撒布均匀，附着牢固，反光均匀。<br>4. 标线表面不应出现网状裂缝、断裂裂缝、起泡现象 | 目测 |
| | 防护栏 | 1. 波形梁线形的顺适、色泽情况。<br>2. 立柱顶部有无明显塌边、变形、开裂等现象。<br>3. 混凝土护栏预制块有无断裂及掉边、掉角情况；混凝土表面蜂窝、麻面、裂缝、脱皮等缺陷面积 | 目测 |

3. 内业资料审查

按公路工程竣工档案管理的有关规定，对监理资料、施工资料、科研和新技术应用资料进行审查。内业资料审查采取抽查方式进行，涵盖各合同段及监理单位的关键工序、关键指标及复测指标。内业审查具体内容见表3-7-13。

内业资料审查内容表　　表3-7-13

| 资料性质 | 审查内容 | 扣分标准 |
|---|---|---|
| 质量保证资料 | 1. 所用原材料、半成品和成品质量检验结果。<br>2. 材料配比、拌和加工控制检验和试验数据。<br>3. 地基处理、隐蔽工程施工记录和大桥、隧道施工监控资料。<br>4. 各项质量控制指标的试验记录和质量检验汇总图表。<br>5. 施工过程中遇到的非正常情况记录及其对工程质量影响分析。<br>6. 施工过程中如发生质量事故，经处理补救后，达到设计要求的认可证明文件。<br>7. 交工验收前的自检资料 | 1. 内业资料应是原始资料，是施工过程中的原件，不符合要求时，扣3分。<br>2. 内业资料应字迹清晰、工整，表格内容应填写完整，签字齐全，并按要求分类编排，装订整齐，不符合要求时，扣3分。<br>3. 按施工工序、工艺的要求，所有资料应齐全、完整，资料反映出的抽查频率、质量指标应满足有关标准、规范规定的要求，不符合要求时，扣4分。<br>4. 查出数据造假的，在相应合同段，扣5分 |
| 交工验收后续资料 | 1. 交工遗留问题处理情况资料。<br>2. 试运营期出现问题处理情况资料 | |

## 三、质量评定

(1)鉴定组应审定下列文件，作为评价依据。

①交工验收检测报告及检测意见。

②竣工验收工程实体检测报告。

③竣工验收外观检查表。

④竣工验收内业资料审查表。

⑤交工遗留问题处理及评价报告。

⑥试运营期内出现问题处理及评价报告。

⑦专项论证报告。

⑧其他资料。

(2)鉴定组结合上述资料，对分部工程、单位工程、合同段工程和建设项目进行逐级评分，并确定质量鉴定等级。

(3)出现过重大质量事故，有过大面积返工、加固或处治后造成历史性缺陷的工程，其相应的单位工程质量不得评定为优良等级(如:路面实施结构性修补、铣刨、加铺等面积累计大于该合同段路面总面积的1.5%，车辙深度超过10mm且累计长度超过该合同段车道总长度的5%；隧道工程存在漏水现象且处治效果不明显，衬砌厚度严重不足或存在较多裂缝；桥梁受力裂缝或基础沉降超出规范或设计等)。

(4)鉴定组应根据上述工作，形成竣工质量鉴定报告。

(5)鉴定组成员应在其负责的合同段评分表及鉴定报告上签字。

(6)竣工质量鉴定报告由部质监总局、地方省(市、自治区)质量监督机构联合签发。

# 参考文献


[1] 中华人民共和国交通行业标准. JTG E40－2007 公路土工试验规程[S]. 北京:人民交通出版社,2007.

[2] 中华人民共和国交通行业标准. JTG E20—2011 公路工程沥青及沥青混合料试验规程[S]. 北京:人民交通出版社,2011.

[3] 中华人民共和国交通行业标准. JTG E30—2005 公路工程水泥及水泥混凝土试验规程[S]. 北京:人民交通出版社,2005.

[4] 中华人民共和国交通行业标准. JTG E41—2005 公路工程岩石试验规程. 北京:人民交通出版社,2005.

[5] 中华人民共和国交通行业标准. JTG E51—2009 公路工程无机结合料稳定材料试验规程[S]. 北京:人民交通出版社,2009.

[6] 中华人民共和国交通行业标准. JTG E42—2005 公路工程集料试验规程[S]. 北京:人民交通出版社,2005.

[7] 中华人民共和国交通行业标准. JTG E60—2008 公路路基路面现场测试规程[S]. 北京:人民交通出版社,2008.

[8] 中华人民共和国交通行业标准. JTG F10—2006 公路路基施工技术规范[S]. 北京:人民交通出版社,2006.

[9] 中华人民共和国交通行业标准. JTJ 034—2000 公路路面基层施工技术规范[S]. 北京:人民交通出版社,2000.

[10] 中华人民共和国交通行业标准. JTG F30—2003 公路水泥混凝土路面施工技术规范[S]. 北京:人民交通出版社,2003.

[11] 中华人民共和国交通行业标准. JTG F40—2004 公路沥青路面施工技术规范[S]. 北京:人民交通出版社,2004.

[12] 中华人民共和国交通行业标准. JTG/T F50—2011 公路桥涵施工技术规范[S]. 北京:人民交通出版社,2011

[13] 中华人民共和国交通行业标准. JTG/T F81-01—2004 公路工程基桩动测技术规程[S]. 北京:人民交通出版社,2004.

[14] 中华人民共和国交通行业标准. JTG F60—2009 公路隧道施工技术规范[S]. 北京:人民交通出版社,2009.

[15] 中华人民共和国交通行业标准. JTG F80/1—2004 公路工程质量检验评定标准 第一册(土建工程)[S]. 北京:人民交通出版社,2004.

[16] 中华人民共和国交通行业标准. JTG G10—2006 公路工程施工监理规范[S]. 北京:人民交通出版社,2006.

[17] 中华人民共和国交通行业标准. JTG F71—2006 公路交通安全设施施工技术规范[S]. 北京:人民交通出版社,2006.

[18] 中华人民共和国国家标准. GB 175—2007 通用硅酸盐水泥[S]. 北京:中国标准出版

社，2007.
[19] 中华人民共和国国家标准. GB 1499.1—2008 钢筋混凝土用热轧光圆钢筋[S]. 北京：中国标准出版社，2008.
[20] 中华人民共和国国家标准. GB 1499.2—2007 钢筋混凝土用热轧带肋钢筋[S]. 北京：中国标准出版社，2007.
[21] 中华人民共和国国家标准. GB/T 228.1—2010 金属材料　室温拉伸试验方法[S]. 北京：中国标准出版社，2011.
[22] 中华人民共和国国家标准. GB/T 232—2010 金属材料　弯曲试验方法[S]. 北京：中国标准出版社，2010.
[23] 中华人民共和国建筑行业标准. JGJ 18—2003 钢筋焊接及验收规程[S]. 北京：中国建筑出版社，2003.
[24] 中华人民共和国建筑行业标准. JGJ 107—2003 钢筋机械连接通用技术规程[S]. 北京：中国建筑出版社，2003.
[25] 中华人民共和国建筑行业标准. JGJ 55—2011 普通混凝土配合比设计规程[S]. 北京：中国建筑出版社，2011.
[26] 中华人民共和国建筑行业标准. JGJ/T 98—2011 砌筑砂浆配合比设计规程[S]. 北京：中国建筑出版社，2011.
[27] 中华人民共和国建筑行业标准. JGJ/T 70—2009 建筑砂浆基本性能试验方法标准[S]. 北京：中国建筑出版社，2009.
[28] 中华人民共和国交通行业标准. JTG C20—2011 公路工程地质勘察规范[S]. 北京：人民交通出版社，2011.
[29] 中华人民共和国建筑行业标准. JGJ/T 23—2011 回弹法检测混凝土抗压强度技术规程[S]. 北京：中国建筑工业出版社，2011.
[30] 张超，等. 路基路面试验检测技术[M]. 北京：人民交通出版社，2004.
[31] 王建华，等. 桥涵工程试验检测技术[M]. 北京：人民交通出版社，2004.
[32] 陈建勋，等. 隧道工程试验检测技术[M]. 北京：人民交通出版社，2004.
[33] 王建军，等. 交通工程试验检测技术[M]. 北京：人民交通出版社，2004.
[34] 严家伋. 道路建筑材料[M]. 北京：人民交通出版社，2000.
[35] 李岱. 建筑工程检测实验室适用技术[M]. 北京：中国计量出版社，2007.